Die Materialien enthalten Veröffentlichungen des Instituts für Kulturgeographie, Stadt- und Regionalforschung der J.W. Goethe-Universität Frankfurt am Main, die aus Diplom- und Staatsexamensarbeiten entstanden sind oder die Ergebnisse von Projekten, gutachterlichen Stellungnahmen, Tagungen, Workshops wiedergeben. Sie dokumentieren damit Ergebnisse der Arbeit des Instituts, die besonders von regionalem Interesse sind und so der wissenschaftlichen Diskussion und der praktischen Verwertung nicht vorenthalten werden sollen. Es werden bewusst und auch gerade Arbeiten von jungen Kolleginnen und Kollegen oder unter studentischer Beteiligung unseres Lehr- und Forschungsbereichs aufgenommen.

Bibliographische Information Der Deutschen Bibliothek

Die Deutsche Bibliothek verzeichnet diese Publikation in der Deutschen Nationalbibliografie; detaillierte bibliographische Daten sind im Internet über http://dnb.ddb.de abrufbar.

(MATERALIEN/Institut für Kulturgeographie, Stadt- und Regionalforschung der J.W. Goethe-Universität Frankfurt am Main; Bd. 32)

J. W. Goethe-Universität Frankfurt am Main
Institut für Kulturgeographie,
Stadt- und Regionalforschung
Senckenberganlage 36
D-60325 Frankfurt am Main

ISSN   0170-897 X

ISBN 3-923218-25-7

Bestellungen an:

J. W. Goethe-Universität Frankfurt am Main
Institut für Kulturgeographie, Stadt- und Regionalforschung
Sekretariat
Senckenberganlage 36
D-60325 Frankfurt am Main

Herstellung: Books on Demand GmbH, Norderstedt

INSTITUT FÜR KULTURGEOGRAPHIE, STADT- UND REGIONALFORSCHUNG
DER J. W. GOETHE-UNIVERSITÄT FRANKFURT AM MAIN
Prof. Dr. Elke Tharun und Prof. Dr. Klaus Wolf

MATERIALIEN 32

VARIA II

Ingo Dallgahs

Der Planungsprozess „Europaviertel" als Netzwerk. Stadtgeographische Forschung im Zeichen von Handlungstheorie, Strukturationstheorie und Spätmoderne

Jan Scholl

Politische Entscheidungsprozesse und Stadtentwicklung. Dargestellt am Beispiel des Nutzungswandels ehemaliger Industrieflächen in Offenbach am Main.

Stefanie Ruschek

Lokale Agenda 21
Chancen und Risiken einer neuartigen Kooperationsform.
Dargestellt am Beispiel des Main-Taunus-Kreises

Frankfurt am Main 2004

Diese Arbeit ist gleichzeitig Heft 22 der Veröffentlichungen der Gesellschaft für regionalwissenschaftliche Forschung Rhein-Main (REGIO-RHEIN-MAIN) e.V.

Geschäftsstelle:

c/o Institut für Kulturgeographie,
Stadt- und Regionalforschung
der J.W. Goethe-Universität Frankfurt am Main
Senckenberganlage 36
D-60325 Frankfurt am Main
Tel.: (069) 798 22403/22404; Telefax: (069) 798 28173
E-Mail: Hauzar@em.uni-frankfurt.de
Postbankkonto Nr.: Ffm. 58409-608 (BLZ 500 100 60)

Vorstand:
Vorsitzender: Dr. Thomas Berge
Schriftführer: Dipl.-Ing. Peter Salostowitz
Kassierer: Dr. Franz Schymik
Beisitzerin: Prof. Dr. Elke Tharun
Beisitzer: Dipl.-Geogr. Michael Broß

Mitgliedsbeitrag:

Jahresbeitrag € 12,00

für juristische Personen € 55,00

Aufgrund der Gemeinnützigkeit der REGIO-RHEIN-MAIN e.V. wird eine Spendenbescheinigung ausgestellt.

Vorwort

Das vorliegende Heft der MATERIALIEN enthält Zusammenfassungen der Diplomarbeiten von Ingo Dallgahs, Jan Scholl und Stefanie Ruschek und setzt damit die Folge der anwendungsorientierten Arbeiten dieser Reihe fort.

Die Arbeit von Ingo Dallgahs geht von Benno Werlens Konzeption der Sozialgeographie als raumorientierter Handlungswissenschaft aus. Dieses Konzept wird in der Untersuchung im stadtgeographischen Kontext auf seine Anwendbarkeit überprüft, d.h. es wird ein Stadtplanungsprozess näher untersucht, der aufgrund seiner Bedeutung und seiner Dimensionen einen vielversprechenden Einblick in die aktuelle Planungspraxis verspricht. Auf der Fläche des ehemaligen Güterbahnhofs in Frankfurt am Main soll in den kommenden Jahren mit dem „Europaviertel Frankfurt" ein neues Stadtquartier entstehen. Die dazu notwendigen Planungspresse sind im gegenwärtigen Stadium in erster Linie Aushandlungsprozesse, die gemäß den theoretischen Grundüberlegungen mit Hilfe einer Netzwerkanalyse empirisch analysiert werden.

In der Arbeit von Jan Scholl wird versucht, mit Hilfe aktueller theoretischer Ansätze den Zusammenhang zwischen politischen Entscheidungsprozessen und Stadtentwicklung – oder allgemeiner zwischen Handeln und Struktur – zu analysieren. Als Beispiel wird der Nutzungswandel ehemaliger Industrieflächen in Offenbach am Main herangezogen. Das Kräftespiel der am Planungsprozess beteiligten Akteure steht im Mittelpunkt des Interesses der Arbeit. Im handlungstheoretischen Sinn werden Konflikte der Stadtentwicklungspolitik aufgezeigt und so ein Beitrag aktueller anwendungsbezogener sozialgeographischer Forschung geleistet.

Frau Stefanie Ruschek greift ein seit einigen Jahren relevantes und kontrovers diskutiertes Thema auf: Die aus der Agenda 21, einem Abschlussdokument der UN-Konferenz für Umwelt und Entwicklung (Rio de Janeiro 1992), auf die lokale Ebene „heruntergebrochene" lokale Agenda 21. Dabei geht es Frau Ruschek weniger um die Frage, ob mit diesem Prozess tatsächlich nachhaltige Entwicklung in Gang gesetzt werden kann, sondern um die Ausgestaltung des als neuartig angesehenen Kooperationsprozesses zwischen verschiedenen gesellschaftlichen Gruppen und Politik. Ihr besonderes Augenmerk gilt den Rahmenbedingungen und deren Einfluss auf das Gelingen des Agenda-Prozesses. Das Untersuchungsfeld sind die Kommunen des Main-Taunus-Kreises, die einen Agenda-Beschluss gefasst haben.

Es ist zu wünschen, dass die vorgelegten Zusammenfassungen der drei Diplomarbeiten auf ein großes Interesse stoßen.

Frankfurt am Main, im September 2004

Elke Tharun   Klaus Wolf

Gedruckt mit finanzieller Unterstützung der

Gesellschaft für
regionalwissenschaftliche
Forschung Rhein - Main e.V.

Industrie- und Handelskammer Offenbach am Main

Inhaltsverzeichnis

Ingo Dallgahs

Der Planungsprozess „Europaviertel" als Netzwerk. Stadtgeographische Forschung im Zeichen von Handlungstheorie, Strukturationstheorie und Spätmoderne

Aus: MATERIALIEN 32
Frankfurt am Main 2004

Bei der vorliegenden Arbeit handelt es sich um die gekürzte Fassung einer Diplomarbeit, die **2001** bei Frau Professor Dr. Elke Tharun am Institut für Kulturgeographie, Stadt- und Regionalforschung der J.W. Goethe-Universität Frankfurt am Main abgeschlossen wurde.

Anschrift des Verfassers:

Dipl.-Geogr. Ingo Dallgahs
Jungstraße **20**

D-60486 Frankfurt am Main

Inhaltsverzeichnis

Verzeichnis der Abbildungen

Abkürzungsverzeichnis

AS&P	Albert Speer & Partner
BauGB	Baugesetzbuch
BI	Bürgerinitiative Europaviertel
DB	Deutsche Bahn
DBImm	Deutsche Bahn Immobilien GmbH
EBA	Eisenbahn Bundesamt
EIM	Eisenbahn Immobilien Management seit dem 14.03.2001 Vivivo Real Estate Management
FAZ	Frankfurter Allgemeine Zeitung
FNP	Frankfurter Neue Presse
FR	Frankfurter Rundschau
HBO	Hessische Bauordnung
HVB	Hypo Vereinsbank
IZ	Immobilienzeitung
OB	Oberbürgermeisterin
TH	Trizec Hahn
UEC	Urban Entertainment Center

Einleitung

1.   Begründung und Zielsetzung der Arbeit

Auf dem Gelände des ehemaligen Hauptgüterbahnhofs Frankfurt am Main wird in den nächsten Jahren ein neues Quartier, das Europaviertel entstehen. Durch den Rückbau der Gleisflächen bietet sich für die Stadtentwicklung der Stadt Frankfurt am Main eine "Jahrhundertchance" (OB Petra Roth). Zum einen bestehende, bisher durch Gleise getrennte Stadtteile zu verbinden, zum anderen einen völlig neuen Stadtteil in unmittelbarer Innenstadtnähe zu entwickeln. Bedingt durch die schiere Größe des Areals (87 ha), das projektierte Investitionsvolumen (7,5 Mrd. DM), die außerordentliche, innenstadtnahe Lage und vieles mehr, sorgt es bereits seit einiger Zeit für Aufsehen und Gesprächsstoff, auch über die Grenzen Frankfurts und der Rhein-Main Region hinaus. Grund genug, sich dem Planungsprozess aus stadtgeographischer Sicht zu nähern und dabei auf neuere Entwicklungen in der Geographie einzugehen.

Ausgangspunkt der vorliegenden Diplomarbeit bildet Benno WERLENs Vorschlag einer Neuorientierung der Anthropogeographie hin zu einer raumorientierten Handlungswissenschaft (vgl. z.B. WERLEN 1997a; WERLEN 2000). Dieses Konzept soll hier im stadtplanerischen Kontext auf seine Anwendbarkeit geprüft werden. Da die Diskussion über den handlungszentrierten Ansatz der Anthropogeographie erst am Anfang steht (u.a. MEUSBURGER 1999), ist es notwendig, etwas weiter auszuholen und einen größeren theoretischen Bezugsrahmen zu wählen. Das Spektrum reicht dabei von allgemeinen gesellschaftstheoretischen Überlegungen, in erster Linie GIDDENS' Konzept der Spätmoderne und Strukturation, bis zum Ansatz der policy network Forschung und zur Diskussion um ein zeitgemäßes Planungsverständnis (vgl. z.B. BRECH 1993; RUNKEL 1999; SCHÖNWALDT 1999; SELLE 1994).

Ziel der Arbeit ist es, nach einem angemessenen Konzept zur Erforschung stadtplanerischer Prozesse zu suchen und dies am Fallbeispiel Europaviertel zu erproben. Um dies leisten zu können, wird die Netzwerkanalyse als neues Instrument geographischer Forschung eingeführt und an die sich aus dem theoretischen Teil ergebenden Forderungen angepasst. Zentrale These für dieses Vorgehen ist, dass (städtischer) Raum durch Interaktion der Akteure quasi produziert wird (vgl. WERLEN 2000, 309). Am Beginn jeglicher baulichen Maßnahme, und damit auch der Stadtentwicklung, steht die Kommunikation. Die beteiligten Akteure müssen sich über Ziele verständigen, über anzuwendende Verfahren und Schritte zur Realisierung des Vorhabens. An diesem Punkt setzt die vorliegende Arbeit an. Die grundlegende Frage nach der *Herstellung des (städtischen) Raums* bedeutet in der konkreten Anwendung für diese Arbeit: Welche Interaktionsprozesse und -strukturen lassen sich im (laufenden) Planungsprozess feststellen? Wie lassen sie sich erfassen und analysieren? Und: In welchem Verhältnis stehen Theorie und Empirie im Bezug auf eine zeitgemäße stadtgeographische Forschung?

2. Methoden

Voraussetzung zur Erreichung des (empirischen) Ziels ist die Gewinnung relevanter Daten und deren Weiterverarbeitung bzw. Aufbereitung. Die empirische Sozialforschung bietet dazu eine nahezu unüberschaubare Menge an Verfahren (vgl. ATTES-LANDER 2000; GARZ/KRAIMER 1991; ROTH 1993; SCHNELL/HILL/ESSER 1999). Eine grobe Einteilung und damit Orientierung bietet die Unterscheidung in quantitative und qualitative Verfahren.

Quantitative Forschung orientiert sich danach vor allem "am Muster der naturwissenschaftlichen Forschung" (PRITTWITZ 1994, 197); im Bereich der Sozialforschung stützt sie sich in erster Linie auf die Messung und Auswertung "harter", meist statistischer Daten.[1]

Qualitative Forschung stützt sich auf die Annahme des *Methodendualismus*. Danach befassen sich Naturwissenschaften und Sozialwissenschaften mit ontologisch und qualitativ verschiedenen Untersuchungsbereichen, benötigen demnach also auch verschiedene Methoden (vgl. SCHNELL/HILL/ESSER 1999, 88). Entsprechend dieser Grundthese beruft sich qualitative Sozialforschung auf Schlagworte wie "Kommunikation, Verstehen, Subjekt und Lebenswelt" (LAMNEK 1988, 21). Ihr Sinn besteht nach SCHNELL/HILL/ESSER (1999, 88) darin, "Handlungen in ihren Intentionen und Sinnzusammenhängen aufzuzeigen, zu verstehen und zu rekonstruieren". Als zentrale Prinzipien gelten daher in Anlehnung an PRITTWITZ (1994, 197; vgl. auch GARZ/KRAIMER 1991, 13; LAMNEK 1988, 21 ff.):

- das Bewusstsein für die Einmaligkeit jeden sozialen Vorgangs
- die Bevorzugung interpretativ-beschreibender Verfahren gegenüber der Erklärung
- der Vorrang der holistischen Sicht gegenüber der Variablenisolation
- die Bevorzugung natürlicher Untersuchungsbedingungen gegenüber experimenteller Versuchsanordnungen

Das Vorgehen dieser Arbeit begründet sich anhand des Begriffs *Handlung*, verstanden als zielgeleiteter, intentionaler Akt. Begreift man Planungsprozesse als eine spezielle Form der Handlung, so sind auch sie zielgerichtet. Geht man weiterhin von mehr als einem planungsbeteiligten Akteur aus, so ist zum Erreichen dieses Ziels eine Verständigung über dieses Ziel und über die anzuwendenden Handlungsschritte notwendig. Die dabei entstehenden Kommunikationsstrukturen bilden den Gegenstand der empirischen Untersuchung. Da Kommunikation zwischen Subjekten, stattfindet, ist es sinnvoll, für eine solche Untersuchung eine subjektive Sicht einzunehmen; subjektiv dahingehend, als dass die Akteure und ihre Sicht des Planungsprozesses im Mittelpunkt des Erkenntnisinteresses liegen.

---

[1]   Zur Kritik an dieser Vorgehensweise siehe u. a. LAMNEK 1988, 6 ff.; PRITTWITZ 1994, 197.

Gemäß der Ausrichtung der Untersuchung auf qualitative Sozialforschung kommt eine Kombination folgender Verfahren zum Einsatz:

- das leitfadengestützte Experteninterview sowie

- die Netzwerkanalyse.

Eine grundlegende Form empirischer Sozialforschung bildet das Interview; es wird davon ausgegangen, dass diese gebräuchliche Methode bekannt ist (vgl. z.B. ATTES-LANDER 2000, 114 f.; LAMNEK 1989, 74 ff.). Das hier angewandte *leitfadengestützte Experteninterview*[2] folgt den Überlegungen von MEUSER/NAGEL (1991, 441 ff.). Danach ist der Inhalt des Interviews nicht die Biographie des Gesprächspartners (also der Mensch als solcher), sondern seine Eigenschaft als Repräsentant einer Institution oder Organisation (also sein Wissen zu einem speziellen Thema).

Der Hauptunterschied zu anderen Interviewformen besteht zum einen in einer gewissen Vorstrukturierung des Gesprächs mit Hilfe eines Leitfadens. Dieser dient zur Eingrenzung des Gesprächsstoffs und als Orientierungshilfe, als ”roter Faden” für den Interviewer. Der Leitfaden wird dabei allerdings nicht als starrer Fragebogen, sondern flexibel, je nach Verlauf des Gesprächs, gehandhabt; dadurch wird es auch möglich, spontane Exkurse zu erfassen oder je nach Wissensstand des Gesprächspartners unterschiedliche Schwerpunkte zu bilden, ohne den eigentlichen Gesprächsgegenstand aus den Augen zu verlieren (vgl. MEUSER/NAGEL 1991, 448).

Da das Erkenntnisinteresse in den Beziehungen der Akteure zueinander besteht, wird im Rahmen des Interviews eine Netzwerkanalyse durchgeführt. Da diese Methode der empirischen Sozialforschung in der geographischen Forschung bisher wenig verbreitet ist, ist es notwendig, an anderer Stelle genauer darauf einzugehen.

Aus forschungspraktischen Erwägungen ist es unumgänglich, zeitlich einen methodischen Schnittpunkt festzulegen, bis zu dem das Fallbeispiel betreffende Entwicklungen erfasst werden. Diesen Stichtag bildet in diesem Fall der 18. März 2001, der Tag der hessischen Kommunalwahlen. Da in der Regel im Vorfeld von Wahlen wichtige Entscheidungen auf nach der Wahl vertagt werden, ist bis zum Wahltermin eine gewisse Abnahme der Dynamik zu erwarten, was die Datenerhebung vereinfacht.

3.   Aufbau der Arbeit

Entsprechend dieser Überlegungen gliedert sich die vorliegende Arbeit wie folgt:

- Theoretischer Rahmen und Implikationen für die vorliegende Untersuchung (Kap. I):

  Nach einer zusammenfassenden Darstellung und Diskussion zum Thema Handlungszentrierte Geographie wird diese um strukturationstheoretische

---

2   auch ”semi-strukturelles Interview” (AUFENANGER 1991, 38 ff.), ”teilstrukturiertes Interview” (ATTESLANDER 2000, 142 ff.) oder ”problemzentriertes Interview” (LAMNEK 1989, 74 ff.)

Konzepte erweitert. Durch Berücksichtigung der Gesellschaftsdiagnosen zur Spätmoderne werden Anforderungen an das Forschungsdesign formuliert, um anschließend die Netzwerkanalyse als Methode geographischer Stadtforschung einzuführen.

- Methodische und thematische Einführung (Kap. II.1-2):

  Hier wird neben der Methode das Fallbeispiel Frankfurt am Main und Europaviertel vorgestellt.

- Auswertung und Analyse der Interviews (Kap. II.3-4):

  In diesen Kapiteln wird zunächst der Planungsprozess Europaviertel aus Sicht der Beteiligten nachgezeichnet. Anschließend werden die empirischen Ergebnisse auf den theoretischen Rahmen bezogen.

- Zusammenfassende Bemerkungen zum Verhältnis von Geographie, Gesellschaftstheorie und Netzwerkanalyse (Kap. III):

  Hier werden abschließend die zentralen theoretischen Fragen aufgegriffen und in einen Gesamtzusammenhang gebracht.

I. Theoretische Grundlagen

In diesem Kapitel soll der theoretische Rahmen der vorliegenden Arbeit abgesteckt werden. Da, wie bereits erwähnt, die Diskussion um einen handlungszentrierten Ansatz in der Geographie erst am Anfang steht, scheint es mir angebracht, diesen Rahmen etwas weiter zu fassen. Nach WERLEN (1997a, 24) ist "eine interdisziplinär relevante Sozialgeographie nur dann möglich [...], wenn ihre Fachtheorien explizit, kontrolliert und konsistent aus metatheoretischen Konzeptionen und allgemeinen Gesellschaftstheorien abgeleitet werden." In Anlehnung an diese Anforderung werden, ausgehend von den wesentlichen Elementen der WERLEN'schen Handlungstheorie, zwei Konzepte Anthony GIDDENS', Strukturationstheorie und Spätmoderne, auf Erkenntnisse für die Fragestellung der Arbeit hin untersucht. Die dabei erarbeiteten Ergebnisse werden anschließend zusammengeführt, um ein der Fragestellung angemessenes Forschungsdesign zu erhalten. Dabei wird vor allem der Ansatz der *policy-network*-Forschung in das Feld der Stadtplanung eingeführt.

Hintergrund für diese ausführlichen theoretischen Überlegungen sind Äußerungen Jürgen OSSENBRÜGGEs und Hans Heinrich BLOTEVOGELs zur Situation der deutschsprachigen Geographie:

> "Dabei ist als erstes darauf hinzuweisen, dass die theoretische Debatte in der wissenschaftlichen Geographie nur rudimentär und fragmentarisch ausgebildet ist. Kurz gesagt, sie spielte bisher keine nennenswerte Rolle. Die meisten wissenschaftlichen Geographie-Macher sind sich bewusst oder unbewusst darüber im klaren gewesen, dass der Wert der Geographie in ihrem beschreibenden Vermögen besteht, in der anschaulichen und zusammenfassenden Wiedergabe von Alltagswissen. Bereits Kant verwies die Geographie in den deskriptiven Vorhof der Wissenschaft, Habermas bestätigte dieses etwa 200 Jahre später, und dort ist sie noch heute überwiegend lokalisiert." (OSSENBRÜGGE 1999, 35)

> "Als Wissenschaft konkurrenzfähig und praxisrelevant wird die Sozialgeographie nur, wenn sie über einen leistungsfähigen Theoriefundus verfügt, und zwar nicht statt, sondern in Verbindung mit solider empirischer Arbeit. Das ist zwar alles andere als neu, aber leider immer noch aktuell." (BLOTEVOGEL 1999, 3)

Im Sinne dieser Feststellungen soll auch in dieser Arbeit vorgegangen werden. Zwischen praktischem und theoretischem Teil besteht ein rekursives Verhältnis. Die Empirie und damit die Wahl der Methode ist nicht Selbstzweck, sondern steht in direkter, abhängiger Verbindung mit den theoretischen Überlegungen. Ebenso werden im Anschluss an die Datenerhebung und -auswertung die Ergebnisse im Lichte des theoretischen Rahmens zu würdigen sein.

1. Handlungszentrierte Geographie

Einer der vielbeachtetsten und kontrovers diskutierten Beiträge zur Theorie der Anthropogeographie ist der handlungszentrierte Ansatz Benno WERLENs. Ziel dieses

Kapitels ist es, wesentliche Elemente aus der Konzeption WERLENs herauszugreifen und zu diskutieren.

1.1   Grundlagen einer handlungszentrierten Geographie

Ausgangspunkt für die Ausrichtung meiner Arbeit bildet Benno WERLENs Konzept einer Geographie als "raumorientierte Handlungswissenschaft" (zuletzt WERLEN 2000, 310). Demnach steht "nicht *Raum*, die bloße *Geographie* der Dinge oder die Suche nach Gesetzmäßigkeiten in deren Anordnung, im Zentrum, sondern vielmehr jene Handlungen der Subjekte, über welche deren *Geographien* hergestellt und reproduziert werden" (WERLEN 1995, 5; Hervorhebungen im Original).

Grundlegend für diese Forderung nach einer Neuorientierung der Anthropo- bzw. Sozialgeographie ist für WERLEN die These, dass Raum als solcher, unabhängig vom erkennenden Subjekt, zwar existiert, aber nicht fassbar ist. Er wird erst durch das "erkennende und handelnde Subjekt konstituiert" (WERLEN 2000, 351), wird beschreibbar und erhält somit Bedeutung. Raum ist nach dieser Vorstellung auch nicht ohne Handlungen des Menschen zu denken, er ist immer auch das beabsichtigte oder unbeabsichtigte Ergebnis vergangener menschlicher Handlungen. Die in der Geographie untersuchten Raumprobleme oder Raummuster sind demnach eher "Probleme des Handelns" (ebd., 310). Folgerichtig wäre es also sinnvoll, menschliches Handeln in seinen räumlichen Dimensionen zu untersuchen.

In dieser Sichtweise bildet menschliches Handeln "die zentrale Grundkategorie der sozialen Welt" (WERLEN 1997a, 50). Es stehen mit diesem Ansatz nicht individuelle Akteure oder gesellschaftliche Systeme im Mittelpunkt der sozialwissenschaftlichen Analyse, sondern Handlungen. Damit lässt sich der handlungszentrierte Ansatz von zwei gegensätzlichen Positionen unterscheiden, die auch in der Anthropogeographie weite Verbreitung gefunden haben (vgl. WERLEN 1997a, 309 - 328, 340 - 353; WERLEN 2000, 265 - 303): Strukturalistische bzw. strukturfunktionalistische Ansätze auf der einen und hermeneutische, subjektbezogene Ansätze auf der anderen Seite.[3]

Strukturalistische wie strukturfunktionalistische Ansätze, inklusive Systemtheorie, zeichnen sich in erster Linie durch das Postulat des Vorrangs gesellschaftlicher Strukturen, Funktionen oder Systeme vor dem Individuum aus. Individuelles Handeln ist demnach nur innerhalb enger Grenzen möglich. Diese Grenzen sind gesamtgesellschaftlich vorgegeben, quasi *als solche* vorhanden, während Subjekte nahezu austauschbar erscheinen. Analytischer Bezugsrahmen bildet folglich die Makroebene

---

3   Diese Einordnung geht nicht unbedingt konform mit Benno WERLENs Schriften, da er zwar eine klare Trennungslinie zu strukturalistischen Positionen zieht, sich aber gegenüber subjektivistischen Ansätzen weniger klar abgrenzt, ja eigentlich selbst zu subjektzentrierten Ansätzen gerechnet werden muß. Die hier vertretene Unterscheidung und damit Einordnung in wissenschaftstheoretische Grundpositionen geht somit über die WERLEN'sche hinaus, da mit der vorliegenden Arbeit, in Anlehnung an GIDDENS' Strukturationstheorie, ein Mittelweg zwischen strukturalistischen und subjektzentrierten Ansätzen gesucht werden soll.

(vgl. BOESCH 1989, 129 - 134; BRAUN 1993, 201; BURTH 1996; GIDDENS 1997a, 51; SCHWEMMER 1987, 251; WERLEN 1995, 25-27).

Die dazu diametral entgegengesetzte Auffassung wird von Vertretern hermeneutisch subjektivistischer Denktradition besetzt. Gesellschaft wird als von Subjekten konstituiert begriffen, jegliches Handeln ist nur im Subjekt begründet und vom Subjekt aus versteh- und erklärbar. Strukturelle Bedingungen, wie etwa Macht oder Herrschaft, werden weitgehend ausgeblendet (vgl. GIDDENS 1997a, 52; WERLEN 1995, 27-30).

1.2   Handeln und Handelnde

Für die weiteren Betrachtungen stellt sich nun die Frage, was unter Handeln, was unter Handelnden und unter handelndem Subjekt zu verstehen ist.

Der Begriff Handeln lässt sich zunächst vom Begriff Verhalten unterscheiden (vgl. BOESCH 1989, 141 ff.; SEDLACEK 1998, 67 f.; WERLEN 1997a, 36 ff.). Letzterer stammt aus der Verhaltenspsychologie und beschreibt letztlich ein kausales Reiz-Reaktion-Schema: Durch einen bestimmten Reiz wird einen bestimmte, determinierte Reaktion ausgelöst. In der Weiterentwicklung dieses klassischen Behaviorismus wird dieser Prozess über ein reflektierendes Bewusstsein vermittelt.

Unter Handeln versteht WERLEN, in Übereinstimmung mit der auf WEBER zurückgehenden *Normaldefinition* (vgl. z.B. BOESCH 1989; DRUWE/KUNZ 1996; KOOB 1999, 142), eine Tätigkeit, "die bewusst und zielorientiert abläuft, bzw. ein bewusst erwogener, nicht determinierter, absichtlich auf ein Ziel hin entworfener Akt" (WERLEN 1997a, 38). Handeln bezeichnet also gemäß dieser Definition einen intentionalen, zielgerichteten Akt, der "eine Veränderung bewirken oder verhindern" soll (WRIGHT 1974, zit. in: WERLEN 1997a, 38). Intentionalität bedeutet in diesem Zusammenhang allerdings nicht, dass als Handeln nur gelten kann, was ausschließlich beabsichtigte Handlungsfolgen bewirkt; Intentionalität betrifft nur den Bereich der Vorbereitung und Durchführung des Handelns, nicht die Folgen. Im Gegenteil, unbeabsichtigte Folgen sind dem Handeln immanent, da aufgrund menschlicher Beschränkungen eine vollständige Situationsdefinition und Folgenabschätzung schlichtweg unmöglich ist (vgl. HENNEN/SPRINGER 1996, 14).

Ebenso bedeutet Intentionalität nicht, dass die Motivation einer Handlung dem Handelnden unbedingt gegenwärtig ist und jede Handlung somit wohl überlegt sei. Im Gegenteil ist es den Handelnden oft nicht ohne weiteres möglich, die Beweggründe ihres Handelns darzulegen, da der Großteil alltäglichen Handelns nicht *bewusst* geplant wird; statt dessen haben diese ihren Ausgangspunkt im "praktischen Bewusstsein" (GIDDENS 1993, 83; WERLEN 1997b, 152 ff.). Das praktische Bewusstsein dient der Rationalisierung des Handelns.

Kurz gesagt ist Handeln im Gegensatz zu Verhalten durch Zweck- bzw. Sinnrationalität gekennzeichnet. Diese Rationalität ist nur aus der Sicht des Handelnden zu rekonstruieren, nicht aus der des Beobachters, da sich soziale *Realität* durch subjektive Prozesse konstituiert, nicht aber als objektiv gegeben betrachtet werden kann (vgl. SEDLACEK 1998, 72; WERLEN 1997a, 159 ff., 255).

WERLEN (1997a, 39) unterscheidet analytisch vier "Prozesssequenzen" (Handlungs-entwurf, Situationsdefinition, Handlungsverwirklichung, Handlungsfolgen):

Abb. 1:   Modell des Handelns

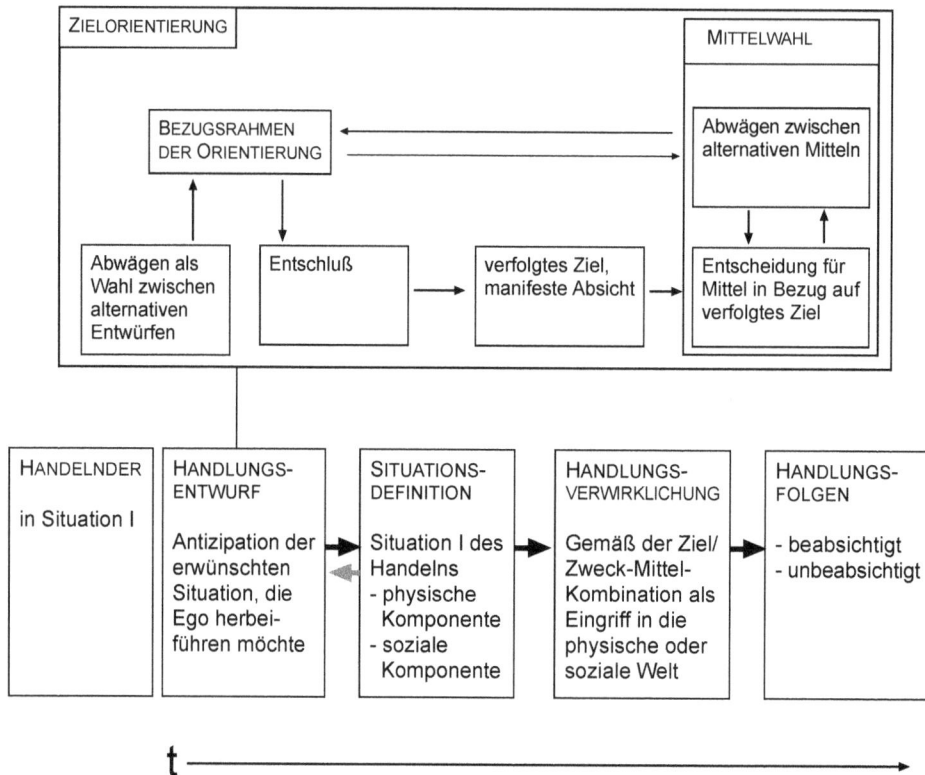

ZIELORIENTIERUNG				MITTELWAHL	
	BEZUGSRAHMEN DER ORIENTIERUNG ←			← Abwägen zwischen alternativen Mitteln	
Abwägen als Wahl zwischen alternativen Entwürfen	Entschluß	→	verfolgtes Ziel, manifeste Absicht	→	Entscheidung für Mittel in Bezug auf verfolgtes Ziel

HANDELNDER in Situation I	HANDLUNGS-ENTWURF	SITUATIONS-DEFINITION	HANDLUNGS-VERWIRKLICHUNG	HANDLUNGS-FOLGEN
	Antizipation der erwünschten Situation, die Ego herbei-führen möchte	Situation I des Handelns - physische Komponente - soziale Komponente	Gemäß der Ziel/Zweck-Mittel-Kombination als Eingriff in die physische oder soziale Welt	- beabsichtigt - unbeabsichtigt

t ⟶

Quelle: WERLEN 2000, 316

Wichtig ist dabei festzuhalten, dass die mit "Handlungsfolgen" bezeichneten Resulta-te einer Handlung, ob nun beabsichtigt oder nicht, die Grundlage für zukünftige Handlungen bilden. Aktuelle und künftige Handlungen beziehen sich somit immer auf vorangegangene Handlungen, werden durch sie ermöglicht oder eingeschränkt, wenn nicht sogar verhindert.[4] Handlungsfolgen sind also Ergebnis und Vorausset-zung zugleich, stehen in einem rekursiven Verhältnis; insbesondere dann, wenn sie sich in räumlichen Strukturen materialisieren. Nach WERLEN (1997a, 254) sind für

---

[4]   An dieser Sichtweise wird die gedankliche Nähe zur Strukturationstheorie von Anthony GIDDENS sichtbar, auf die im nächsten Kapitel eingegangen wird. An dieser Stelle soll der Hinweis genügen, dass WERLEN hier eine ähnliche Konzeption für *Handeln* einführt, wie GIDDENS für *Struktur* (dort als: "Dualität von Struktur"), nämlich dass Handeln und Struktur in einem wechselseitig abhängigen Verhältnis zueinander stehen.

die Sozialgeographie insbesondere "immobile materielle Artefakte" von Bedeutung, da sie zum einen Zeugen vergangener Handlungen, zum andern Fix- oder Orientierungspunkte für aktuelle Handlungen darstellen.

Der nach Handeln zweite grundlegende Begriff ist der des handelnden Subjekts, ohne das Handeln nicht denkbar ist. Voraussetzung für die Handlungsverwirklichung ist der Eingriff (oder das Unterlassen eines Eingriffs) in die physische oder soziale Welt. Dieses Eingreifen wird über den Körper vermittelt, beispielsweise über Hände, Beine, Augen oder Mund. Da nur Individuen über Körper verfügen, können folglich nur diese handeln. Kollektive besitzen dagegen keine Körperlichkeit, können somit auch nicht handeln (vgl. WERLEN 1995, 64 f.; 1999, 358; 2000, 314).

Bis zu diesem Punkt besteht in der Literatur weitgehende Einigkeit. Nach WERLEN (1995, 65) können entsprechend den vorigen Überlegungen nur Individuen Akteure sein, wobei allerdings keine Handlung ausschließlich individuell sei. So nehmen Handlungen beispielsweise auf sozio-kulturelle oder ökonomische Bedingungen ebenso Bezug wie auf unterschiedliche Machtpotentiale der Handelnden. WERLEN negiert diese Randbedingungen nicht, behandelt sie aber eher als *black box*, die zwar existiert und wichtig, einer näheren Erklärung aber nicht zugänglich ist.

Es stellt sich nun allerdings die Frage, in wie weit diese Bedingungen auf das Handeln einwirken, und ob man angesichts bestimmter Konstellationen die Figur des individuellen Akteurs beibehalten kann (vgl. auch BOESCH 1989, 143). Peter MEUSBURGER (1999, 96 ff.) bemerkt sehr treffend, dass es durchaus verschiedene, kulturell bedingte Auffassungen von *Individuum* gibt, dass z.B. in Japan die *Gruppe* einen höheren Stellenwert im Leben des *Individuums* einnimmt als in Europa. Die Figur des vom Sozialgefüge relativ unabhängigen Individuums sei demnach eine eurozentristische Vorstellung. Auch sind die Freiheitsgrade menschlicher Handlungen abhängig von Faktoren wie "Daseinsfunktion (Privatbereich versus Erwerbstätigkeit), Lebenszyklus (Erwachsene versus Kinder), Geschlecht, berufliche Position, Organisation und Raumkategorie (privater Raum versus öffentlicher Raum)" (MEUSBURGER 1999, 97). Konsequenterweise fordert MEUSBURGER eine stärkere Berücksichtigung struktureller und systemischer Elemente innerhalb der Handlungstheorie.

Ähnliches gilt für die Machtkomponente im Handeln. So weist WERLEN (1998, 120) zwar darauf hin, dass verschiedene Machtpotentiale in Handlungen einfließen und diese auch beeinflussen, thematisiert dieses aber nur am Rande. Hier existiert nach meiner Auffassung Klärungsbedarf; Hinweise zur Lösung dieses Problems gibt das in GIDDENS' Strukturationstheorie entwickelte Machtkonzept, das an anderer Stelle (Kap. I.2.2) thematisiert wird.

Doch zurück zur Frage, ob als handelnde Subjekte nur autonome Individuen infrage kommen oder auch Organisationen. Nach MEUSBURGER (1999) sind viele Spuren und Strukturen menschlicher Handlungen, z.B. Pyramiden oder Produktionsanlagen, nur dadurch möglich gewesen, dass Individuen "arbeitsteilig, im Rahmen von großen Organisationen nach (vorgegebenen) Regeln, Geboten, Zwängen und Richtlinien gehandelt haben" (ebd., **106**). Erst das koordinierte Zusammenspiel von Wissen, Fertigkeiten, persönlichen Entscheidungen etc. ist in der Lage, große, dauerhafte Handlungsfolgen zu erzielen. Dem folgend "kann man sogar behaupten, dass Organisationen eine größere Wirkkraft haben als Individuen" (MEUSBURGER 1999, 107), da in Organisationen beispielsweise Macht[5] und Wissen auf koordinierte Weise gebündelt werden kann. Vertreter dieser Organisationen handeln nicht für sich selbst (als Individuum), sondern als Teil einer Organisation, die ihn mit einem Mehr (im Vergleich zum unorganisierten Individuum) an Kompetenz, Entscheidungsspielraum und Einfluss ausstattet. Diese Vorstellung bedeutet keinen kruden Holismus; es wird nicht behauptet, "die Wirtschaft" oder "die Bevölkerung" würden handeln. Vielmehr besteht "die Wirtschaft" aus einzelnen Unternehmen, "die Bevölkerung" aus Parteien, Interessengruppen, Vereinen und vielem mehr, unter anderem also auch aus einzelnen Organisationen, die durchaus als handelndes Subjekt bezeichnet werden können. Entsprechend der Organisationstheorie (vgl. MEUSBURGER 1999, 108; MAYNTZ 1996, 475; ferner LAMNEK 1989, 33) sind Organisationen "zielgerichtete soziale Systeme", definieren sich sogar über ihre Ziele, erfüllen damit das Kriterium der Intentionalität. Da gerade bei großen Organisationen oftmals nicht feststellbar ist, "wer die Anordnung gegeben, die Vorschriften und Verbote aufgestellt, die Gebrauchsanweisung verfasst, die Informationswege festgelegt oder die Infrastruktur aufgebaut hat" (MEUSBURGER 1999, 109), ist es nicht sinnvoll, unter handelndem Subjekt ausschließlich individuelle Akteure zu verstehen. Auf die Person kommt es dabei auch nicht an, vielmehr auf beispielsweise Kommunikationsprozesse zur Entscheidungsfindung, also auf die Position und damit verbundene Machtbefugnisse der Personen. Diese Sicht stützt sich ferner auf das handlungstheoretische Modell nach COLEMAN und ESSER (nach STRATMANN 1999, 2), wonach "sowohl Individuen als auch Organisationen bzw. ,kollektive Akteure'" als Handelnde angesehen werden.

Für diese Arbeit wird die "subjektzentrierte Handlungstheorie" Benno WERLENs um systemisch-strukturelle Elemente zu ergänzen sein (vgl. BOESCH 1989, 143). Diese konstruktive Erweiterung verfolgt das Ziel, über die Komponente Handeln hinausgehende Aspekte gesellschaftlicher Prozesse zu erfassen.

1.3   Objektive und subjektive Perspektive

Die Beachtung subjektiver wie objektiver (struktureller) Aspekte im Handeln ist eine der grundlegenden Forderungen, die Benno WERLEN vor allem in "Gesellschaft, Handlung und Raum" (1997a) erhebt. Danach schließen sich beide Perspektiven nicht aus, sondern ergänzen sich, sind sogar für eine angemessene Erforschung menschlichen Handelns unabdingbar (vgl. ebd., 157-168, 376).

---

[5] In diesem Fall vor allem auf autoritative Ressourcen gestützte Macht. Nach Giddens (1997a, 318) ist die "Koordination von Menschen [...] eine autoritative Ressource fundamentaler Art." Näheres s. Kap. I.2.2

Die objektive Perspektive leitet WERLEN vor allem aus dem Kritischen Rationalismus nach K. R. POPPER ab (ausführlich in: WERLEN 1997a, 59-102). Grundannahme ist dabei, dass *Realität* unabhängig vom erkennenden Subjekt als "objektive Wahrheit an sich" (ebd., 157) existiert. Aufgabe der Wissenschaft ist es, sich dieser absolut gesetzten *Realität* mittels Falsifikation anzunähern. Es wird davon ausgegangen, dass Theorien nicht endgültig bewiesen (verifiziert) werden können; daher gelten sie solange als richtig (im Sinne von *die Wirklichkeit angemessen erfassend*), bis sie widerlegt (falsifiziert) werden. Die in diesem Prozess übrig bleibenden Thesen bilden damit die *Realität* am ähnlichsten ab, gelten bis auf weiteres als *wahr*. Die objektive Perspektive steht nach WERLEN dem methodologischen Individualismus nahe. Danach lassen sich alle sozialen Phänomen auf Handlungen, Entscheidungen, Einstellungen usw. menschlicher Individuen zurückführen. Diese Sicht leugnet zwar nicht die Existenz von Kollektiven, behauptet aber, dass diese sozialwissenschaftlicher Forschung methodologisch nicht zugänglich sind (WERLEN 1997a, 79 f.). Das Ziel sozialwissenschaftlicher Forschung ist die Entwicklung einer Sozialtechnologie, mit deren Hilfe bestimmte Zielzustände in der sozialen Welt erreicht werden können.

Die subjektive Perspektive leitet sich in erster Linie aus dem phänomenologischen Ansatz nach A. SCHÜTZ her (ausführlich in: WERLEN 1997a, 103-155) und stellt das erkenntnistheoretische Gegenprinzip dar. Eine vorgegebene, objektive *Wirklichkeit* als solche existiert (vor allem im sozialen Bereich) nicht. "Sie ist vielmehr als das Ergebnis einer sinnhaften Konstruktion der miteinander in Interaktion stehenden Subjekte zu betrachten" (WERLEN 1997a, 109), ist also auch nur über das erkennende Subjekt zugänglich. Dementsprechend befasst sich dieser Ansatz nicht mit materiellen Gegenständen, sondern mit dem *Sinn*, den Subjekte mit ihm verbinden. *Wirklichkeit* ist somit das Ergebnis einer sinnhaften Aneignung der Welt. Über Kommunikation kann dabei ein Konsens über die *objektive Wahrheit* erzielt werden; diese ist dann zwar immer noch subjektiv konstituiert, aber nicht mehr auf ein Subjekt beschränkt, bildet damit einen "intersubjektiven Wissensvorrat" (ebd., 111). Sozialwissenschaft soll daher versuchen, den jeweiligen Sinn einer Handlung, bzw. die jeweiligen Gründe für ein Handeln zu verstehen. An die Stelle der *Wahrheit* als Gütekriterium wissenschaftlicher Theorien tritt die *Sinnadäquanz*.

WERLEN zieht aus diesen Überlegungen die Schlussfolgerung, "dass für alle sozialgeographisch relevanten Probleme zuerst Lösungen im Sinne der kritisch-rationalen Methodologie angestrebt werden können, und wenn sich diese als nicht ausreichend erweisen sollten, wäre auf die Verfahren der subjektiven Perspektive [...] zurückzugreifen" (WERLEN 1997a, 168). Dabei versteht WERLEN (vgl. ebd., 368 ff.) unter objektiver Perspektive vor allem die Beachtung materieller Artefakte, den Ergebnissen vergangener Handlungen, die gleichzeitig die Rahmenbedingungen aktueller oder künftiger Handlungen darstellen. Angenommen wird hierbei, dass ein intersubjektiver Sinnzusammenhang besteht, der von den Akteure geteilt wird. Die subjektive Perspektive befasst sich mit der individuellen *Sinngebung* sowohl bei der Herstellung als auch bei der späteren Bezugnahme auf diese Artefakte. Gefragt wird also nach den Handlungsmotiven/-zielen und deren vermuteten Folgen.

Aus den bisherigen Ausführungen ergeben sich folgende Konsequenzen:

Handeln ist stets zielgerichtet und intentional. Da allerdings niemals alle Bedingungen des Handelns erfasst werden können, kommt es neben beabsichtigten auch zu unbeabsichtigten Handlungsfolgen. Als handelnde Subjekte werden sowohl Individuen als auch Kollektive bzw. Organisationen betrachtet. Weiterhin gehe ich davon aus, dass eine vom Subjekt unabhängig existierende Realität besteht. Sie wird aber für das Subjekt erst durch individuelle Sinngebung *real*, da die Komplexität der Wirklichkeit nur selektiv erfasst werden kann.

2.   Strukturationstheorie und handlungszentrierte Geographie

Wie bereits angedeutet, ist es nach der hier vertretenen Auffassung notwendig, die WERLEN'sche Handlungstheorie um systemisch-strukturelle Elemente zu erweitern. Dies ist vor allem durch die Übernahme strukturationstheoretischer Gedanken möglich, auf die neben WERLEN auch BOESCH (1989, 143) hinweist. In diesem Zusammenhang spricht THRIFT (1996) von einer "strukturationstheoretischen Schule", deren Anliegen die Verbindung von Handeln und Struktur über eine Vermittlungsebene ist. Neben GIDDENS, nach dessen Theorie diese Richtung benannt ist, zählen hierzu in erster Linie die Soziologen BOURDIEU, BHASKAR und LAYDER (THRIFT 1996, 68 ff.).

Seit Mitte der 80er Jahre gibt es verschiedene Versuche, eine Verbindung zwischen subjektzentrierten und strukturalistischen Ansätzen herzustellen, im deutschsprachigen Bereich beispielsweise durch BOESCH (1989), SCHWEMMER (1987) und in Ansätzen bei HABERMAS (1981).

Während im angelsächsischen Sprachraum vor allem GIDDENS' Theorie der Strukturation große Beachtung fand und noch immer findet, ist dieser Ansatz im deutschsprachigen Raum wenig verbreitet. Der wissenschaftstheoretische Diskurs wird hier in erster Linie durch den Dualismus von LUHMANN'scher Systemtheorie und HABERMAS'scher Theorie des kommunikativen Handelns bestimmt (vgl. JOAS 1997, 10; ferner BURTH 1996). Und obwohl beide Theorierichtungen ständig verfeinert und modifiziert werden, bleiben sie jeweils einer Seite verpflichtet, entweder der subjektzentrierten oder der strukturalistischen. GIDDENS' Theorie der Strukturation dagegen versucht bereits im Ansatz, einen Mittelweg zu beschreiten, indem die Relationen zwischen Handeln und Struktur im Mittelpunkt der Analyse stehen. Sie weist in dieser Hinsicht einen klaren marxistischen Einfluss auf, da bereits Karl MARX Handeln und Struktur als zirkulär verbunden betrachtete[6]. Danach ist Gesellschaft ein

---

[6]   "wie die ihn umgebende sinnliche Welt nicht ein unmittelbar von Ewigkeit her gegebenes, sich stets gleiches Ding ist, sondern das Produkt der Industrie und des Gesellschaftszustandes, und zwar in dem Sinne, daß sie ein geschichtliches Produkt ist, das Resultat der Tätigkeiten einer ganzen Reihe von Generationen, deren jede auf den Schultern der vorhergehenden stand, ihre Industrie und ihren Verkehr weiter ausbildete, ihre soziale Ordnung nach den veränderten Bedürfnissen modifizierte" (MARX/ENGELS 1959, 43.)

Gefüge sozialer Strukturen, die ihrerseits durch Handeln reproduziert und verändert werden (vgl. SCHELLER 1995, 49).

Für die geographische Forschung ist GIDDENS, im Vergleich zu anderen Soziologen, auch deshalb besonders interessant, da der *Raum* in der Strukturationstheorie an prominenter Stelle mit einbezogen wird, zumindest in den neueren Schriften (vgl. GREGORY 1989, 208; SAUNDERS 1989, 216 ff.). Danach spielen Raum und Zeit eine zentrale Rolle bei der Konstitution der Gesellschaft (vgl. GIDDENS 1997a, Kap.3; KUHN 1994, 95-126).

Der Begriff *Theorie der Strukturation*, entlehnt aus dem Französischen, vermutlich von Piaget (vgl. JOAS 1997, 9), taucht zum ersten Mal in "Capitalism and Modern Social Theory" (GIDDENS 1971) auf. Die umfassendste Darstellung findet sich in "Die Konstitution der Gesellschaft" (1984; hier als 1997a, 3. Aufl.). Für GIDDENS selbst ist "structuration theory ... not a research programme. Its concepts should be regarded as sensitizing devices, to be used in a selective way in thinking about research questions or interpreting findings." (GIDDENS 1991, 213) Entsprechend dieser Selbsteinschätzung wird auch hier vorgegangen, indem nicht die gesamte Theorie, sondern die zentralen Konzepte vor dem Hintergrund der vorliegenden Fragestellung eingeführt werden.

2.1   Dualität von Struktur

Ein, wenn nicht *der* zentrale Gedanke der Strukturationstheorie ist die Dualität von Struktur. Danach sind weder Handeln noch Struktur Ausgangspunkt gesellschaftlicher Prozesse, sondern beide stehen in einem rekursiven, von einander abhängigen Verhältnis. Struktur entsteht erst aus den Handlungen der Individuen, ist also deren Resultat. Gleichzeitig ist Handlung ohne Strukturen nicht möglich, da sich Handeln immer auf Strukturen bezieht, durch sie ermöglicht oder eingeschränkt, wenn nicht verhindert wird. Beide Aspekte gesellschaftlicher Prozesse sind untrennbar miteinander verwoben, nur zusammen erfassbar und der Wissenschaft zugänglich. Demnach besteht das zentrale Forschungsfeld "weder in der Erfahrung des individuellen Akteurs noch in der Existenz irgendeiner gesellschaftlichen Totalität, sondern in den über Zeit und Raum geregelten gesellschaftlichen Praktiken" (GIDDENS 1997a, 52). Eine Betrachtung, die jeweils eine der beiden Seiten in den Vordergrund stellt, ist somit eine nicht zu rechtfertigende Verkürzung.

Struktur existiert, wie gesagt, nicht unabhängig von handelnden Menschen; vielmehr besteht sie aus Regeln und Ressourcen, durch die soziale Systeme[7] produziert und reproduziert werden. Handeln entsteht in der gleichzeitigen Bezugnahme auf (gemeinsame, von allen geteilte) Regeln und auf (ungleich verteilte) Ressourcen. Voraussetzung dafür ist die *Kompetenz* der Akteure; sie äußert sich darin, dass "Menschenwissen, in welchem Handlungskontext sie sich auf welche Regeln bzw. Ressour-

---

[7]   definiert als das Geflecht (re-) produzierter Handlungen in Raum und Zeit

cen beziehen können und müssen" (SCHELLER 1995, 55). Fehlt dieses Wissen, ist erfolgreiches Handeln (im Sinne des Erreichens des Handlungsziels) nicht möglich. Die Struktur wird dabei ständig neu gebildet, verändert, aufrechterhalten (vgl. GIDDENS 1997a, 75 ff., WERLEN 1995, 80; ferner ORTMANN/SYDOW/WINDELER 1997, 315 ff.), und wirkt so auf das Handeln zurück.

Zur Verdeutlichung des Begriffs Regeln verwendet GIDDENS eine Analogie zu mathematischen Formeln. Die zur Verwendung mathematischer Formeln nötige Kompetenz besteht darin, "fähig zu sein, die Formel im richtigen Kontext und auf die richtige Art anzuwenden, um die [mathematische] Reihe fortzusetzen" (GIDDENS 1997a, 72). Analog dazu sind Regeln "verallgemeinerbare Verfahren" (ebd.), jedem (kompetenten) Mitglied einer Gesellschaft bekannt und dadurch Allgemeingut, das ins Handeln meist routinemäßig einfließt. Sanktionen sorgen dabei für die Einhaltung der Regeln. Regeln bezeichnen somit die Gesamtheit aller allgemein anerkannter, semantischer und moralischer Regeln einer Gesellschaft (vgl. WERLEN 1995, 81).

Ressourcen, der zweite Aspekt von "Struktur", können in allokative und autoritative Ressourcen unterteilt werden. Sie dienen primär der Generierung von Macht. Allokative Ressourcen umfassen alle materiellen Aspekte der Umwelt (z.B. Kapital, Boden, Produktionsmittel, Güter) und können relativ problemlos angesammelt und gelagert werden. Autoritative Ressourcen bezeichnen die Resultate der Herrschaftsausübung eines Akteurs über einen anderen (z.B. Entscheidungskompetenz, Zugang zu Information, Befehlsgewalt). Eine Speicherung autoritativer Ressourcen ist ebenso möglich, etwa in Form von Schrift (z.B. Verträge, Gesetze) oder Tradition (vgl. GIDDENS 1997a, 86 f.; 315-320; KUHN 1994, 103).

2.2 Handeln und Macht

Eine wichtige Komponente der Strukturationstheorie ist das Verhältnis zwischen Handeln und Macht. Für GIDDENS ist das Vorhandensein von Macht Voraussetzung menschlichen Handelns. Macht bedeutet, "in der Lage zu sein, anders zu handeln, [...] fähig zu sein, in die Welt einzugreifen bzw. einen solchen Eingriff zu unterlassen mit der Folge, einen spezifischen Prozess oder Zustand zu beeinflussen" (GIDDENS 1997a, 65). Handlungsfähigkeit ergibt sich also daraus, in einen Zustand oder Ablauf eingreifen zu können, um ihn nach eigenen Vorstellungen zu beeinflussen und zu verändern. Ob diese Fähigkeit tatsächlich ausgeübt wird, ist dabei weniger von Belang, wichtig ist vielmehr die prinzipielle Möglichkeit. Wie bereits erwähnt, ist die Nutzung von Ressourcen grundlegend für die Ausübung von Macht[8]; allokative und autoritative Ressourcen bilden zusammen die Medien der Macht (vgl. GIDDENS 1997a, 67; 316). Ob, wie und wann ein Akteur über bestimmte Ressourcen verfügen kann, wird durch Regeln bestimmt. Kurz gesagt ist Macht in dieser Sichtweise v.a. Handlungsvermögen.

---

[8]   Macht stellt somit keine Ressource dar.

2.3 Konsequenzen für die handlungszentrierte (Stadt-) Geographie

Zur Erweiterung der handlungszentrierten Geographie um strukturationstheoretische Elemente ergeben sich meiner Auffassung nach vor allem zwei Anknüpfungspunkte. Zum einen durch die konsequente Berücksichtigung der Dualität von Struktur, zum anderen durch die Thematisierung der im Handeln inbegriffenen Machtkomponente.

Handeln und Struktur stehen in einem unauflösbaren Zusammenhang, bilden damit gemeinsam das Forschungsinteresse. Durch die konsequente Anwendung dieser Sichtweise soll eine thematische Verkürzung zugunsten von Handlung oder Struktur vermieden werden. Forschungspraktisch ist es z. B. nötig, die strukturellen Rahmenbedingungen des Handelns möglichst umfassend zu erfassen, indem etwa Stadtentwicklungsmaßnahmen nicht nur von lokalen Bedingungen abhängig sind, sondern, und das ist bei städtebaulichen Großprojekten insbesondere der Fall, auch in bedeutendem Ausmaß von globalen Entwicklungen und Akteuren. Gleiches gilt für überkommunale Gesetzgeber (etwa Länder, Bund, EU), die den Handlungsrahmen der Kommunen setzen.

Der zweite Punkt betrifft die Beachtung der im Handeln eingeschlossenen Machtkomponente. Durch die Bezugnahme auf Regeln und Ressourcen wird Macht generiert, ohne die Handeln nicht existiert. Da diese Ressourcen ungleich verteilt sind, ist die Frage zu stellen, welcher Akteur zu welchem Zeitpunkt in welchem Ausmaß über welche Ressourcen verfügen kann? Welche Regeln werden dabei beachtet? Werden neue Regeln geschaffen, und wenn ja, durch wen? Wie verbindlich sind diese? Kurz: Gibt es Machtgefälle und wie wirken sie sich aus?

Die Beachtung der angedeuteten Fragenkomplexe ist nach der hier vertretenen Ansicht unumgänglich, will man der Komplexität (stadt-)geographischer Prozesse gerecht werden. Diese Erweiterung der Blickrichtung auf weitere Elemente erhöht die Anforderungen an die Methode, was sich im Ergebnis allerdings auszuzahlen verspricht.

Ein wichtiges Element der strukturellen Rahmenbedingungen wird im folgenden eingeführt: Das Konzept der Spätmoderne ist umfassend gedacht, als globale Diagnose der (westlichen) Gesellschaft im weiteren Sinne, die sich im lokalen Maßstab ebenso widerspiegelt und auswirkt wie im globalen

3. Grundelemente der Spätmoderne

Betrachtet man die diversen globalen Diagnosen zur Situation der heutigen Gesellschaft, so sind zunächst die verschiedenen *Bindestrich*-Modernen auffällig, z. B. Postmoderne[9] (LYOTARD, DERRIDA, FUKUYAMA; zit. in: WERLEN 1995, 81), Zweite Mo-

---

9   zur Kritik am Konzept der Postmoderne und seiner Anwendbarkeit vgl. u.a. BECKER 1997; HASSE/ MALECEK 2000; RÜEGG 1996, 14-23.

derne (BECK) oder Spätmoderne. Das im folgende behandelte Konzept der Spätmoderne geht auf die Arbeiten Anthony GIDDENS' zurück. Dabei bezieht er sich in erster Linie auf gegenwärtige Prozesse in Gesellschaften westeuropäischer bzw. nordamerikanischer Prägung.

3.1   Zum Begriff "Spätmoderne"

Grundlegender Gedanke ist die Vorstellung, dass die Moderne bisher nicht durch ein neues Zeitalter, beispielsweise die Postmoderne, abgelöst worden ist, sondern sich die Prozesse der Moderne heute radikaler und allgemeiner auswirken als bisher (vgl. GIDDENS 1995, 11). Dabei bezieht sich GIDDENS in erster Linie auf die in den Werken von MARX, DURKHEIM und WEBER entwickelte Vorstellung einer modernen Gesellschaft, die von Kapitalismus, industrieller Produktion und Bürokratie geprägt wird und sich auf diese Weise grundlegend von vormodernen Gesellschaften unterscheidet (vgl. GIDDENS 1995, 20 ff.). Der Eindruck, ein neues Zeitalter sei angebrochen, führt GIDDENS auf die Diskontinuität der Moderne aufgrund ihrer eigenen Dynamik zurück.

Die Diskontinuität besteht aus drei miteinander verbundenen Dimensionen: Der Geschwindigkeit des sozialen Wandels, seiner Reichweite sowie das reflexive Wesen moderner Institutionen. Zurückzuführen sind diese wiederum auf die grundlegende Dynamik moderner Gesellschaften, welche ihrerseits vormoderne (traditionelle) von modernen Gesellschaften unterscheidet. Die Definition der Moderne erfolgt damit in Abgrenzung zu traditionellen Gesellschaften, das bedeutet nicht, dass moderne Gesellschaften frei von Traditionen seien, sondern vielmehr, dass Traditionen keinen verbindlichen, allumfassenden Orientierungsrahmen für menschliches Handeln bilden.

Traditionen werden in der Regel nicht hinterfragt, sie gelten als *wahr*; im Gegensatz dazu gilt in der durch Verwissenschaftlichung aller Lebensbereiche geprägten modernen Gesellschaft nur das als wahr, was zumindest vorerst nicht widerlegt werden konnte. Absolute Wahrheit und damit Sicherheit im Wissen sind nicht von vornherein gegeben. Moderne Gesellschaften sind demnach post-traditionelle Gesellschaften.

Soziale Beziehungen und Positionen werden weniger durch Verwandtschaft, Alter oder Geschlecht konstruiert, sondern verstärkt über wirtschaftliche, berufliche, individuelle Leistungen (vgl. WERLEN 1995, 132). Möglich wurde die Loslösung vom traditionellen Kontext durch drei für die Moderne konstitutive Prozesse: Die Trennung von Raum und Zeit, die damit verbundene Entstehung von "Entbettungsmechanismen" (*disembedding*) sowie die Reflexivität der Institutionen (vgl. GIDDENS 1995, 72).

In traditionellen Gesellschaften besteht eine enge Bindung der Handlungen an Raum und Zeit, da Traditionen auf sie verweisen, etwa durch bestimmte Zeitpunkte, an denen an einem bestimmten Ort festgelegte Handlungen durchzuführen sind. Auch kommt dem Raum oft eine identitätsstiftende Funktion zu. Die Trennung (der

Gesellschaft) von Raum und Zeit besteht darin, dass Zeit und Raum unabhängig von der jeweiligen Gesellschaft und deren Traditionen sinnhaft werden. Die Einführung von Uhr und Kalender etwa ermöglicht eine Zeitmessung unabhängig vom Raum und dessen Eigenschaften (Jahreszeiten, Tag-Nacht) und damit beispielsweise Arbeitszeitregelungen. Raum kann, da er keine traditionellen Bedeutungen besitzt, gehandelt werden, ein Bodenmarkt entsteht. Beide Entwicklungen bilden die Basis von Industrialisierung und Modernisierung (vgl. GIDDENS 1995, 16; WERLEN 1995, 132).

Durch die Herauslösung "gesellschaftlichen Tuns aus dem örtlichen Kontext [...], wobei soziale Beziehungen über große Raum-Zeit-Abstände hinweg umorganisiert werden" (GIDDENS 1995, 72) kommt es zu *Entbettungsmechanismen*: Die Schaffung symbolischer Zeichen (Geld, Schrift) und die Installation von Expertensystemen. Symbolische Zeichen ermöglichen den Austausch über große räumliche und zeitlichen Distanzen hinweg. Geld ist im Gegensatz zu Naturalien nicht verderblich und leicht transportierbar, was den Handel erleichtert. Auch ist die gleichzeitige Anwesenheit von Handelspartnern nicht notwendig, um Transaktionen durchzuführen. Schrift ist unabhängig von Ort und Zeit der beteiligten Personen, erlaubt also eine Austausch von beispielsweise Wissen über große Distanzen. Expertensysteme funktionieren ähnlich, indem sie Wissen raum-zeitlich und personell unabhängig bündeln und zur Verfügung stellen. Symbolische Zeichen und Expertensysteme sorgen kurz gesagt dafür, dass Informationen unabhängig von face-to-face Situationen gesammelt und verbreitet werden können, eine Interaktion mit abwesenden Partnern möglich wird, sowie über distanzierte materielle Güter und Menschen verfügt werden kann (vgl. GIDDENS 1995, 34 f.; WERLEN 1995, 133).

Das dritte Kennzeichen moderner Gesellschaften ist die Reflexivität. Alltägliches Handeln orientiert sich nach dieser Vorstellung nicht an Traditionen, sondern an "rationalen Konstruktionen" (WERLEN 1995, 110), an wissenschaftlichen Erkenntnissen (vgl. RÜEGG 1996, 40). Dieses Wissen sickert ständig in die Alltagswelt ein, wird dort von der Wissenschaft wiederentdeckt, neu bewertet und führt zu neuen Erkenntnissen. Durch den Prozess der "doppelten Hermeneutik" (GIDDENS 1995, 72) ändert sich ständig die Ausgangsbasis (sozial-) wissenschaftlicher Erkenntnisse, was diese in gewissem Maße unsicher, instabil macht. Bezogen auf die individuelle Ebene bedeutet dies ebenfalls, dass sich Handeln nicht an tradierten Werten orientiert, sondern Individuen selbst entscheiden müssen, welches Wissen sie als wahr befinden, um sich daran zu orientieren. Es bestehen zwar größere individuelle Wahlmöglichkeiten als in traditionellen Gesellschaften, aber auch größere Unsicherheiten. Die Eröffnung neuer Möglichkeiten schließt auch die Möglichkeit des individuellen Scheiterns ein. In dieser von GIDDENS (1997b, 26) als "hergestellte Unsicherheit" [10] bezeichneten Situation gewinnen Informationen einen hohen Stellenwert. Möglichst vollständige, genaue und aktuelle Informationen werden zu unumgänglichen Vor-

---

[10] analog zur von Ulrich BECK beschriebenen "Risikogesellschaft"

aussetzungen des Handelns, da nur so eine hinreichende Situationsdefinition und damit ein erfolgversprechender Handlungsentwurf möglich ist.

Kurz gesagt kann man als Hauptcharakteristikum der Spätmoderne festhalten, dass durch die Herauslösung der Menschen aus dem von Traditionen bestimmten Kontext, die Transformation von Raum und Zeit - und deren konstituierende Rolle für soziale Systeme diese Gesellschaften - heute eine schnellere sowie größere räumliche Ausbreitung erfahren, als bisher möglich. Vor allem durch die Entwicklung neuer Informations- und Kommunikationstechnologien ist Interaktion als Grundelement sozialer Systeme nicht mehr zwangsläufig an face-to-face Situationen gebunden.

Welche Folgen die beschriebenen Prozesse der Trennung von Raum und Zeit, der Entbettung und der institutionellen Reflexivität für moderne Gesellschaften haben, wird in den folgenden Kapiteln behandelt. Schlagwortartig lassen sie sich mit den Begriffen Globalisierung, Individualisierung und Zivilgesellschaft umreißen.

3.2 Globalisierung

Eine der am weitesten ausgreifenden Folgen der Modernisierung kann mit dem Begriff der Globalisierung[11] umschrieben werden (vgl. GIDDENS 1997b, 23 ff.). Globalisierung wird dabei nicht nur als rein ökonomisches Phänomen begriffen, vielmehr ist damit eine alle Lebensbereiche umfassende "Intensivierung weltweiter sozialer Beziehungen [gemeint], durch die entfernte Orte in solcher Weise miteinander verbunden werden, dass Ereignisse an einem Ort durch Vorgänge geprägt werden, die sich an einem viele Kilometer entfernten Ort abspielen, und umgekehrt" (GIDDENS 1995, 85). Raum und Zeit stellen keine bedeutsamen Hindernisse für Interaktionen aller Art dar, da sie durch neue Kommunikations- und Transporttechnologien relativ problemlos überwunden werden können. Das gilt für große Unternehmen und (National-) Staaten ebenso wie für den persönlichen Aktionsraum der Individuen (vgl. GIDDENS 1997b, 23 ff.; GIDDENS 1999, 41 ff.; NOLLER/RONNEBERGER 1995, 21 ff.; WERLEN 1997b, 234 f.). Beispielsweise haben lokale Konsumgewohnheiten Auswirkungen auf Produktionsabläufe und Warenflüsse an weit entfernten Orten, wirken sich Entscheidungen von weltweit agierenden Unternehmen auf lokale Politik und Märkte aus, treten Städte auf verschiedenen Erdteilen in Konkurrenz zu einander.

Ebenso meint Globalisierung nicht ausschließlich eine Bedeutungszunahme des globalen Kontextes, sondern ein Gemisch aus teilweise entgegengesetzten Vorgängen. So z.B. ist eine zunehmende Bedeutung des lokalen Bezugsrahmens und der lokalen Identität zu bemerken, welche sich im Extremfall in verstärkten Autonomiebewegungen (z.B. der Schotten, Basken, Katalanen, Flamen, Wallonen etc.) äußert (vgl. GIDDENS 1997b, 23). Ähnliches gilt für die Bedeutung der Städte im Globalisie-

---

11 zur Debatte um den Begriff "Globalisierung", seine Charakteristika und Bedeutung vgl. u.a. GIDDENS 1995, 84 ff.; GIDDENS 1999, 41 ff.; WERLEN 1997b, 229 ff.; HENKEL 2000; BECKER/GENTNER et al. 1998.

rungsprozess[12], die Schlüsselpositionen im globalen Austausch besetzen, gleichzeitig aber durchaus regional verortet sind und lokale Potentiale nutzen. Einige Autoren (z.B. ROBERTSON 1992; 1998; SWYNGEDOUW 1998; HELBRECHT 1998) sprechen daher von *Glokalisierung*, um diese gegensätzlichen Prozesse in einem Wort zu vereinen. WERLEN (1997b, 237) weist angesichts der vielfältigen Dimensionen und Widersprüchlichkeiten der Globalisierung völlig zurecht darauf hin, dass "Globalisierung als analytisches Konzept und nicht als Erklärungsinstanz zu begreifen" ist. Globalisierung ist somit auch kein neuer Faktor (beispielsweise für Stadtentwicklung), sondern modifiziert bereits bestehende Prozesse.

Exkurs: Der Globalisierungsdiskurs

Wie in der kurzen Aufzählung bereits erkennbar, setzt spätestens mit Beginn der 1990er Jahre ein neuer weltumspannender, fachübergreifender Diskurs ein, der sich um den Begriff *Globalisierung* dreht – ein Begriff, der mittlerweile zu einem oftmals unpräzisen Modewort für politische und wirtschaftliche Themen geworden ist.

Trotz, oder gerade wegen, der mittlerweile nahezu unüberschaubaren Flut von Publikationen und Definitionen zum Thema ist das Wesen der Globalisierung, ihre Entstehung, Folgen und Richtung nach wie vor nur undeutlich zu erkennen. Als Beispiel hierfür können die teilweise widersprüchlichen Definitionsansätzen angeführt werden, beispielsweise ob es sich bei Globalisierung um ein wirtschaftliches oder gesamtgesellschaftliches, ein neuartiges oder schon lange existierendes Phänomen handelt (vgl. z.B. HÄUßERMANN/ROOST 2000; NASSEHI 1999). Der oben vorgestellte Ansatz GIDDENS', Globalisierung als konsequente Fortführung, als konstitutives Element des Projekts Moderne zu begreifen, liefert dabei ein sehr umfassendes und schlüssiges Analyseraster. Da dies jedoch nicht der einzig mögliche ist, und um das Bild abzurunden, sollen im folgenden einige ausgewählte andere Ansätze zum Thema Globalisierung kurz vorgestellt werden.

Zygmunt BAUMAN (2001) vertritt eine ähnliche Ansicht wie GIDDENS. Er sieht in der Globalisierung eine Fortführung der Moderne mit den heute zur Verfügung stehenden Mitteln. Unter Bezugnahme auf Max WEBER vertritt er die These, dass die Trennung von Haushalt und Geschäft (Wirtschaft) grundlegend für die Entstehung des Kapitalismus (und damit der Moderne) war. Die Wirtschaft fand dadurch in einem von herkömmlicher Moral unabhängigen Umfeld statt. Im Lauf der weiteren Entwicklung wurde dieser Bereich durch den sich bildenden Nationalstaat neu geordnet und Regeln unterworfen. Die "ethische Leere" (ders.) war verschwunden. Durch die Globalisierung kommt es aktuell zu einer erneuten Trennung, diesmal von Nationalstaat und Wirtschaft. Das Ziel ist dasselbe geblieben, nämlich die Schaffung eines kaum reglementierten, allein nach Marktgesetzen organisierten Sonderbereiches für wirtschaftliche Aktivitäten. BAUMAN ist in seiner Bewertung im Gegensatz

---

[12] v.a. die *global* bzw. *world cities* nach Saskia SASSEN bzw. John FRIEDMAN (in: HITZ/KEIL et al. 1995)

GIDDENS weniger euphorisch und weist auf die in diesen Entwicklungen steckenden Gefahren hin.

David HARVEY (1996) prägte für die mit dem Schlagwort Globalisierung in Verbindung stehenden Prozesse den Ausdruck der *Zeit-Raum-Kompression*, die durch die vorherrschende Art der Kapitalakkumulation angetrieben wird. Da Kapital möglichst schnelle Umlaufzeiten benötigt, werde mit Hilfe technischer Mittel versucht, Distanzen zu verringern. Das Resultat ist, dass immer größere räumliche Distanzen in immer kürzeren Zeiteinheiten überwunden werden können. Die Umlaufzeit des Kapitals wird kürzer, der Gewinn steigt (vgl. ders., 238 ff., Kap. 10: Time-Space-Compression). Globalisierung ist somit nach HARVEY ein grundlegender Prozess kapitalistischer Kapitalakkumulation, der bereits in seinen Grundzügen von MARX/ ENGELS im *Kommunistischen Manifest* beschrieben wurde (vgl. HARVEY 1996, 420 f.). In dieser Hinsicht kann auch hier Globalisierung als konsequente Fortführung der Moderne bezeichnet werden.

Roland ROBERTSON (1992; 1998) spricht meist von *Glokalisierung*, einem aus *Globalem* und *Lokalem* zusammengesetzten Wort. Beide an sich widersprüchliche Teile verschränken sich hier zu einer Gesamtheit. Dabei lehnt sich ROBERTSON an PARSONS' Konzept des ständigen Wechselspiels zwischen Partikularismus und Universalismus an (vgl. FRIEDMAN 1995, 70 f.). Dieses auf sich Widerspruch und Ergänzung basierend Konzept erweitert ROBERTSON auf vier Elemente (Individuum, Menschheit, Nationalstaat und Nationalstaatliches Weltsystem), aus deren Zusammenspiel sich das globalisierte Feld konstituiert (ROBERTSON 1992, 25 ff.). In dieser Sicht ist Globalisierung keine Konsequenz der Moderne, sondern beschreibt das Verhältnis der verschiedenen Aspekte sozialen Lebens. Zentral für ROBERTSON ist neben der aufgrund technischer Innovationen verringerte Bedeutung räumlicher Distanzen, vor allem das gesteigerte Bewusstsein für globale Zusammenhänge (ROBERTSON 1992, 8). Die Welt wird als Ganzes wahrgenommen wird, was nach diese Sichtweise allerdings nicht zu kultureller Konvergenz oder Homogenisierung führt (ROBERTSON 1998, 202 u. 206).

Ein Ende des Globalisierungsdiskurses ist derzeit nicht abzusehen. Eine erschöpfende Behandlung dieses Themas, sofern dies überhaupt möglich ist, würde den Rahmen der vorliegenden Arbeit sprengen. Es ging in diesem kurzen Exkurs vielmehr darum, ein Bewusstsein für die Dimension der Diskussion zu entwickeln und dabei z. T. sich widersprechende Ansätze knapp darzustellen. Für den weiteren Verlauf..

3.3   Individualisierung

Eine zweite Konsequenz der Modernisierung stellt nach GIDDENS der Prozess der Individualisierung dar, die jedoch nicht mit Atomisierung der Gesellschaft oder umfassendem Egoismus gleichzusetzen ist. Vielmehr ist sie Ausdruck einer Pluralisierung der Lebensstile, da durch die Reflexivität der Moderne für das einzelne Individuum ein größerer Entscheidungs- und Handlungsspielraum als in von Traditionen bestimmten Gesellschaften besteht (vgl. GIDDENS 1999, 49 f.). Erweiterte Wahlmöglichkeiten fördern ihrerseits wiederum die Ausbildung spezieller, von den Präferenzen des jeweiligen Individuums geprägter Ansprüche, die als Auslöser flexibilisierter Produktion, regulationstheoretisch als *Postfordismus* bezeichnet, gelten können (vgl. GIDDENS 1997b, 26).

Individualisierung hat aber auch weitreichende Folgen für die innere Organisation der Gesellschaft, da z.B. Großorganisationen wie etwa Parteien oder Gewerkschaften über weniger Bindekraft verfügen und infolgedessen ihr Vertretungsanspruch erodiert. In spätmodernen Gesellschaften ist dementsprechend eine Zunahme alternativer Organisationsformen (Bürgerinitiativen, Selbsthilfegruppen, NGOs) zu beobachten, die sich vor allem durch bewusste, selbstmandatierte Übernahme von Verantwortung gegenüber der Allgemeinheit charakterisieren lassen. Dadurch wird Politik vom Parlament in die breite gesellschaftliche Diskussion verlagert[13] (vgl. GIDDENS 1999, 60 ff.). Zu den Folgen für das Demokratie- und Staatsverständnis später mehr.

3.4   Zivilgesellschaft

Eng mit der zunehmenden Individualisierung und der damit verbundenen Änderung der innergesellschaftlichen Organisation verknüpft ist nach GIDDENS (1997b; 1999) die Entstehung der *Zivilgesellschaft*, bzw. deren Bedeutungszuwachs (siehe dazu auch MINISTERIUM FÜR ARBEIT, GESUNDHEIT UND SOZIALORDNUNG BADEN-WÜRTTEMBERG 1995, 18 ff.; SOYEZ 1998). Die Zivilgesellschaft äußert sich in erster Linie in der Vielfalt verschiedener Initiativen interessierter Bürger, die damit auch Ausdruck einer reflexiven Gesellschaft mit einem hohen Maß an Selbstorganisationsfähigkeit sind (vgl. GIDDENS 1999, 95). Da sich die Bündnisse der Zivilgesellschaft vor allem problemzentriert und auf lokaler bzw. regionaler Ebene konstituieren, können sie auch als Ausdruck der nicht verschwundenen Bedeutung des Lokalen innerhalb der Globalisierung gesehen werden (vgl. GIDDENS 1999, 94 f.).

Auch die Organisationen der Zivilgesellschaft wirken sich auf das politische System aus. So schaffen sie vor allem Bedarf und Raum für Dialoge, indem sie Öffentlichkeit herstellen und damit Expertenwissen allgemein zugänglich machen. Auf diese Weise sollen (in der Theorie) Staat und Zivilgesellschaft zusammenarbeiten und sich gegenseitig kontrollieren (vgl. GIDDENS 1997b, 169; GIDDENS 1999, 94).

Ulrich BECK (2000) weist darauf hin, dass das Schlagwort Zivilgesellschaft in der letzten Zeit für verschiedene Zwecke benutzt und überstrapaziert worden ist. Die

---

13   Für GIDDENS stellt dabei die geplante Versenkung der Ölplattform "Brent Spar" 1995 ein Schlüsselereignis dar, da hier durch den massiven Eingriff von Umweltschutzorganisationen eine Öffentlichkeit mobilisiert wurde, die es dem Shell Konzern unmöglich machte, die geplante Versenkung auch umzusetzen. Gleichzeitig wurde auch am konkreten Fall die Macht privater Zusammenschlüsse deutlich, sich gegen gewählte Vertreter und globale Wirtschaftsunternehmen durchsetzen zu können, und dies nicht aufgrund demokratischer Legitimation, sondern durch Berufung auf moralische Überlegenheit, durch Wahrnehmung bisher vernachlässigter Belange von allgemeinem Interesse.
Im deutschsprachigen Raum spricht BECK (1993) in diesem Zusammenhang von "Subpolitik".

Übernahme des englischen *civil society* in den deutschen Sprachgebrauch ist zudem wenig glücklich, da es falsche Assoziationen (wie "Zivildienst", "Zivilstreife") weckt und den Kern nicht trifft. BECK schlägt daher den Begriff "zivilcouragierte Gesellschaft, eine Gesellschaft der sich einmischenden Individuen" vor. Die Wortwahl ist zwar nicht gerade griffig, erfasst aber eher den gemeinten Sinn der *civil society*.

3.5   Folgen für Staat, Politik und Demokratie in der Spätmoderne

Wie bereits angedeutet haben die Prozesse der Modernisierung und deren Beschleunigung in der Spätmoderne auch weitreichende Auswirkungen auf das Verständnis von Staat, Politik und Demokratie.

Nach GIDDENS (1999, 45) wirkt zunächst die Globalisierung dreifach auf den Staat. Von oben durch eingeschränkte nationale Handlungsspielräume, bedingt durch den Ausbau supranationaler Organisationen und die Bildung transnationaler Konzerne. Von unten durch verstärkte lokale Identität (in der Literatur oft als endogenes, lokales Potential beschrieben) sowie regionale Autonomiebestrebungen. Und drittens durch die alle Ebenen durchdringende Ausbildung neuer grenzüberschreitender kultureller, ökonomischer und politischer Regionen.

Eine Hauptfolge der Globalisierung besteht demnach darin, dass nationale Politik nicht mehr den alleinigen Einfluss auf die Entwicklungen innerhalb ihres Territoriums besitzt, sondern diesen mit anderen Akteure teilen muss.

Die Konstruktion des Nationalstaats beruht u.a. auf einer eindeutigen räumlichen Zuordnung; durch die Transformation des Raums im Zuge der Globalisierung wird quasi seine Grundlage in frage gestellt und verändert. So wird z.B. mit der Bildung transnationaler Unternehmen der nationalstaatliche Einfluss auf diese begrenzt; auch verfügen die "größten transnationalen Unternehmen über Finanzmittel, die die der meisten Nationen in den Schatten stellen" (GIDDENS 1995, 93). Auch haben viele Entwicklungen vor Ort ihren Ursprung außerhalb des jeweiligen staatlichen Einflussbereichs, etwa in Unternehmensentscheidungen in entfernten Firmensitzen oder in politischen Entscheidungen anderer Regierungen. Die Zahl relevanter Akteure wächst somit. Vor allem Unternehmen werden zunehmend zu wichtigen Akteuren sowohl auf nationaler als auch internationaler Ebene.

Die am anderen Ende des Nationalstaats ansetzenden lokalen und regionalen Bestrebungen sorgen ebenfalls für eine Zunahme der Unübersichtlichkeit. Die stärkere Betonung des lokalen Kontexts (z.B. durch Städtekonkurrenz und Bildung neuer regionaler Körperschaften) und der lokalen bzw. regionalen Akteure erzeugt ein neues Selbstbewusstsein, das seine Rechte vom Nationalstaat einfordert.

Angesichts dessen von einem Ende der Politik zu reden, ist allerdings wenig sachdienlich, da Nationalstaaten bis auf weiteres die maßgeblichen Akteure innerhalb der politischen Globalordnung bleiben werden, verfügen sie doch weiterhin beispielsweise über Gewaltmonopol oder Gesetzgebungskompetenz (vgl. GIDDENS 1997b, 15 f.). Da transnationale Unternehmen wie neu entstehende Regionen räumlich in Nationalstaaten verortet sind, sind sie damit nationalen Gesetzen unterworfen. Besser wäre es daher, von einer Umgestaltung nationaler Politik zu sprechen, da zwar der Nationalstaat Einfluss zugunsten regionaler bzw. supranationaler Körperschaften bzw. Unternehmen verliert, jedoch nicht irrelevant wird.

Hinzu kommen die Auswirkungen von Individualisierung und Zivilgesellschaft, die eine Umgestaltung des herkömmlichen Demokratieverständnisses hin zu einer "dialogische Demokratie" (GIDDENS 1997b, 159) mit kooperativem Politikstil erfordern. War die "klassisch-formale politische Arena" (ebd., 15) in erster Linie durch das Aufeinandertreffen von Großorganisationen wie politische Parteien, Gewerkschaften, Arbeitgeberverbände etc., also korporatistische Politik (vgl. RÜEGG 1996, 33 ff.), gekennzeichnet, so kommt es heute durch die Bildung kleiner lokaler Initiativen bzw. thematisch orientierter Organisationen zu einer Vergrößerung der Teilnehmerzahl in der *politischen Arena*, die ihrerseits vielfältige Interessen artikulieren.

Kurz, das politische System gewinnt an Komplexität und Differenzierung, der Bedarf an Koordination, Moderation und Dialog nimmt zu. An die Stelle hierarchischer Steuerung *von oben* treten verschiedene Verhandlungs- und Verbundsysteme[14].

Für MAYNTZ (1996, 477) ist diese Entwicklung die Folge eines "dialektischen Prozesses". Durch die Konstruktion des modernen Staates wird politische Macht in einer hierarchischen, formalen Struktur zentralisiert, der zuvor bestehende, marktähnliche Zustand somit abgelöst. Durch zunehmende interne Differenzierung entsteht später ein komplexes System korporativer Akteure mit eigenen Ressourcen, die sich nicht länger hierarchisch steuern und integrieren lassen. Als neue Steuerungs- und Koordinierungsform setzt sich das Prinzip des *Netzwerks* durch, da es jedem Akteur seine Autonomie zugesteht und nicht durch Zwang, sondern durch Freiwilligkeit, Eigenverantwortung und ein die Teilnehmer verbindendes Interesse geprägt ist.

Die Prozesse der Modernisierung bedeuten nicht den völligen Verlust autonomer Gestaltungsfähigkeit durch den Staat, lediglich ist sein direkter Einfluss auf das Handeln anderer, ebenfalls autonomer Akteure, geringer (vgl. GIDDENS 1997b, 149 ff.; RÜEGG 1996, 42 f.; ferner GABRIEL et al. 2000, 18; VOIGT 1995b, 37). Dies kann vor dem Hintergrund der Spätmoderne als Ausdruck einer post-traditionellen Gesellschaft gesehen werden; der Staat hat nicht per se Recht, kann sich nicht auf eine höhere, durch Traditionen bestätigte Wahrheit berufen, sondern muss sich die Zustimmung der Gemeinschaft durch Argumentation erarbeiten.

Problematisch in diesem Szenario ist allerdings die Konstitution der kleinteiligen Organisationen. Da es sich um Zusammenschlüsse engagierter Bürger handelt, die sich aus ähnlichen Interessen selbst Ziele und Themen setzen und einen Vertre-

---

14 "Der Staat setzt nicht einfach seine Entscheidungen, Gesetze und Verordnungen durch, sondern handelt Konzessionen, Garantien, politischen Status, Autorität und Macht gegen Konsens, Unterstützung, Information, Kontrolle der Mitglieder und Zugang zu Entscheidungsprozessen aus" (RÜEGG 1996, 49). Die dabei entstehenden Beziehungen lassen sich u.a. durch Methoden der Netzwerkanalysen erfassen und untersuchen.

tungsanspruch artikulieren, jedoch keine demokratische Legitimation (etwa durch Wahl) besitzen, besteht bei nahezu allen derartigen Organisationen und Initiativen ein klares Demokratiedefizit. Auch verfügen sie meist über begrenzte Ressourcen und damit Macht, müssen sich also selbst beschränken. Daher ist "die Vorstellung, dass solche Gruppen dort einspringen können, wo Staat und Regierung versagen, oder an die Stelle politischer Parteien treten können, [...] bloße Phantasterei" (GIDDENS 1999, 67). Zivilgesellschaft soll Politik und Staat nicht ersetzen oder abwickeln, sondern ergänzen. Dabei kommt dem Staat sogar eine wesentliche Rolle zu, nämlich die Voraussetzungen und Freiräume so zu gestalten, dass eine breite, gestaltende Mitwirkung von NGOs überhaupt möglich wird, und nicht auf den rechtsfreien und oftmals folgenlosen Bereich beschränkt bleibt (vgl. BECK 2000).

Politik muss, sofern sie erfolgreich sein will, auf diese Entwicklungen reagieren und neue Strategien und Formen des Umgangs mit der Zivilgesellschaft in einer globalisierten Umwelt entwerfen. Ein festes Rezept wird es dabei nicht geben, da sich z. B. lokale Bedingungen stark unterscheiden und globale Rahmenbedingungen schnell ändern können. Umso wichtiger ist es daher, Dialogfähigkeit zu entwickeln und zu bewahren, um alle relevanten Kräfte der Zivilgesellschaft zu mobilisieren und zum Austausch anzuregen (vgl. u.a. GIDDENS 1999; HENKEL 2000, 9 f.).

> "Ich möchte kurz zusammenfassen: Druck in Richtung Demokratisierung
> – die allerdings stets mit entgegengesetzten Einflüssen konfrontiert ist –
> wird durch die miteinander gekoppelten Prozesse der Globalisierung und
> der institutionalisierten Reflexivität in Gang gebracht. Die Enttraditio-
> nalisierung löst lokale Handlungskontexte auf und verändert zur glei-
> chen Zeit die Beschaffenheit der globalen Ordnung. [...] Globalisierung,
> Reflexivität und Enttraditionalisierung schaffen somit ‚Dialogräume‘, die
> ausgefüllt werden müssen. Dabei handelt es sich um Räume, in denen
> man sein Engagement dialogisch praktizieren kann, indem man sich auf
> aktive Vertrauensmechanismen stützt" (GIDDENS 1997b, 182)

Für das Demokratieverständnis bedeutet eine solche Entwicklung, dass Entscheidungen in verstärktem Maße nicht von demokratische legitimierten Gremien (Parlamenten, Behörden) gefällt werden, sondern in gemischten Verhandlungssystemen mit öffentlichen und privaten Akteuren (vgl. RÜEGG 1996, 188).

4. Stadtplanung als Handeln in der Struktur: Anforderungen an das Forschungsdesign

Aus den vorangegangenen Abschnitten stellt sich nun die Frage, wie eine um strukturationstheoretische Elemente erweiterte, handlungszentrierte, stadtgeographische Forschung angesichts der Prozesse der Spätmoderne zu bewältigen ist. Wie lassen sich Handeln und Struktur empirisch erfassen? Welchen Anforderungen muss ein dem theoretischen Rahmen entsprechendes Forschungsdesign genügen, um als zielführend gelten zu können? Diesen Fragen nachzugehen, ist Gegenstand dieses Kapitels.

Handeln findet ihm Rahmen der Struktur und durch Bezugnahme auf sie statt, gleichzeitig ist die Struktur Ergebnis vergangener Handlungen. Handeln ist *per definitionem* ein zielgerichteter, bewusst geplanter Akt, der eine Veränderung bewirken oder verhindern soll. In diesem Sinn kann Stadtplanung als eine Form des Handelns gelten. Das Handlungsziel ist eine Veränderung der baulichen Stadt, wobei allerdings zu beachten ist, dass "wer dabei vorgibt, nur Räume zu planen, verschleiert, dass gleichzeitig auch Handlungen geplant werden" (WERLEN 1993, 727). Die städtebauliche Tätigkeit hat also auch vielfältige Auswirkungen auf beispielsweise Verkehrsströme, Sozialstruktur oder Raumnutzung. Da diese nur zum Teil im Voraus erfassbar sind, lassen sie sich unter beabsichtigte und unbeabsichtigte Handlungsfolgen subsumieren. Die Handlungsfolgen sollen aber hier nicht weiter thematisiert werden, da die Fragestellung auf die Produktion des Raums zielt.

Als Handelnde kommen sowohl Individuen als auch Organisationen in Frage. Dies ist gerade im stadtplanerischen Kontext wichtig, da hier kollektive Akteure wie etwa Stadt, private Unternehmen oder Bürger in einen Planungsprozess eintreten und dazu Vertreter entsenden. Im Planungsprozess begegnen sich zwar individuelle Akteure, diese stehen aber stellvertretend für ihre Organisation, werden durch sie mit Macht ausgestattet, vertreten primär keine Eigeninteressen, sondern die der Organisation. Das Bild des handelnden (Einzel-) Subjekts kann hier nicht angewandt werden.

Doch Stadtplanung besteht nicht nur aus Handlung; sie findet in einer bestimmten Umgebung statt, der Struktur. Struktur als Ergebnis vergangener Handlungen ermöglicht und beschränkt das aktuelle Handeln, bildet einen Rahmen und wird gleichzeitig durch das Handeln reproduziert und verändert. Sie im stadtplanerischen Kontext zu thematisieren bedeutet u.a., einen historischen Bogen zu schlagen, um die Stadtentwicklung und ihre in der Vergangenheit bestimmenden Faktoren identifizieren zu können[15]. Für die aktuelle Stadtentwicklung sind vor allem die mit dem Begriff der Spätmoderne verbundenen Entwicklungslinien bedeutsam, insbesondere die Globalisierung. STRATMANN (1999, 17) weist darauf hin, dass "Stadtentwicklung [...] Teil der gesellschaftlichen Entwicklung" ist. Sie besteht demzufolge aus demographischen, politischen, sozialen, ökonomischen, technologischen, kulturellen und ökologischen Faktoren. Globalisierung ist dabei kein neuer, zusätzlicher Faktor, sie wirkt vielmehr auf die oben genannten, indem die Faktoren der Stadtentwicklung gleichfalls globalisiert werden. Stadtentwicklung ist dadurch weniger rein endogen steuer- und erklärbar, da neben die lokalen Bedingungen und Akteure globale hinzutreten. Als zusätzliche analytische Dimension treten neben Stadt und Staat globale politische und ökonomische Entwicklungen. STRATMANN (1999, 20) bezeichnet da-

---

[15] Diese Arbeit kann im Rahmen dieser Diplomarbeit nicht geleistet werden. Statt dessen wird an den entsprechenden Stellen auf bereits existierende Literatur verwiesen.

her "Stadtentwicklung [als] ein Mehrebenenphänomen", auf das z. B. Standortentscheidungen großer Unternehmen ebenso Einfluss haben wie das demographische Verhalten (z. B. Wohnstandortentscheidungen) Einzelner.

Die Zahl der möglichen Akteure nimmt also durch die Prozesse der Spätmoderne zu. Das Spektrum reicht somit von lokalen Interessengruppen (Stichwort Zivilgesellschaft) bis hin zu global agierenden Unternehmen. Durch die Zunahme an Komplexität und die stärkere Differenzierung der einzelnen Akteure wird ein anderes Verfahren der politischen Steuerung notwendig. Anstelle hierarchischer Steuerung gewinnen von Koordination, Moderation und Verhandlung geprägte Verfahren an Bedeutung. Der (lokale) Staat ist auf die Mitarbeit anderer, seien es private Initiativen oder Wirtschaftsunternehmen, angewiesen, will er weiterhin in seinem Hoheitsgebiet planerisch tätig sein. Ein *von-oben-herab* wird nicht mehr akzeptiert, Politik muss sich das Vertrauen und die Akzeptanz der Gesellschaft erwerben. Dies ist, erkennt man GIDDENS' Analysen zur Spätmoderne an, am ehesten durch gemischte Verhandlungssysteme mit öffentlichen und privaten Akteuren möglich. Da Stadtplanung einen Teilaspekt kommunaler Politik darstellt, müssten sich hier auch Verhandlungssysteme finden und untersuchen lassen.

Durch die stadtplanerische Arbeit bildet sich unter den Beteiligten, so die These, ein Netzwerk aus, das sinnvollerweise mit netzwerkanalytischen Methoden untersucht werden kann. Netzwerke werden u.a. durch das Kriterium der "Beziehung eines bestimmten Typs" charakterisiert. Das die Beteiligten verbindende Interesse (der Beziehungstyp) ist hier dasselbe wie das Handlungsziel: Eine Veränderung der baulichen Stadt, in der konkreten Anwendung also das künftige Europaviertel auf dem Gelände des ehemaligen Hauptgüterbahnhofs Frankfurt am Main. Das auf diese Weise definierte und abgegrenzte Netzwerk zu untersuchen, ist Ziel des empirischen Teil der vorliegenden Arbeit.

Aus diesen Überlegungen heraus ergeben sich nun folgende Anforderungen an das Forschungsdesign. Ausgehend von WERLENs Überlegungen zu einer raumorientierten Handlungswissenschaft wird diese hier um strukturationstheoretische Elemente erweitert. Zum einen durch die konsequente Beachtung der Einheit von Handeln und Struktur, zum anderen durch die Thematisierung der Machtkomponente im Handeln. Ein entsprechendes Forschungsdesign muss also zunächst Handeln und Struktur erfassen. Den großen strukturellen Rahmen bilden wie gesagt GIDDENS' Diagnosen zur Spätmoderne. Dabei rücken vor allem die Prozesse und Folgen der Globalisierung am Beispiel Frankfurt am Main in den Vordergrund. Die Handlungskomponente wird durch die Methode der Netzwerkanalyse erfasst. Zum einen, weil sie von einem ähnlichen Ansatz wie die Strukturationstheorie, der Aufhebung des Gegensatzpaares Handeln und Struktur, ausgeht, zum anderen, weil durch die Prozesse der Spätmoderne im politischen Bereich Verhandlungssysteme entstehen, die sich netzwerkartig konstituieren. Die Methode der Netzwerkanalyse stellt somit das zu den Vorüberlegungen passende Instrument dar und wird im folgenden Kapitel näher behandelt.

Ein weiteres, sich aus strukturationstheoretischer Sicht ergebende Element ist die im Handeln eingeschlossene Machtkomponente. Macht ist die grundlegende Voraussetzung des Handelns, da Handeln ohne die Fähigkeit (= Macht) zum Eingreifen in die Welt nicht möglich ist. Die Ausübung von Macht ist an die Verfügung über Ressourcen gebunden, wobei bestimmte Regeln die Nutzung der Ressourcen bestimmen. Ein entsprechendes Forschungsdesign muss folglich darauf Rücksicht nehmen. Zum einen sind autoritative wie allokative Ressourcen der Akteure zu erfassen, zum anderen die den Einsatz der Ressourcen bestimmenden Regeln. Bei der Vorbereitung leitfadengestützter Interviews ist dies zu berücksichtigen.

5. Der Ansatz der Policy Network Analysis und der geographische Kontext

Auf der Suche nach einem geeigneten Untersuchungsdesign stellte sich das Problem, wie Kommunikationsstrukturen im stadtplanerischen Kontext zu erfassen wären. Ansatzpunkte fanden sich schließlich in der Literatur zur Politiknetzwerkforschung (z.B. HERETIER 1993; JANSEN 1999; JANSEN/SCHUBERT 1995; MARIN/MAYNTZ 1991; PAPPI 1987b), zumal der Ansatz der Policy Network Analysis in der letzten Zeit populär (vgl. BECKER/GENTNER et al. 1998) und dadurch recht weit verbreitet ist. Für die Geographie ist dabei allerdings zu bemerken, dass sich dies bisher vor allem auf den Bereich der Wirtschaftsgeographie, und dort insbesondere auf quantitative Untersuchungen beschränkt. Ziel dieses Abschnittes ist es, die Grundlagen der Netzwerkanalyse zu erarbeiten und diese auf die Fragestellung anzuwenden. Dazu wird in einem Zwischenschritt der Stand der Rezeption netzwerkanalytischer Konzepte für den Bereich der Anthropogeographie beleuchtet.

5.1 Grundlagen der Netzwerkanalyse

Der Begriff *Netzwerk* zur Beschreibung sozialer Beziehungen geht nach KENIS/SCHNEIDER (1991) auf den Ethnologen Claude LÉVI-STRAUSS und seine Strukturanthropologie zurück[16]. Er definiert "society as a network of different types of order" (zit. in: KENIS/SCHNEIDER 1991, 25). Seit den 1960er Jahren wurde diese Sichtweise vor allem von US-amerikanischen Forschern übernommen und auf die Bedürfnisse der Sozial-, Politik-, Verwaltungs- und Wirtschaftswissenschaften übertragen. Aufgrund der überwiegend guten Erfahrungen mit diesem Ansatz gehört die Netzwerkanalyse heute zu den fest etablierten Methoden der Sozialforschung im weiteren Sinn. Im deutschsprachigen Raum ist in dieser Hinsicht ein klares Defizit

---

16 LEVI-STRAUSS ist ein klassischer Vertreter des Strukturalismus. Durch die Ausrichtung dieser Arbeit auf strukturationstheoretische Konstrukte wird versucht, zwischen strukturalistischen und subjektzentrierten Positionen zu vermitteln und Verbindungen zu schaffen. Ein Weg dabei ist die Rezeption strukturalistischer Ansätze im handlungstheoretischen Zusammenhang. Dies ist auch ein Anliegen der Politiknetzwerkforschung. Daher ist der Verweis auf einen Vertreter des Strukturalismus kein kruder Eklektizismus, sondern steht im direkten Zusammenhang mit der grundsätzlichen Ausgangsposition dieser Arbeit.

zu erkennen (vgl. JANSEN 1999, 42), was auch für große Teile der geographischen Forschung gilt.

Nach PAPPI (1987b, 13) wird als Netzwerk "eine durch Beziehungen eines bestimmten Typs verbundene Menge von sozialen Einheiten wie Personen, Positionen, Organisationen" bezeichnet. Diese Beziehungen können qualitativ (z.B. als konflikthaft, kooperativ, indifferent, freundlich-neutral, informativ) und quantitativ (z.B. Häufigkeit der Kontakte oder ihre Dauer) erfasst werden. Da sie auch immer gerichtet sind, lassen sich weiterhin symmetrische von asymmetrischen Beziehungen unterscheiden (vgl. JANSEN 1999, 52 ff.; PAPPI 1987b, 16 ff.).

Die Netzwerkanalyse bietet gemäß dieser grundlegenden Eigenschaften eine mögliche Lösung des Mikro-Makro-Problems der Sozialwissenschaften, indem sie einen Mittelweg zwischen strukturalistischen und subjektbezogenen Ansätzen darstellt. Sie ermöglicht die "Integration von Struktur und Handeln" (JANSEN 1999, 16), einem Hauptanliegen der Strukturationstheorie nach GIDDENS. Im Mittelpunkt der Analyse steht nicht das Individuum, sondern seine Beziehungen zu anderen Individuen und deren Einbettung in Strukturen (z.B. Gesellschaft, Familie, Beruf, etc.), wobei Struktur und Individuum in einem rekursiven Verhältnis stehen (vgl. JANSEN 1999, 16 ff.; JANSEN/SCHUBERT 1995, 223 f.). Aufgrund dieser Überlegungen ist die Netzwerkanalyse der passende methodische Ansatz, wenn man die Prämissen der GIDDENS'schen Strukturationstheorie und Spätmoderne anerkennt[17].

Ein Beleg dieser These findet sich auch bei KENIS/SCHNEIDER (1991). Die Autoren stellen fest, dass die Netzwerkanalyse vor allem ab den 1970er Jahren in der Politikanalyse Anwendung findet. Sie erklären dies mit der Existenz neuer gesellschaftlicher Rahmenbedingungen. Dazu gehören (ebd., 34 ff.):

– die Zunahme bürgerschaftlicher Organisationen (Friedensbewegung, Bürgerinitiativen) und die damit verbundenen artikulierten Interessen

– die stärkere Spezialisierung der Verwaltung, was einen verstärkten innerbehördlichen Abstimmungsbedarf zur Folge hat

– die Ausweitung staatlicher Aufgaben im Zuge des Ausbaus des Dienstleistungsstaats

– die verstärkte Dezentralisierung und Fragmentierung des Staats

– die stärker verwischenden Grenzen zwischen privaten und öffentlichen Akteure durch Kooperation in bestimmten Bereichen

– die Transnationalisierung der Politik durch supra-nationale Organisationen wie EU, NATO, WTO, IWF etc.

---

17 MAYNTZ (1996, 476) geht soweit zu sagen, daß die Existenz von Policy-Netzwerken "auch ein Indikator gesellschaftlicher Modernisierung" darstellt.

– die zunehmende Relevanz der Ressource Information als Folge größerer Komplexität und gegenseitiger Abhängigkeiten.

Auffällig ist die Nähe zu den Gesellschaftsdiagnosen der Spätmoderne nach GIDDENS; da hier nahezu identische Prozesse beschrieben werden, liegt der Schluss nahe, dass unter den Bedingungen der Spätmoderne die Netzwerkanalyse eine erfolgversprechende Methode darstellt.

Die Teilnahme an einem Netzwerk erfolgt (im Idealfall) auf freiwilliger Basis aufgrund ähnlicher Interessen, wobei der ”Fähigkeit, ohne Zwang verantwortungsbewusst zu handeln” (MAYNTZ 1996, 476) eine zentrale Rolle zukommt. Um das gemeinsame Ziel zu erreichen, müssen die Akteure eines Netzwerks in einen Diskussionsprozess eintreten. Als Handlungslogik bieten sich infolge der eher horizontalen Struktur Tausch und Verhandlung an.

Das Prinzip *Tausch* findet nach MAYNTZ (1996, 479) vor allem als generalisierter Tausch Anwendung. Er ist ”eher multilateral als bilateral, [...] eher indirekt (z. B. Ringtausch) als direkt” (ebd.) und macht, da oftmals Ressourcen ohne direkten Marktpreis (wie etwa Unterstützung) getauscht werden, ein Aushandeln nötig. Das beim Tausch vorrangige Ziel ist der individuelle, egoistische Gewinn.

Da Netzwerke aber trotz der in Teilbereichen divergierenden Interessen der Teilnehmer auch ein gemeinsames Ziel verfolgen, kommt als zweite Handlungslogik die *Verhandlung* hinzu (vgl. MAYNTZ 1996, 481 ff.). Um ein gemeinsames Ergebnis erreichen zu können, ist eine gewisse Selbstbeschränkung (der Eigeninteressen) und die Bereitschaft zu Kompromissen unabdingbar. Ziel der Verhandlung ist entweder ein reiner Interessenausgleich (die Minimallösung) oder eine optimale Problemlösung.

Für politische, und damit auch für stadtplanungspolitische, Netzwerke lassen sich nach MARIN/MAYNTZ (1991, 18) folgende Merkmale festhalten:

Ein Netzwerk ist politikfeldbezogen, ist also thematisch auf die Abarbeitung eines konkreten Problems begrenzt. Es besteht aus ”*corporate actors*”, die nach außen kollektiv handeln, während sich die interne Arbeit zwischen den Polen Kooperation und Konflikt bewegen kann (”*antagonistic cooperation*”). Die Organisation ist vorwiegend informell und horizontal konstituiert, es fehlt dementsprechend ein ”*stable central or hegemonic actor*”. Das Netzwerk stellt damit eine Art Gegenprinzip zur hierarchischen Organisation dar, wenn auch eine vertikale Machtverteilung oder ein unterschiedlicher Zugang zu Ressourcen nicht auszuschließen ist. Da die Hauptarbeit im Aushandlungsprozess liegt, ist eine überschaubare, nicht zu große Teilnehmerzahl unabdingbar.

Gemäß dieser Merkmale eröffnen sich für die Netzwerkforschung folgende Dimensionen (nach JANSEN/SCHUBERT 1995, 332 f.):

– Akteure und deren Eigenschaften

– Funktion des Netzwerks, seine Aufgabenstellung

–   Struktur (z. B. Dichte, Akteurszahl, Symmetrie, Art der Beziehungen)

–   Verfahrensregeln

–   Machtverteilung zwischen den Akteuren

–   Akteursstrategien.

Der große Vorteil der Netzwerkanalyse liegt kurz gesagt darin, dass sie es ermöglicht, komplexe, informelle Beziehungen erfassen und beschreiben zu können, und zwar graphisch, textlich, quantitativ und qualitativ.

Ein zentrales Problem der Netzwerkanalyse besteht in der Abgrenzung des zu untersuchenden Netzwerks. Nach PAPPI (1987b, 25) ist zunächst zu klären, ob Aussagen über einzelne Einheiten oder über eine Gesamtheit gemacht werden sollen. Dazu lassen sich Ego-Netzwerke von Gesamtnetzwerken unterscheiden (vgl. JANSEN 1999, 64; PAPPI 1987b, 13). Ego-Netzwerke erfassen möglichst umfassend das Beziehungsgeflecht eines Subjekts. Das Gesamtnetzwerk ergibt sich aus der Kombination mehrerer Ego-Netzwerke in Bezug zueinander.

Laut Definition besteht ein Netzwerk aus "Beziehungen eines bestimmten Typs" (PAPPI 1987, 13). Um die zu einem Netzwerk gehörenden Subjekte identifizieren zu können, ist demnach zu klären, welche Art von Beziehung das Netzwerk definiert. Dies können Tauschbeziehungen sein, Kommunikationsbeziehungen, Abhängigkeitsbeziehungen, Gefühlsbeziehungen, Verwandtschaftsbeziehungen etc. (vgl. PAPPI 1987a, b, 16 f.).

Da in einem Planungsprozess verschiedene Akteure miteinander in Interaktion treten, kommunizieren müssen, bildet sich auch hier, so die Hypothese, ein bestimmtes Netzwerk aus. Bezogen auf die vorliegende Arbeit definiert sich das Netzwerk durch stadtplanungsrelevante Kommunikationsbeziehungen, die sich mit dem Projekt Europaviertel Frankfurt am Main befassen.

Ist diese Frage beantwortet, kann die zu untersuchende Gruppe festgelegt werden. Das kann zum einen "nominalistisch" (durch den Forscher definiert), zum anderen "realistisch" (durch Einschätzung der Akteure definiert) geschehen (JANSEN 1999, 66). In der hier vorliegenden Arbeit wurde, wie oben erwähnt, eine Kombination beider Verfahren gewählt. Eine vorläufige (nominalistische) Liste wurde im Verlauf der Datenerhebung mittels Schneeballsystem (realistisch) ergänzt (s. Kap. II.1.1).

5.2   Der Netzwerkansatz im geographischen Kontext

Die Anwendung netzwerkanalytischer Konzepte in der Geographie findet bisher vor allem im Bereich der Wirtschaftsgeographie und in Verbindung mit quantitativen Methoden statt (vgl. stellvertretend BATHELT/GLÜCKLER 2000; BATHELT/GRIEBEL 2001; BECKER/GENTNER et al. 1998; LO/RENTMEISTER 1998; SCHAMP 2000). Ausgangspunkt bildet der Transaktionskostenansatz nach WILLIAMSON (1975; 1985; zit. nach BATHELT/GLÜCKLER 2000, 168 bzw. SYDOW 1992, 255), wonach sich die bei jeder Transaktion anfallenden Kosten durch die Ausbildung flexibler, netzwerkartiger Unternehmensstrukturen verringern lassen. Diese Vorteile gegenüber den Modellen "Markt" und "Hierarchie" ermöglichen es den Unternehmen, auf die Bedingungen des Postfordismus erfolgreich zu reagieren und so Wettbewerbsvorteile zu erzielen (vgl. SYDOW 1992, 268 ff.; POWELL 1996, 219 ff.; ferner KRÄTKE 1991). Sprachlich werden diese Netzwerke beispielsweise als "Strategische Allianz", "Strategisches Netzwerk" oder "Wertschöpfungspartnerschaft" bezeichnet, wobei das Prinzip dasselbe bleibt. Zwei (oder mehr) rechtlich unabhängige, wirtschaftlich dagegen voneinander abhängige Unternehmen gehen eine relativ dauerhafte, "komplex-reziproke, kooperative Beziehung" (SYDOW 1992, 248) ein. Die dabei charakteristischen Merkmale ähneln den im vorigen Abschnitt beschriebenen. Durch die enge Kooperation kommt es zu intensivem Wissensaustausch, was Innovations- und damit Wettbewerbsfähigkeit fördert (vgl. BATHELT/GRIEBEL 2001, 2 f.). Räumliche Nähe spielt dabei eine nicht zu unterschätzende Rolle; als Folge bilden sich Innovationszentren, die Wissen räumlich konzentrieren, beispielsweise Silicon Valley oder Boston Area (vgl. BATHELT/GLÜCKLER 2000). Um die Voraussetzungen, Funktionsweise und Auswirkungen solcher Vernetzungsprozesse zu untersuchen, wurde an der Goethe Universität Frankfurt am Main unter Beteiligung des Instituts für Wirtschafts- und Sozialgeographie der Sonderforschungsbereich 403, "Vernetzung als Wettbewerbsfaktor am Beispiel der Region Rhein-Main", eingerichtet[18].

5.3 Planung als Kommunikationsnetzwerk

Die vorliegende Arbeit versucht, Planungsprozesse als Kommunikationsnetzwerk zu begreifen. Dieses Verständnis beruht auf der simplen Tatsache, dass Planung zu einem großen Teil Kommunikation ist[19], sowohl innerhalb als auch zwischen Organisationen. Die beteiligten Akteure müssen im Laufe einer Planung ihre jeweiligen Ansprüche verhandeln, Kompromisse und Ausgleiche finden, Chancen und Risiken gewichten und bewerten, etc. Alles in allem also Aufgaben, die nicht allein im stillen Arbeitszimmer zu lösen sind, sondern nur in der Interaktion mit anderen Beteiligten. Kommunikation ist somit im Sinne GIDDENS' (1997a, 82)"ein allgemeines Interaktionselement, ein umfassenderes Konzept als die kommunikative Absicht (d.h. was ein Akteur zu sagen ,meint' bzw. tut)." Die gesteigerte Notwendigkeit zur Abstimmung und Verhandlung ist auch als Folge einer im Verlauf der Moderne zunehmenden Fragmentierung der Gesellschaft und damit einer Zunahme an Akteuren zu sehen (vgl. RÜEGG 1996, 39-43; SCHLUSCHE 2000; VOIGT 1995a, b). Das gilt um so mehr bei (städtebaulichen) Großprojekten, für die ein "enormer Planungs- und Koor-

---

18 Weiterführende Informationen finden sich unter: www.vernetzung.de

19 Darauf weisen auch die in der Diskussion um eine *Neue Planungskultur* kursierenden Begrifflichkeiten wie "Kommunikationsplanung", "Perspektivischer Inkrementalismus", "Kooperative Planung", "Offene Prozeßplanung" oder "Mediation" hin (vgl. dazu v.a. SELLE 1994; 1997; 2000; ferner SCHLUSCHE 2000; SCHÖNWANDT 1999). Das Grundprinzip ist meist ähnlich; anstelle einer fertigen, im Vorfeld des Projekts erstellten Planung tritt eine flexibilisierte, nach Bedarf sich entwickelnde Planung, die ein hohes Maß an Austausch und Kommunikation voraussetzt.

dinierungsaufwand" (SCHELTE 1999, 143) geradezu charakteristisch ist. Kommunal-verwaltungen reagieren darauf vermehrt durch die verstärkte Einbeziehung privater Projektentwickler und Investoren. Auf diese Weise kommt es zu einer größeren An-zahl von Planungsbeteiligten, beispielsweise "öffentliche/private Projektentwickler, Finanzierungsinstitutionen, Flächennachfrager, Architekten, bauausführende Un-ternehmen, Projektsteuerer, Consultingbüros, Makler etc." (SCHELTE 1999, 167). Durch die notwendigerweise enge Zusammenarbeit entsteht ein Netzwerk mit den bereits genannten Eigenschaften.

Das entstandene Netzwerk ist keineswegs statisch angelegt, weder was die Teilneh-mer noch die Beziehungen der Akteure zu einander betrifft. Je nach Phase der Pla-nung können zusätzliche Akteure einbezogenen, die Zusammenarbeit enger oder lockerer, die Beziehungen zueinander mal freundlich mal kompetativ werden. Nichtsdestotrotz gibt es immer einen *harten Kern*, meist bestehend aus Grund-stückseigentümer und Kommunalverwaltung. Um diese Grundelemente herum gruppieren sich die weiteren Planungsbeteiligten, ob nun beauftragt (wie etwa ver-schiedene Dienstleister) oder aus Interesse bzw. Betroffenheit (wie etwa Anwohner, interessierte Bürger oder Makler).

Wie bereits in dieser kurzen Aufzählung ersichtlich ist, konstituiert sich hier eine Netzwerk aus Netzwerken. Die Stadt besteht aus Dezernaten, Ämtern, politischen Parteien, Ausschüssen, Parlament etc., die privatwirtschaftliche Seite aus einzelnen Unternehmen mit einzelnen Fachabteilungen, die Bürger aus Privatpersonen, Verei-nen, Verbänden usw. Es kann also, anders als bei Untersuchungen von Ego-Netzwerken, nicht davon ausgegangen werden, dass jeder Beteiligte eine einzelne Einheit darstellt. Innerhalb der beteiligten Organisationen findet ebenfalls ein Aus-handlungsprozess statt, der sich ebenfalls netzwerkanalytisch beschreiben lässt. Da in dieser Arbeit jedoch die Beziehungen zwischen den Organisationen bzw. deren Vertreter im Mittelpunkt des Interesses stehen, werden diese internen Prozesse nur dann thematisiert, wenn sich daraus wichtige Folgen für den Gesamtprozess erge-ben, beispielsweise interne Konflikte das Gesamtprojekt gefährden.

II. Empirischer Teil

1. Methodische Vorüberlegungen und Datenerhebung

Wie in der Einleitung bereits erwähnt, kommt bei der Datenerhebung eine Kombination aus Netzwerkanalyse und Leitfadeninterview zur Anwendung. Nachdem die Methode der Netzwerkanalyse bereits vorgestellt wurde, ist es an dieser Stelle notwendig, auf die für den empirischen Teil der vorliegenden Arbeit grundlegenden Begriffe und Konzepte wie *Experte*, *Akteur* und *Interviewleitfaden* einzugehen, sowie einige Bemerkungen zur Auswertungsstrategie zu machen.

1.1 Experten und Akteure

Um leitfadengestützte Experteninterviews durchführen und die für die Untersuchung relevanten Experten identifizieren zu können, ist zunächst der Begriff *Experte* zu klären. Dazu stütze ich mich in erster Linie auf die Ausführungen von MEUSER/ NAGEL (1991). Danach ist der mittels Interview befragte Experte Teil des zu untersuchenden Handlungsfeldes. Die Definition des Experten ist also abhängig von der jeweiligen Fragestellung, ist kein absoluter, sondern ein relationaler Status.

Nach MEUSER/NAGEL (1991, 443) wird als Experte angesprochen,

– ”wer in irgendeiner Weise Verantwortung trägt für den Entwurf, die Implementierung oder die Kontrolle einer Problemlösung oder

– wer über einen privilegierten Zugang zu Informationen über Personengruppen oder Entscheidungsprozesse verfügt.”

Akteure sind alle am Planungsnetzwerk beteiligten Organisationen, während *Experte* den jeweiligen Ansprech- und Interviewpartner bezeichnet. Da jedoch der jeweilige befragte Experte als Repräsentant eines kollektiven Akteurs behandelt wird, verwende ich beide Begriff synonym. Wie bereits in der Einleitung erwähnt, ist der Gegenstand des Interviews nicht der Gesprächspartner als Individuum, sondern sein Wissen, das er als Repräsentant einer Institution oder Organisation zu einem speziellen Thema besitzt. In diesem Fall ist dies in erster Linie *Wissen über den Planungsprozess* Europaviertel und die dabei entstandenen Beziehungen zwischen den Akteuren. Dieses Wissen ist vor allem bei Personen der zweiten oder dritten Führungsebene zu erwarten, da sie über detaillierteres Wissen verfügen und aufgrund ihrer täglichen Praxis näher an der Problemstellung arbeiten (MEUSER/NAGEL 1991, 444).

Als Experten wurden für diese Untersuchung Personen angesprochen, die in ihrer jeweiligen Institution oder Organisation federführend mit dem Projekt Europaviertel befasst sind, z.B. Projektleiter, Personen mit Sprecherfunktion und zuständige Redakteure.

Ein bei Netzwerkanalysen zentrales Problem ist, wie bereits gesagt, die Abgrenzung des Netzwerks, sprich: Wer ist (im Rahmen der Untersuchung) Akteur, wer nicht? Diese Frage ist eng verknüpft mit der Frage nach den verschiedenen Stufen innerhalb eines Netzwerks. So kann man z.B. wenige Hauptbeteiligte sehen (etwa einen inneren Kreis mit Grundstückseigentümern, Stadt, Bürgern), der mit einem äußeren vernetzt ist (den jeweiligen Bestandteilen, Partner oder Dienstleistern). So besteht der Akteur "Stadt" aus verschiedenen legislativen und exekutiven Körperschaften, die Eigentümer ziehen diverse Planer, Finanz- und andere Dienstleister hinzu, die "Bürger", bzw. die Bürgerinitiative[20] konstituiert sich aus verschiedenen Vereinen, Parteien, Fachleuten, interessierten Bürgern etc. Es stellt sich also erneut die bereits oben aufgeworfene Frage: Wo ist die Grenze des Netzwerks?

Aufgrund dieser Vorüberlegungen wurde zu Beginn der Untersuchung durch Auswertung von Pressemitteilungen, Dokumenten der Öffentlichkeitsarbeit und Artikeln der lokalen Presse (FAZ; FR; FNP) eine vorläufige Akteursliste erstellt. Im Verlauf der Untersuchung wurde diese Liste mittels Schneeballsystem ergänzt. Die auf diese Weise identifizierten Akteure[21] (und Experten) sind:

- Albert Speer & Partner GmbH (Heike Göppinger), als mit der Rahmenplanung beauftragtes Büro, im folgenden AS&P

- Amt für kommunale Gesamtentwicklung und Stadtplanung (Ulrich Kriwall), als Vertreter der Stadt Frankfurt am Main, im folgenden Stadtplanungsamt

- Bürgerinitiative Europaviertel (Winfried Becker), als Vertreter der vom Bau des Europaviertel betroffenen Bewohner des angrenzenden Gallusviertels, im folgenden BI (Bürgerinitiative)

- Deutsch Bahn Immobiliengesellschaft mbH (Rolf Lange/Olaf Mußhoff), als Grundstückseigentümer des Areal westlich der Emser Brücke, im folgenden DBImm

- Eisenbahnimmobilien Management GmbH (Oliver Leicht), als Grundstückseigentümer des Areal östlich der Emser Brücke, im folgenden EIM

- HypoVereinsbank (René Beckert), Konsortialführer zur Finanzierung des Urban Entertainment Center, im folgenden HVB

- Trizec Hahn Europe (Fr. Linnemann), kanadische Projektentwicklergesellschaft, (ehemaliger) Joint Venture Partner der EIM, im folgenden TH.

---

20 Zur Problematik der Bürgerinitiativen sei lediglich angemerkt, daß sie keinerlei demokratisch legitimiertes Gremium darstellen, sondern sich selbst berufen und auch nicht einen repräsentativen Querschnitt der Bürgerschaft darstellen. Eine Bürgerinitiative als Vertreter der Bürger zu bezeichnen, ist daher schwierig. Da sich die BI "Europaviertel" als für jedermann offen und öffentlich tagende Gruppe versteht, wurden sie dennoch als Sprachrohr des angrenzenden Gallusviertels betrachtet.

21 Die Messe Frankfurt GmbH (Alexander Skipis) sieht sich nicht als Akteur i.e.S. und wurde daher nicht in die Liste aufgenommen. Als Begründung wurde angegeben, daß die Messe Frankfurt GmbH lediglich ihre Erweiterungsflächen aufkauft und beplant, in die Planungen zum eigentlichen Europaviertel aber nicht involviert sei.

Zusätzlich zu den planungsbeteiligten Akteuren i.e.S. wurden die zuständigen Redakteure der drei wichtigsten Zeitungen Frankfurts als Experten angesprochen:

- Frankfurter Allgemeine Zeitung (Matthias Alexander), im folgenden FAZ

- Frankfurter Neue Presse (Günter Murr), im folgenden FNP

- Frankfurter Rundschau (Hans-J. Göpfert), im folgenden FR.

Die Vertreter der Presse wirken vor allem indirekt auf den Planungsprozess. Sie sind an der inhaltlichen Planung nicht beteiligt. Ihr Einfluss auf die Akteure wird über die öffentliche Meinung durch Berichterstattung und Kommentierung des Planungsprozesses vermittelt. Dies um so mehr, da FAZ und FR als überregionale Tageszeitungen eine weite Verbreitung finden und entsprechend meinungsbildend wirken können. Ein weiterer Grund, die Presse als zweite Expertengruppe zu befragen, liegt in der langfristigen Beobachterrolle der Presse, die den Prozess seit Beginn begleitet. Es ist somit sinnvoll, dieses bestehende Wissen zu nutzen.

1.2   Der Leitfaden

Zur Befragung der Akteure wurde im nächsten Schritt ein Leitfaden (Abb. 2) erstellt. Sinn dieser Art der Datenerhebung ist es, den Gesprächsstoff gemäß der Fragestellung vorzustrukturieren. Damit soll u.a. sichergestellt werden, dass bestimmte Themenkomplexe in jedem Interview zur Sprache kommen. Die Reihenfolge wird dabei allerdings, im Gegensatz zu quantitativen Fragebögen, flexibel gehandhabt. Dieses Vorgehen erlaubt es dem Interviewten, je nach Wissenstand eigene Schwerpunkte zu setzen oder völlig neue Themen anzusprechen. Der Leitfaden dient in dieser Hinsicht als Orientierungshilfe für den Interviewer, der darauf zu achten hat, dass auf das eigentliche Thema des Gesprächs zurückgekommen wird (vgl. u.a. ATTESLANDER 2000, 142; AUFENANGER 1991, 39; MEUSER/NAGEL 1991, 448).

Bei der Formulierung des Leitfadens wurde darauf geachtet, die zuvor aufgestellten Anforderungen an das Forschungsdesign umzusetzen. Dies erwies sich als recht schwierig, da abstrakte Konzepte wie etwa Macht nicht direkt erfragt werden können. Es wurde versucht, dieses Problem dadurch zu lösen, indem z.B. nach einseitigen Beziehungen gefragt wurde, die auf Machtgefälle schließen lassen, oder die Frage, wie Arbeitsweise, Tagesordnungen etc. festgelegt werden.

Weiterhin wurde nach wichtigen Persönlichkeiten im Planungsprozess gefragt, die entscheidenden Anteil an der Entwicklung der Planung hatten; beispielsweise dadurch, dass sie sich als Person mit anerkannter Autorität in den Prozess einbrachten und so Macht ausüben konnten, Bei der Auswertung wurde dann gezielt nach Hinweisen auf allokative und autoritative Ressourcen der Akteure gesucht, ferner nach Regeln, die den Einsatz dieser Ressourcen regeln.

Abb. 2:   In den Experteninterviews benutzter Leitfaden

Zur Organisation und Person
- In welcher Branche ist Ihre Organisation tätig?
- An welchen anderen Projekten ist Ihre Organisation beteiligt?
- Was ist dabei der Stellenwert des Europaviertels?
- Welche Position und Funktion haben Sie ihn Ihrer Organisation?
- Seit wann sind Sie mit dem Projekt Europaviertel befasst?

Darstellung des Prozesses aus eigener Sicht
- Seit wann ist Ihre Organisation Akteur?
- Wie würden Sie die Entwicklung seither beschreiben, bzw. nacherzählen?
- Wie würden Sie den Prozess bisher bewerten?
- Was war positiv?
- Wo lagen Probleme? Wie wurden sie gelöst?

Zum Planungsnetzwerk
- Wen würden Sie als weitere Akteure bezeichnen?
- Seit wann gibt es eine Zusammenarbeit?
- Gab es schon vorher Zusammenarbeit oder Erfahrungen mit den Akteuren?

- Wie häufig sind Kontakte? Gibt es feste Termine?
- Wer beruft Termine ein?
- Welche Themen werden abgearbeitet? Wer legt die Themen fest?
- Wie intensiv sind die Kontakte? ([in-]formell, Art, Dauer)

- Wie würden Sie Ihre Beziehung zu den anderen Akteuren beurteilen?
- Wie stellt sich für Sie das Gesamtnetzwerk dar? Bitte begründen Sie Ihre Einschätzung. ($\Rightarrow$ Diagramm mit Legende)

- Welche Akteure fehlen bisher? Warum?

Am Ende der Befragung sollten die Experten das sich für sie darstellende Netzwerk aller Beteiligten als Diagramm visualisieren und kommentieren. Dazu wurden die Befragten gebeten, zuerst alle aus ihrer Sicht am Projekt Europaviertel beteiligten Akteure auf einem DIN A2 Bogen aufzuzeichnen. In einem zweiten Schritt sollten die Beziehungen der einzelnen Beteiligten zueinander entsprechend ihrer Intensität, Qualität und Richtung gekennzeichnet werden. Dazu wurde eine vorbereitete Legende (Abb. 3) vorgelegt, die aber nur einen Vorschlag darstellen sollte. Der jeweilige Interviewpartner konnte nach eigenem Ermessen davon abweichen und z.B. andere Qualitäten benennen.

Abb. 3:   Legende zur Expertenbefragung

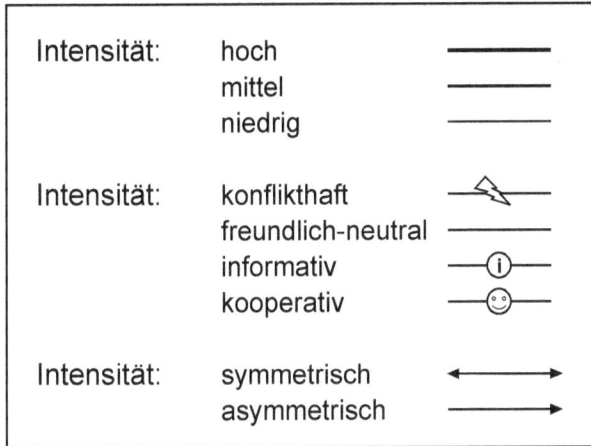

Die ursprüngliche Legende mit einer dreiteiligen Qualitätsbezeichnung ("kooperativ", "indifferent", "konflikthaft") erwies sich im Verlauf der Durchführung als unzureichend, woraufhin die Kategorien "freundlich-neutral" und "informativ" eingeführt wurden. Die meisten Interviewpartner beschränkten sich allerdings darauf, Konfliktlinien und "gute, freundschaftliche" Beziehungen zu kennzeichnen. Was die Richtung der Beziehungen betrifft, so wurde dies meist nur festgehalten, wenn eine Beziehung klare Asymmetrien aufwies, etwa in Form von Machtgefällen oder einseitiger Kommunikation.

1.3   Durchführung

Die eigentliche Datenerhebung umfasst den Zeitraum vom Mitte Januar bis Mitte März 2001. Der 18. März 2001 (Tag der hessischen Kommunalwahl) bildet dabei den methodischen Schnittpunkt. Das Datum wurde gewählt, da zu vermuten war, dass das Projekt nach der Kommunalwahl neue Dynamik erhalten könnte. Dieses Vorgehen erwies sich als sinnvoll, da im Vorfeld der Wahl wichtige, das Europaviertel betreffende Entscheidungen auf einen späteren Termin vertagt wurden. Ein glücklicher Umstand, da die Dynamik ein erhebliches Problem bei der Untersuchung von Akteursbeziehungen darstellt, da diese sich in der Zeitebene wandeln können, was sowohl Quantität als auch Qualität betrifft. Die Erhebung ist somit eine (gezwungenermaßen) statische Momentaufnahme, in diesem Fall mit Stand: 1. Quartal 2001.

Die einzelnen Interviews, die in der Regel 45 - 60 Minuten dauerten, wurden auf Tonband festgehalten und im Anschluss inhaltlich transkribiert. Dabei wurde in einem ersten Schritt das Interview paraphrasiert und reduziert, so dass in einem zweiten Schritt generalisierte, allgemeine Aussagen extrahiert werden konnten. Besonders prägnante Originalaussagen wurden beibehalten (zu diesem Vorgehen vgl. LAMNEK 1989, 104 ff., 188 ff.). Die so entstandenen Themenkomplexe wurden dann, orientiert am Interviewleitfaden, zusammengestellt, verknüpft und ausgewertet, wobei darauf geachtet wurde, das jeweils Besondere eines Interviews nicht zugunsten des Allgemeinen aufzugeben.

2. Einführung in das Beispiel

Auch wenn das hier gewählte Beispiel Europaviertel nicht den städtebaulichen Alltag, das *ganz normale Planungsgeschehen* widerspiegelt, ist es doch aufgrund seiner Dimensionen wert, näher untersucht zu werden. In einem Projekt dieser Größenordnung bündeln sich politische, wirtschaftliche, städtebauliche, bürgerschaftliche Interessen, um nur einige wenige zu nennen. Konflikte werden in einer ungewöhnlich breiten Öffentlichkeit ausgetragen, Medien berichten und kommentieren mitunter fast täglich. Dabei werden Kommunikationsstrukturen, Konflikte, Allianzen sichtbar, die Unbeteiligten im *Normalfall* kaum zugänglich wären. Das Projekt Europaviertel bietet somit die Chance, aufgrund der gesteigerten Öffentlichkeit Abstimmungs- und Planungsprozesse genauer zu untersuchen, als dies mit vergleichbaren Aufwand im städtebaulichen Alltag möglich wäre.

2.1 Frankfurt am Main, Globalisierung und Städtekonkurrenz

Um den Planungsprozess zum Europaviertel richtig einordnen zu können, sind ein paar kurze Bemerkungen zu neueren Entwicklungen in der Stadt Frankfurt am Main[22] und ihre Rolle im globalen Städtewettbewerb zu machen.

Frankfurt am Main bildet das Zentrum der Region Rhein-Main, einer Großagglomeration mit ca. 4,7 Mio. Einwohnern. Als internationales Finanzzentrum wird die Wirtschaftsstruktur vom tertiären Sektor (mit 65% aller Beschäftigten) bestimmt; Börse und Frankfurter Messe gehören zu den bedeutendsten Europas (vgl. RÜEGG 1996, 86; KSR 2000, 32). Die Lage an einem Knoten der überregionalen Verkehrswege und der Flughafen Rhein-Main sorgen für eine sehr gute Erreichbarkeit der Stadt und somit für die nötige Vernetzung mit anderen Zentren.

Unter den rund 420 Kreditinstituten Frankfurts befinden sich auch die Hauptsitze der großen deutschen Banken, sowie eine Vielzahl verschiedener Dienstleistungsunternehmen. Von den 100 größten deutschen Industrieunternehmen haben rund $^1/_{10}$ ihren Sitz in Frankfurt am Main, wie z.B. Degussa, Metallgesellschaft und bis vor kurzem der Hoechst-Konzern (vgl. RONNEBERGER/KEIL 1995, 299 u. 305 ff.).

Die Konzentration finanzstarker Unternehmen wirkt sich auch auf den Bodenmarkt aus, da transnationale Banken und Konzerne den städtischen Grundstücks- und Immobilienmarkt verstärkt als Finanzanlage nutzen, Grund- und Bodentitel also "wie Aktien oder Wertpapiere" (NOLLER/RONNEBERGER 1995, 38) handeln. Der Grundstückswert - und damit die Nutzung - richtet sich zunehmend nach internatio-

---

22 Zur Entwicklung Frankfurts im 20. Jahrhundert siehe RONNEBERGER/KEIL 1995, 287-298

nalen statt nach regionalen Maßstäben.[23] Man spricht in diesem Zusammenhang auch von *Zitadellenökonomie*, was bedeutet, dass ein großer Teil der lokalen Ökonomie von der Dynamik der umgebenden Region entkoppelt wird.

Unter den *Global Cities*, an deren Spitze New York, London und Tokio stehen, befindet sich Frankfurt am Main auf der zweiten Stufe (vgl. RONNEBERGER/KEIL 1995, 298). Da gemäß der *Global City* Theorie in erster Linie Städte gleichen Rangs miteinander um führende Positionen und Anteile auf dem internationalen Finanzmarkt in Wettbewerb treten, sind Frankfurts Konkurrenten im europäischen Kontext vor allem Paris und Zürich (vgl. NOLLER/RONNEBERGER 1995, 66).

Parallel zur Entwicklung Frankfurts zum Finanzzentrum verschlechterte sich seit den 1980er Jahren die finanzielle Situation der Stadt, was schließlich Mitte der 1990er Jahre zu einem "rigorosen Sparkurs" (RONNEBERGER/KEIL 1995, 340) führte. Im Zuge dessen wurden z. B. der städtische Kulturbetrieb teilprivatisiert und Eigenbetriebe der Stadt (Ver- und Entsorgung, Verkehrsbetriebe) ausgegliedert und seitdem privatwirtschaftlich geführt. Bei der Realisierung städtebaulicher Großvorhaben, wie z. B. der Umnutzung des ehemaligen Schlachthofareals oder des Westhafens, sah sich die Stadt Frankfurt am Main gezwungen, auf privaten Investoren zurückzugreifen (vgl. ebd., 341 f.).

Auf den ersten Blick scheint es, dass "Frankfurt in hohem Maße von den Aktivitäten des globalisierten Kapitals geprägt wird" (NOLLER/RONNENBERGER 1995, 255), wobei jedoch lokale Besonderheiten und Rahmenbedingungen durchaus eine nicht unerhebliche Rolle spielen. So schlägt sich lokale Politik durchaus städtebaulich nieder, da z. B. durch planungsrechtliche Regelungen Investoren bestimmte Vorgaben gemacht werden können. Durch das Wechselspiel zwischen lokalen und globalisierten Akteuren verschwindet die Bedeutung des Lokalen nicht, vielmehr ändern sich die Verfahren in Richtung flexibler Aushandlungsprozesse.

Ähnlich wie alle deutschen Großstädte verzeichnet Frankfurt am Main anhaltende Abwanderungstendenzen der Wohnbevölkerung aus der Kernstadt in Richtung Umlandgemeinden, wobei ein wesentlicher Grund "in dem qualitativ wie quantitativ nicht ausreichenden Wohnungsangebot" (WENTZ 1998, 7) zu suchen ist. Ziel der Stadt Frankfurt am Main ist es daher, durch die Schaffung neuer Wohnquartiere ein der Nachfrage entsprechendes Angebot zu schaffen, und das in erster Linie durch Innenentwicklung. Die dafür infrage kommenden Flächen (z. B. im Zuge des umfassenden Strukturwandels aufgegebene Gewerbe-, Industrie- und Militärflächen, Gleisfelder, Hafenanlagen) liegen im gesamten Stadtgebiet verteilt und bieten somit eine Vielzahl an Differenzierungsmöglichkeiten, vom günstigen Wohnungsbau für Familien bis zu hochpreisigen Appartementwohnungen (vgl. WENTZ 1998).

---

23 Zu den Auswirkungen dieser Prozesse auf Arbeitsmarkt und sozialen Raum vgl. RONNEBERGER/KEIL 1995, 310 ff.; NOLLER/RONNEBERGER 1995, 74 ff. u. 239 ff.

2.2 Was bisher geschah ...

Auf dem Gelände des künftigen Europaviertels befand sich, ursprünglich zwischen Äckern außerhalb der Stadtgrenzen, seit dem Ende des 19. Jahrhunderts der Hauptgüterbahnhof (Abb. 4). Im Zuge der mit der Industrialisierung einsetzenden Stadterweiterungen wuchs die Stadt Frankfurt am Main um die bestehenden Gleisanlagen herum, so dass sich heute sowohl Haupt- als auch Hauptgüterbahnhof in innenstadtnaher Lage befinden. Im Verlauf der in den 1980er Jahren beginnenden Umstrukturierung des sekundären Wirtschaftssektor benötigte die Deutsche Bundesbahn (DB) nicht mehr sämtliche Gleisanlagen. Erstes Anzeichen dafür war in Frankfurt am Main die Verlagerung der Bahndirektion Ende der 1980er Jahre; die freigewordene Fläche wurde zum Bau des Messeturms und der Bürohochhäuser "Kastor und Pollux" umgenutzt. Die fortschreitende Umstrukturierung der DB führte ab 1996 zu ersten Überlegungen zum sog. "Frankfurt 21" Projekt. Inhalt war kurz gesagt die Aufgabe des Hauptgüterbahnhofs und die Verlegung des Hauptbahnhofs unter die Erde. Die dadurch frei werdenden Gleis- und Bahnhofsflächen sollten zur Innenentwicklung der Stadt Frankfurt am Main genutzt werden. Im Verlauf des Verfahrens wurde der Hauptgüterbahnhof vom Projekt "Frankfurt 21" abgetrennt und seitdem als eigenständige Planung fortgeführt (vgl. KRIWALL 2000).

Seit 1998 ruht der Betrieb auf dem Hauptgüterbahnhof, im Frühsommer 1999 wurden die ersten Gleise zurückgebaut.

Durch das Freiwerden der innenstadtnahen Flächen bot sich der Stadt Frankfurt am Main eine "einmalige städtebauliche Chance" (MAGISTRAT DER STADT FRANKFURT AM MAIN 1999), bisher durch die Bahnanlagen getrennte Stadtteile (das Gallus im Süden, Rebstock/Kuhwald und Bockenheim im Norden) durch ein neues Quartier zu verbinden. Auch bestand damit für die Messe Frankfurt GmbH die Möglichkeit zur Erweiterung der Ausstellungsflächen.

Im Lauf eines zweijährigen Abstimmungsprozesses, an den neben der Stadt Frankfurt am Main die Grundstückseigentümer[24] Eisenbahnimmobilien Management (EIM)[25] und Deutsche Bahn Immobiliengesellschaft (DBImm) sowie das Frankfurter Planungsbüro Albert Speer & Partner (AS&P) beteiligt waren, wurde eine Rahmenplanung erarbeitet. Dieser am 25. Februar 1999 von der Stadtverordnetenversammlung beschlossene Rahmenplan bildet in Verbindung mit dem Hochhausentwicklungsplan der Stadt Frankfurt am Main die verbindliche Planungsgrundlage.

---

[24] Interessant ist die Aufteilung des Güterbahnhofsareals auf zwei Unternehmen, EIM und DBImm, wobei die Emser Brücke die Grenze bildet: Der östliche Teil ist Besitz der EIM, der westliche der DBImm. Während die DBImm Teil der DB Holding ist und der Erlös im Besitz der Bahn AG bleibt, verwaltet die von der DB Holding unabhängige EIM Bundeseisenbahnvermögen, d.h. der Erlös fließt in den Bundeshaushalt ein (FAZ 12.04. u. 22.08.2000).

[25] Seit dem 14.03.2001 ist die EIM in *Vivico Real Estate Management* umbenannt worden. Da der 18.03.2001 (Tag der hessischen Kommunalwahl) den methodischen Schnittpunkt der Arbeit bildet, wird im folgenden an der Abkürzung EIM festgehalten.

Abb. 4: Übersichtskarte Frankfurt am Main. Das künftige Europaviertel ist um-
randet.

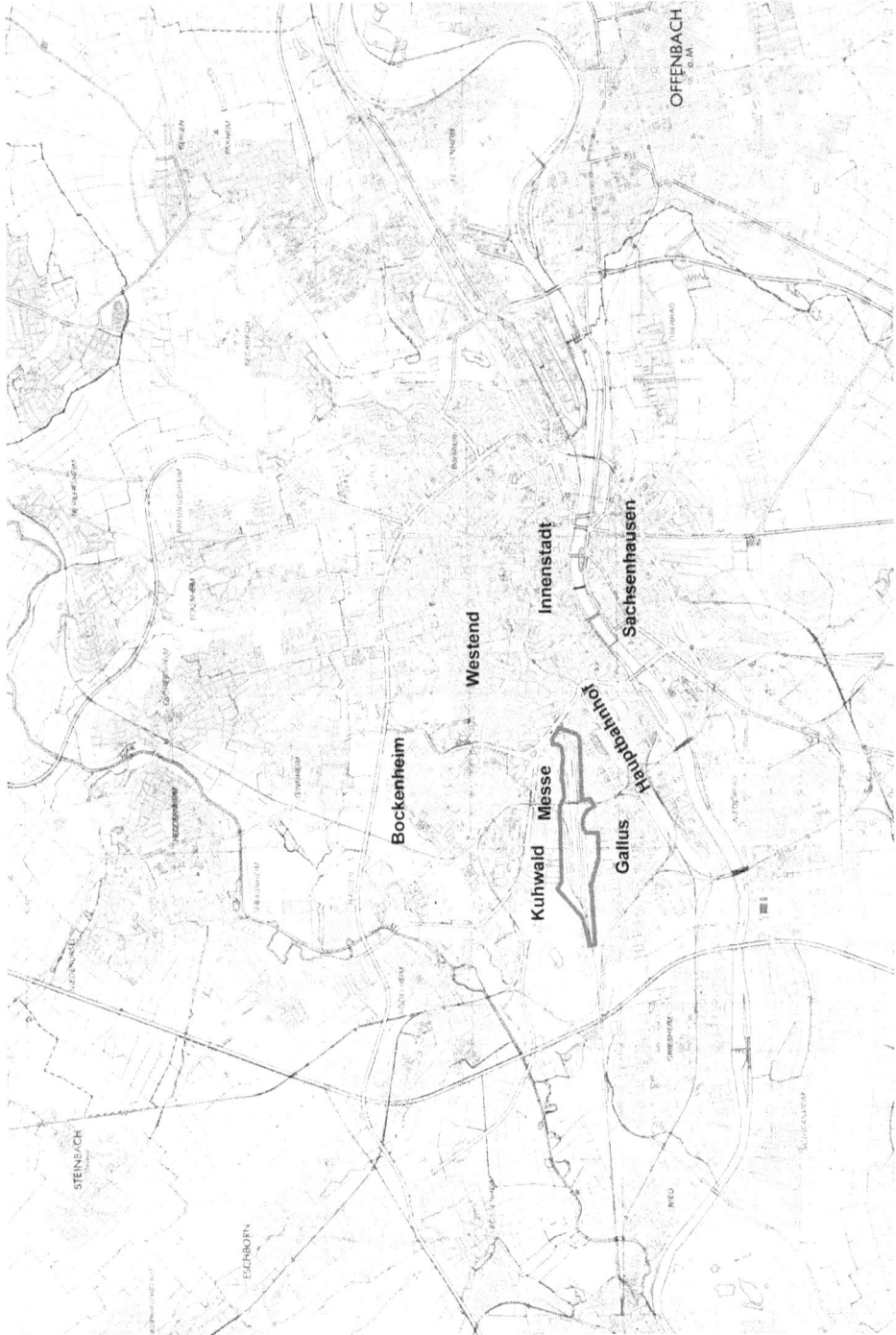

Kartengrundlage: Stadtvermessungsamt Frankfurt am Main

Überregionale Aufmerksamkeit erlangte das Projekt Europaviertel im Juli 1999 mit dem Vorstoß der Deutschen Bank AG[26], die ein eigenes, von Helmut Jahn (Chicago) entwickeltes Konzept zur "Messestadt" vorlegte. Durch diese Entwicklung wurde das bisher eher im Verborgenen gebliebene Projekt zur Umnutzung des Hauptgüterbahnhofs zum Gegenstand einer breiten öffentlichen Diskussion, an dessen vorläufigem Höhepunkt die Präsentation des Konzepts "Europaviertel" der ursprünglichen Entwickler (EIM, DBImm und AS&P) stand. In diese Präsentation am 19.08.1999 platzte dann die überraschende Nachricht, dass "die Deutsche Bank [...] ihr ‚Messestadt'-Projekt nicht weiterverfolgen" wird (FAZ v. 20.08.1999). Als Begründung wurde der Verkauf eines 31.000 m² großen Grundstücks an die Messe Frankfurt GmbH angegeben, wodurch "keine Möglichkeit mehr gesehen [wurde], das [...] ‚Messestadt'-Konzept ohne wesentliche Einschränkungen zu verwirklichen" (FAZ vom 20.08.1999), der Planung somit die Grundlage entzogen sei. Auch war von Seiten des Planungsdezernenten Wentz mehrfach betont worden, dass die "Messestadt" in wesentlichen Punkten von den im Vorfeld erarbeiteten Anforderungen des Rahmenplans abweiche. (vgl. u.a. FAZ v. 14.07. u. 17.08.1999) Gleichwohl zeigten sich sämtliche Stadtvertreter dankbar für die neuen Impulse und die gesteigerte Dynamik im Planungsprozess durch den Vorstoß der Deutschen Bank.[27]

Mit dem Rückzug der Deutschen Bank war der Weg für das einzig verbleibende Konzept "Europaviertel" frei, das sich in vier Abschnitte gliedert: ein *Urban Entertainment Center* (UEC), einen 1,2 km langen *Boulevard*, einen Park sowie ein Wohngebiet für rund 6.000 Bewohner (Abb. 5).

Das von der EIM und dem kanadischen Entwickler Trizec Hahn als Joint Venture geplante UEC liegt am Ostende und bildet den Eingang zum Europaviertel. In dem rund 1,5 Mrd. DM teuren Einkaufs- und Unterhaltungszentrum sollen Kino, Musicaltheater, Hotel, Büro- und Einzelhandelsflächen in einem Komplex vereint werden. Vom UEC aus erschließt ein 60 m breiter und 1,2 km langer Boulevard das Areal. Im östlichen Teil wird er von Büro- und Wohngebäuden flankiert, wobei im Erdgeschoss Geschäfte und Gastronomie vorgesehen sind. Am nördlichen Ende des Europaviertels befinden sich Messeerweiterungsflächen. Der Boulevard endet an einem Park und soll (zumindest in der Planung) unterirdisch weitergeführt werden. An den Park schließt sich ein *hochwertiges* Wohngebiet für etwa 6.000 Bewohner an, für das ein europaweiter Architektenwettbewerb durchgeführt werden soll. Die Gesamtkosten sollen bei rund 7,5 Mrd. DM liegen (FAZ v. 20.08.1999; IZ v. 26.08.1999).

---

[26] Erste inoffizielle Berichte über ein eigenständiges "Messestadt" Projekt der Deutschen Bank AG wurden in der FAZ und BILD-Zeitung am 02.07.1999 veröffentlicht. Die eigentliche, öffentliche Präsentation mit Pressekonferenz fand erst am 14.07.1999 statt. Der Magistrat der Stadt Frankfurt war bereits seit dem 15.06.1999 informiert, wollte aber zuerst ein Objektblatt verabschieden (FAZ v. 13.07.1999).

[27] Die sich im Verlauf der Diskussion bildenden Koalitionen sind recht erstaunlich. So sprachen sich OB Roth (CDU), FAZ und B90/Grüne für das Messestadtkonzept der Deutschen Bank aus, während sich Planungsdezernent Wentz (SPD) und FR für das Europaviertel stark machten. Die Gründe für die auf den ersten Blick ungewöhnliche Einigkeit von CDU, B90/Grüne und Deutsche Bank werden in Kap. II.3.1.1 thematisiert.

Abb. 5: Rahmenplan Europaviertel Frankfurt am Main

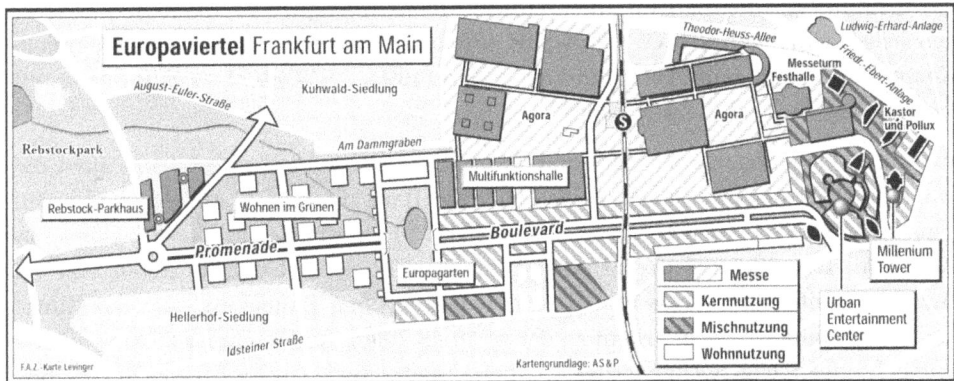

Quelle: LEVINGER in FAZ 21.08.1999

Ein wichtiges Datum für die stadtpolitische Arbeit stellt der 08. März 2000 dar. Per Verfügung durch OB Petra Roth (CDU) wurde der Magistrat der Stadt Frankfurt am Main umgebildet, die bisherige Kooperation zwischen CDU und SPD endgültig beendet. Im Zuge dessen wurde der bisherige Planungsdezernent Martin Wentz (SPD) nach 11 Jahren Dienstzeit durch Edwin Schwarz (CDU), zuvor u.a. Vorsitzender des Stadtplanungsausschusses, abgelöst. Durch die Umbildung wurden Schwarz weiterhin die Ressorts Sicherheit und Wirtschaft zugeordnet, Wentz übernahm das Baudezernat (FAZ v. 01.03.2000; FR v. 06.03.2000).

Während zwischenzeitlich im Frühjahr 2000 der erste Teil des Boulevards fertiggestellt wurde, um den Bau der neuen Messehalle 3 und später des UECs zu ermöglichen (FR v. 30.03. u. 03.05.2000), wurde die öffentliche Diskussion v.a. durch die verschiedenen Verkehrskonzepte für ÖPNV und Individualverkehr geprägt. So wurde z.B. der Boulevard als einzige Erschließungsstraße in Frage gestellt; statt dessen wurden eine Durchgangsstraße entlang der Messe und eine *Flanierstraße* anstelle des Boulevards ins Gespräch gebracht (FR v. 26.08.2000). Parallel dazu wurde über das ÖPNV Konzept debattiert, wobei der Hauptstreitpunkt in der Frage "U-Bahn oder oberirdische Stadt- bzw. Straßenbahn" lag. Bis heute ist darüber keine endgültige Entscheidung gefallen, aber es gilt Beobachtern als wahrscheinlich, dass eine U-Bahntrasse unterhalb des Boulevards geführt werden wird (FAZ v. 31.05.2000; FAZ v. 12.09.2000).

Im Juli 2000 wurde zwischen Stadt und EIM ein städtebaulicher Vertrag für das Gelände östlich der Emser Brücke geschlossen, worin sich der Investor zur Schaffung von bis zu 100 Kindergarten- sowie 68 Schulplätzen verpflichtet. Zusätzlich ist für Gebäude mit mehr als sieben Stockwerken ein Architektenwettbewerb durchzuführen (FR v. 20.07.2000).

Parallel dazu wurde im Sommer 2000 bekannt, dass sich innerhalb des UEC - Joint Ventures Konflikte auftaten, was sich bereits seit Anfang 2000 in der Diskussion über den Abtransport des Erdaushubs für die Baugrube des UECs (rund eine Mio.

Tonnen Erde) und der damit verbundenen Verzögerung des Baubeginns geäußert hatte. So bevorzugte die EIM einen vorrangigen Abtransport per Bahn, TH dagegen den kostengünstigeren LKW Transport (FR v. 26.05.2000). Der schließlich erzielte Kompromiss sieht eine Aufteilung auf Bahn (40%), LKW (40%) und Binnenschifffahrt (20%) vor (FAZ v. 24.08.2000).

Während das Bankenkonsortium zur Finanzierung des UECs, bestehend aus Commerzbank, EuroHypo (eine 100%ige Deutsche Bank Tochter), Landesbank Hessen-Thüringen (Helaba) und HypoVereinsbank (HVB) als Konsortialführer erklärte, der Kredit in Höhe von 1 Mrd. DM stehe zum Abruf bereit (FR v. 20.06.2000), war von Investorenseite kein klares Signal zu einem möglichen Baubeginn oder zur Einreichung des Bauantrags zu erkennen (FR v. 10.08.2000). Im Dezember 2000 verdichteten sich infolge weitreichender personeller Umstrukturierungen bei TH-Europe Spekulationen über einen Ausstieg von TH aus dem UEC Projekt (FAZ v. 21.12.2000; RONNEBERGER 2001, 57). Nach der Kündigung des Joint Venture Vertrags durch die EIM am 17.01.2001 und der Ankündigung von TH, gerichtliche Schritte gegen die EIM einzuleiten, wurde der seit Monaten schwelende Konflikt öffentlich. EIM-Geschäftsführer Grosse-Wördemann kündigte an, einen neuen Partner zu suchen, um das Projekt neu anzugehen. Die geplanten Bauzeiten seinen jedoch nicht einzuhalten, da man sich "neu ordnen" müsse (FAZ u. FR v. 18.01.2001). Stadt und EIM wollen jedoch am UEC festhalten.

Am 02.03.2001 wurde von der Stadtverordnetenversammlung (StVV) dem städtebauliche Vertrag zum UEC zwischen Stadt und EIM zugestimmt. Entgegen dem ursprünglichen Entwurf sind nun anstelle fester Flächenanteile für Musical, Entertainment und Kino allgemein 43.000 m² "Unterhaltung und Freizeit" vorgesehen. Was unter diesem Sammelbegriff genau zu verstehen ist, bleibt offen[28].

Am 16.03.2001 teilte die EIM mit, dass das UEC in mehrere Bauabschnitte aufgeteilt werde. Im ersten Abschnitt werde das Büro- und das Hotelhochhaus realisiert; da noch kein neuer Partner feststehe, sei der Baubeginn allerdings noch offen (FR v. 17.03.2001).

3. Der Planungsprozess Europaviertel aus der Sicht der Beteiligten

Gemäß der handlungszentrierten, qualitativen Ausrichtung dieser Arbeit liegt das Hauptaugenmerk der empirischen Untersuchung auf den Motiven, Beurteilungen, Erfahrungen der Beteiligten, kurz: ihrem Wissen über den Prozess. Die mittels Interview gesammelten Daten werden im folgenden so wiedergegeben, dass sie ein Bild vom Planungsprozess mit seinen Gemeinsamkeiten und Brüchen, Kooperations- und

---

28 Der städtebauliche Vertrag legt folgende Nutzungen fest (in Klammern die jeweils ursprünglichen Vorgaben): 118.000 (122.000) m² Bürofläche, 13.000 (12.500) m² Gastronomie; 50.000 (47.500) m² Hotel und Wohnen, 38.000 (36.500) m² Einzelhandel, 43.000 (48.500) m² Unterhaltung und Freizeit (FR v. 15.02.2001)

Konfliktlinien ergeben. In Kapitel II.4 wird das im Prozess entstandene und durch die Interviews vermittelte Netzwerk (mit Stand: 1. Quartal 2001) dargestellt. Alle Zitate stammen aus den geführten Interviews und werden gemäß der Vereinbarung mit den Interviewpartnern anonym behandelt.

Vorneweg kann man als Gemeinsamkeit festhalten, dass das Projekt Europaviertel für alle Beteiligten enorm wichtig ist und mit hoher Priorität vorangetrieben werden soll. Entsprechend groß war auch das Interesse der Befragten, über den Fortgang dieser Untersuchung informiert zu werden, da es sich für alle, auch für die Privatwirtschaft, um ein "momentan einzigartiges [Projekt] in Deutschland" handelt, was Größe, Investitionsvolumen und Komplexität betrifft. In dieser Hinsicht bezeichnete es ein Interviewpartner sogar als "ein Schicksalsprojekt".

3.1 Messestadt und Urban Entertainment Center

Einheitlich nannten die befragten Akteure als zentrale Ereignisse im bisherigen Prozess das Messestadt-Intermezzo der Deutschen Bank und die Kündigung des Joint Ventures zum UEC.

3.1.1 Messestadt

Der Vorstoß der Deutschen Bank kam für alle Beteiligten überraschend, liefen doch Planung und Abstimmungsgespräche zwischen Eigentümer und Stadt bereits seit zwei Jahren. Bisher war kein Interesse der Bank an der Güterbahnhofsfläche erkennbar gewesen. Nach der Vermutung zweier Interviewpartner waren die Verantwortlichen bei der Deutschen Bank durch einen im Frühjahr 1999 durchgeführten Architektenwettbewerb zum Europaviertel auf den bereits fortgeschrittenen Stand der Planung und die attraktive Fläche aufmerksam geworden und wollten selbst aktiv werden. Doch statt Kontakte mit den Grundstückseigentümern oder der Stadt aufzunehmen, entschloss sich die Deutsche Bank zu einem Alleingang. Der dabei entstandene Entwurf stand im Gegensatz zu den bereits gültigen Plänen und Vereinbarungen, stieß also vorrangig auf Ablehnung; das Vorgehen der Deutschen Bank wurde entsprechend als "konfrontativ", "schlecht" oder gar "dumm" bezeichnet.

Es stellt sich die Frage, warum die Deutsche Bank mit einem nicht abgestimmten, vermutlich überhastetem Konzept an die Öffentlichkeit ging. Ein möglicher Beweggrund ist offensichtlich: Die Fläche mit ihrem enormen Baupotential eröffnet "fast unbegrenzte Möglichkeiten" zum Auflegen von Immobilienfonds, also ein betriebswirtschaftliches Moment. Weitergehende Überlegungen werden zugänglich, wenn man sich die Zusammensetzung des Aufsichtsrats der Deutschen Bank ansieht. Mitglied im Aufsichtsrat ist Dr. Michael Otto (Versandhandel), dessen Unternehmen wiederum Eigentümer des deutschen Marktführers im Einkaufszentrumsgeschäft, ECE, ist. ECE hatte kurz zuvor das MainTaunusZentrum (MTZ) im nahegelegenen Sulzbach gekauft, renoviert und einen Ausbau der Verkaufsfläche geplant. Durch den Bau eines Urban Entertainment Centers - in Frankfurts bester Lage, mit guter

Erschließung, großen Einzelhandels- und Unterhaltungsflächen - war die marktbeherrschende Stellung und sowie die erheblichen Investitionen am MTZ gefährdet. Über Kontakte zur Deutschen Bank wurde unter Zeitdruck ein Gegenkonzept initiiert, das einer genaueren Prüfung aber nicht standhielt.

Gleichzeitig wurde vom Einzelhandelsverband Deutschland, der wiederum von wenigen Filialisten dominiert wird, vor Umsatzeinbrüchen auf Frankfurts Haupteinkaufsstraße, der Zeil, gewarnt. Es ist zu vermuten, dass der Einzelhandelsverband von ECE mobilisiert wurde, um eine möglichst große Gegenwehr gegen ein UEC zu schaffen.

Das Ziel dieser gekoppelten Strategie kann also zusammenfassend in der schlichten Verhinderung des UECs gesehen werden.

Angesichts der hinter dem Messestadt Entwurf stehenden geballten wirtschaftlichen Macht ist es durchaus bemerkenswert, "dass [das Europaviertel] überhaupt durchgesetzt wurde [...], dass die Politik der Versuchung der Messestadt widerstanden" und an den ursprünglichen Absprachen und Investoren festgehalten hat. In dieser Situation bewährte sich auch das bestehende Netzwerk[29] aus Grundstückseigentümern, Stadt und Planern, die geschlossen hinter dem gemeinsamen Projekt standen und ihre persönliche Autorität zugunsten des Europaviertels in die Diskussion einbrachten.

Fragt man nach den Auswirkungen des Messestadt Intermezzos, so lässt sich dies vor allem als "Motivationsschub" bezeichnen. Der Vorstoß der Deutschen Bank habe zwar den Prozess für einen Weile "erheblich unterbrochen" (v.a. im westlichen Bereich, in dem sich die Planungen erst im Anfangsstadium befanden), aber letztendlich das Projekt Europaviertel beschleunigt. Durch die Veröffentlichung des Messestadt Entwurfs sahen sich die ursprünglichen Grundstücksentwickler genötigt, ihre Vorstellungen schneller zu konkretisieren und in eine präsentationstaugliche Form zu bringen. Ein Interviewpartner bezeichnete dies als "Weltmeisterschaft im Modellbauen". Der eigentliche Zeitplan sah den Schritt in die Öffentlichkeit erst "2-3 Monate" (laut Planungsbeteiligtem i.e.S.) bzw. "mindestens ein halbes Jahr später" (laut Presse) vor.

Konkrete Auswirkungen auf die inhaltliche Planung hatte das Intermezzo nach einhelliger Ansicht der Befragten "überhaupt nicht". Rahmenplan und Flächennutzungsplan waren bereits fertig; das bestehende Netzwerk wollte ein urbanes, europäisches Viertel verwirklichen, "kein amerikanisches aus einem Guss". Als einziges neues Element könnte evtl. die Idee zur Untertunnelung des Wohnbereichs bezeichnet werden.

Ein interessanter Punkt im Verlauf der Messestadt-Diskussion war die auf den ersten Blick ungewöhnliche Allianz aus Deutscher Bank und der B90/Grüne-Fraktion

---

29 zu Formation und Arbeitsweise dieses Netzwerks später mehr

der Stadtverordnetenversammlung (StVV). Als einzige politische Partei der StVV sprachen sie B90/Grüne klar für den Messestadt-Entwurf aus. Hintergrund dazu bildet die prinzipielle Unzufriedenheit des B90/Grüne "mit Art und Weise, wie der [Europaviertel-] Entwurf zustande gekommen" war, hatten sie doch einen städtebaulichen Wettbewerb gefordert, der nicht durchgeführt wurde. Daher wurde, scheinbar "aus Kritik am Zustandekommen [des Rahmenplans] der Gegenentwurf immer wieder ins Spiel gebracht", der allerdings ebenso wenig auf einem Wettbewerb beruhte, und "das ist der Pferdefuß bei der Geschichte".

Im Anschluss an die Messestadt Diskussion war immer wieder zu lesen, dass die Deutsche Bank nach wie vor Interesse an der Entwicklung des ehemaligen Güterbahnhofs habe, allerdings nur zu eigenen Bedingungen. Ein Teil der Befragten sieht die Deutsche Bank in einer Art "Warteposition", andere gehen davon aus, dass "Breuer [Vorstandsvorsitzender der Deutschen Bank; I.D.] da noch mal einen Stein ins Wasser geworfen hat, und es dabei bewenden lässt", ein Wiedereinstieg in das Projekt gilt als eher unwahrscheinlich. Durch den Ausstieg von TH ist die Situation allerdings wieder offener geworden; "es bleibt also spannend."

3.1.2 Urban Entertainment Center

Eine unter Umständen weitreichende Konsequenz der Messestadt wurde erst rund 1½ Jahre später sichtbar. Durch die öffentliche Diskussion um das UEC und eventuelle davon ausgehende Gefährdungen für die Zeil geriet das Vermarktungskonzept des (damals) künftigen Betreibers TH unter Druck. Es wurde die Offenlegung der Vorvermietungszahlen gefordert, was allerdings aufgrund der schleppenden Entwicklung unangenehme Fragen provoziert hätte. Also wurden die Zahlen intern "frisiert" und der Joint Venture Partner "was die Vermietungszahlen angeht belogen", ein in der Kündigung des Vertrages später wichtiges Argument der EIM. Nach Einschätzung der Befragten stellt das Zerbrechen des Joint Ventures den "ersten erkennbaren Bruch" in der Planungsgeschichte dar, da dadurch Konzept, Realisierung und Finanzierung des UECs fraglich geworden ist. Und da das UEC die Hauptattraktion des neuen Viertels, sein Eingang werden soll, sind erheblichen Zeitverzögerungen zumindest im Ostteil zu vermuten.

In dieser Situation, so meine Einschätzung, könnte sich die Zweiteilung des Gesamtareals auf zwei unabhängige Eigentümer als positiv herausstellen. Die Planungen östlich und westlich der Emser Brücke sind zwar aufeinander abgestimmt, aber nicht zwingend voneinander abhängig, was Zeitplanung, Finanzierung, Konzeption und Umsetzung betrifft. Die Tatsache, dass im Westteil noch keine Baumaßnahmen im Gang sind, ist (auch nach Ansicht der Befragten) nicht auf die Verzögerungen beim UEC zurückzuführen. Zur Zeit werden die Gleisanlagen für Rangierverkehr benötigt, man sei nach wie vor "im Zeitplan".

3.2   Zur Planungsorganisation

Wie oben erwähnt trat während des Vorstoßes der Deutschen Bank das bestehende Planungsnetzwerk sehr geschlossen auf. Im Lauf der bereits zwei Jahre dauernden Abstimmungsgespräche hatten sich auf gegenseitigem Vertrauen beruhende, belastbare Beziehungen zwischen den Beteiligten (Stadt, EIM, AS&P, später auch DBImm) gebildet. Es wurde von Beginn an versucht, eine "interessenausgleichende Planung" durchzuführen, bei der im Vorfeld, vor Beginn der eigentlichen Planung, jeder Partner seine Interessen klar artikuliert, die der anderen anerkennt und in einen Abstimmungsprozess eintritt. Ziel war die Erstellung eines "Konsens-Dissens-Papiers", das die Grundlage der weiteren Planungen bilden sollte. Ausdruck fand diese Art der Planungsorganisation in einer im Frühsommer 1999 zwischen Stadt[30] und EIM geschlossenen Absichtserklärung. Diese Erklärung ist kein Vertrag i.e.S., sondern entwickelt eine eher "moralisch bindende" Wirkung, die solange in Kraft bleibt, wie die Partner gegenseitiges Vertrauen aufbringen. Die Absichtserklärung stellte das Projekt also auf eine gemeinsame Basis aus Investor/Eigentümer und Stadt; das Europaviertel war damit nicht das alleinige Projekt eines privatwirtschaftlichen Unternehmens, bei dem der Stadt die Rolle der Genehmigungsbehörde zukommt, sondern ein gemeinsam entwickeltes Vorhaben. Dieser Unterschied ist wichtig für eine möglichst breite Akzeptanz und Identifikation vor allem bei den Entscheidungsträgern auf Seiten der Stadt, etwa Oberbürgermeisterin, Planungsdezernent, Städtebauausschuss, Parteien der StVV.

Auf dieser Grundlage wurde auch kein vorhabensbezogener Bebauungsplan erstellt, sondern die Aufstellung des Bebauungsplans als "originär hoheitliche Aufgabe der Stadt" überlassen. Dazu wurde im Stadtplanungsamt eine eigene Projektgruppe eingerichtet, bei der eine Stelle von der EIM bezahlt wurde. Auch hier das Prinzip, von Anfang an das Europaviertel als gemeinsame Aufgabe zu begreifen.

Abgesehen von dieser in erster Linie bilateralen Beziehung wurde im Verlauf der Planung v.a. auf Seiten der Grundstückseigentümer ein immer größeres Netzwerk aufgebaut. Die Grundstückseigentümer EIM und DBImm besitzen die zu entwickelnde Fläche, aber nicht das dazu nötige stadtplanerische Wissen. Auch fehlten zu Beginn gute, belastbare Kontakte zu politischen Entscheidungsträgern. Um den Mangel zu beseitigen, wurde das Planungsbüro AS&P als "Planer und Mittler" von beiden Eigentümern mit der Rahmenplanung für das Europaviertel beauftragt. AS&P verfügt aufgrund langjähriger Tätigkeit - v.a. auch in Frankfurt am Main - neben der unbestrittenen Fachkompetenz über sehr gute Kontakte zur Stadtpolitik, fungiert also als Planer und "Türöffner" bei den städtischen Entscheidungsträgern. Aufgabe ist neben der eigenen planerischen Tätigkeit die Koordination zwischen Stadt, Eigentümern und diversen beauftragten Fachplanern (für Verkehr, Grünflächen etc.). Ähnliches gilt auch für ABB, das mit dem UEC beauftragte Architektenbüro.

---

[30]   vertreten durch OB Petra Roth (CDU) und Planungsdezernent Martin Wentz (SPD)

Da beide Eigentümer über begrenzte Finanzmittel verfügen, kommen als weitere Teilnehmer am Planungsprozess "Fremdkapitalgeber", in erster Linie Banken, hinzu. Da deren Beziehung nur zweiseitig ist, spielen sie für die anderen Hauptakteure keine große Rolle. Wichtiger ist in dieser Hinsicht der zur Realisierung des UECs hinzugezogene Großinvestor und Projektentwickler TH. Durch die Bildung einer gemeinsamen Projektgesellschaft treten EIM und TH für das Teilprojekt UEC nach außen als ein Akteur auf, mit eigenen Beziehungen zu Stadt, Planern und Bürgern.

Für den weiteren Verlauf der Planung waren Personen mit Moderatorenfunktion, wie etwa Albert Speer von AS&P oder Planungsdezernent Martin Wentz, wichtig, die über weitreichende (auch informelle) Kontakte verfügen, sich in der "Städtebau-Szene" und in Frankfurt am Main "gut auskennen" und aufgrund ihrer jahrelangen Erfahrung und Praxis über eine allgemein anerkannte Autorität verfügen. Diese Autorität war u.a. auch während des Messestadt Intermezzos spürbar, als sich insbesondere die Genannten mit ihrer gesamten Person für das ursprüngliche Projekt, das Europaviertel, aussprachen und das Netzwerk gegen den Deutsche Bank Vorstoß mobilisieren konnten.

Der Vorteil dieser von Beginn an koordinierten Vorgehensweise liegt u.a. darin, auch im politischen Bereich Widerstände im Vorfeld zu beseitigen und Unterstützung zu mobilisieren. Ein Gesprächspartner bemerkte, dass im Vergleich mit dem städtebaulichen Alltag "andere aus Immobilienbranche" froh wäre, wenn sie bei eigenen Projekten auf eine ähnliche Unterstützung der Stadt zählen könnten.

3.3   Bewertung des bisherigen Prozesses

Bei der Frage nach der Bewertung der bisherigen Planung lassen sich die Antworten in zwei Gruppen einteilen: Die der Zufriedenen und die der Skeptischen.

Die erste Gruppe beurteilt den Planungsprozess durchweg positiv, etwa als "äußerst rundes Projekt", "harmonisch" oder "normaler Aushandlungsprozess". Als Begründung werden vor allem der enge und gute Kontakt zwischen Stadt und Investoren/Eigentümern sowie der gemeinsame Wille, das Projekt zu verwirklichen ("jeder will das Projekt"), hervorgehoben. Als negative Erlebnisse werden das "Störfeuer der Deutschen Bank" und die ungewisse Zukunft des UECs infolge der Differenzen zwischen EIM und TH genannt, welche aber die allgemein guten Erfahrungen mit dem bisherigen Verlauf nicht schmälern.

Die zweite Gruppe lässt sich als skeptisch bzw. kritisch bezeichnen. Hier werden in erster Linie die zahlreichen, langwierigen Konflikte wie etwa das "Sommertheater um die Messestadt", die Verkehrserschließung, der Abtransport des Erdaushubs am UEC oder der immer wieder verschobenen Baubeginn genannt. Die Bewertung fällt entsprechend "konfliktreich", "konfliktbehaftet" aus.

Wie zu vermuten war, kommt es bei der Beurteilung des Prozesses in hohem Maß auf den Standpunkt des Befragten an. Direkt mit dem Projekt befasste Personen äußerten sich in der Regel positiv, Personen in beobachtender Position eher negativ.

3.4   Die Bürgerinitiative Europaviertel

Im Planungsprozess Europaviertel treffen nicht nur öffentlich-rechtliche und privat-wirtschaftliche Akteure auf einander, es existiert auch eine Bürgerinitiative, die sich mit dem künftigen Viertel auseinandersetzt. Die BI besteht zum einen aus an städtebaulichen Entwicklungen interessierten Bürgern, zum anderen aus Vertretern bestehender Vereine, Verbände und politischen Parteien des an das künftige Europaviertel angrenzenden Stadtteils Gallus. Der Impuls zur Gründung der BI entstand als Reaktion auf eine Präsentationsveranstaltung anlässlich des Abrisses des Hauptgüterbahnhofs im Sommer 1999, wodurch das Thema Europaviertel im Gallus zum Gesprächsthema wurde, detaillierte Informationen und Pläne aber nicht verfügbar waren. Um das Informationsdefizit auszugleichen, fand am 01.12.1999 eine (mit rund 350 Teilnehmern gut besuchte) Bürgerversammlung statt, auf der sich die BI konstituierte.

Die Grundidee der BI besteht darin, "nicht nur Dampf abzulassen", sondern eigene Ideen in die Planung einzubringen, "eine wirkliche Bürgerbeteiligung zu realisieren" und Ansprüche gegenüber den Investoren auch einzufordern[31]. Da die Planungen für den östlichen Teil bereits sehr weit fortgeschritten waren, konzentriert sich die thematische Arbeit in erster Linie auf den westlich der Emser Brücke gelegenen Teil. Dazu wurde verschiedene Arbeitsgruppen gebildet, die inzwischen für je einen Teilbereich Chancen und Gefahren erarbeitet haben. Das Ergebnis findet sich in einer anlässlich einer im August 2000 durchgeführten Bürgerversammlung (unter Beteiligung von OB Roth und Dezernent Schwarz) veröffentlichten, ausführlichen Stellungnahme der BI. Daneben wurden auch mehrere Treffen mit Vertretern der Investoren und der Stadt abgehalten, um "Fragen zu stellen" und die erarbeiteten Vorschläge in die Diskussion einzubringen. Dabei erwiesen sich v.a. informelle Kanäle, beispielsweise über einzelne Mitglieder der BI, als hilfreich, um "Ideen durchsickern" zu lassen. Der in der Öffentlichkeit verbreitete Eindruck, "eigentlich unterm Strich mit leeren Händen dazustehen", ist als Folge der eher "im Verborgenen" stattfindenden "Lobbyarbeit" zu sehen; es kommt der BI darauf an, "in die Köpfe" der Entscheidungsträger zu gelangen und so auf das Europaviertel einzuwirken, aber - zumindest zur Zeit der Befragung - weniger darum, sichtbare Erfolge vorweisen zu können.

Durch "seriöses Auftreten" und intensive Arbeit in den Arbeitsgruppen hat sich die BI im Lauf der vergangenen Monate "ein ziemliches Renommee erarbeitet". Zur Zeit bestehen sowohl zur EIM ("da verhält sich die EIM extrem professionell") als auch zum Stadtplanungsamt gute, wechselseitige Kontakte ("man konsultiert sich"). Voraussetzung dafür war allerdings, als Gesprächspartner ernst genommen zu werden, was anfangs nicht der Fall war. Der Status, "jemand Ernstzunehmendes" zu sein, wurde zum einen durch gründliche Vorbereitung und inhaltliche Arbeit erreicht, zum anderen durch die Nutzung von Wissen. Dieser Wissensvorsprung besteht aus loka-

---

31 Dieser Anspruch findet auch Ausdruck in der Namensgebung der BI: "Europaviertel - Chancen oder Gefahren für das Gallus"

lem Wissen über das Gallus, seine Probleme und Potentiale ("daher denke ich, dass unsere Konzepte wesentlich durchdachter sind"), sowie aus Informationen (v.a. aus Ausschüssen, Ämtern), die über informelle Kanäle in die Arbeit der BI Eingang finden. Das Mehr an relevanten Informationen ließ die Kontakte enger und häufiger werden. An dieser Entwicklung haben auch Stadt und Investoren Interesse bekundet; im Westteil des Europaviertels soll der "Dialog noch weiter verstärkt werden".

Kritisch wurde zum Thema BI angemerkt, dass die Gefahr besteht, eine "Gallus Romantik" zu entwickeln und jede Veränderung abzulehnen. Das Gallus sei durchaus ein "Stadtteil mit gravierenden Problemen", und davor sollte die BI nicht die Augen verschließen. Bestandsschutz allein sei also kein gutes Argument, Weiterentwicklung des Viertel dagegen schon. Weiterhin wurde auf Kommunikationsprobleme hingewiesen, da die "Vorstellungen der BI oft zu konkret" für die zur Zeit stattfindende Rahmenplanung seien, man also auf verschiedenen Ebenen denke und so schwer zu einem Konsens kommen könne. Auch sei die BI zu sehr darauf aus, "nur mit Frau Roth" reden zu wollen, anstatt mit den Personen der Arbeitsebene.

3.5 Konfliktlinien

Wie in den obigen Abschnitten erwähnt, ist der Planungsprozess nicht frei von Konflikten. Für die Zeit der Befragung lässt sich eine klare Hauptkonfliktlinie ziehen, die mit erheblichen Konsequenzen für das Gesamtprojekt verbunden ist. Im Mittelpunkt steht dabei das (inzwischen gekündigte) Joint Venture aus EIM und TH.

Hintergrund für die Bildung des Joint Ventures war nach Aufstellung des Bebauungsplans für das UEC die Erkenntnis des Grundstücksbesitzers EIM, dass ein derartiges Projekt nur mit einem Partner zu verwirklichen sei, der über genügend Developer-Erfahrung und Betreiber Know-how verfügt. Da der einzige deutsche Anbieter, ECE, "nicht zur Debatte" stand, suchte die EIM weltweit nach möglichen Partnern. Schließlich einigte man sich mit dem kanadische Projektentwickler und Betreiber Trizec Hahn auf die Bildung eines Joint Ventures mit 40% EIM und 60% TH Anteil, wobei das zu bebauende Grundstück vollständig bei der EIM verblieb und nicht Teil des gemeinsamen Projekts wurde[32].

Der Aufgabenbereich von TH umfasste in erster Linie architektonische Konzeption und Planung, Vermietungsstrategie und Vorverhandlungen mit potentiellen Mietern sowie der Kontakt zum Bankenkonsortium zur Finanzierung. In diesen Bereichen hatte TH "im Grunde genommen die Federführung". Die Firmenleitung von TH "hatte Großes vor in Europa" und war "am Anfang sehr ehrgeizig", sollte das Frankfurter UEC doch auch eine Art Brückenkopffunktion für Europa übernehmen.

---

[32] Ein Gesprächspartner hielt diese Aufteilung für den grundsätzlicher Konstruktionsfehler des Joint Ventures. Jeder Partner hatte für einen Teilbereich die Mehrheit, eine gemeinsame Vertrauensbasis war scheinbar nicht eingeplant; man kann darin ein grundlegendes Mißtrauen der Partner sehen, da sie sich so eine "Rückzugsposition" offen zu halten konnten.

Intern traten Probleme auf, als TH sich anschickte, die Planungsorganisation zu ü-
bernehmen und dazu Fachleute aus Toronto nach Frankfurt am Main versetzte, die
versuchten, amerikanische Planungsabläufe in Frankfurt am Main einzuführen.
Diese Strategie stellte sich als nicht praktikabel heraus, da durch die "inkompatible
Planungskultur der Amerikaner" das bereits bestehende Netz an einigen Stellen
durchtrennt wurde. Das Vorgehen der Planer von TH umschrieb ein Gesprächspartner als "Wild West Manier", was bedeuten soll, dass auf die bestehende, auf Kooperation und intensivem Austausch beruhende Planungsorganisation und andere lokale
Bedingungen keine Rücksicht genommen wurde, und ein völlig neues Planungsverständnis das alte ersetzen sollte ("die wollten uns erklären, wie die Welt funktioniert"). Durch das dominante Auftreten von TH lies sich die EIM in eine zunehmend
passive Rolle drängen, obwohl sie als Grundstücksbesitzer und mit 40% Beteiligung
nicht gerade ein Juniorpartner im Joint Venture war. Dieser "Bruch in der Planungskultur" ("gewisse Amerikaner sind da nicht so gut angekommen") führte zu
einer ablehnenden Haltung und Misstrauen gegenüber dem UEC Joint Venture insgesamt, da keine verlässlichen Informationen mehr verfügbar waren.

Öffentlich wurden die Abstimmungsprobleme etwa in der Auseinandersetzung um
den Abtransport des Erdaushubs im Sommer 2000. In einer Wochen dauernden öffentlichen Debatte waren keine verbindlichen Aussagen oder klare Pläne der Investoren erkennbar, zumal sich deren Verhandlungsposition fast täglich änderte („Die
Amerikaner haben es nicht geschafft, einen Planungsprozess aufzustellen, der transparent (auch für uns), legitim (im Sinne von abgestimmt) und effizient war"). Kurz
gesagt lassen sich die zunehmenden Differenzen zwischen EIM und TH auf unterschiedliche, nicht zusammenpassende Verhandlungsstile bzw. Planungsverständnis-
se zurückführen.

Verstärkt wurden die Unklarheiten durch einen massiven Umbau im Management
von TH. Durch den Austausch nahezu aller Verantwortlichen und Entscheidungsträger (vom Manager für Europa bis zum Projektleiter) waren plötzlich für die anderen
Planungsbeteiligten keine Ansprechpartner mit entsprechender Sachkenntnis und
ausreichenden Befugnissen erkennbar. Auch war aus der Firmenzentrale in Toronto
zu hören, dass sich TH ganz aus dem Europageschäft zurückziehen und seine Beteiligungen verkaufen wollte ('für Amerikaner ist das europäische Terrain wohl zu
kompliziert"). Auf das UEC bezogen bedeutete dies, dass TH nur noch "möglichst
günstig aus dem Projekt herauskommen" wollte, indem die bisherige Planung verkauft wird.

Die Unklarheiten der Vertragsbasis in Verbindung mit den "unvereinbaren Unter-
nehmenskulturen" führten schließlich zum Abbruch der Kontakte und im letzten
Schritt zur Kündigung des Joint Ventures durch die EIM.

Die Auseinandersetzungen führten nicht nur zu einem Abbruch der Geschäftskon-
takte zwischen TH und EIM, sie hatten auch Folgen für die interne Organisation der
EIM. War das Gesamtprojekt Europaviertel zu Anfang bei Geschäftsführung und
Projektleiter (unter Umgehung der Zwischenhierarchien) angesiedelt, verschoben

sich, da in der Folge der Streitigkeiten zwischen TH und EIM der Projektleiter die Gesamtleitung abgab, die Zuständigkeiten. Die bisher umgangenen Zwischenhierarchiestufen übernahmen die Leitung, was sich als nicht sinnvoll herausstellen sollte, da durch den strukturell bedingt größeren Abstand zur Arbeitsebene für die konkrete Projektleitung nötiges Fachwissen nicht zur Verfügung stand. Die Folge waren beispielsweise verschiedene, nicht haltbare Ankündigungen des Baubeginns durch die Geschäftsführung ("das hat dem Projekt in der Öffentlichkeit sehr geschadet"). Als Folge der scheinbar unkoordinierten Arbeitsteilung wird das Projekt UEC, und damit auch das Europaviertel als Ganzes, in Öffentlichkeit und Immobilienbranche zunehmend skeptisch betrachtet.

Um das Projekt nach dem unfreiwilligen Ausscheiden von TH weiterzuführen, wurde das Europaviertel (Ostteil) in drei Einzelprojekte (UEC, Hochhäuser, Boulevard) unterteilt, wobei für jeden Teilbereich ein eigenes Team gebildet wurde. Durch die Auflösung der bisherigen Arbeitsorganisation brach auch das bestehende, innerhalb von mehr als zwei Jahren aufgebaut Netzwerk zusammen, die Teams mussten wieder neu beginnen. Der Neuanfang war um so schwieriger, da sich infolge der Querelen zwischen TH und EIM und dem damit verbundenen Vertrauensverlust die anderen Planungsbeteiligten nun eher vorsichtig und abwartend verhalten. Auch arbeiten die neuen Teams wohl recht abgeschottet voneinander, was den für eine abgestimmte Planung nötigen Austausch zusätzlich erschwert. Die Folge ist ein zum Zeitpunkt der Untersuchung eher stockender Prozess.

Für die EIM, die den Börsengang vorbereitet und in *Vivico Real Estate Management* umbenannt worden ist, ist diese Entwicklung äußerst heikel, da durch den Sparhaushalt der bundespolitische Druck[33] in Richtung realisierte Erlöse gestiegen ist. Die EIM und deren Geschäftsführung stehen nach Auffassung eines Interviewpartners unter starkem Zugzwang, im Jahr 2001 Ergebnisse vorweisen zu können. Und der ist durch die beschriebenen Verzögerungen in größere Entfernung gerückt.

Ein weitere, wenn auch in der Konsequenz weniger gravierende Zäsur im Planungsprozess stellt der Dezernentenwechsel vom März 2000 dar, als der langjährige Planungsdezernent Martin Wentz (SPD) im Zuge einer Magistratsumbildung durch Edwin Schwarz (CDU) abgelöst wurde.

Das Europaviertel war von Beginn an auch stark mit dem Namen von Martin Wentz verbunden, der sich durch seine fast zehnjährige Tätigkeit als Planungsdezernent Autorität und Renommee erworben hatte. Da er das Europaviertel zum Teil "auch als sein Projekt" ansah, wurde es von ihm mit viel persönlichem Engagement "stark gepuscht", u.a. als Moderator. Immerhin, so die überwiegende Meinung der Befragten, "lebt so ein Projekt auch von der Person, der Persönlichkeit" der Entscheidungsträger.

---

33 Da die EIM Bundeseisenbahnvermögen verwaltet, fließt der erwirtschaftete Erlös direkt in den Bundeshaushalt ein.

Mit dem Dezernentenwechsel ergaben sich zunächst typische Anlaufschwierigkeiten, da sich der neue Dezernent Schwarz erst einarbeiten musste, was für eine Weile "dem ganzen Prozess nicht sehr förderlich" war, ihn verzögerte. Für die interne Planungsorganisation auf Seiten der Stadt hatte der Wechsel zur Folge, dass die Arbeitsebene stärker auf die einzelnen Ämter verlagert wurde, an Abstimmungsrunden also Amtsleiter oder Referenten teilnahmen, die weniger Entscheidungsbefugnisse besitzen, als wenn der Planungsdezernent selbst anwesend ist, was wohl zuvor der Fall war. Nach einhelliger Meinung ist der "kurze Draht unter Schwarz abgerissen", was allerdings auch auf die zusätzliche Arbeitsbelastung des Planungsdezernenten durch die Erweiterung des Aufgabenbereichs zurückzuführen ist.

Der Hauptunterschied in der Rolle des jeweiligen Planungsdezernenten liegt wohl in deren Person. Wentz wurde als Macher beschrieben, einer, "der Dinge progressiv angeht, anstatt auf sich zukommen zu lassen" und dabei auf die Partner "sicherlich aufgeschlossener" wirkt. Schwarz dagegen war zumindest in der ersten Zeit wesentlich distanzierter, die "innovative Ader des Herrn Schwarz [sei] nicht so hoch". Dass der Dezernentenwechsel aber das UEC oder gar das Europaviertel gefährden würde, lässt sich ausschließen, denn "Schwarz hat das Projekt sicher nicht torpediert". Es ist lediglich ein anderer (Verhandlungs- und Führungs-) Stil, auf den sich die Beteiligten einstellen müssen.

3.6 Planungsprozess revisited oder: Zentrale Punkte des bisherigen Prozesses

Der sich im Zuge der Analyse des bisherigen Planungsprozesses herauskristallisierende zentrale Faktor ist der des Vertrauens zwischen den Akteuren. Die Planung zum Europaviertel versteht sich als "interessenausgleichende Planung", d.h. jeder Akteur erkennt die Interessen der anderen als legitim an, wodurch ein Nullsummenspiel verhindert werden soll. Grundlage dieser Arbeitsweise ist das Vertrauen in die Zuverlässigkeit der anderen Beteiligten. Daher wurden vor allem in der Anfangsphase keine bindenden Verträge geschlossen, sondern über gemeinsame Arbeitsgruppen und (nur moralisch bindende) Absichtserklärungen eine entsprechende Basis, in Form eines Netzwerks, geschaffen. Wie sehr die einzelnen Partner einander die Umsetzung des Projekts zutrauten, wurde im Messestadt Intermezzo deutlich; dass sich keiner der Beteiligten unter Druck aus dem Projekt zurückzog, ist ein deutlicher Hinweis auf durchaus belastbare Beziehungen innerhalb des Netzwerks. Das aufgebaute Vertrauensverhältnis wurde erst durch die Hinzunahme eines weiteren Akteurs gestört, dessen Planungsphilosophie mit der der anderen Partner unverträglich war, sich sogar gegenseitig ausschloss. Der Bruch in der Planung wurde also nicht durch die bloße Aufnahme eines neuen Akteurs verursacht, sondern durch eine unzureichende Auswahl des Kooperationspartners. Der Auswahl der passenden Akteure kommt somit eine zentrale Rolle zu. Das Problem dabei ist nur, dass sich die Wahl oft erst im nachhinein beurteilen lässt.

4.   Stadtplanung in der Spätmoderne - Eine Ergebnisanalyse

Da es ein wichtiges Anliegen der Untersuchung war, eine Verbindung von theoretischen Überlegungen und empirischer Untersuchung zu schaffen, sollen im folgenden zentrale Begriffe des theoretischen Teils mit den Ergebnissen der Befragung verknüpft werden.

4.1   Das Planungsnetzwerk

Nachdem die großen Linien der Planungsgeschichte, die Hauptakteure und zentralen Probleme des bisherigen Planungsprozesses "Europaviertel" nachgezeichnet wurden, kann nun das sich daraus ergebende Planungsnetzwerk aufgespannt werden. Dabei wurden neben den Interviewprotokollen auch die von den Befragten erstellten Diagramme zum Gesamtnetzwerk ausgewertet.

Wie im Abschnitt "Planung als Kommunikationsnetzwerk" bereits erläutert, ist das sich bildende Netzwerk recht heterogen, was seine Zusammensetzung und Teilnehmer angeht. Zunächst lassen sich, in einer ersten Näherung, zwei Stufen unter den Akteur feststellen, die gleichsam einen inneren und einen äußeren Kreis bilden. Die einzelnen Akteure selbst stellen allerdings wiederum Netzwerke dar; sie sind keine Einzelpersonen, sondern Organisationen, die ihrerseits verschieden konstituiert sind. Das beobachtete Netzwerk ist also vielmehr ein aus Netzwerken bestehendes Netzwerk.

4.1.1   Innerer und äußerer Kreis

Der innere, relativ einfach und klar abzugrenzende Kreis besteht aus den Hauptakteuren des Planungsprozesses, im untersuchten Fall aus den Grundstückseigentümern EIM und DBImm, der Stadt, v.a. in Gestalt des Stadtplanungsamts, und den Bürgern des angrenzenden Gallusviertels, in erster Linie vertreten durch die BI.

Der äußere Kreis besteht fast ausschließlich aus Vertretern der Wirtschaft, die sich um Eigentümer und Investoren herum gruppieren und damit eine eigenes Netzwerk bilden, sowie aus der Presse.

Tiefere Erkenntnisse lassen sich mit diesem groben Schema nicht erreichen. Es ist also angebracht, eine andere Form zur Beschreibung der Akteure und ihrer Beziehungen zu wählen - die Form des Netzwerks.

4.1.2   Netzwerk der Netzwerke

Die Akteure und ihre Beziehungen zueinander lassen sich genauer und differenzierter als Netzwerk beschreiben, das aus verschiedenen Netzwerken aufgebaut ist. Die Grundkonstellation ist ähnlich; betrachtet man den Prozess sehr grob, lässt sich ein Netzwerk aus drei Akteuren aufspannen: Stadt Frankfurt am Main, privatwirtschaftliche Grundstücksbesitzer/Investoren und Bürger. Bei genauerem Hinsehen wird es deutlich, dass diese drei Akteure keine geschlossene Einheit bilden, sondern ihrerseits ein Netzwerk aus einzelnen Akteuren darstellen. Diese Akteure bilden ebenfalls keine *Atome*, sondern sind wiederum netzwerkartig strukturiert, usw. Es ist aus forschungspraktischen Gründen notwendig, eine Grenze zu ziehen, bis zu der die Akteure sinnvoll und der Fragestellung entsprechend weiter aufgeschlüsselt werden sollen. Diese Grenze bildet der Begriff des Planungsnetzwerks, das sich die Entwicklung des Europaviertels zum Ziel gesetzt hat. Insofern sind etwa innerorganisatorische Arbeitsteilungen (z. B. in kaufmännische Abteilung, Rechtsabteilung, Gutachter, Controller etc.) weniger von Interesse. Es geht vielmehr um Außenbeziehungen rechtlich eigenständiger Einheiten zueinander, die sich in einem Aushandlungsprozess begegnen.

Bei den Akteuren *Stadt* und *Bürger* lässt sich diese Grenze noch recht einfach bestimmen. Hinter dem Oberbegriff *Stadt* verbergen sich legislative wie exekutive Teile der Kommune, also Stadtverordnetenversammlung, Fachausschüsse, politische Parteien, Magistrat, Dezernate und Ämter. Nach außen tritt der Akteur *Stadt* wenn möglich geschlossen auf. Das bedeutet allerdings nicht, dass es intern keine zum Teil problematischen oder gar konflikthaften Beziehungen zwischen den Einzelteilen gäbe, seien es nun Kompetenz- und Zuständigkeitsfragen, politische Differenzen oder schlichte Kommunikationsprobleme. Da die anderen Planungsbeteiligten *die Stadt* oft undifferenziert wahrnehmen, wird an diesem Begriff festgehalten. Für diese Sichtweise spricht auch, dass sich bisher stadtinterne Konflikte nicht dauerhaft auf die inhaltliche Planung zum Europaviertel durchgeschlagen haben.

Für den Akteur *Bürger* gilt eine größere Heterogenität. Zunächst lässt sich die große Masse der unorganisierte Bürger von den Teilnehmern der Bürgerinitiative unterscheiden. Da sich erstere nicht artikulieren und mit anderen Beteiligten nicht in Interaktion treten, werden sie hier nicht berücksichtigt. Man könnte nun argumentieren, die Stadt repräsentiere v.a. in Gestalt der StVV und des Magistrats bereits die Bürgerschaft; dies ist für die Gesamtstadt betrachtet richtig, für den konkreten Einzelfall Europaviertel aber unzureichend. Anwohner verfügen im Gegensatz zu gewählten Vertretern der Gesamtstadt über lokales Wissen auf Stadtteilebene, etwa zu Problemen und Potentialen des Gallus. Auch ist durch die direkte Betroffenheit ein gesteigertes Interesse an künftigen Entwicklungen zu erwarten. Diese lokale Wissen und Interesse findet hier Ausdruck in der Bürgerinitiative Europaviertel. Auch hier ließen sich die verschiedenen Teilnehmer weiter untergliedern, beispielsweise in einzelne Verbände oder politische Parteien. Da sich die verschiedenen Gruppen aber nach außen als Einheit BI präsentieren, wird an dieser Sicht festgehalten.

Wesentlich komplexer und auch unübersichtlicher wird das Bild auf der privatwirtschaftlichen Seite. Hier stehen verschiedene, wirtschaftlich und rechtlich unabhängige Unternehmen in Beziehung zueinander[34]. Zunächst gibt es zwei Grundstückseigentümer, die ihre Planungen aufeinander abstimmen müssen. Sie bilden den Aus-

---

[34] Eine weitergehende Aufteilung in Abteilungen u.ä. soll auch hier nicht getroffen werden; relevant sind, wie gesagt, in erster Linie die Außenbeziehungen der Beteiligte.

gangspunkt für weitere Vernetzungen. Rein organisatorisch besteht von der DBImm eine Verbindung zur DB Holding und zum Eisenbahnbundesamt (EBA), da die Fläche noch nicht entwidmet ist. Die EIM steht mit dem Bund in Beziehung, da sie Bundesvermögen verwaltet. Für den Planungsverlauf sind diese Beziehungen nur insofern von Bedeutung, als von Bund und DB Holding Gewinnvorgaben gemacht werden. Zur Planerstellung werden verschiedene Planungsbüros herangezogen, die von AS&P koordiniert werden. AS&P ist von beiden Eigentümern mit der Rahmenplanung beauftragt. Zur Entwicklung und Finanzierung des UECs schließlich wurden Know-how und Fremdkapital benötigt, was den kanadischen Großinvestor und Projektentwickler TH sowie ein Bankenkonsortium unter Führung der HVB zu weiteren Teilen des Netzwerks werden ließ.

Das sich daraus und den in den vorigen Abschnitten ergebende Gesamtnetzwerk gestaltet sich wie in Abbildung 6 ersichtlich.

Abb. 6: Gesamtnetzwerk

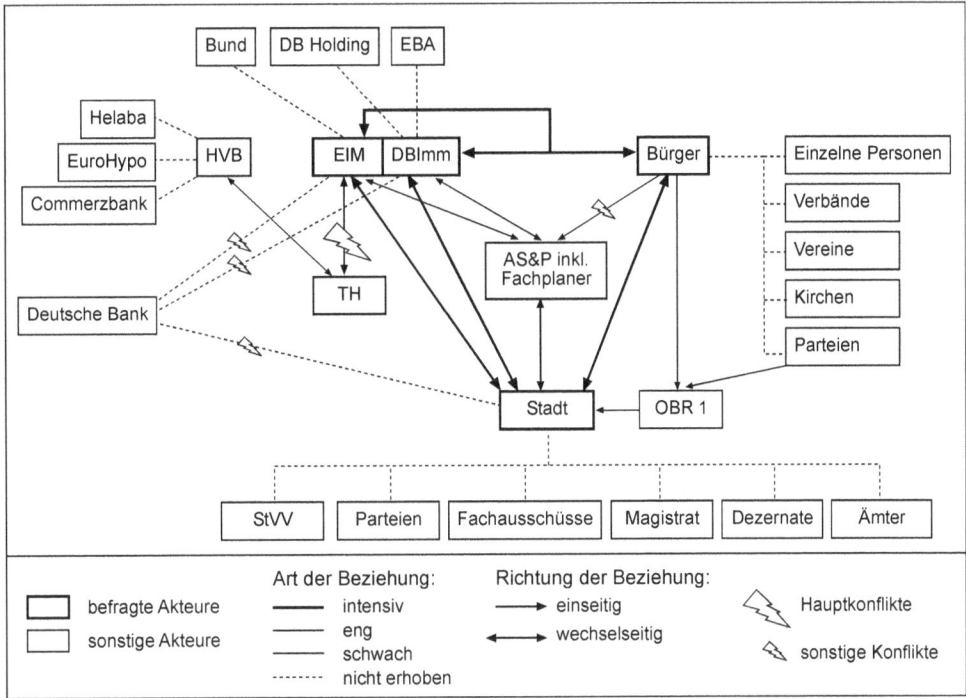

Quelle: Eigener Entwurf

Nicht dargestellt sind die Vertreter der Presse, da sie zum einen zu jedem Akteur Beziehungen haben, zum anderen eher indirekt in den Planungsprozess eingreifen. Sie stehen zwar außerhalb in einer Beobachterposition, ihre (unvermeidlich selektive) Berichterstattung und Kommentierung des Planungsgeschehens kann mitunter weitreichende Auswirkungen haben, beispielsweise auf das Bild der Akteure und des Projektes in der Öffentlichkeit und damit der öffentlichen Meinung. Über verschiedene Rückkopplungsprozesse kann ein Einfluss auf den Planungsprozess nicht ausgeschlossen werden, er ist sogar sehr wahrscheinlich.

4.1.3 Zur Rolle der Partnerwahl

Wie vor allem an den Querelen zwischen EIM und TH zu sehen ist, kommt beim Aufbau eines Netzwerks der Auswahl der planungsbeteiligten Akteure eine große Bedeutung zu. Eine Partnerwahl, die sich als ungünstig bzw. unbrauchbar erweist, kann zur Verzögerung oder zum Scheitern eines Projekts beitragen. Glaubwürdigkeits- und Vertrauensverluste bei anderen Planungsbeteiligten und in der Öffentlichkeit sind eventuelle Folgen, die nicht zu unterschätzen sind. Eine gelungene Partnerwahl zeichnete sich am untersuchten Beispiel in der Anfangsphase ab. Durch die Beauftragung des Büros AS&P wurden z.B. Kontakte zwischen EIM und Stadt wesentlich erleichtert und beschleunigt. Das für das UEC beauftragte Frankfurter Büro ABB erwies sich auch als Glücksgriff, da der Vorsitzende des Planungsausschusses gleichzeitig bei ABB beteiligt ist, somit eine zusätzliche, unerwartete Verbindung zwischen Investor und Politik geknüpft werden konnte. Das auf diese Weise entstandene Netz aus Politik und Wirtschaft erwies sich auch in Belastungsphasen, z.B. während des Messestadt-Intermezzos, als stabil und verlässlich.

Gestört wurde diese Verhältnis erst durch die Hinzunahme eines weiteren Akteurs, der sich im nachhinein als inkompatibel zu den bestehenden Strukturen erwies. Auf die Gründe, Stichwort "Bruch in der Planungskultur", ist bereits zur Genüge eingegangen worden.

In diesem Zusammenhang wurde von einigen Befragten spekuliert, dass rückblickend die Deutsche Bank als Investor unter Umständen geeigneter gewesen wäre; "eine Pleite am Hauptsitz [wäre] zu peinlich" für den Vorstand. Von daher sei zu vermuten, "dass die Deutsche Bank es vom finanziellen, vom wirtschaftlichen her professioneller angegangen wäre als das, was wir jetzt erleben. Die Wahrscheinlichkeit, dass die schneller zu Potte gekommen wären, ist sehr hoch". Das Europaviertel wäre als (lokales) Prestige- und Vorzeigeprojekt in Sichtweite zum Hauptsitz der Bank energischer vorangetrieben worden, als durch einen kanadischen Entwickler, "der nicht sieht, wie sein Baby wächst". Diese Aussagen können auch als Beleg für die These gesehen werden, dass räumliche Nähe auch in Zeiten der Globalisierung nicht irrelevant geworden ist, verlief doch die Kooperation zwischen in Frankfurt am Main ansässigen Unternehmen recht problemlos.

Allgemein kann festgehalten werden dass die Arbeitsform *Netzwerk* nur dann sinnvoll ist, wenn aufgrund verlässlicher und berechenbarer Partner eine Arbeit auf Vertrauensbasis erfolgen kann. Die Teilnahme am Netzwerk sollte auf Interessenkongruenz beruhen, so dass die entstehende Beziehung zwischen den Beteiligten "auch Dissens ertragen" kann. Jeder Akteur soll dabei eine aktive Rolle übernehmen, anstatt abzuwarten. Weiterhin sind klare Verantwortlichkeiten sowie möglichst kleine, flexible Strukturen Grundvoraussetzungen.

4.2 Netzwerk und Macht

Kennzeichnend für Netzwerke ist die Zusammenarbeit gleichberechtigter Akteure auf freiwilliger Basis, was eine weitgehend horizontale Machtverteilung impliziert; ein zentraler, die anderen Teilnehmer dominierender Akteur ist entsprechend unwahrscheinlich. So weit die Theorie. Es stellt sich nun die Frage, ob dieses Kriterium im Planungsprozess Europaviertel empirisch nachzuvollziehen ist.

Macht ist in strukturationstheoretischer Sicht kurz gesagt die Fähigkeit zu Handeln, indem ein Akteur über allokative und/oder autoritative Ressourcen verfügen kann. Ob und in welchem Ausmaß dies möglich ist, wird durch Regeln festgelegt. Im hier untersuchten Planungsprozess begegnen sich recht heterogene Akteure, öffentlich-rechtliche, privatwirtschaftliche und Bürger, wobei jeder über eigene Ressourcen verfügt. Die jeweiligen Ressourcen sind weder gleich verteilt noch einander ähnlich. Es ist daher notwendig, zumindest die für die Hauptakteure verfügbaren Ressourcen zu identifizieren, um in einem weiteren Schritt ihre Verwendung zu beleuchten.

Die öffentlich-rechtliche Seite verfügt zunächst über gesetzlich (z.B. BauGB; HBO) garantierte Planungshoheit; jede bauliche Maßnahme ist nur in Abstimmung mit der Kommune zulässig. Die kommunale Planungshoheit stellt damit in erster Linie eine autoritative Ressource (etwa durch die (Nicht-) Genehmigung eines Bauvorhabens) dar. Diese Position der Stadt äußert sich z.B. in Aussagen wie "das geht nur im Konsens mit der Stadt, das ist immer unstrittig gewesen". Hinzu kommt die autoritative Machtkomponente der städtischen Führungsebene, wie OB Roth oder Dezernent Wentz, die sich auch als Person mit dem Planungsprozess verbunden sehen und auf Untergebene und Öffentlichkeit einwirken und so dem Prozess entscheidend beeinflussen können ("So ein Projekt lebt auch von der Person, der Persönlichkeit [der Beteiligten]").

Die Privatwirtschaft verfügt klassischerweise v.a. über allokative Ressourcen wie Boden und Kapital. Das zu entwickelnde Areal befindet sich im Besitz der EIM und DBImm, eine Bebauung kann also nur im Einverständnis und durch den Eigentümer erfolgen. Da die Baumaßnahme durch die Eigentümer durchgeführt werden soll, ist zur Finanzierung die Nutzung der Ressource Kapital, aus privatwirtschaftlichen Quellen, unumgänglich. Autoritative Ressourcen können z.B. in Form von (Nicht-) Entscheidung über die bauliche Nutzung in Anspruch genommen werden. Die städtebauliche Entwicklung könnte etwa über Jahre verzögert oder aufgehalten werden, indem kein Konzept zur Neunutzung vorgelegt wird und eine innerstädtische Brache entsteht.

Die Bürger wiederum verfügen in erster Linie über autoritative Ressourcen in Form von lokalem Wissen. Durch die langjährige, tägliche Erfahrung mit dem Stadtviertel und seinen Bewohnern sehen sie sich z.B. in der Lage, zu "sagen, was hier funktioniert und was nicht". Dies äußert sich auch darin, dass andere Akteure inzwischen versuchen, diese lokale Kompetenz zu nutzen, indem die BI in die Gespräche miteinbezogen wird.

Weiterhin verfügen alle Beteiligten zusätzlich über städtebauliches Know-how - eine autoritative Ressource - wenn auch in zum Teil sehr unterschiedlicher fachlicher Tiefe bzw. Schwerpunktsetzung.

Wie an dieser kurzen Auflistung ersichtlich ist, sind die den einzelnen Akteuren zugeordneten Ressourcen durchaus heterogen. Es stellt sich somit die Frage, wie sich die verschiedenen Ressourcen nutzen lassen, um das jeweils eigene Interesse in Handeln umzusetzen.

Im anfänglichen Aushandlungsprozess trafen Stadt und Wirtschaft aufeinander. Eine Bebauung des ehemaligen Güterbahnhofs ist ohne eine Einigung, die von beiden Partnern getragen wird, schlichtweg unmöglich. Die Frage nach dem "ob" ist demnach eher eine nach dem "wie" der baulichen Nutzung. Nach einhelliger Meinung der Befragten kamen von Seiten der Stadt von Anfang an klare Zielvorstellungen zur Struktur des künftigen Viertels. Gleichzeitig brachten die Grundstückseigentümer eine "unternehmerische Zielsetzung", die Schaffung von Mehrwert, in die Verhandlungen ein. Im folgenden "interaktiven Prozess auf beiden Seiten" wurde versucht, beide Partner und deren Ziele zu vermitteln. Das Ergebnis lässt sich u.a. im Rahmenplan Europaviertel ablesen. Welches Element nun auf wessen Initiative zurückgeht, ist kaum zu rekonstruieren. Dies umso mehr, als von Beginn an eine gemeinsame Arbeitsgruppe aus Stadt und Eigentümern bestand, die den Rahmenplan erarbeiten sollte. Es wurde jedoch von allen Befragten betont, dass die Stadt mehr als nur Genehmigungsbehörde ist, sie also eigene Vorstellungen durchsetzen konnte[35]. Ein deutliches Machtgefälle stellten die Befragten nicht fest.

Anders dagegen stellen sich die Beziehungen zur BI dar. Zu Beginn wurden die Vertreter der BI bei Stadt und Wirtschaft nicht sonderlich ernst genommen. Im Lauf der Zeit konnte die BI jedoch beweisen, dass sie ein relevanter Akteur mit eigenen Ressourcen ist, was sich formell darin äußert, dass die Vertreter der BI sowohl von Stadt als auch von Investorenseite inzwischen in die Planungen und Abstimmungsrunden miteinbezogen werden. Dies geschieht zum Zeitpunkt der Befragung zunächst in bilateralen Gesprächen, soll aber für das weitere Vorgehen in ein trilaterales Verhältnis überführt werden. Der Schlüssel für die Beachtung der BI lag in der fachlich und lokal fundierten Vorarbeit der Gruppe, durch die die Ressource Wissen gebündelt und so gezielt genutzt werden konnte.

Ob dies aber wirklich eigene Macht darstellt, ist fraglich, denn, wie ein Befragter urteilte, zeigt sich die Macht der Investoren "gerade darin, dass sie sich [gegenüber der BI] kooperativ zeigen". Diese Sichtweise impliziert ein sehr großes Machtgefälle zwischen Wirtschaft und Bürgern, was sicherlich nicht von der Hand zu weisen ist. Ich denke jedoch, dass durch den Austausch zwischen beiden Akteuren das Handeln jedes Akteurs verändert wird, also Macht im GIDDENS'schen Sinn durchaus auf beiden Seiten vorhanden ist. Eine genauere Analyse des Einflusses, der Wirkung der

---

[35] Dies kann auch als ein weiterer Hinweis darauf gesehen werden, dass trotz Globalisierung der Einfluß von Politik und Staat nicht verschwunden ist, sondern vielmehr die Erscheinungsform geändert hat.

Macht einzelner Akteure auf das Gesamtergebnis ist aber erst im nachhinein möglich. Da der Planungsprozess zum Zeitpunkt der Untersuchung noch nicht abgeschlossen ist, und dies auch in absehbarer Zeit nicht sein wird, wäre alles Weitergehende reine Spekulation.

4.3   "Glokalisierter" Planungsprozess

Im Verlauf der Untersuchung des Planungsprozesses konnte gezeigt werden, dass die Bedingungen der Spätmoderne auf die Stadtplanung und -entwicklung durchschlagen. So lässt sie sich beispielsweise in zunehmendem Maße nicht mehr allein aus dem lokalen (oder regionalen) Kontext heraus verstehen, wobei die Bedeutung des Lokalen aber auch nicht verschwunden ist. Vielmehr haben sowohl lokale (Stadtpolitik/-verwaltung, Bürger, lokale Planer), überregionale (Deutsche Bahn, Bundespolitik), als auch globale Akteure (Banken, Developer) auf den Planungsprozess Europaviertel Einfluss. Die Dominanz einer einzelnen Ebene war dabei nicht festzustellen. Vielmehr besteht ein Wechselspiel zwischen den verschiedenen Ebenen, mitunter auch eine wechselseitige Abhängigkeit. Globale Akteure sind beispielsweise auf die lokale Kompetenz (der Bürger, Planer, Stadtverwaltung) und regionale Wirtschaftsdynamik ebenso angewiesen wie lokale Akteure auf Investitionen und Engagement globaler Unternehmen. Globales Renommee (z.B. TH) ist somit keine Garantie für lokal erfolgreiche Projektentwicklung, wenn lokale Bedingungen unterschätzt werden.

Glokalisierung bedeutet weiterhin ein Nebeneinander von globaler Städtekonkurrenz und lokaler Eigenheiten. Globale Städtekonkurrenz äußert sich u.a. darin, dass der Frankfurter Bodenmarkt (als Wertanlage) von globalen Geldströmen beeinflusst wird und somit die innenstadtnahe Bodennutzung entsprechend von finanzstarken Unternehmen bestimmt wird. Auch ist die Stadt Frankfurt am Main bemüht, dem Bild einer Weltstadt gerecht zu werden, etwa durch die Schaffung internationaler Standards wie dem UEC. Als lokale Eigenheit erweist sich z.B. die unmittelbare Nachbarschaft zum Stadtteil Gallus, als dessen Sprachrohr sich die BI sieht und eigene Vorstellungen berücksichtigt sehen will.

Bereits aus dieser kurzen Aufzählung wird ersichtlich, dass sich im Planungsprozess Europaviertel verschiedenste Interessen und Akteure begegnen. Hier eine funktionierende Arbeitsbasis zu schaffen gestaltet sich schwierig, ist aber durch eine prinzipielle Offenheit der Planungsbeteiligten für neue Wege und Kooperationen durchaus möglich.

4.4   Zivilgesellschaft im Gallus

Doch nicht nur die mit dem Oberbegriff Globalisierung in Verbindung stehenden Entwicklungen waren zu beobachten. Individualisierung und Zivilgesellschaft waren ebenfalls im Prozess bemerkbar. Wie in Kap. I.3.4 erläutert, ist das Vorhandensein selbstorganisierter Bürgergruppen ein Hinweis auf die Zivilgesellschaft. So weisen

Initiativgruppen meist einen eng gefassten thematischen Rahmen sowie lokalen Bezug auf. Die Bürgerinitiative Europaviertel kann als Ausdruck der Zivilgesellschaft betrachtet werden.

Die BI sieht sich als Vertreter und Sprachrohr des Gallus. Die Treffen finden regelmäßig und öffentlich statt, so dass jeder interessierte Bürger jederzeit teilnehmen kann. Ein Problem stellt die im Kapitel zur Zivilgesellschaft aufgeworfene Frage nach demokratischer Legitimation und Repräsentativität dar. Die im Prinzip offene Struktur der BI ersetzt keine demokratische Legitimation, wie etwa eine Wahl. Die Teilnahme erfolgt ausschließlich aufgrund eigenen Interesses, aufgrund von Selbstmandatierung. Die Zusammensetzung ist auch nicht repräsentativ für das Gallus, so fehlen beispielsweise Vertreter der jugendlichen oder ausländischen Bevölkerung; christliche Kirchen sind zwar vertreten, islamische dagegen nicht. Von Vertretern der BI wird zwar versucht, bisher nicht repräsentierte Bevölkerungsgruppen einzubinden, der Erfolg ist aber bisher eher marginal und wird auch von der BI selbst kritisch gesehen.

III. Netzwerkanalyse als Methode geographischer Stadtforschung

Am Anfang der vorliegenden Untersuchung stand die allgemeine Frage nach der Herstellung des (städtischen) Raums. Bei dem Versuch, dieser Frage nachzugehen, stellte sich zunächst das Problem, mit welchem Ansatz aktuelle Prozesse der Stadtentwicklung in angemessener Weise zu erfassen seien. Der Ansatz der handlungszentrierten Geographie bildete dabei Ausgangspunkt und Zentrum aller nachfolgenden Überlegungen. Da die auf Benno WERLEN basierende Sichtweise einer Geographie als raumorientierte Handlungswissenschaft für den Aspekt der Struktur gesellschaftlicher Prozesse zu kurz greift, wurde sie um Elemente der Strukturationstheorie nach Anthony GIDDENS erweitert. Danach besteht zwischen Handeln und Struktur ein unauflösbarer Zusammenhang, dies um so mehr, da Handeln nur durch Einsatz von Macht möglich wird. Macht an sich stellt keine Ressource dar, sondern Handelnde nutzen nach festgelegten Regeln Ressourcen, um Macht auszuüben, in die Umwelt einzugreifen, zu handeln. Handeln entsteht also durch Bezugnahme auf eine bestehende Struktur, die ihrerseits das Ergebnis vergangener und aktueller Handlungen ist. Struktur wird durch Handeln produziert, verändert, aufrechterhalten und manifestiert sich u.a. im Raum. Eine stadtgeographische Forschung, die ohne Verkürzungen zugunsten von Struktur oder Handeln auskommen möchte, muss folglich beide Aspekte gesellschaftlicher Prozesse beachten. Da gesellschaftliche Prozesse im Raum stattfinden und durch Raumnutzung den Raum herstellen und verändern, ist diese Sicht für die Geographie unerlässlich.

Gesellschaftliche Prozesse wiederum sind nur schwer zu fassen und befinden sich in ständigem Wandel. Anthropogeographie, verstanden als ein Teil der Sozialwissenschaften, kann *die Gesellschaft* als Ganzes kaum bewältigen. Es ist daher sinnvoll, Erkenntnisse anderer Wissenschaftsdisziplinen in die geographische Forschung einfließen zu lassen. Als wichtige Quelle können dabei beispielsweise die Gesellschaftsdiagnosen zur Spätmoderne nach Anthony GIDDENS gelten. Deren Hauptlinien Globalisierung, Individualisierung und Zivilgesellschaft bilden den Hintergrund - die Struktur für aktuelles Handeln. Sie haben u.a. weitreichende Konsequenzen für das Staats- und Politikverständnis oder die Organisation von Gesellschaft und Wirtschaft. Eine Folge ist beispielsweise das verstärkte Auftreten von Verhandlungssystemen mit öffentlich-rechtlichen, privatwirtschaftlichen und bürgerschaftlichen Akteuren. Die entstehenden Aushandlungsprozesse sind v.a. durch horizontale Machtverteilung, also durch das Fehlen einer hierarchischen Ordnung gekennzeichnet. Die Teilnahme erfolgt freiwillig und problembezogen; durch das gemeinsame Ziel entsteht zwischen den Akteuren ein Beziehungsnetzwerk. Die Beteiligten erkennen die Interessen der anderen an und versuchen, im Lauf des Prozesses eine gemeinsame Linie zu finden. Vor allem in der Policy-Forschung ist dazu in den letzten Jahren zunehmend die Methode der Netzwerkanalyse angewandt worden. Ähnliches gilt für Untersuchungen zu Unternehmensnetzwerken.

Da stadtplanerisches Handeln zum einen kommunale Politik, zum anderen privatwirtschaftliches Engagement ist, lag der Verdacht nahe, dass sich im Verlauf der

Planungen zu einem neuen Stadtviertel netzwerkartige Strukturen ausbilden würden. Diese These sollte am Beispiel Europaviertel überprüft werden. Daraus ergab sich ein weiteres Ziel für die vorliegende Arbeit: Die Erprobung der Netzwerkanalyse als Methode geographischer Stadtforschung.

Das aus diesen Überlegungen abgeleitete, qualitativ ausgerichtete Forschungsdesign beruhte auf leitfadenorientierten Einzelinterviews mit Vertretern der am Planungsprozess Europaviertel beteiligten Organisationen. Von vorrangigem Interesse waren Fragen nach der Organisation der Planung, der Bewertung des bisherigen Vorgehens, der Identifikation von Konfliktlinien und der Qualität der bestehenden Netzwerkbeziehungen. Aus den Antworten wurde das sich ergebende Planungsnetzwerk abgeleitet und näher betrachtet. Abschließend bleibt festzuhalten, dass die Netzwerkanalyse eine geeignete Methode zur Erfassung stadtplanerischer und damit stadtgeographisch relevanter Prozesse darstellt, insbesondere vor dem Hintergrund spätmoderner Gesellschaften.

Literatur

ATTESLANDER, Peter 2000: Methoden der empirischen Sozialforschung. 8., bearb. Aufl. - Berlin, New York.

AUFENANGER, Stefan 1991: Qualitative Analyse semi-struktureller Interviews. - In: GARZ/KRAIMER 1991, S. 35-60.

BATHELT, Harald u. Johannes GLÜCKLER 2000: Netzwerke, Lernen und evolutionäre Regionalentwicklung. - Zeitschrift für Wirtschaftsgeographie, Jg. 44, H. 3/4, S. 167-182.

BATHELT, Harald u. Katrin GRIEBEL 2001: Die Struktur und Reorganisation der Zulieferer- und Dienstleisterbeziehungen der Industriepark Höchst (IPH). (= IWSG Working Papers 02-2001). - Frankfurt am Main.

BAUMAN, Zygmunt 2001: Ethische Leere. - In: Die Zeit, Nr. 39/2001.

BECK, Ulrich (Hg.) 1998: Perspektiven der Weltgesellschaft. - Frankfurt am Main.

BECK, Ulrich 1993: Die Erfindung des Politischen. - Frankfurt am Main.

BECK, Ulrich 2000: Mehr Zivilcourage bitte. - Die Zeit Nr. 22/2000

BECKER, Jörg 1997: Stadt und Postmoderne. Zur Diskussion einer postmodernen Stadttheorie. - RuR 4/5 1997, S. 358-366.

BECKER, Steffen, GENTNER, Sven, LO, Vivian, SABLOWSKI, Thomas u. Hans Jörg TROOST 1998: Globalisierung und Regionalisierung. Integrationspapier der Teilprojektbereichs C des SFB 403. (= SFB 403 AB-98-55). - www.vernetzung.de.

BLOTEVOGEL, Hans Heinrich 1999: Sozialgeographischer Paradigmenwechsel? Eine Kritik des Projekts der handlungszentrierten Sozialgeographie von Benno Werlen. - In: MEUSBURGER 1999, S. 1-33.

BOESCH, Martin 1989: Engagierte Geographie. Zur Rekonstruktion der Raumwissenschaft als politik-orientierte Geographie. (= Erdkundliches Wissen, Heft 98). - Stuttgart.

BRAUN, Dietmar 1993: Zur Steuerbarkeit funktionaler Teilsysteme. Akteurtheoretische Sichtweisen funktionaler Differenzierung moderner Gesellschaften. In: HÉRITIER 1993, S. 199-224.

BRECH, J. (Hg.) 1993: Neue Wege in der Planungskultur.

BRYANT, Christopher G. A. u. David JARY (Hg.) 1991a: Giddens' Theory of Structuration. A critical appreciation. - London, New York.

BRYANT, Christopher G. A. u. David JARY 1991b: Introduction. Coming in term with Giddens. - In: BRYANT/JARY 1991, S. 1-31.

BURTH, Hans-Peter 1996: Zur Verbindung von autopoietischer Systemtheorie und strukturell-individualistischer Handlungstheorie. - In: DRUWE/KUNZ 1996, S. 226-241.

DRUWE, Ulrich u. Volker KUNZ (Hg.) 1996: Handlungs- und Entscheidungstheorie in der Politikwissenschaft. Eine Einführung in Konzepte und Forschungsstand. - Opladen.

FEATHERSTONE, Mike, LASH, SCOTT u. Roland ROBERTSON (Hg.) 1995: Global Modernities. - London, Thousand Oaks, New Delhi.

FRIEDMAN, Jonathan 1995: Global System, Globalization and the Parameters of Modernity. - In: FEATHERSTONE/LASH/ROBERTSON 1995, S. 69-90.

GABRIEL, Oskar W., HOFFMANN-MARTINOT, V. u. H. V. SAVITCH 2000: Urban Democracy. - Opladen.

GARZ, Detlef u. Klaus KRAIMER (Hg.) 1991: Qualitativ-empirische Sozialforschung. Konzepte, Methoden, Analysen. - Opladen.

GEBHARD, Hans, HEINRITZ, Günter u. Reinhard WIESSNER (Hg.) 1998: Europa im Globalisierungsprozeß von Wirtschaft und Gesellschaft. - Stuttgart.

GIDDENS, Anthony 1971: Capitalism and Modern Social Theory. - Cambridge.

GIDDENS, Anthony 1991: Structuration Theory. Past, Present and Future. - In: BRYANT/JARY 1991, S. 201-221.

GIDDENS, Anthony 1993.- New Rules of Sociological Method. 2. Aufl. - Cambridge.

GIDDENS, Anthony 1995: Konsequenzen der Moderne. - Frankfurt am Main.

GIDDENS, Anthony 1997a: Die Konstitution der Gesellschaft. 3. Aufl. - Frankfurt am Main, New York.

GIDDENS, Anthony 1997b: Jenseits von Links und Rechts. - Frankfurt am Main.

GIDDENS, Anthony 1999: Der dritte Weg. - Frankfurt am Main.

GREGORY, Derek 1989: Presences and Absences. Time-Space Relations and Structuration Theory. - In: HELD/THOMPSON 1989, S. 185-214.

HABERMAS, Jürgen 1981: Theorie des kommunikativen Handelns. Bd. 1& 2. - Frankfurt am Main.

HARVEY, David 1996: Justice, Nature and the Geography of Difference. - Cambridge, Oxford.

HASSE, Jürgen u. Sabine MALECEK 2000: Postmodernismus und Poststrukturalismus in der Geographie. Einleitung zum Themenheft. - Geographica Helvetica, H. 2/2000, S. 10-14.

HÄUßERMANN, Hartmut u. Frank ROOST 2000: Globalisierung, Global City. - In: HÄUßERMANN 2000, S. 79-91.

HÄUßERMANN, Hartmut (Hg.) 2000: Großstadt. Soziologische Stichpunkte. - Opladen.

HELBRECHT, Ilse 1998: Globalisierung und lokale Politikstrategien in der Diskussion um die Postmoderne. - In: GEBHARD/HEINRITZ/WIESSNER 1998, S. 101-110.

HELD, David u. John B. THOMPSON (Hg.) 1989: Social Theory of Modern Societies. Anthony Giddens and his Critics. - Cambridge

HENKEL, Knut 2000: Globale Orte / Lokale Welten. Zur Konstitution lokaler Handlungsfähigkeit in der späten Moderne. - RuR, 1/2000, (58. Jg), S. 3-12.

HENNEN, Manfred u. Elisabeth SPRINGER 1996: Handlungstheorien. Ein Überblick. - In: DRUWE/KUNZ 1996, S. 13-42.

HERITIER, Adrienne (Hg.) 1993: Policy Analyse. (= Politische Vierteljahresschrift Sonderheft 24). - Opladen.

HITZ, H., KEIL, R. et al. (Hg.) 1995: Capitales Fatales. Urbanisierung und Politik in den Finanzmetropolen Frankfurt und Zürich. - Zürich.

JANSEN, Dorothea u. Klaus SCHUBERT (Hg.) 1995: Netzwerke und Politikproduktion. Konzepte, Methoden, Perspektiven. - Marburg.

JANSEN, Dorothea 1999: Einführung in die Netzwerkanalyse. Grundlagen, Methoden, Anwendungen. - Opladen.

JOAS, Hans 1997: Eine soziologische Transformation der Praxisphilosophie. Giddens' Theorie der Strukturierung. - In: GIDDENS 1997a, S. 9-23.

KENIS, Patrick u. Volker SCHNEIDER (Hg.): 1996: Organisation und Netzwerk. Institutionelle Steuerung in Wirtschaft und Politik. - Frankfurt am Main, New York.

KENIS, Patrick u. Volker SCHNEIDER 1991: Policy Networks and Policy Analysis. Scrutinizing a new analytical toolbook. - In: MARIN/MAYNTZ 1991, S. 25-59.

KOOB, Dirk 1999: Gesellschaftliche Steuerung. Selbstorganisation und Netzwerke in der modernen Politikfeldanalyse. - Marburg.

KRÄTKE, Stefan 1991: Strukturwandel der Städte. Städtesystem und Grundstücksmarkt in der "post-fordistischen" Ära. - Frankfurt am Main, New York.

KRIWALL, Ulrich 2000: Europaviertel. Auf dem Rangierfeld und dem Gelände des Güterbahnhofs entsteht ein neues Stadtviertel. - In: WENTZ 2000, S. 258-265.

KSR = Institut für Kulturgeographie, Stadt- und Regionalforschung (Hg.) 2000: Regionalatlas Rhein-Main. Natur – Gesellschaft – Wirtschaft. = Rhein-Mainische Forschungen H. 120. - Frankfurt am Main.

KUHN, Norbert 1994: Sozialwissenschaftliche Raumkonzeptionen. Der Beitrag der raumtheoretischen Ansätze in den Theorien von Simmel, Lefebvre und Giddens. - Saarbrücken.

KÜHNE, Armin 1997: Regimewandel durch Großprojekte. Auf der Suche nach lokaler Handlungsfähigkeit in Zürich und Wien. (= Europäische Urbanität - Politik der Städte, Bd. 2). - Amsterdam.

LAMNEK, Siegfried 1988: Qualitative Sozialforschung. Band 1: Methodologie. - München, Weinheim.

LAMNEK, Siegfried 1989: Qualitative Sozialforschung. Bd. 2: Methoden und Techniken. - München, Weinheim.

LO, Vivian u. Bernd RENTMEISTER 1998: Konzepte lokaler Netzwerke in der Wirtschaftsgeographie. (Vortrag zum SFB 403 Jour Fixe am 25.5.1998). - www.vernetzung.de.

MAGISTRAT DER STADT FRANKFURT 1999: Bebauungsplan Nr. 556, Bürgeranhörung. - Frankfurt am Main.

MARIN, Bernd u. Renate MAYNTZ (Hg.) 1991: Policy Networks. Empirical Evidence and Theoretical Considerations. - Frankfurt am Main, Boulder.

MARX, Karl u. Friedrich ENGELS 1959: Werke, Bd. 3., 2. Aufl. - Berlin.

MAYNTZ, Renate: 1996: Policy-Netzwerke und die Logik von Verhandlungssystemen. - In: KENIS/SCHNEIDER 1996, S. 471-496.

MEUSBURGER, Peter (Hg.) 1999: Handlungszentrierte Sozialgeographie. Benno Werlens Entwurf in kritischer Diskussion. (= Erdkundliches Wissen 130). - Stuttgart.

MEUSER, Michael u. Ulrike NAGEL 1991: ExpertInneninterviews - vielfach erprobt, wenig bedacht. - In: GARZ/KRAIMER 1991, S. 441-471.

MINISTERIUM FÜR ARBEIT, GESUNDHEIT UND SOZIALORDNUNG BADEN-WÜRTTEMBERG (Hg.) 1995: Engagement in der Bürgergesellschaft. Die Geislingen Studie. - Stuttgart.

NASSEHI, Armin 1999: Globalisierung. Probleme eines Begriffs. - In: Geographische Revue, H.1/1999, S. 21-33.

NOLLER, Peter u. Klaus RONNEBERGER 1995: Die neue Dienstleistungsstadt. Berufsmilieus in Frankfurt am Main. - Frankfurt am Main, New York.

ORTMANN, Günter, SYDOW, Jörg u. Arnold WINDELER 1997: Organisation als reflexive Strukturation. - In: ORTMANN/SYDOW/TÜRK, S. 315-354.

ORTMANN, Günter, SYDOW, Jörg u. Klaus TÜRK (Hg.) 1997: Theorien der Organisation. Die Rückkehr der Gesellschaft. - Opladen.

OSSENBRÜGGE, Jürgen 1999: Total entankert, normal verstrickt. - In: MEUSBURGER 1999, S. 35-41.

PAPPI, Franz Urban (Hg.) 1987a: Methoden der Netzwerkanalyse. (= Techniken der empirischen Sozialforschung, Bd. 1). - München, Wien.

PAPPI, Franz Urban 1987b: Die Netzwerkanalyse aus soziologischer Perspektive.- In: PAPPI 1987, S. 11-38

POWELL, Walter W. 1996: Weder Markt noch Hierarchie. Netzwerkartige Organisationsformen. - In: KENIS/SCHNEIDER 1996, S. 213-272.

PRITTWITZ, Volker von 1994: Politikanalyse. - Opladen.

ROBERTSON, Roland 1992: Globalization. Social Theory and Global Culture. - London, Newbury Park, New Delhi.

ROBERTSON, Roland 1998: Glokalisierung. Homogenität und Heterogenität in Raum und Zeit. - In: BECK 1998, S. 192-220.

RONNEBERGER, Klaus 2001: Fallstricke in Frankfurt. - StadtBauwelt 148, S. 55-57.

RONNEBERGER, Klaus u. Roger KEIL 1995: Ausser Atem. Frankfurt nach der Postmoderne. - In: HITZ/KEIL et al. 1995, S. 286-353.

ROTH, Erwin (Hg.) 1993: Sozialwissenschaftliche Methoden. Lehr- und Handbuch für Forschung und Praxis. 3. völlig überarb. u. erw. Aufl. - München, Wien.

RÜDIGER Voigt (Hg.) 1995: Der kooperative Staat. Krisenbewältigung durch Verhandlung? - Baden-Baden.

RÜEGG, Erwin 1996: Urbanität und Stadtentwicklung. Politische Entscheidungsprozesse in Bologna, Frankfurt/Main und Zürich. (= Europäische Urbanität - Politik der Städte, Bd. 1). - Amsterdam.

RUNKEL, Peter 1999: Zur Zukunftstauglichkeit des planungsrechtlichen Instrumentariums für eine nachhaltige Siedlungsentwicklung. - RuR, 4/99, 57. Jg., S.255-258.

SAUNDERS, Peter 1989: Space, Urbanism and the Created Environment. - In: HELD/THOMPSON 1989: 215-234.

SCHAMP, Eike W. 2000: Vernetzte Produktion. Industriegeographie aus institutioneller Perspektive. - Darmstadt.

SCHELLER, Andrea 1995: Frau Macht Raum. Geschlechtsspezifische Regionalisierungen der Alltagswelt als Ausdruck von Machtstrukturen. - Zürich.

SCHELTE, Jeannette 1999: Räumlich-struktureller Wandel in Innenstädten. Moderne Entwicklungsansätze für ehemalige Gewerbe- und Verkehrsflächen. (= Dortmunder Beiträge zur Raumplanung 97).- Dortmund.

SCHLUSCHE, Günter 2000: Neue Kooperationsformen. Planungsstrategien und bürgerschaftliches Engagement. - In: WENTZ 2000, S. 222-231.

SCHNEIDER, Herbert 1997: Stadtentwicklung als politischer Prozeß. (= Städte und Regionen in Europa, Bd. 2).- Opladen.

SCHNELL, RAINER, HILL, Paul B. u. Elke ESSER 1000: Methoden der empirischen Sozialforschung. 6. völlig überarb. u. erw. Aufl. - München, Wien.

SCHÖNWANDT, Walter 1999: Grundriß einer Planungstheorie der "dritten Generation". - DISP 136/137, April 1999, 35. Jg., S.25-35.

SCHUBERT, Klaus 1995: Struktur-, Akteur- und Innovationslogik. Netzwerkkonzeptionen und die Analyse von Politikfeldern. - In: JANSEN/SCHUBERT 1995, S. 222-240.

SCHWEMMER, Oswald 1987: Handlung und Struktur.- Frankfurt am Main.

SEDLACEK, Peter u. Benno WERLEN 1998: Texte zur handlungstheoretischen Geographie. (= Jenaer Geographische Manuskripte, Bd. 18). - Jena.

SEDLACEK, Peter 1998: Kulturgeographie als normative Handlungswissenschaft. - In: SEDLACEK/WERLEN 1998, S. 63-84.

SELLE, Klaus 1994: Was ist bloß mit der Planung los? Erkundungen auf dem Weg zum kooperativen Handeln. Ein Werkbuch. (= Dortmunder Beiträge zur Raumplanung, Bd. 69). - Dortmund.

SELLE, Klaus 1997: Planung und Kommunikation. Anmerkungen zur Renaissance eines alten Themas. - DISP 129 (1997), S. 40-47.

SELLE, Klaus 2000: Nachhaltige Kommunikation? Stadtentwicklung als Verständigungsarbeit. Entwicklungslinie, Stärken, Schwächen und Folgerungen. - Informationen zur Raumentwicklung, 1/2000, S. 9-19.

SOYEZ, Dietrich 1998: Globalisierung 'von unten'. Transnationale Lobbys und industrieller Wandel. - In: GEBHARD/HEINRITZ/WIESSNER 1998, S. 55-65.

STAEHLE, Wolfgang u. Peter CONRAD (Hg.) 1992: Managementforschung 2. - Berlin, New York.

STRATMANN, Bernhard 1999: Stadtentwicklung in globalen Zeiten. Lokale Strategien, städtische Lebensqualität und Globalisierung. - Basel, Boston, Berlin.

SWYNGEDOUW, Erik 1998: Homing in and spacing out. - In: GEBHARD/HEINRITZ/WIESSNER 1998, S. 81-100.

SYDOW, Jörg 1992: Strategische Netzwerke und Transaktionskosten. - In: STAEHLE/CONRAD 1992, S. 239-311.

THRIFT; Nigel 1996: Spatial Formations. - London, Thousand Oaks, New Delhi.

VOIGT, Rüdiger (Hg.) 1995a: Der kooperative Staat. Krisenbewältigung durch Verhandlung? - Baden-Baden.

VOIGT, Rüdiger (Hg.) 1995b: Der kooperative Staat: Auf der Suche nach einem neuen Steuerungsmodus. - In: VOIGT 1995, S. 33-92.

WENTZ, Martin (Hg.) 1998: Neuer Wohnungsbau. Frankfurter Projekte. (= Die Zukunft des Städtischen, 10). - Frankfurt am Main.

WENTZ, Martin (Hg.) 2000: Die kompakte Stadt. (= Die Zukunft des Städtischen. Frankfurter Beiträge, Bd. 11). - Frankfurt am Main, New York.

WENTZ, Martin 1992: Planungskulturen. (= Die Zukunft des Städtischen, Bd. 3). - Frankfurt am Main.

WERLEN, Benno 1993: Handlungs- und Raummodelle in sozialgeographischer Forschung und Praxis. - In: GR, 45. Jg., H. 12, S. 724-729.

WERLEN, Benno 1995: Sozialgeographie alltäglicher Regionalisierungen. Bd. 1: Zur Ontologie von Gesellschaft und Raum. (= Erdkundliches Wissen 116). - Stuttgart.

WERLEN, Benno 1997a: Gesellschaft, Handlung und Raum. Grundlagen handlungstheoretischer Sozialgeographie. 3. überarb. Aufl. - Stuttgart.

WERLEN, Benno 1997b: Sozialgeographie alltäglicher Regionalisierungen. Bd. 2: Globalisierung, Region und Regionalisierung. (= Erdkundliches Wissen 119). - Stuttgart.

WERLEN, Benno 1998: Gibt es eine Geographie ohne Raum? Zum Verhältnis von traditioneller Geographie und spätmodernen Gesellschaften. - In: SEDLACEK/WERLEN 1998, S. 103-126.

WERLEN, Benno 2000: Sozialgeographie. - Bern, Stuttgart, Wien.

- ## Zitierte Zeitungsartikel

FAZ vom 13.07.1999: "Messestadt": Roth und Breuer vereinbaren gemeinsames Vorgehen.

FAZ vom 13.07.1999: Wentz will der Deutschen Bank zuvorkommen.

FAZ vom 14.07.1999: Harte Kritik von Wentz an Jahns "Messestadt".

FAZ vom 17.08.1999: Albert Speer stellt Roth den Gegenentwurf zur "Messestadt" vor.

FAZ vom 20.08.1999: "Messestadt": Deutsche Bank gibt Jahn-Projekt auf.

FAZ vom 20.08.1999: Reaktionen auf den Rückzieher der Deutschen Bank.

FAZ vom 20.08.1999: Kein Fußballstadion, dafür ein Planetarium.

FAZ vom 20.08.1999: „Europaviertel": Stadt und Bahn wollen Arbeitsgruppe einberufen- Freitag erste Sitzung mit Vertretern von Messe und Speer-Büro

FAZ vom 01.03.2000: SPD spricht von Ladenhütern.

FAZ vom 12.04.2000: Europaviertel: Fragen wegen neuer Führungsstruktur bei der Bahn.

FAZ vom 31.05.2000: Gute Chancen für U-Bahn unter dem Europaviertel.

FAZ vom 22.08.2000: Die ungeliebte Mutter namens Bahn AG will man endlich loswerden.

FAZ vom 24.08.2000: UEC: Abtransport von Erde zu Wasser und zu Land.

FAZ vom 12.09.2000: Speer bevorzugt U-Bahn für Boulevard im Europaviertel.

FAZ vom 21.12.2000: Deutsche Bank erneuert ihr Angebot.

FAZ vom 18.01.2001: Urban Entertainment Center: Bahn-Tochter kündigt Trizec-Hahn.

FR vom 06.03.2000: Roth schafft "das größte Ausmaß an Inkompetenz im Magistrat".

FR vom 30.03.2000: Die schnellste Frankfurter Straßenbaumaßnahme seit Jahrzehnten.

FR vom 03.05.2000: Ein bisschen Times Square am Güterbahnhof-Areal.

FR vom 26.05.2000: Erlebniszentrum: Stopp für Baustellenverkehr

FR vom 20.06.2000: Das Geld ist da, doch der Baubeginn in weiter offen.

FR vom 20.07.2000: Europaviertel Frankfurt unterzeichnet städtebaulichen Vertrag.

FR vom 10.08.2000: Stadt zweifelt am Willen des UEC-Investors.

FR vom 26.08.2000: Entlastung für den Boulevard.

FR vom 18.01.2001: Zukunft des geplanten Erlebniszentrums unklar.

FR vom 17.03.2001: Vom Großprojekt bleibt nur wenig.

IZ vom 26.08.1999: Der Traum vom Sternegucken in Frankfurt rückt näher.

Jan Scholl

Politische Entscheidungsprozesse und Stadtentwicklung

Dargestellt am Beispiel des Nutzungswandels ehemaliger Industrieflächen in Offenbach am Main

Aus: MATERIALIEN 32

Frankfurt am Main 2004

Bei der vorliegenden Arbeit handelt es sich um die gekürzte Fassung einer Diplomarbeit, die 2003 bei Herrn Professor Dr. Klaus Wolf am Institut für Kulturgeographie, Stadt- und Regionalforschung der J.W. Goethe-Universität Frankfurt am Main abgeschlossen wurde.

Anschrift des Verfassers

Dipl.-Geogr. Jan Scholl
Berliner Ring 28
63512 Hainburg

Inhaltsverzeichnis

Verzeichnis der Abbildungen

Verzeichnis der Karten

Verzeichnis der Tabellen

Abkürzungsverzeichnis

BauGB	Baugesetzbuch
BEV	Bundeseisenbahnvermögen
DB	Deutsche Bahn AG (seit 1994); Deutsche Bundesbahn (bis 1994)
DB Imm	Deutsche Bahn Immobiliengesellschaft mbH
DR	Deutsche Reichsbahn
EBA	Eisenbahnbundesamt
EHV	Einzelhandelsverband
EIM	Eisenbahnimmobilien Management GmbH
FAZ	Frankfurter Allgemeine Zeitung
FNP	Flächennutzungsplan
FR	Frankfurter Rundschau
FVV	Frankfurter Verkehrsverbund (Vorgängerorganisation des RMV; bis 1995)
IGV-Flächen	Industrie-, Gewerbe- und Verkehrsflächen
IHK	Industrie- und Handelskammer
OB	Oberbürgermeister
OP	Offenbach Post
PVFRM	Planungsverband Frankfurt Rhein-Main (Nachfolgeorganisation des UVF seit 1.4.2001)
RMV	Rhein-Main Verkehrsverbund
RP	Regierungspräsidium
RROP	Regionaler Raumordnungsplan
SVV	Stadtverordnetenversammlung
UVF	Umlandverband Frankfurt
VCD	Verkehrsclub Deutschland

A. Einführung

1. Thema der Arbeit und Zielsetzung

*„Gerade was unsere Siedlungsstruktur angeht, wenn es um die Auswei-
sung und Erschließung von Bauland, um die Festsetzung von Art und
Maß der baulichen Nutzung oder um Investitionen in Infrastrukturein-
richtungen geht, so „entfaltet" sich hier nichts aus eigenem Ansatz, unsere Siedlungsstrukturen sind vielmehr das Ergebnis politischer Entscheidungen, auf die zahlreiche Akteure mit sehr unterschiedlichen Interessen
und Machtmöglichkeiten Einfluß genommen haben. Von einer Entwicklung, die in sich natürlich und vernünftig wäre und um die man sich
deshalb auch keine Sorgen zu machen braucht, kann keine Rede sein.
Der politischen Dimension dieser Siedlungsentwicklung aber hat die
Geographie in der Vergangenheit meist zu wenig Aufmerksamkeit gewidmet, weil sie zu sehr auf den Raum und zu wenig auf das raumschaf-
fende Handeln von Akteuren ausgerichtet war."*

*(Günter HEINRITZ, Festvortrag zum 75-jährigen Bestehen der „Rhein-
Mainischen Forschung" am 8. Dezember 2000 in Frankfurt am Main;
vgl. HEINRITZ 2001, 30)*

Mit dieser prägnanten Aussage ist das Thema und die Agenda der vorliegenden Arbeit gesetzt. Am Beispiel von Offenbach am Main sollen im Folgenden
politische Entscheidungsprozesse und die damit verbundene Stadtentwicklung
untersucht werden, denn diese Stadt hat in den letzten Jahrzehnten ihr Gesicht deutlich verändert. Die Gründe dafür sind vielschichtig. Durch den stetigen wirtschaftlichen Strukturwandel wurden auf dem städtischen Territorium
eine Vielzahl von Industrieflächen freigesetzt. Manche dieser Flächen werden
relativ schnell einer Folgenutzung zugeführt, andere liegen Jahrzehnte lang
brach. Die Differenz dieser Entwicklungen hat etwas mit dem Handeln der am
Umstrukturierungsprozess beteiligten Akteure zu tun, die teilweise völlig gegensätzliche Ziele und Interessen verfolgen. Der wirtschaftliche Strukturwandel bewirkte, dass neben den freigesetzten Flächen Arbeitsplätze im großen
Rahmen abgebaut wurden. Die Folgeerscheinungen davon sind weitreichende
finanzielle und soziale Probleme. Um sie in den Griff zu bekommen, wurde seit
Anfang der 90er Jahre ein neues Politik-Konzept etabliert.

Stadtentwicklung findet auf der Grundlage von politischen Entscheidungsprozessen statt. Diese Prozesse werden im Rahmen dieser Arbeit als politisches
Handeln in einem entsprechenden *offenen* Interaktionssystem betrachtet, in
dem sämtliche gesellschaftliche Gruppen einer Kommune, als auch externe
Akteure (z.B. Investoren, regionale Planungsträger), potentiell beteiligt sein
können (vgl. BASTEN 1998, 24). In diesem Kontext ist zum einen nach GID-
DENS von Handeln als „kontinuierlicher Prozess" (1988, 53) auszugehen. Zum
anderen ist das System Stadt nicht als Realobjekt, „sondern als Metapher für
das [...] *Zusammenwirken* verschiedenster materieller und immatrieller Elemente, Akteure und Prozesse" (BOESCH 1989, 133; Hervorhebung im Original,

J.S.) zu verstehen. In einem solchen System beeinflussen Strukturen das Handeln der Akteure und die Strukturen werden durch das Handeln überformt. Zwischen beiden Elementen der Gesellschaftsentwicklung besteht somit ein unauflösbarer Entwicklungszusammenhang.

„Zweifellos stellt die Revitalisierung brachgefallener Industrie-, Gewerbe- und Verkehrsflächen in oftmals attraktiver Lage einen der wichtigsten räumlichen Prozesse der gegenwärtigen Stadtentwicklung dar" (ZEHNER 2001, 66). Dieser Argumentation folgend, ist das Ziel der Arbeit politische Entscheidungsprozesse zu untersuchen, die im Rahmen der Umnutzungen von ehemaligen Industrie-, Gewerbe- und Verkehrsflächen (kurz: IGV-Flächen) entstehen. Dabei müssen sich diese Entscheidungsprozesse, die sich mitunter zu manifesten Konflikte auswachsen, nicht nur um die betreffende Fläche drehen, sondern können ganz andere Zusammenhänge offen legen.

Für die Untersuchung lassen sich folgende Leitfragen formulieren:

- Wer beteiligt sich mit welchen Zielen und Interessen am Entscheidungsprozess bzw. Konflikt?

- Mit welchen Machtpotentialen und Handlungsstrategien versuchen die jeweiligen Akteure ihre Ziele und Interessen durchzusetzen?

- Welche Rolle spielen bei der Argumentation der Akteure die räumlichen Strukturen und wie werden sie von den Akteuren instrumentalisiert?

Mit der Beantwortung dieser Fragen sollen die Ziele, Interessen, Machtpotentiale und Handlungsstrategien der an den Entscheidungsprozessen beteiligten Akteure offengelegt werden. In diesem Rahmen soll die „Theorie raumbezogenen politischen Handelns" (vgl. insbesondere REUBER 1999 und 2000) im Kontext der geographischen Konfliktforschung auf ihre empirische Bedeutsamkeit bei lokalen Planungs- und Entscheidungsprozessen überprüft werden. Daneben werden zunächst zur theoretischen Setzung des kommunalen Handlungsrahmens Aspekte aus der Regulationstheorie und der Globalisierungsdebatte eingeführt.

Die Offenbacher Vorgänge sollen *nicht* möglichst objektiv beschrieben werden, sondern es soll die *subjektive Sicht des Untersuchenden* – meine Sicht – dargelegt werden. Auf diese Weise wird den Akteuren und allen anderen Lesern die Möglichkeit gegeben, die Prozesse aus einer anderen Perspektive als der eigenen zu betrachten und dadurch möglicherweise Erkenntnisse zu erhalten, die bisher noch gar nicht in Erwägung gezogen wurden. In diesem Sinne möchte die Arbeit einen „Beitrag zur kritischen Selbstreflexion der Gesellschaft leisten" (HEINRITZ 2001, 30).

Die gegenwärtige Ausrichtung von Stadtentwicklungs- und Planungspolitik macht es erforderlich, auf kleinteilige inkrementalistische Veränderungen (vgl. SCHNEIDER 1997, 46 ff.) und damit auf Einzelprojekte einzugehen, denn

„projektorientierte Planung bedeutet auch, dass sich erst an und in bestimmten Projekten nachvollziehen lässt, was sich in der Stadtentwicklung spezifischer Städte als normal etabliert" (BASTEN 1998, 24).

2. Aufbau der Arbeit

Die Arbeit gliedert sich in folgende Teile:

- Zunächst werden die theoretischen Ansätze zwischen Struktur und Handeln erläutert (B.I.): Es wird auf die Regulationstheorie und den Globalisierungsdiskurs eingegangen. Strukturelle Veränderungen in der Stadtentwicklungspolitik werden als Handlungsrahmen für das Akteurshandeln begriffen. Anschließend wird die Theorie des raumbezogenen politischen Handelns rezipiert. Abschließend wird auf die Rolle des Theoriekonzepts für die empirischen Auswertungen eingegangen.

- In einem separaten Kapitel (B.II.) wird auf die Entstehungsgründe und den Stellenwert von ehemaligen Industrieflächen für die Stadtentwicklung eingegangen.

- Im folgenden Kapitel (B.III.) werden Methodologie und Untersuchungsmethoden vorgestellt.

- Im ersten Teil der empirischen Ergebnisse (C.I.) wird der Strukturwandel und die gegenwärtige Stadtentwicklungspolitik von Offenbach dargestellt und es werden die ehemaligen Industrie-, Gewerbe- und Verkehrsflächen vorgestellt und ihre Bedeutung für die Stadtentwicklung Offenbachs erörtert.

- Der zweite Teil der empirischen Ergebnisse (C.II.) beinhaltet die Ergebnisse der beiden Fallstudien. Dieses geschieht jeweils in Form einer Biographie des politischen Entscheidungsprozesses und einer theoriegeleiteten Re-Interpretation.

- Die Arbeit wird mit der Zusammenfassung (D.), in der nochmals die zentralen Aspekte der Arbeit aufgegriffen werden, abgeschlossen.

B.   Theorie und Methodologie

I.   Theoretische Zugänge zwischen Struktur und Handeln

Die Hauptproblematik sozialwissenschaftlicher Untersuchungen ist die Vermittlung zwischen Struktur und Handeln bzw. das sog. ‚Mikro-Makro-Problem' (vgl. REUBER 1999, 8 ff.; WERLEN 1995, 24 ff.). Grundsätzlich ist davon auszugehen, dass die Akteure nicht autonom entscheiden können, sondern in komplexen Handlungszusammenhängen, die von einer Vielzahl an Zwängen und Ermöglichungen – also gesellschaftlichen Machtverhältnissen – mitbestimmt werden, eingebunden sind. Gleichzeitig werden die Strukturen durch das Handeln der Akteure überformt. Die Handlungszusammenhänge der Akteure werden von einer Vielzahl an Bedingungen, Grundlagen und Gegebenheiten mitbestimmt und zwar von der lokalen über die regionale und die nationale Ebene bis zur internationalen und globalen Ebene. Einfluss nehmen dabei neben ökonomischen, politischen, kulturellen und sozialen Gegebenheiten[1] ebenso technische, demographische und ökologische Bedingungen. Es handelt sich dabei nicht um statische Elemente, sondern um höchst dynamische Prozesse, die einen stetigen Wandel[2] der Gegebenheiten zur Folge haben. Zwischen allen genannten Ebenen bestehen vielfältige Wechselbeziehungen.

1.   Der kommunale Handlungsrahmen: Stadtentwicklung unter veränderten Vorzeichen

Die Regulationstheorie[3] bietet sich als Bezugsrahmen an, weil sie „einen historischen und nicht-linearen Zugang zum Phänomen der Gesellschaftsentwicklung wählt. Dadurch wird es möglich, die konkreten Prozesse der Stadt- und Regionalentwicklung im historischen Zusammenhang der Gesellschaftsentwicklung zu begreifen" (HELBRECHT 1994, 7).

1.1   Elemente der Regulationstheorie

1.1.1   Grundbegriffe der Regulationstheorie

Der Begriff *Regulation* (zur Definition vgl.: LIPIETZ 1991, 131; DANIELZYK 1998, 100 f.) bezeichnet einen Prozess, der ordnende Wirkung auf ein strukturelles Gefüge hat, das komplex ist und extremen Spannungen unterworfen wird. Darauf beziehen sich Konsequenzen aus widersprüchlichen Entscheidungen. Als Ausgangspunkt sollte die Analyse von „sozialen Verhältnissen" dienen,

---

1   „Ökonomie, Politik, Kultur und Sozialstrukturen sind in einer Gesellschaft stets funktional aufeinander bezogen" (HELBRECHT 1994, 9).

2   „In modernen Gesellschaften ist nichts kontinuierlicher als der Wandel" (HELBRECHT 1994, 8).

3   Es handelt sich dabei jedoch nicht um eine abgeschlossene Theorie oder um den einen Ansatz, sondern um eine Vielzahl von Ansätzen mit abweichenden Definitionen zentraler Fragestellungen und Begriffen (vgl. DANIELZYK 1998, 97).

weil die ökonomischen Geschehnisse von der Institutionalisierung von sozialen Beziehungen, der Koordination und Kanalisierung von konfliktorischem Handeln, als auch der Wirksamkeit von sozialen Werten und Normen abhängen (vgl. DANIELZYK 1998, 101; HIRSCH 1990, 18 f.).

Die Bezeichnung nicht-linearer Zugang (vgl. DANIELZYK 1998, 102; KRÄTKE 1991, 15) bedeutet, dass sich in der Entwicklung von kapitalistisch geprägten Gesellschaften verschiedene Phasen unterscheiden lassen. Im Mittelpunkt steht die Frage nach der historischen Diskontinuität und der Konflikthaftigkeit von gesellschaftlichen Entwicklungen:

„Warum treten krisenhafte Veränderungen auf, die über die Wirtschaft hinaus auch das Staatsverständnis, die Sozialstrukturen und kulturellen Deutungsmuster überformen" (HELBRECHT 1994, 8)?

Gesellschaftliche und ökonomische Konstellationen verdichten sich in diesen Phasen zu *gesellschaftlichen Formationen*, die je spezifisch durch ein *Entwicklungsmodell* gekennzeichnet sind. Dabei werden drei Aspekte unterschieden (vgl. DANIELZYK 1998, 102; KRÄTKE 1991, 15 f.):

- „Ein technisches Modell der Industrialisierung oder technologisches Paradigma (damit sind die allgemeinen Prinzipien gemeint, die die Entwicklung der Arbeitsorganisation in diesem Modell leiten, sie gelten nicht nur für die Industrie);

- ein Akkumulationsregime (dabei handelt es sich um das makroökonomische Prinzip, das über eine längere Periode die Kompatibilität der Produktion und der Verwendung des Sozialprodukts sichert);

- eine Regulationsweise (hiermit wird der gesellschaftliche Koordinationsrahmen angesprochen, d. h. das Ensemble der institutionalisierten und immateriellen Normen, Regeln, Gesetze, kulturellen Praktiken usw., die das Verhältnis von Produktion und Konsum (Akkumulationsregime) absichern)" (DANIELZYK 1998, 102).

Ein *zentraler* Kritikpunkt am Regulationsansatz (vgl. DANIELZYK 1998, 126)[4] ist die Überbetonung der Strukturen gegenüber dem Handeln. Zum einen, weil die Vertreter der Regulationsschule eine Vermittlung zwischen Struktur und Handeln für sich in Anspruch nehmen, sie diesem Anspruch aber nicht gerecht werden (vgl. HELBRECHT 1994, 11). Zum anderen, weil Entwicklungsmodelle als Resultate von sozialen Auseinandersetzungen angesehen werden sollten und dabei die Normen und Handlungsweisen der Akteure (Organisationen, Gruppen, Individuen) analysiert werden sollten, damit es nicht so erscheint, als würde es sich um einen „Prozeß ohne Subjekt" (HIRSCH 1990, 28) handeln

---

4 Zur Kritik am Forschungsprogramm der Regulationstheorie vgl.: BATHELT 1994, 74 f.; DANIELZYK 1998, 123 ff.; HELBRECHT 1994, 11 ff.; HIRSCH 1990; HIRSCH/ROTH 1986

(vgl. DANIELZYK 1998, 126). Betrachtet man den Regulationsansatz aus handlungstheoretischer Perspektive, dann wird klar, dass er sich „konsequenterweise – beinahe ausnahmslos – mit den institutionellen Rahmenbedingungen der wirtschaftenden Subjekte sowie mit den verschiedenen – historisch und territorial differenzierten – Regulationsmodi, nicht aber mit dem (strukturierten und strukturierenden) Handeln der Subjekte selbst" (WERLEN 1997b, 241) beschäftigt. Deswegen ist es wichtig, mit Hilfe von handlungs- und strukturationstheoretischen Elementen zu zeigen, dass sich beide Seiten – Struktur und Handeln – gegenseitig bedingen (vgl. Kap. B.I.2.).

1.1.2 Vom Fordismus zum Post-Fordismus[5]

Der *Fordismus*[6], der sich in den USA im Zuge und in der Folge der Krise der 20er und 30er Jahre des 20. Jahrhunderts zunächst in der USA als hegemoniale Struktur heraus bildete und sich erst nach dem Zweiten Weltkrieg international durchsetzen konnte, wird durch ein *fordistisches Entwicklungsmodell* gekennzeichnet, das drei charakteristische Merkmale besitzt (vgl. DANIELZYK 1998, 107 ff.; HELBRECHT 1994, 15; KRÄTKE 1991, 17 ff.):

- das industrielle Paradigma der Massenproduktion (z.B. Autos oder Kühlschränke): Es ist durch den Taylorismus gekennzeichnet, eine Arbeitsorganisation, „die auf einer weitgehenden Präzisierung und Standardisierung der Produktkomponenten, der ‚wissenschaftlichen' Zerlegung des Arbeitsprozesses, der Anwendung neuer Transfersysteme, einer extremen Vertiefung der Arbeitsteilung und der weitgehenden Dequalifizierung der Produktionsarbeiter zugunsten des Managements beruht" (HIRSCH/ROTH 1986, 50) und so eine enorme Steigerung der Arbeitsproduktivität ermöglichte;

- das makroökonomische Muster eines intensiven Akkumulationsregimes: Dabei ermöglichte der Produktivitätszuwachs dem Kapital steigende Gewinne und steigende Investitionen, den Arbeiternehmern wurde durch Kaufkraftanstieg die Möglichkeit zum Massenkonsum gegeben, was dazu führte, dass eine Wachstumsspirale in Gang gesetzt wurde;

- eine monopolistische Regulationsweise: Eine staatliche Globalsteuerung zur Bewältigung konjunktureller Krisen und sozialstaatliche Absicherungsregularien (Keynesianismus[7]) einerseits, die zentrale Lohnaushandlung, eine relativ hohe, auch juristisch abgesicherte Arbeitsplatzsicherheit und eine an Produktivitätswachstum und Lebenshaltungskos-

---

5   Vgl.: HITZ/SCHMID/WOLFF 1995, 137 ff. und WOOD 2003, 42 ff.

6   Zurückgehend auf den amerikanischen Automobilhersteller Henry Ford, der in seinen Fabriken den Achtstundentag und eine erhöhte Entlohnung einführte, um seinen Arbeitern „den Konsum der eigenen Produkte zu ermöglichen" (HELBRECHT 1994, 15).

7   Definition: vgl. HIRSCH/ROTH 1986, 75.

ten angepasste Lohnsteigerung andererseits, machen diesen Aspekt des Entwicklungsmodells aus.

Charakteristika der fordistischen Phase in der Stadtentwicklung sind u. a. die fortschreitende Zonierung des Stadtraums, die Funktionstrennung nach den Maßstäben der „Charta von Athen" und die Suburbanisierung. Typische Entwicklungen der Bevölkerungssuburbanisierung sind die Entstehung von Trabantensiedlungen und „Schlafstädten" mit monotonen Eigenheim-, Reihenhaus- oder Hochhaussiedlungen (vgl. KRÄTKE 1991, 19 f.; HITZ/SCHMID/WOLFF 1995, 151).

Das fordistische Entwicklungsmodell wurde seit Anfang der 70er Jahre in den ökonomischen, politischen, kulturellen und sozialen Bereichen problematisch. Akkumulationsregime und Regulationsweise gerieten aus dem Gleichgewicht, so dass eine manifeste Strukturkrise entstand. Da die Fähigkeit (und der Willen) des Menschen, sich an maschinelle Systeme anzupassen, aus guten Gründen begrenzt ist, stieß die tayloristische Arbeitsorganisation an ihre sozialen und technologischen Schranken, die Kapitalintensität konnte nicht mehr weiter gesteigert werden. Diese Tendenzen hatten zur Folge, dass die Produktivität erlahmte. Die Kopplung von Produktivitätsgewinnen und Lohnzuwächsen, ein wichtiger funktionaler Zusammenhang des fordistischen Entwicklungsmodells, geriet aus dem Gleichgewicht. Daneben sorgte die allmähliche Ausdifferenzierung der Lebensstile mit veränderter Nachfragestruktur dafür, dass auf einigen Märkten für standardisierte Konsumgüter erste Sättigungsanzeichen auftraten (vgl. DANIELZYK 1998, 111 f.; HELBRECHT 1994, 16 f.).

Eine entscheidende Rolle für die allmähliche Überwindung der fordistischen Strukturkrise war der Einsatz neuer Technologien, insbesondere von Informationstechnologien auf der Basis von Mikroelektronik, weil auf diese Weise das wirtschaftliche Geschehen restrukturiert werden konnte[8]. Durch programmierbare Steuerungen konnten flexiblere Maschinensysteme eingesetzt werden, so dass kleinere Serien und Einzelstücke kostengünstig produziert werden konnten. Die Schlagworte „just-in-time", „lean-production" und „flexible Spezialisierung" kennzeichnen die wirtschaftlichen Veränderungen, die im Zusammenhang mit dem Wandel in Richtung *Post-Fordismus*[9] vonstatten gehen (vgl. DANIELZYK 1998, 113 f.; LEBORGNE/LIPIETZ 1990, 115 f.). Die Veränderungen setzen sich aber selektiv durch[10]. In drei Wirtschaftsbereichen zeich-

---

[8]   Allerdings orientiert sich die Wirtschaft weder mit einem Schlag um, noch ist die Massenproduktion im Post-Fordismus verschwunden (vgl. HELBRECHT 1994, 18).

[9]   Als Post-Fordismus wird im regulationstheoretischen Rahmen die gegenwärtige Entwicklungsphase bezeichnet, „in der noch kein neues Kompromissmodell besteht, sondern gesellschaftliche Akteure mit konfligierenden Interessen aufeinandertreffen und mehr oder minder bereitwillig neue Kompromißkonstellationen aushandeln" (DANIELZYK/OSSENBRÜGGE 1996b, 102).

[10] Dort, wo sie sich durchsetzen können, handelt es sich wiederum um einen von Auseinandersetzungen zwischen Arbeitgebern und Arbeitnehmern begleiteten Prozess.

nen sich die Innovationen und die Veränderungen der Arbeitsbedingungen mehr oder weniger modellhaft ab: in ausgewählten hochtechnologischen Industrien und den ihnen zugeordneten Zulieferproduktionen, sowie in (wiederbelebten) handwerksförmigen und oft design-intensiven Fertigungen, als auch bei den produktionsorientierten Dienstleistungen z.B. in der „Finanzindustrie" (vgl. DANIELZYK 1998, 115 f.).

Folgende Tendenzen *könnten* für die zukünftigen Entwicklungen Leitbildcharakter erhalten (vgl. HELBRECHT 1994, 18 f.; KRÄTKE 1995, 17 f.; OSSENBRÜGGE 2001, 180):

1. Die Herausbildung eines neuen *flexiblen* Akkumulationsregimes: mit der flexiblen Produktion unter Verwendung von z.B. programmierbaren Werkzeugmaschinen, kann unabhängig vom Produktlebenszyklus produziert werden, wodurch sich Verkäufer- zu Käufermärkten wandeln. Die Produktionsprozesse werden auf die Verkaufbarkeit des Produkts ausgerichtet. Das Marketing bekommt hier eine Schlüsselposition mit Schlagworten wie „Absatzkanäle" oder „Zielgruppenorientierung".

2. Die *Polarisierung* von Arbeits- und Lohnverhältnissen: Durch die Entkopplung von Wirtschaftswachstum und Beschäftigung kommt es zu Massenentlassungen. Der Arbeitsmarkt wird gespalten, weil einerseits hochqualifizierte Arbeitskräfte benötigt werden, die die komplizierten Steuerungs- und Regelungstechniken kontrollieren können, andererseits werden ungelernte ArbeiterInnen an den Rand des Arbeitsmarktes gedrängt, was Dauerarbeitslosigkeit und Gelegenheitsarbeit zur Folge hat. Es kommt zur Deregulierung des sekundären Segments des Arbeitsmarkts durch Leiharbeit, Zeitverträge u.ä. Diese veränderten Beschäftigungsstrukturen ziehen eine soziale Spaltung der Gesellschaft nach sich, die durch exklusive Lebensstile, pluralisierte Produktauswahl und neue Konsummodelle noch weiter verschärft wird.

3. Der sich abzeichnende *Wandel* im Staatsverständnis: flexiblere, unternehmerische Handlungsformen werden eingesetzt, um den neuen Anforderungen gerecht werden zu können. Entscheidungsstrukturen werden dezentralisiert, Staat und Wirtschaft werden im Sinne eines selektiven Korporatismus[11] enger verflochten (z.B. durch Public Private Partnerships). Diese Prozesse sind als eine Art Staats- bzw. Verwaltungsumbau zu verstehen, die in den letzten Jahren auch in der Bundesrepublik beschleunigt vonstatten gingen.

---

11 „Dort, wo wirtschaftliche Einfluss- und Gestaltungsmöglichkeiten bestanden haben, erfolgen Privatisierungen, während die repressiven Apparate bestehen bleiben und tendenziell ausgebaut werden" (OSSENBRÜGGE 2001, 180).

1.2 Globalisierung

Die *Globalisierung*[12] ist kein nicht beeinflussbarer „Sachzwang Weltmarkt"[13] (vgl. GIDDENS 1999, 45; HELBRECHT 1998, 101), sondern ruft intensivere weltweite kulturelle, soziale und ökonomische Beziehungen hervor. So zeitigen beispielsweise die je spezifischen Konsummuster von Einzelnen durchaus globale Folgen[14]. Die Globalisierung ist Ausdruck der alltäglichen Praxis von handelnden Akteuren (vgl. WERLEN 1997b, 215; NOLLER u.a. 1994, 14 und 20). Raum und Zeit verlieren zunehmend ihre Wirkkraft, weil sie mit Hilfe modernster Transport-, Informations- und Kommunikationstechniken[15] mühelos überwunden werden können. Viele gesellschaftliche Bereiche werden berührt und durch die Gleichzeitigkeit der elektronischen Kommunikation beeinflusst (vgl. GIDDENS 1999, 43). Die Globalisierung hat zwar eine „time-space-compression"[16] zur Folge, an dieser partizipiert jedoch nur ein kleiner Teil der gesamten Weltbevölkerung (vgl. STRATMANN 1999, 103 f.). Für verschiedene gegenläufige Prozesse, die lokale, regionale oder nationale Befindlichkeiten befördern sollen[17], wurde der Begriff der Glokalisierung geprägt (vgl. DANIELZYK/OSSENBRÜGGE 1996b, 101 ff.; HELBRECHT 1998, 104). In bezug auf die Stadtentwicklung gilt, „dass sich die bekannten Stadtentwicklungsfaktoren[18] globalisieren" (STRATMANN 1999, 135).

Die Globalisierung ist kein einseitiger Prozess globaler Homogenisierung, sondern ihm wohnen ebenso viele heterogene Elemente inne (DANIELZYK/OSSENBRÜGGE 1996b, 104 f.; HELBRECHT 1998, 101; NOLLER u.a. 1994, 15). Damit einhergehend kommt es zu einer zunehmenden Fragmentierung und Polarisierung der Gesellschaft, die in den Städten besonders deutlich wird (vgl. KRÄTKE 1995, 233; SOJA 1995, 156 f.). Es handelt sich dabei z.B. um kleinräumige Segregations- und Desintegrationsprozesse oder polarisierende Sozial- und Wirtschaftsstrukturen. Als Folge vergrößern sich die intra- und interurbanen gesellschaftlichen Differenzen (vgl. STRATMANN 1999, 111; KEIL 1991, 206 f.).

---

[12] Ausführliche Definitionen des Begriffs und der damit verbundenen Prozesse sind zu finden in: GIDDENS 1995, 84 ff.; GIDDENS 1999, 40 ff.; HIRSCH 1995, 101 ff.; HIRSCH 1998, 14 ff.; STRATMANN 1999, 100 ff.; WERLEN 1997b, 229 ff.

[13] Das gilt auch ganz allgemein für „Märkte", die als „politisch-institutionell *hergestellte* Gegebenheiten" (HIRSCH 1995, 106; Hervorhebung im Original, J.S.) zu begreifen sind.

[14] Eher banale Beispiele hierfür sind etwa das vermeintlich frische Obst zu jeder Jahreszeit oder Schnittblumen aus Kenia.

[15] Hierzu zählen u. a. moderne Düsenjets im Flugverkehr, Hochgeschwindigkeitszüge, Satelliten, Glasfaserkabel oder neue Telekommunikationssysteme (vgl. HITZ/SCHMID/WOLFF 1995, 145).

[16] Nach David HARVEY, vgl. HELBRECHT 1994, 30 ff.

[17] Soziale und separatistische Bewegungen, die Herausbildung lokaler Produktionsmilieus oder Unternehmenscluster, Stadt- und Regionalmarketingaktivitäten und vieles mehr zählen hierzu.

[18] Dazu zählen laut STRATMANN (1999, 99 f.) Wirtschaft, Kultur, Politik, Technologie, Umwelt, Sozialstruktur und Demographie; diese werden durch Globalisierungsprozesse modifiziert.

1.3   Die Gestaltung einer „zeitgemäßen" Stadtentwicklungspolitik

Die Voraussetzungen für eine erfolgreiche Stadtentwicklung (vgl. HEL-BRECHT 1994, 34 ff.) haben sich in den letzten Jahrzehnten grundlegend geändert. War die Bedeutung des städtischen Raums im Fordismus vorwiegend als Fläche für Infrastruktur, Wohngebiete etc. relevant, so zählt der Raum unter den neuen Bedingungen als Träger von Bedeutung. Symbole, Zeichen und Design tragen zu einer hyperrealen Umrüstung des urbanen Raums bei. Er wird zum Medium für die Darstellung von lokalen Konstellationen. Erzählungen, Repräsentationen, Produktionen von Symbolwelten und Simulationen finden statt. In diesem Sinne werden nach SOJA (1995, 160) sog. „Sim Cities"[19] produziert. Die Transformation des städtischen Raums zur ‚Bühne' und ‚Arena' gewinnt an Bedeutung (vgl. WOOD 2003, 50). Daneben ist seine Ästhetisierung als „Teil einer umfassenden Ästhetisierung des Alltagslebens in der Erlebnisgesellschaft" (HELBRECHT 1994, 34) zu verstehen. Die zunehmende Pluralisierung von Lebensstilen mit vielfältigen Geschmackspräferenzen führt zur ebenso pluralen Zielgruppenauswahl durch die Verantwortlichen in den Städten. Sie bedürfen demnach „nicht nur neuer Imagestrategien, sondern auch veränderter Politikformen, die die Konsum- und Freizeitsucht hedonistischer Lebensentwürfe ebenfalls materiell" (HELBRECHT 1994, 36 f.) bedienen.

Eine marktkonforme Stadtentwicklung, betrieben u.a. durch Stadtmarketing (vgl. HELBRECHT 1994, 18), bedeutet, dass die einzelne Kommune in Konkurrenz zu Wettbewerbern um Marktanteile – konkurrenzfähige Unternehmen; Konsumenten und Einwohner mit hohem Kaufkraftpotential; wirtschaftliche Kommandofunktionen – tritt (vgl. KRÄTKE 1991, 97 ff. u. 1995, 246 ff.; DANGSCHAT 1996, 121 f.). Diese Konkurrenz erfolgt zunehmend auf der globalen Ebene. So treten z.B. die sog. Global Cities miteinander in Konkurrenz. Auch ganze Regionen versuchen sich am Weltmarkt zu profilieren[20]. Das bedeutet für die einzelnen Kommunen, dass sie auf die interkommunale Kooperation im regionalen Rahmen angewiesen sind, um sich global behaupten zu können, andererseits die regionale Konkurrenz aber immer noch von essentieller Bedeutung ist (vgl. SCHELLER 2001, 315). Somit entsteht zwischen und innerhalb den Kommunen ein durchaus widersprüchliches Geflecht zwischen Kooperationen und ausgeprägten Verteilungskämpfen.

Globalisierungsprozesse und der Rückzug der Zentralregierungen aus vielen sozial- und gesellschaftspolitischen Bereichen stellt die regionalen und lokalen Politikebenen im Übergang zur post-fordistischen Formation vor neue Herausforderungen. Das führt zu einer ideologischen Aufwertung und einem Anstieg des Handlungsniveaus der Kommunalpolitik. Die Verlagerung von Pflichtauf-

---

19   Entlehnt von dem bekannten Computerspiel „Sim City".

20   Die Metropolregion Hamburg oder die Region Frankfurt Rhein-Main sind nur zwei bundesdeutsche Beispiele.

gaben und den damit verbundenen Problemen und Konfliktpotentialen „nach unten" wirkt für den Zentralstaat zwar entlastend, für die Bürger („Selbstverantwortung")[21] und die Kommunen wirkt es aber u.a. durch die angespannten Finanzlagen in höchstem Maße belastend (vgl. MAYER 1990, 191 und 1991, 48; DANIELZYK/OSSENBRÜGGE 1996a, 160; STRATMANN 1999, 5). In den Kommunen werden die Handlungsspielräume eingeschränkt. Gleichzeitig entsteht ein Handlungszwang, der zu neuen Politikformen im Sinne eines „unternehmerischen" Politikverständnisses (vgl. SCHNEIDER 1997, 42 ff.) führt, wobei die Entscheidungsprozesse auf einer *instabilen Koalition* zwischen unterschiedlichen lokalen Partikularinteressen basieren (vgl. KRÄTKE 1991, 97; MAYER 1990, 190 ff. u. 1996, 21). Verschiedene Politikbereiche werden stärker miteinander vernetzt und auf wirtschaftspolitische Maßnahmen bezogen, wobei immer mehr nichtstaatliche Akteure in die Verhandlungssysteme einbezogen werden. Auf Basis eines kooperativen Politikstils wird versucht, die Schnittstellen zwischen den unterschiedlichen Interessen zu identifizieren und zu nutzen, wobei eine neue Rolle der Kommunen darin besteht, zu moderieren, anstatt einseitige Anordnungen zu erteilen. Es handelt sich in diesem Sinne zwar um einen horizontalen Politikstil, was aber nicht bedeutet, dass der allgemeine demokratische Einfluss dadurch steigt. Die Beteiligung an solchen Verfahren wird zunehmend *exklusiv* und die Interessenvermittlung gestaltet sich zunehmend *selektiv*. Qualitativ neu ist jedoch, dass diese Verhandlungs- und Entscheidungsprozesse zunehmend *außerhalb* der traditionellen kommunalpolitischen Strukturen stattfinden (vgl. MAYER 1996, 21; ferner KRÄTKE 1991, 101).

1.4 Konsequenzen für die Untersuchung

Die Auseinandersetzung mit der Regulationstheorie, der Globalisierung und den neuen lokalen Politikformen erfolgte aus mehreren Gründen. Zum einen sollte so die historische Transformation des strukturell-institutionellen Rahmens für konkrete Stadtentwicklungsprozesse aufgezeigt, sowie die Hintergründe für den wirtschaftlichen Strukturwandel beleuchtet werden. Zum anderen weisen diese Definitionen der Gesellschafts- und Wirtschaftsentwicklung auch Sensibilitäten für die raum-strukturellen Veränderungen in den Kommunen auf. Somit ist ein Orientierungsrahmen für die Begründung der Entstehung von Industriebrachen und deren Revitalisierung gegeben (vgl. Kap. B. II.). Der strukturell-institutionelle Rahmen der Stadtentwicklung soll gleichzeitig als Rahmen für konkretes Handeln von Akteuren im Verlauf von politischen Entscheidungsprozessen verstanden werden. Eine Schwäche des Regulationsansatzes ist sein latenter Strukturalismus (vgl. BERNDT 1999, 304). Die

---

[21] „Neue Ungleichheiten, Arbeits- und Armutsprobleme werden zunehmend individualisiert, den Betroffenen gewissermaßen als persönliche Herausforderung zugeschrieben und immer weniger als gesellschaftliche Aufgabe angesehen" (OSSENBRÜGGE 2001, 180).

Wichtigkeit der Handlungsweisen von Akteuren wird zwar immer wieder betont, aber eher als „black box" behandelt. Umgekehrt gilt gleiches für die handlungstheoretischen Ansätze, denen vorgeworfen wird, dass sie die institutionellen Rahmenbedingungen zwar als wichtig für das Handeln der Akteure betrachten, aber meistens nicht näher darauf eingehen (vgl. BERNDT 1999, 307; HIRSCH 1990, 28 f.; MEUSBURGER 1999, 98; MIOSGA 2001, 269). In der vorliegenden Arbeit soll auf beide Seiten bezug genommen werden, weil das Verständnis des strukturellen Hintergrunds vor dem das Akteurshandeln stattfindet, wichtig bei der Analyse der empirischen Ergebnisse ist und weil sich beide Seiten gegenseitig bedingen.

2. Elemente einer Theorie raumbezogenen politischen Handelns

Die Elemente der „Theorie raumbezogenen politischen Handelns" sollten an den Aspekten eines raumbezogenen Konflikts[22] ansetzen, um Leitfragen für die Untersuchung zu formulieren und um danach mögliche theoretische Zugänge zu erörtern. Als Aspekte eines raumbezogenen Konflikts können bezeichnet werden (vgl. REUBER 1999, 7):

- die akteursspezifisch unterschiedlich wahrgenommene räumlich-strukturelle Ausgangssituation,

- die Ziele und raumbezogenen Verwertungsinteressen der Akteure,

- die soziopolitischen Strukturen, Regeln und Institutionen, die den Konflikt beeinflussen,

- die damit verknüpften Machtpotentiale und Handlungsstrategien der Akteure im Verlauf der Auseinandersetzungen,

- Folgen des Konfliktes, u.a. für die räumliche Struktur.

Drei wesentliche Aspekte sind miteinander zu verknüpfen: der Akteur, die Rahmenbedingungen (Zwänge und Möglichkeiten) des raumbezogenen Entscheidungssystems und die Rolle von räumlichen Strukturen. Folgende Leitfragen lassen sich formulieren, um die theoretische Bearbeitung zu gliedern (vgl. REUBER 1999, 8):

- Nach welchen Zielen und mit welchen Strategien handelt der einzelne Akteur bei raumbezogenen Konflikten?

- Wie beeinflussen das Zusammenwirken der Akteure und die Regeln bzw. Strukturen der soziopolitischen Institutionen, in die sie eingebunden sind, den raumbezogenen Konflikt?

---

[22] Frühe Ansätze der geographischen Konfliktforschung: BUTZIN 1982; OSSENBRÜGGE 1983 und SOYEZ 1985.

- In welcher Weise lassen sich räumliche Bezüge konzeptionell angemessen in eine geographische Konfliktforschung integrieren?

2.1 Raumbezogene Konflikte im Spannungsfeld zwischen den Akteuren und den Regeln des soziopolitischen Systems

Bei einem *Konflikt* handelt es sich um „eine Variante menschlicher Interaktion oder gesellschaftlichen Handelns" (REUBER 1999, 8), die sich als „aktiven Antagonismus" (GIDDENS 1988, 366) darstellt (vgl. auch GIESEN 1993, 92; HÖHMANN 1999, 28; SCHMID 2002, 5)[23]. Im raumbezogenen Konflikt handeln somit verschiedene Akteure mit unterschiedlichen Zielen und verschiedenen Verwertungsinteressen an denselben Stellen. Die Auswahl und Durchsetzungskraft von Handlungsstrategien hängt von den Machtpotentialen der Akteure innerhalb des für den Prozess relevanten Netzwerkes ab (vgl. REUBER 2000, 34 f.). Konflikte brechen in vielen Fällen dort auf, „wo sie am wenigsten erwartet wurden: Bei einer Anlage eines Radweges oder beim Umbau eines Gebäudes. Die dabei zum Ausbruch kommenden Leidenschaften lassen vermuten, dass die unter der Konsensdecke versteckt gehaltenen Interessenunterschiede nur eines banalen Anlasses bedurften, um sich zu entzünden" (SCHNEIDER 1997, 35). Der Planung sollte ein hoher politischer Stellenwert beigemessen werden, denn „das Arbeitsergebnis, der Plan, ist ein Instrument *geordneter Konfliktaustragung* und Entscheidungsfindung [...] sowie" der „Koordinierung unterschiedlicher Maßnahmen in zeitlicher, räumlicher und finanzieller Hinsicht" (KÜPPER 1990, 137; eigene Hervorhebung, J.S.). Die Rolle räumlicher Strukturen ist als konstruktivistisch anzusehen, d. h. sie müssen „als subjektiv wahrgenommene Elemente des Handelns von Akteuren" (REUBER 2000, 35) in eine allgemein formulierte Handlungstheorie eingebettet werden.

2.1.1 Nach welchen Maximen handeln die Akteure?

Die „klassischen" Handlungsmodelle[24] gehen von sehr spezifischen Handlungssituationen, die im Alltag so nicht vorkommen, aus. Dem entsprechend besitzen sie lediglich theoretische Plausibilität (vgl. REUBER 1999, 14). Es sollten die verschiedenen „Grundorientierungen" (vgl. HÖHMANN, 1999, 19 f. u. 2000, 15 f.; GEBHARDT 2001, 162 f.) bei einer eingeschränkten und subjektiven Sicht der Akteure integriert werden. Die neueren Ansätze der Rational Choice Theorie, bei denen v.a. die heuristische Bedeutung hervorzuheben ist (vgl. SCHMITT 1996, 124 f.; ZIMMERLING 1994, 23), werden diesem Anspruch zum Teil gerecht. Ihr Ausgangspunkt ist (vgl. REUBER 1999, 12 ff. u. 2000, 36;

---

[23] Weitere Definition für den Begriff *Konflikt* sind zu finden bei DAHRENDORF 1979, 108 ff.; OSSENBRÜGGE 1983, 8 f.; SOYEZ 1985,43 ff.

[24] Nach WERLEN (1997a, 170 ff.): Zweckrationales, normorientiertes und verständigungsorientiertes Handlungsmodell (vgl. auch HÖHMANN 1999, 18 ff. und 2000, 14 ff.).

ferner KIRSCH 1997, 7), dass Akteure diese Alternative auswählen, die im Vergleich zu anderen betrachteten Alternativen, diejenige mit dem höchsten erwarteten Nutzen ist. Dabei ist ihre Sicht subjektiv und unvollständig. Die von ihnen wahrgenommenen Bedingungen stellen nur einen Ausschnitt der tatsächlichen Handlungssituation dar. Auch gesellschaftliche Strukturen, Zwänge und Regeln, vermittelt durch Organisationen, Institutionen u.a. wirken als unverzichtbare Einflussgrößen auf das Handeln der Akteure. Die „Wohlfahrt" anderer wird als berücksichtigenswert erachtet, weil deren Handeln auf den Akteur selbst zurückwirkt und dies „wohlfahrtsfördernd" in eigener Sache wirken kann (vgl. KIRSCH 1997, 5 f.).

Eine Entscheidung erscheint im Sinne der Rational Choice Theorie (vgl. ebd., 6 f.; REUBER 1999, 14; ferner BURTH/DRUWE 1994, 158 f.; SCHMITT 1996, 114; STRATMANN 1999, 90 f.; ZIMMERLING 1994, 16) dann als rational, wenn sie – aus der Perspektive des (wissenschaftlichen) Beobachters – dem betreffenden Akteur dazu dient, seine Ziele zu erreichen. Das Etikett rational wirkt missverständlich, denn die Entscheidung des Akteurs kann intuitiv, emotional, vernünftig oder wie auch immer geartet sein[25]. Besser wäre es, statt von einer rationalen Entscheidung lediglich von einer *plausiblen* Entscheidung zu sprechen.

Zur Kritik an Rational Choice Ansätzen (vgl. REUBER 1999, 16 f.) lassen sich zwei Dimensionen unterscheiden: zum einen die inhaltliche Ebene und zum zweiten die erkenntnistheoretisch-methodologische Ebene. Diese zweite Dimension der Kritik greift tiefer als die erste: „Vor dem Hintergrund, dass die Konfliktsichten und Handlungsgrundlagen der Akteure subjektiv verschiedene, von außen letztlich nicht einsehbare mentale Konstruktionen darstellen, stellt sie die Frage, welcher Stellenwert denn einer Theorie, die sich Gedanken über das Zustandekommen der Handlungen macht, dann überhaupt noch zukommen kann" (REUBER 1999, 16)[26]. Dieser Frage soll in Kapitel B.I.3. nachgegangen werden.

Der erste Punkt der inhaltlichen Kritik fragt danach, wie rational die Handlungsentscheidungen der Akteure überhaupt sind, denn neben rationalen können andere, wie z.B. emotionale Komponenten an Entscheidungsprozessen beteiligt sein. Wie bereits erwähnt, gehen die meisten Vertreter des Rational Choice Ansatzes zwar nicht von allein durch rationale Abwägungen gesteuerten Entscheidungen zugunsten dieser oder jener Handlungsalternative aus, „sondern lediglich vom Prinzip der individuellen Nutzenoptimierung" (REU-

---

[25] Die Rational Choice Theorie stellt damit lediglich ein „kalkulierbares Konstrukt" (WOLKERSDORFER 2001, 185) dar.

[26] Oder aus dezidiert postmoderner Perspektive ausgedrückt: „...ob ein 'typisch linear-modernes' Theoriekonstrukt, wie eben der Rational-Choice-Ansatz, durch ein Verschieben auf eine konstruktivistische Basis sich nicht selbst ad absurdum führt" (WOLKERSDORFER 2001, 185; Anführungszeichen im Original, J.S.).

BER 1999, 17), aber unter diesen Prämissen erscheint es wenig einleuchtend, warum am Etikett „rational" festgehalten wird. Man sollte akzeptieren, dass sprachliche Dichotomien, wie etwa „rational versus emotional (resp. irrational)" oder „Natur versus Kultur" ohnehin künstliche Trennungen darstellen, die sozial konstruiert werden und damit relativ sind (vgl. REUBER 1999, 17; ZIERHOFER 1999, 4 ff.; als auch FOUCAULT 1999, 163).

Eine Unterscheidung nach inhaltlichen Kriterien beim Zustandekommen von Handlungen erscheint somit wenig sinnvoll. Pragmatischer (vgl. REUBER 1999, 17 f.) für empirische Rekonstruktionen des Handelns erscheint die von GIDDENS eingeführte Unterscheidung nach instrumentellen Kriterien, nämlich nach einem praktischen und einem diskursiven Bewusstsein (vgl. 1988, z.B.: 36; 57 f.; 99 ff.; als auch DANIELZYK 1998, 230 und WERLEN 1997b, 152 ff.)[27]. Es erfolgt eine Trennung in eine sprachlich mitteilbare und eine sprachlich nicht mitteilbare, aber ebenso alltagspraktisch relevante Bewusstheit. Da GIDDENS keine Lösung anbietet, wie das praktische Bewusstsein empirisch untersucht werden kann, ist seine Konzeption als normativ anzusehen (vgl. REUBER 1999, 18).

Der zweite inhaltliche Kritikpunkt an den Rational Choice Ansätzen (vgl. REUBER 1999, 18) zielt darauf ab, dass diese zu sehr auf das Individuum ausgerichtet seien. Wertvorstellungen, Normen, gesellschaftliche Zusammenhänge und die Wechselwirkungen zwischen Individuen als Handlungs- und Entscheidungsbasis würden vernachlässigt. Uneigennütziges Handeln von Akteuren wäre mit dieser Theorie nicht erklärbar. Sie fördere im Gegenteil egoistisches und unsoziales Handeln und sei somit unmoralisch und verwerflich (vgl. ZIMMERLING 1994, 19 f.). Gleichwohl gibt es Vertreter, die moralisches Handeln mit rationalem Handeln gleichsetzen: „Wer unmoralisch handelt, der handelt irrational" (NIDA-RÜMELIN 1992, 154, zitiert nach BURTH/DRUWE 1994, 159). Wobei moralisches Handeln letztlich mit Kooperation gleichgesetzt wird und nach dieser Definition zu kollektiver Rationalität führt (vgl. BURTH/ DRUWE 1994, 160).

Die Beachtung von Werten und Normen spielt nach LENDI (1995, 232 ff.; vgl. auch WOLF 1998, 41 f.) gerade für die Raumplanung eine herausragende Rolle. Denn sie sollte als (Vorbereitung des) Handeln(s) mit ethischem Anspruch nicht wertneutral sein, sondern bewusst Leitbilder (Soll-Vorstellungen) entwickeln, die einen Soll-Zustand zum Ziel haben, der sich vom Ist-Zustand und von einem damit verbundenen (negativen) Entwicklungstrend absetzt und durch entsprechend koordiniertes Handeln erreicht werden kann. Die Raumplanung muss zwischen Entwicklungen, die auf der einen Seite die zukünftigen Generationen nicht über die Maßen belasten und auf der anderen Seite Ent-

---

27 Vgl. GIDDENS 1988 für Definitionen der Begriffe „Praktisches Bewußtsein" (431) und „Diskursives Bewußtsein" (429).

wicklungen für Politik, Wirtschaft, Gesellschaft und individuelle Lebensgestaltungen ermöglichen, vermitteln. Der sich dabei „abzeichnenden Konflikte wegen wird die Raumplanung zur „Schiedsrichterin" zwischen Bewahrungs- und Gestaltungsfunktionen, verbunden mit der Notwendigkeit, wertend und also ethisch urteilend zu entscheiden" (LENDI 1995, 234; Anführungszeichen im Original, J.S.). Das Postulat der Ethik der Raumplanung erinnert an den Public Choice-Ansatz (vgl. REUBER 1999, 19 f. u. 2000, 36 f.; STRATMANN 1999, 93 f.) und ist in regulationstheoretisch ausgerichtete Untersuchungen integrierbar.

2.1.2 Das Problem der kollektiven Akteure und Organisationen

Da sich aus einer auf die individuellen Akteure verengten Sicht bei der Untersuchung von Stadtentwicklungsprozessen methodische Probleme ergeben (vgl. BLOTEVOGEL 1999, 22 f.), sollte zur Ergänzung eine Behandlung von kollektiven Akteuren bzw. von Organisationen[28] erfolgen. Dazu bieten sich Kategorien aus der Organisationstheorie (vgl. ORTMANN u.a. 1997) an, weil sowohl die individuelle als auch die kollektive Betrachtungsebene für die Erklärung städtischer Entwicklungen wichtig ist (vgl. STRATMANN 1999, 2). „Organisationen sind [...] soziale Gebilde, in denen eine Mehrzahl von Menschen zu einem spezifischen Zweck bewusst zusammenwirkt", und zwar „unter dem Dach einer expliziten institutionellen Regel und ‚Verfassung'" (ESSER 2000, 238; Anführungszeichen im Original, J.S.; vgl. auch GIESEN 1993, 99 f.; ORTMANN u.a. 1997, 15). *Korporative* Akteure (vgl. BRAUN 1999, 44 f.; ESSER 2000, 241 f.; GIESEN 1993, 96; KAPPELHOFF 1997, 248) sind in der Regel Organisationen (also handlungsfähige Einheiten), in denen Rechte oder Ressourcen von Mitgliedern einheitlichen, gemeinsamen Dispositionen unterstehen und zentralisierte Entscheidungen über den Einsatz von zusammengelegten Ressourcen stattfinden. Sie erhalten eine Verfassung und sind rechtsfähige Subjekte, denen bestimmte Handlungen zugeschrieben werden können, für die sie haftbar gemacht werden können. „Von der Umwelt werden nicht mehr die Mitglieder wahrgenommen, sondern einzig und allein der korporative Akteur als Gesamtsubjekt" (BRAUN 1999, 45). *Kollektive* Akteure hingegen sind „alle aggregierten Akteurseinheiten, denen man die Verfolgung eines gemeinsamen Interesses für eine bestimmte Gruppe von Personen unterstellen kann. Korporative Akteure sind in diesem Sinn eine spezifische Form kollektiver Akteure" (ebd.). Die Macht der korporativen Akteure entspricht nicht der Summe der Machtpotentiale der beteiligten Personen, sondern es entstehen neue Machtpotentiale, die nicht mehr einzelnen Personen zuzuordnen sind (vgl. ebd., 253; BERNDT 1999, 305 in Tab. 2; in Rückgriff auf FOUCAULT).

---

[28] In der vorliegenden Arbeit: DB; Rewe; EHV; IHK; städtische Ämter/Magistrat bzw. ‚die Stadt';
Parteien; UVF; RP.

In Organisationen kommen neben dem Handeln auch den Kommunikationsstrukturen zwischen den Systemelementen, den Verteilungsmustern von Kompetenzen und Entscheidungsbefugnissen generative Kraft zu (vgl. MEUSBURGER 1999, 107). Einzelne Personen als Vertreter einer Organisation werden mit einem Mehr an Entscheidungsbefugnissen und Kompetenzen ausgestattet, sie bilden also die *Instanz der Handlungsfähigkeit* („agency")[29] (vgl. WERLEN 1999, 258). Jedoch sind sie leichter austauschbar als Positionen einer Organisation. Die *Positionen* einer Organisationsstruktur stehen somit über den Individuen. Organisationen legitimieren sich erst über ihre Ziele und können Macht und Wissen koordinativ bündeln (vgl. MEUSBURGER 1999, 108; ferner DALLGAHS 2001, 12; KAPPELHOFF 1997, 251). Wichtige Akteure in raumbezogenen Konflikten sind die sog. Lobbyorganisationen. Diese nichtstaatlichen Interessenträger wollen durch unterschiedliche Methoden der Einflussnahme die politischen, administrativen und wirtschaftlichen Entscheidungsträger dazu bringen, ihre Ziele und Interessen im Entscheidungsprozeß zu berücksichtigen. Dies geschieht z.B. über die Vermittlung interessengeleiteter Information durch die Medien, als auch durch massiven Druck in verschiedensten Ausformungen (vgl. SOYEZ 1997, 221 f. u. 1998, 56).

2.1.3   Dualität von Struktur

Im Konzept der *Dualität von Struktur* werden Struktur und Handeln über den Vermittlungsprozess der Strukturation in Verbindung gesetzt, wobei der Prozess der Strukturierung im Mittelpunkt steht[30] (vgl. GIDDENS 1988, 68 f.; WERLEN 1995, 78). Dabei ist Handeln „als ‚strukturiert' und ‚strukturierend' zu verstehen und ‚Struktur' gleichzeitig als ‚Handlungsprodukt' und ‚Handlungsgenerierung'" (WERLEN 1995, 79; Anführungszeichen im Original, J.S.). Die Struktur der Gesellschaft besteht aus Regeln und Ressourcen, die rekursiv an der sozialen Reproduktion beteiligt sind (vgl. GIDDENS 1988, 45; REUBER 1999, 22). Im menschlichen Handeln wird auf semantische und moralische Regeln als auch auf autoritative und allokative Ressourcen Bezug genommen. Entscheidend ist, dass die Akteure wissen, auf welche Regeln und Ressourcen sie wann zurückgreifen können, um ihre Handlungsziele zu verwirklichen. Durch den Bezug auf die Struktur wird diese fortlaufend überformt und wirkt auf das Handeln zurück (vgl. WERLEN 1995, 80 f.).

Regeln sind in erster Linie Teil des praktischen Bewusstseins, denn sie können von den Akteuren zwar angewandt, aber in den wenigsten Fällen diskursiv dargelegt werden. Vielmehr fließen bestimmte Schemata routinemäßig in die alltägliche Praxis ein (vgl. GIDDENS 1988, 72 ff.; WERLEN 1997b, 186 f.). Regeln sind somit eine Art Leitfaden des Handelns, die sich in Deutungssche-

---

29   In der Organisationstheorie wird von Agenten gesprochen (vgl. KAPPELHOFF 1997, 248).

30   „Nicht die Struktur bildet das Kerninteresse, sondern die Strukturierung" (WERLEN 1995, 78).

mata (semantische Regeln; Signifikationscodes) und in Normen (Sanktionsregeln) aufteilen (vgl. WERLEN 1995, 81; als auch REUBER 1999, 22 f.). *Ressourcen* - die zur Verteilung anstehenden „Pfründe" innerhalb einer Gesellschaft (vgl. REUBER 1999, 22) - generieren Macht. GIDDENS unterscheidet *allokative Ressourcen* und *autoritative Ressourcen*. Allokative Ressourcen sind „materielle Ressourcen" (GIDDENS 1988, 429), wie Rohmaterialien, Flächeneigentum, Produktions- und Reproduktionsmittel, sowie produzierte Güter. Autoritative Ressourcen sind „nichtmaterielle Ressourcen, die sich aus dem Vermögen, die Aktivitäten menschlicher Wesen verfügbar zu machen, herleiten" (ebd.). Dazu gehört die Organisation von Zeit und Raum, in ihrer Relevanz für soziales Handeln (z.B. Raumplanung), die körperliche Produktion und Reproduktion (z.B. Arbeitsbeziehungen und Lebensgemeinschaften) und die Organisation von Lebenschancen (ebd., 316; vgl. Abb. 1).

2.1.4. Interesse und Macht

Die Kategorien Interesse und Macht (vgl. GIESEN 1993, 95; HÖHMANN 1999, 24) sind in der vorliegenden Untersuchung als zentral anzusehen, weil die Akteure und ihr Handeln in Beziehung zu ihren je spezifischen Zielen, Mitteln und ihrer Durchsetzungsfähigkeit zu setzen sind. Das Interesse stellt die Zielstruktur innerhalb des Konflikthandelns dar, während der Macht bzw. dem Machtpotential die Mittelstruktur und die Durchsetzungsfähigkeit des Akteurs zugewiesen werden kann. Für raumbezogene Konflikte gilt: *„Die Gestaltung und Nutzung des Raumes ist abhängig von Interessen, für deren Realisierung Macht notwendig ist"* (OSSENBRÜGGE 1983, 60).

Es können *latente* und *manifeste* Interessen (vgl. GIESEN 1993, 95; HÖHMANN 1999, 24 f.) unterschieden werden. Von latenten Interessen ist die Rede, wenn angenommen wird, dass dem Interessenträger diese bewusst wären, wenn er über sie informiert wäre. Diese Bedingung muss grundsätzlich herstellbar sein, z. B. durch ein aufklärendes Gespräch. Fehlt die Chance zur Veränderung der Umstände, kann nicht von latenten Interessen gesprochen werden. Um sich direkt intentional an einem raumwirksamen Entscheidungsprozeß beteiligen zu können, müssen manifeste Interessen von Akteuren vorhanden sein, die sich als deren ausdrückliche Ziele darstellen. Analog zu latenten und manifesten Interessen kann von latenten und manifesten Konflikten gesprochen werden, wobei „manifeste Konflikte eine Transformation gesamtgesellschaftlicher latenter Konfliktlinien" (HÖHMANN 1999, 25) darstellen. Manifeste Konflikte kommen aber nur dann zustande, wenn die vermeintlich schwächere Akteursseite eine Möglichkeit zur Durchsetzung der eigenen Interessen sieht (z. B. durch die Bildung von Koalitionen[31]), was zur zweiten

---

31 Vgl. GIESEN 1993, 96.

Schlüsselkategorie von konfliktorientierten Ansätzen überleitet: der gesellschaftlichen Verteilung von Macht(potentialen).

Nach GIDDENS ist *Macht*[32] - in Rückgriff auf FOUCAULT (vgl. 1999, 161-201; WOLKERSDORFER 2001, 71 ff.) - „das Mittel der Ausführung von Dingen und kommt als solches unmittelbar in menschlichem Handeln zur Geltung" (GIDDENS 1988, 337), als auch „Ermöglichung und Zwang zugleich" (ebd., 229). Über Macht zu verfügen bedeutet, dass ein Akteur in der Lage ist, einen Prozess durch sein Handeln zu beeinflussen oder auch eine Handlung zu unterlassen bzw. eine Entscheidung zu unterdrücken[33]. Macht durchzusetzen bedeutet, „einen Unterschied herzustellen' zu einem vorher existierenden Zustand oder Ereignisablauf" (ebd., 66; Anführungszeichen im Original, J.S.; vgl. auch BERNDT 1999, 306). Im konfliktorientierten Kontext stellt Macht die Fähigkeit eines Akteurs dar, „andere Akteure auch gegen deren Widerstand zu bestimmten Handlungen zu veranlassen" (GIESEN 1993, 95 in Rückgriff auf Max WEBER; vgl. auch BERNDT 1999, 306; WOLKERSDORFER 2001, 71). Allokative Ressourcen und autoritative Ressourcen sind als Machtpotentiale die Medien der Macht. Dem gegenüber ist Macht keine Ressource, sondern ein Routineelement (GIDDENS 1988, 67 u. 316; SCHMID 2002, 30). Macht besitzt einen eher flüchtigen Charakter, ist mobil, schafft asymmetrische Beziehungen, und wird in jedem Entscheidungsprozeß neu verteilt. Sind die Machtdifferenzen zwischen den Akteuren überaus deutlich, dann trägt dies zur Vermeidung von manifesten Konflikten bei. Häufiger kommt es jedoch vor, dass die Akteure über strukturell unterschiedliche Ressourcen verfügen, die nicht eindeutig gegeneinander abzuwägen sind. Diese ambivalenten Situationen sind die Voraussetzungen für konkretes Konflikthandeln (vgl. GIESEN 1993, 95; SCHMID 2002, 30).

---

[32] Es lassen sich mehrere Formen der Macht unterscheiden: zum einen die Definitionsmacht, die das Vermögen beschreibt „für alte und neue Problemzusammenhänge neue Bedeutungen zu konstruieren und entsprechende Legitimations-, Überzeugungs- und Mobilisierungsstrategien zu entwickeln" (SOYEZ 1997, 225). Daneben lassen sich die Gestaltungs-, die Verhinderungs- und die Verweigerungsmacht unterscheiden (vgl. ebd. und ders. 1998, 58). Im Kontext von Planungsprozessen fällt den administrativen und politischen Entscheidungsträgern vor allem die Gestaltungsmacht zu, den oppositionellen Gruppen innerhalb und außerhalb des Staatsapparats fällt eher die Verhinderungs- und Verweigerungsmacht zu. Die Definitionsmacht ist abhängig von den zur Verfügung stehenden Ressourcen verteilt, weil ihre Wirksamkeit u.a. davon abhängt, dass die Inhalte der Diskurse an die ‚richtigen' Adressaten gelangen.

[33] Dieser Sachverhalt wird in den Politikwissenschaften als „Non-Decisions" (nach BACHRACH und BARATZ) bzw. „Nicht-Entscheidungen" bezeichnet. Diese finden im Vorfeld der eigentlichen Entscheidungen im Verborgenen statt und sondern jene Alternativen aus, die dann für die eigentlichen Entscheidungen keine Rolle mehr spielen (oder besser: spielen dürfen), gleichwohl sind sie oftmals bedeutender als die offiziellen Legitimationen in den Entscheidungsgremien (vgl. REUBER 1999, 25; in Fußnote 30).

Abb. 1:   Die Macht von Akteuren in raumbezogenen Konflikten

Macht		
Allokative Ressourcen	Autoritative Ressourcen	
z. B. Verfügbarkeit über materielle Güter (Grund und Boden, Technologie etc.), finanzielle Potentiale, Wirtschaftskraft	z. B. Organisation von Raum und Zeit (raum-zeitliche Konstitution von Wegen und Regionen), Produktion und Reproduktion des Körpers, soziale Rolle und Position, persönliche Kontakte und Netzwerke	z. B. persönliches Charisma, Führungsqualitäten, Verhandlungsgeschick, Fähigkeit zu vorausschauendem Denken
Institutionelle Komponenten		Individuelle Komponenten

Nach GIDDENS 1988, 316 u. REUBER 2001, 85

Die Ausstattung, auf die ein Akteur während einer Auseinandersetzung zurückgreifen kann, wird von den allokativen (z.B. Flächenbesitz, Wirtschaftskraft) und autoritativen Ressourcen (z.B. Position und Rolle im raumbezogenen Konflikt) bestimmt. Ergänzend dazu sollten individuelle Machtkomponenten (persönliches Charisma, Durchsetzungsstärke, Führungsqualitäten, Verhandlungsgeschick, die Fähigkeit zu vorausschauendem Denken, Wissen etc.) berücksichtigt werden. Persönliche Eigenschaften von Akteuren haben für den Ausgang von Konflikten durchaus Bedeutung, weil Fähigkeiten wie Kommunikationstalent, Konfliktfähigkeit und persönliche Erfahrungen im Politik- und Arbeitsalltag letztlich daran mitwirken, welche Vorgehensweise der Vertreter wählt, um seine Ziele zu erreichen. Dabei stehen ihm eine große Anzahl an konkreten Handlungsstrategien ausgleichender, vermittelnder oder konfrontativer Art zur Verfügung (vgl. REUBER 1999, 26 ff. u. 2000, 37; ähnlich bei FOUCAULT 1999, 196 ff.). Diese Definition von Macht führt zu einem Drei-Säulen-Konzept von Macht (vgl. Abb. 1), das strukturelle und individuelle Merkmale berücksichtigt (vgl. REUBER 2001, 85 f.). Es muss aber beachtet werden, dass „selbst in sogenannten „individuellen" Kategorien immer auch strukturalistische Komponenten enthalten und aufgehoben sind" (ebd., 85; Anführungszeichen im Original, J.S.).

2.2   Die Rolle von räumlichen Strukturen

Räumlichen Strukturen sollten keine objektive Kategorie zugeordnet werden, sondern sie sollten *„in ihrem gesellschaftlichen und akteursbezogenen Kontext"* (REUBER 1999, 29; Hervorhebung im Original, J.S.) beleuchtet werden. Das raumbezogene Handeln der Akteure muss auf Grundlage einer subjektiv-selektiven Wahrnehmung und individuell-spezifischer Bewertung der physisch-materiellen Strukturen durch die verschiedenen Akteure betrachtet werden. Räumliche Strukturen können somit Auslöser, Anlass und Objekt von Konflikten sein, in denen die Akteure versuchen, sich auf Grundlage ihrer Ziele, Interessen und Möglichkeiten, die Kontrolle über die räumlichen Strukturen anzueignen. Ihr Erfolg in einem solchen raumbezogenen Konflikt hängt von ihren spezifischen Machtpotentialen ab. Wichtig ist, „daß [...] gesellschaftliche Bedingungen Orte strukturieren als auch daß Orte [...] auf soziale Strukturen zurückwirken" (DANGSCHAT 1996, 110). Im folgenden sollen präzisierende und vertiefende Überlegungen diskutiert werden.

2.2.1. Die Selektivität der räumlichen Wahrnehmung

Das Wissen der Menschen über ihre Umwelt, ist weder als objektiv, noch als sicher zu bezeichnen. Da jeder einzelne Mensch eine subjektiv-selektive Wahrnehmung hat, durch die sich die Welt für ihn anders als für alle anderen Menschen darstellt, bewertet er sie anders als andere und kommt zu räumlichen Sichtweisen und Verwertungsinteressen, die sich von denen der anderen unterscheiden. Die physiologisch bedingten Wahrnehmungsunterschiede der Menschen sind noch relativ gering. Die subjektiven Wahrnehmungsfilter von Menschen klaffen hingegen umso weiter auseinander. „Abhängig von Kategorien wie Veranlagung, Biographie, Sozialisation, Position, soziale Rolle, etc. verschiedener Akteure entscheidet sich, was sie von ihrer Umwelt bereit sind wahrzunehmen, oder was sie nicht sehen (wollen)" (REUBER 1999, 30). Ebenso beziehen sich die subjektiven Verwertungsinteressen verschiedener Akteure inhaltlich auf unterschiedliche Eigenschaften der räumlichen Struktur (z. B. physisch-materielle, funktionale oder symbolische Komponenten). Diese Kategorien stehen in einem unauflöslichen Wechselverhältnis, das in einen subjektiven Gesamteindruck mündet. Dieser ist Grundlage und Voraussetzung für raumbezogenes Handeln und beinhaltet sehr differenzierte Einschätzungen und Bewertungen von räumlichen Strukturen (vgl. REUBER 1999, 30; SCHMID 2002, 38).

Das Forschungsinteresse muss auf den „gelebten Raum" mit subjektiver und situativer Ausdehnung gelenkt werden, der nur durch die untrennbare Einheit mit den Handelnden sozial wirksam wird (vgl. DANGSCHAT 1996, 105). Es sollten solche Geographien untersucht werden, die als alltägliche Regionalisierungen von den Akteuren von ihren spezifischen Machtpositionen aus gemacht/produziert und reproduziert werden. Es geht also um die soziale Produktion des Raumes, die nur als „geographical imaginations" (vgl. GREGORY 1994, z.B. 203 ff.), also konstruierte, subjektive Raumbilder in den Köpfen der Akteure für ihre Handlungen von Bedeutung sein können (vgl. REUBER 1999, 30 f.; WERLEN 1995, 6).

2.2.2 Die dreifache Subjektivierung: subjektive Raumbilder von Akteuren

Als Grundlage dient ein konstruktivistisches Verständnis[34], d.h. räumliche Strukturen können „nur durch die subjektive Brille der Akteure handlungsrelevant werden" (REUBER 2000, 38). Dieses geschieht in dreifacher Hinsicht (vgl. Abb. 2) (vgl. REUBER 1999, 31 ff. u. 2000, 38 f.; WOLKERSDORFER 2001, 179 f.):

1. als *subjektive Raumbilder* infolge der „normalen" selektiven Wahrnehmung,

2. als konfliktspezifische subjektive räumliche Zielvorstellungen der Akteure,

als subjektive *strategische Raumbilder*, die auf 1. und 2. aufbauen und als Durchsetzungsstrategie der eigenen Interessen im Konfliktverlauf dienen.

Subjektive Raumbilder entstehen durch die selektive Wahrnehmung des Einzelnen und der symbolischen Repräsentation räumlicher Strukturen. Sie entstehen je spezifisch nach Prinzipien selektiver Informationsaufnahme und -wahrnehmung und nach Prinzipien der sozialen Repräsentation und Symbolisierung in den Köpfen der Akteure. Jeder Mensch konstruiert aufgrund seiner selektiven Wahrnehmung ein subjektives Bild der physisch-materiellen Umwelt und lädt dieses zusätzlich mit sozialen Bedeutungsinhalten auf. Dieses Abbild ist weder intersubjektiv gültig, noch ist es sprachlich vollständig mitteilbar. Der spezielle Charakter hängt von biographisch-lebensweltlichen Determinanten ab, als auch vom persönlichen Normen- und Wertesystem. Es handelt sich um eine eher unbewusste und kontinuierliche subjektive Konstruktion, die ein sich ständig im Fluss befindliches, mit symbolischen Gehalten sozialer Interaktion verknüpftes Bild der physisch-materiellen Umwelt erzeugt (vgl. REUBER 1999, 32 f.; SCHMID 2002, 39).

Die konfliktspezifischen *subjektiven räumlichen Zielvorstellungen* des einzelnen Akteurs sind seine ortsbezogenen, damit lokalisierbaren Ziele, die er verwirklicht sehen möchte. Es wird eine Vorstellung von einer Struktur entworfen, die „am Ende seinen Interessen am meisten dienen würde" (REUBER 1999, 33), bzw. falls keine eigenen räumlichen Verwertungsinteressen vorliegen, einer Struktur die seinen eigentlichen Zielen am wenigsten Schaden zufügen würde. Die Handlungsstrategien während des Konfliktverlaufs werden somit auf diese Ziele ausgerichtet.

---

34 „Raum und Zeit haben niemals eine objektive, sondern immer nur eine gesellschaftliche Bedeutung; sie werden sozial konstruiert" (HELBRECHT 1994, 30).

Abb. 2:   Die "Dreifache Subjektivierung" im Rahmen raumbezogener Konflikte

Subjektive Raum-wahrnehmung		Subjektive räumliche Zielvorstellungen		Subjektive "Strategi-sche Raumbilder"	
Räumliche Strukturen wirken als Determinan-ten auf das Handeln der Akteure im Konflikt, allerdings in selektiv-verzerrter Form, als akteursspezifische mentale Konstruktionen bzw. Abbilder	Wahrnehmungs-Ebene	Akteure entwickeln im raumbezogenen Kon-flikt auf der Basis ihrer subjektiven Wahrneh-mung, Werte und Interes-sen eigennutzenorientierte raumbezogene Zielvorstel-lungen	Ziel-Ebene	Subjektive Verzerrung räumlicher Strukturen mit dem Ziel der Durch-setzung der eigenen räumlichen Verwer-tungsinteressen im Raumnutzungskonflikt	Handlungs-(Mittel-)Ebene

Quelle: REUBER 1999, 32; verändert

Die dritte, sehr bewusste Subjektivierung im Konfliktverlauf erfolgt als Ent-wurf von *strategischen Raumbildern*. Es handelt sich hierbei um einseitige, subjektiv konstruierte und somit verzerrte Interpretationen von physisch-materiellen Zusammenhängen. „Sie dienen als zugeschärfte, z.T. argumentativ pointierte Verdeutlichung des eigenen Standpunktes in der Konfrontation mit den Interessensgegnern und in der öffentlichen Diskussion" (REUBER 1999, 33). Mit ihnen soll die eigene Position durchgesetzt werden, so dass räumliche Strukturen „nicht nur Ziel, sondern auch *Mittel* im Raumnutzungskonflikt sein" (ebd., 300, Hervorhebung im Original, J.S.) können. Sowohl räumliche Zusammenhänge als auch Strukturdaten werden im „Rahmen des Möglichen von den Akteuren so interpretiert und konstruiert, dass sie einen subjektiven Entwurf der Wirklichkeit darstellen, der den eigenen Zielen und räumlichen Verwertungsinteressen Vorschub leistet" (ebd., 33 f.). Sie werden z.B. in Reden, bei Diskussionen, in Debatten usw. ad hoc und spontan entwickelt oder „als differenzierte, ausgefeilte Konzepte schriftlich fixiert" (REUBER 2001, 87). Abhängig von den autoritativen Ressourcen der Akteure können sie von einfa-chen Begründungen bis zur Anfertigung von Fachgutachten reichen. In der Stadtentwicklung geht es, „immer auch um die Besetzung des Raumbildes. Der Kampf um Urbanität [z.B.] ist immer auch ein Kampf um das Stadtbild, denn in ihm realisiert sich das raumzeitlich konkretisierte Modell der Gesellschaft" (RÜEGG 1996, 4).

Der Stellenwert von strategischen Raumbilder im Rahmen von politischen Entscheidungsprozessen ist als sehr hoch einzuschätzen, weil sie „sozusagen Teil eines ritualisierten Streit-Spiels" (REUBER 1999, 34) sind. Sie erfüllen ihre Funktionen, weil sie dazu beitragen, entscheidungsrelevante Gremien zu informieren, sachbezogene öffentliche Diskussionen argumentativ zu befördern oder dabei helfen, Loyalität für die eigenen Interessen herzustellen. Sie sind

Ausdruck von „*Macht* im Sinne einer sich auf unterschiedlichste Ressourcen stützenden Macht der *Definition*" (KELLER 1997, 316; Hervorhebungen im Original, J.S.).

Es handelt sich um „eine zugeschärfte Konzeption" (REUBER 1999, 34 f.) mit einem dynamischen Wechselverhältnis der subjektiven Raumbilder. Sie werden von den Akteuren ständig dem dynamischen Konfliktverlauf angepasst, und stellen sich entsprechend als „flüchtige Gebilde" (ebd., 35) dar. Im Mittelpunkt steht nicht die Frage, „wie der Raum ‚ist', sondern wie er von den verschiedenen Akteuren ‚konstruiert' (wahrgenommen, interpretiert) und instrumentalisiert wird" (ebd., 35). Für den raumbezogenen politischen Entscheidungsprozeß können somit nur diese Konstrukte der Akteure von Bedeutung sein, weil sie erst die Ausgangsbasis für ein Eingreifen in den Prozess und ein Engagement für die eigenen räumlichen Verwertungsinteressen bilden. Diese Geographien der Macht werden „von den politischen Akteuren, aber auch von Journalisten und Medien, bewusst ‚gemacht' und eingesetzt" (REUBER 2001, 87; Anführungszeichen im Original, J.S.).

3. Die Theorie als normative Leitlinie für das Verstehen von Entscheidungsprozessen

Die entscheidenden Ansatzpunkte für eine Rekonstruktion von Entscheidungsprozessen bilden die Ziele und Handlungsstrategien der Akteure. Eine auf handlungstheoretischer Basis entworfene Untersuchung versucht „diese Konstruktionen zu dekonstruieren. Sie verfolgt das Ziel, subjektive Raumkonzepte und Konfliktsichten im Wechselspiel subjektiver Interessen, gesellschaftspolitischer Strukturen und physisch-materieller Rahmenbedingungen zu verstehen" (REUBER 2001, 89). Problematisch ist, dass keine Entscheidung von Akteuren von außen einsehbar ist, sondern dass den Entscheidungsträgern Teile ihres Abwägungsprozesses selbst nicht bewusst sind oder sie die Gründe für einzelne Entscheidungen nicht diskursiv darlegen können. Auf Grundlage der konstruktivistischen Sichtweise gibt es *die eine, quasi objektive* Konflikt*wirklichkeit* [...] nicht, sondern nur eine Vielfalt akteursspezifisch unterschiedlicher, miteinander konkurrierender Sichtweisen" (REUBER 1999, 37, Hervorhebung im Original, J.S.).

Die akteursspezifischen Ziele werden dem direkten Blick von außen entzogen, selbst dann, wenn Akteure ihre Handlungsziele preisgeben, denn ob diese geäußerten Ziele nicht schon strategisch geprägt sind, um eine bestimmte Wirkung zu erzielen, entzieht sich der Analyse. Akteure werden sich mit der Offenlegung ihrer Beweggründe kaum bloßstellen „und dem Forscher eher eine politisch korrekte – sprich gemeinnützige oder gemeinverträgliche – Zielvorstellung verkaufen" (SCHMID 2002, 53). Daraus ergibt sich das Problem der doppelten Hermeneutik: die wechselseitige Durchdringung der jeweiligen Bedeutungsrahmen von Akteuren und Forscher (vgl. GIDDENS 1988, 429 f.; REU-

BER 1999, 38). Auf der Suche nach dem Handlungsverstehen kann es keine Horizontverschmelzung zwischen Forscher und Untersuchungsgegenstand geben, weil die Rekonstruktion von Entscheidungsprozessen wiederum eine subjektive Konstruktion darstellt. So hängt es von den Ressourcen des Untersuchers ab, welche „verborgenen und verdeckten Gehalte und Intentionen" (KIMMERLE 1997, 49, zitiert nach REUBER 1999, 38) preisgegeben werden. Der Forscher ist keine unabhängige Größe, sondern ein Teil des Kommunikationsprozesses. Das Ergebnis von interpretativem Verstehen und Dekonstruktion kann nur eine kontextabhängige, erneute Konstruktion sein. Der Verfasser liefert eine subjektiv eingefärbte „Erzählung" über die untersuchten Zusammenhänge und hat nur eingeschränkte Erkenntnismöglichkeiten. Das Theoriekonzept hat somit keinen monolithisch-objektivistischen Charakter. Es ist normativ, weil es versucht, auf der Plausibilität vorhandener wissenschaftlicher Diskurse aufzubauen (vgl. ebd., 38 f.).

Der Sinn und das Potential des Theoriekonzepts (vgl. REUBER 1999, 39 f. u. 2001, 90) ergibt sich aus dieser normativen Funktion, weil es die Brücke für das Nachvollziehen der subjektiven Konfliktrekonstruktionen bildet und die Interpretations-Anleitung zum Verstehen der Rückschlüsse des Autors ist. Es zeigt, nach welchem gedanklichen Konzept die zur Verfügung stehenden Quellen rekonstruiert wurden und entlang welcher theoretischen Leitlinie die Dekonstruktion erfolgte. Die Theorie ist somit als Interpretationsregel zu verstehen. Fragt man nach der Relevanz und der Anwendbarkeit der Ergebnisse einer solchen Untersuchung, dann sollten am Ende aufgrund der subjektiven Einfärbung keine Handlungsempfehlungen stehen. Weil „der Forscher „seine" Geschichte darüber erzählt, wie und warum Akteure ihre räumliche und soziale Umwelt gestalten, gibt er dem Leser ein Set von Beobachtungs- und Verständniskategorien an die Hand, mit denen dieser wiederum „seine eigene" Welt in einer erweiterten, neuen Betrachtungsperspektive sehen und verstehen kann" (REUBER 1999, 40; Anführungszeichen im Original, J.S.).

II. Ehemalige Industrieflächen in der wissenschaftlichen Diskussion

1. Begriffsdiskussion

Für die Vorgänge, die sich von der Freisetzung über die planerische Zielfindung und die Wiederaufbereitung bis zum Verkauf mit anschließender Folgenutzung von ehemaligen Industrie-, Gewerbe- und Verkehrsflächen (oder kurz: IGV-Flächen) abspielen, bietet sich der Begriff *Flächenrecycling* an. Dieser Begriff lässt für alle zur Disposition stehenden Flächen inklusive solcher mit vorheriger Misch-, Freizeit-, Handels-, Dienstleistungs-, Landwirtschafts- oder Wohnnutzung, ebenso wie für ehemalige Flächen des Militärs (Konversionsflächen) verwenden (vgl. HÖHMANN 1999, 5; DIFU 2001, 57 ff.). Der Begriff *Industriebrache* (ebenso, Gewerbe-, Verkehrs- oder auch Dienstleistungsbrache[35]) beschreibt eine Fläche, die ihre Funktion verloren hat und ungenutzt ist, weil sich Investoren, Eigentümer oder Nutzer zurückgezogen haben. Es ergibt sich das Problem einer wissenschaftlichen Operationalisierung, weil es in der Praxis des öfteren vorkommt, dass es lediglich zu partiellen Leerständen, Zwischen- oder sog. Mindernutzungen kommt, oder dass der Nutzungswandel kurzfristig vonstatten geht (vgl. HÖHMANN 1999, 5 f.).

2. Gründe für die Entstehung von ehemaligen Industrieflächen

Das Flächenrecycling ist Ausdruck des wirtschaftlichen, gesellschaftlichen, politischen und technologischen Wandels, welcher die Stadtentwicklung seit jeher begleitet. Dominierten in der Bundesrepublik bis in die 60er Jahre des 20. Jahrhunderts im Zuge der Prosperitätsphase des Fordismus in den meisten Industriebranchen noch Ausweitungen von Produktionskapazitäten, so fanden seit Ende der 60er Jahre mit dem Beginn der manifesten Fordismuskrise bereits umfassende und einschneidende Umstrukturierungen des sekundären Wirtschaftssektors statt. Betroffen waren vor allem sog. Altindustrien, also Branchen, die sich am Ende eines Innovationszyklus befanden[36] (vgl. HÖHMANN 1999, 6; SCHELTE 1999, 17 ff.). In bezug auf die Arbeitsplatzentwicklung bewirkt der Strukturwandel eine zunehmende Tertiärisierung in den Städten, bei gleichzeitiger Schrumpfung der industriellen Basis und der Gesamtzahl an Arbeitsplätzen (vgl. SCHELTE 1999, 23). Sowohl innerbetriebliche Umstrukturierungen (z.B. ebenerdig verknüpfte Produktionsprozesse, computerintegrierte Vernetzung) und neue Produktionskonzepte (z.B. „lean-production" oder „just-in-time production", die aufgrund erhöhter Lieferintensi-

---

35 Vgl. DIFU 2000, 10.

36 Dazu sind v.a. Branchen zu zählen, die grundstoffnah oder auf Massengüter ausgerichtet waren, wie z.B. die Montanindustrie oder die konventionelle Chemische Industrie, als auch andere „alte" Branchen, wie die Textil- und die Lederindustrie, sowie der „klassische" Maschinenbau.

täten einen verkehrsgünstig gelegenen Standort erfordern), als auch neue Formen zwischenbetrieblicher Arbeitsteilungen[37] führen zu veränderten Standortanforderungen, sowie zur veränderten und meist erhöhten Flächeninanspruchnahme. Es kommt national zu Standortverlagerungen aus den Zentren an die Peripherie oder international in Billiglohnländer. Parallel zur Verlagerung, Aufgabe oder Schrumpfung von innerstädtischen Industriebetrieben werden die mit der Produktion eng verknüpften Verkehrseinrichtungen wie Güterbahnhöfe und Häfen obsolet und bewirken eine Vergrößerung des disponiblen Flächenpotentials (vgl. HÖHMANN 1999, 6 f.; SCHELTE 1999, 19 ff.; als auch DANIELZYK/OSSENBRÜGGE 1996b, 103).

3. Ehemalige Industrieflächen als städtisches Entwicklungspotential

Bei der Freisetzung von ehemals industriell-gewerblich genutzten Flächen wirken sich besonders die Arbeitsplatzeinbußen und die damit verbundenen sozialen Folgen , die möglichen Störungen von „gewachsenen" Stadtstrukturen und die Gefahr einer längerfristigen Brachenbildung, womit meist der Verfall der Bausubstanz einhergeht, nachteilig aus. Als positiv anzusehen ist der durch die Betriebsaufgabe bedingte Wegfall von störenden Emissionen. Besonders sind jedoch die Chancen hervorzuheben, die sich durch eine zu planende Folgenutzung ergeben. Dazu gehört die Möglichkeit der Umgestaltung des städtischen Raums, als auch die Möglichkeit stadtstrukturelle Defizite abzubauen und flächenschonend zu planen (vgl. HÖHMANN 1999, 8). Aufgrund von negativen Tendenzen des Flächenverbrauchs in der Bundesrepublik, ist es angesichts der disponiblen Flächen nur logisch, eine forcierte Innenentwicklung zu betreiben, um die Freiflächen in den Außenbereichen zu schonen. Gleiches gilt für die Nutzungsmischung, die die über Jahrzehnte betriebene Funktionstrennung nach dem Paradigma der „Charta von Athen" umkehren könnte und so die Chance bietet, sowohl Verkehr zu vermeiden („Stadt der kurzen Wege"), Zeit einzusparen, als auch die allgemeine „Lebensqualität" zu steigern. Nach der Abkehr von der zentral-technokratischen Planung der 60er Jahre hin zu einer bewohnernäheren Planung, die aufgrund des zunehmenden Partizipationswillen während der 70er Jahre durchgesetzt werden konnte, ist seit einigen Jahren eine Tendenz zur informellen Planung zu beobachten, die ihre Ursachen in der zunehmenden Finanzknappheit der Städte und dem wirtschaftlichen Druck von außen hat (vgl. HÖHMANN 1999, 9 f.). Public Private Part-

---

[37] Dazu gehört die Reduzierung der eigenen Fertigungstiefe, indem auf spezialisierte Vorlieferanten oder sog. verlängerte Werkbänke zurückgegriffen wird, die kostengünstiger produzieren als das eigene Unternehmen („buy or make"). Die extremste Ausformung ist das globale Zuliefer- und Produktionssystem, das auf die weltweit kostensparendste Produktion ausgerichtet ist (vgl. DANIELZYK/OSSENBRÜGGE 1996b, 103; SCHELTE 1999, 20).

nerships (vgl. HEINZ 1993, 29 ff.; KRÄTKE 1995, 246 ff.; ZEHNER 2001, 160 ff.) und Flächenmanagement[38] nehmen dabei zunehmend zentrale Rollen ein.

4.   Probleme und Revitalisierungshemmnisse

Als das gravierendste Problem wird die Altlastenproblematik (vgl. HÖHMANN 1999, 10 ff.; SCHELTE 1999, 43) angesehen. Es kann zu unkalkulierbaren Kosten führen, denn eine nötige Altlastenbeseitigung sprengt oftmals den vorgesehenen zeitlichen Rahmen des Flächenrecyclings. Eine ungeklärte planungsrechtliche Situation stellt ebenso ein Revitalisierungshemmnis dar. Mit dem Instrument des Vorhabens- und Erschließungsplans inklusive vorhabensbezogenem Bebauungsplan (vgl. BauGB 2000, 18 f.; HEINZ 1993, 45) soll der Langfristigkeit der konventionellen Bebauungsplanverfahren begegnet werden (vgl. HÖHMANN 1999, 12 f.; SCHELTE 1999, 42). Rest- und Zwischennutzungen (z.B. Reparaturwerkstätten u.ä., aber vor allem kulturelle Einrichtungen wie Ateliers, Proberäume, Szenekneipen etc.) können bei Recyclingprojekten ein Problem darstellen. Eine geplante Neunutzung mit der erforderlichen Verdrängung der Zwischennutzer trägt ein beträchtliches Konfliktpotential in sich. Einvernehmliche und sozialverträgliche Umzüge (mit Bereitstellung von Ersatzräumen oder –grundstücken) stellen aber einen zusätzlichen Zeit- und Kostenfaktor dar. Davon abgesehen wäre in vielen Fällen die Zwischennutzung möglicherweise die für eine lebendige Stadtkultur bessere Folgenutzung[39] (vgl. HÖHMANN 1999, 13 f.). Der Denkmalschutz wird als Hemmnis angesehen, wenn die vorhandenen unter Denkmalschutz stehenden Gebäude dem Nutzungskonzept der potentiellen Investoren entgegenstehen. Es gibt aber mittlerweile auch eine Reihe von Investoren, die sich einer Profilbildung des Standorts durch die vorhandenen Gebäude (die nicht unbedingt unter Denkmalschutz stehen müssen) bewusst sind und entsprechende Nutzungskonzepte entwickeln[40]. Daneben gibt es Beispiele, bei denen ein gangbarer Kompromiss zwischen Nutzungskonzept und Denkmalschutz in der Form eines Teilerhaltes geschlossen wird, wie es in Offenbach auf dem Schlachthofgelände vonstatten ging (vgl. WIEGANDT 2001, 21).

5.   Förderinstrumente des Staates

Die Problematik von staatlichen Förderinstrumenten in der BRD liegt darin, dass sie in den meisten Bundesländern nicht konkret auf das Recycling von ehemaligen Industrieflächen ausgerichtet sind, sondern sektoral auf Gewerbe- oder Wohnungsbauförderung. Somit ist meist keine optimale Nutzung dieser Instrumente möglich (vgl. DIFU 2001, 84 u. 97). Eine Förderung ist jedoch

---

[38] Vgl. DIFU 2001, 13 ff.

[39] In Offenbach gilt dies z.B. für die aktuelle Nutzung (v.a. Kunstateliers) der Gebäude auf dem ehemaligen Mato-Gelände (Mato-Fabrik).

[40] Als Beispiele aus Offenbach sind die Heyne-Fabrik und die Hassia-Fabrik zu nennen.

nach dem „Besonderen Städtebaurecht" (vgl. §§ 136-191 BauGB), z.B. durch den „Einsatz von Städtebauförderungsmitteln" (§ 164a), möglich (vgl. HÖH-MANN 1999, 14).

III. Methodologie und Untersuchungsmethoden

1. Das methodische Konzept der Untersuchung: Untersuchungsgegenstand und Erkenntnisinteresse

„Qualitative Forschung ist subjektive Forschung" (REUBER 1999, 41), sie arbeitet verstehend und interpretiert einen Sachverhalt vor dem eigenen Horizont. Ein objektivistischer Anspruch muss von vorneherein ausgeschlossen werden. Das Verhältnis vom Forscher zu seinem Untersuchungsgegenstand „ist nicht eine Subjekt-Objekt-Beziehung, sondern sie sind beide Co-Subjekte. [...] Der Forscher ist nur ein Subjekt unter vielen Subjekten" (POHL 1989, 41). Darauf aufbauend muss die Auswertung mit inhaltsanalytisch, verstehenden Verfahren durchgeführt werden (vgl. REUBER 1999, 41). Für qualitative Methoden ist die Wechselwirkung zwischen theoretischem Vorverständnis und empirischem Material fundamental. Das hermeneutische[41] bzw. interpretative Paradigma verweist darauf, dass soziale Wirklichkeiten auf einem subjektbezogenen Modus der Erfahrungsverarbeitung basieren (vgl. HÖHMANN 1999, 34). Die De-/Rekonstruktion bleibt „in letzter erkenntnistheoretischer Konsequenz eine subjektive Konstruktion der Geschehnisse durch den Forscher" (REUBER 1999, 42). Der Anspruch von qualitativer Forschung liegt in ihrer *Plausibilität* und nicht in der intersubjektiven Nachprüfbarkeit der Ergebnisse (vgl. HÖHMANN, 35). Dabei ist zu beachten, dass das vorliegende Material meist bereits mehrfach subjektiviert ist. Es finden somit Interpretationen von Interpretationen statt. Die Aussagen von interviewten Akteuren, Aussagen in Zeitungsartikeln oder anderen Quellen haben zu einem Gutteil bereits strategischen Charakter. Der Forscher muss neben der Interpretation vor dem eigenen Horizont, eine Deutung aus der Sicht der jeweiligen Handlungsträger vornehmen (vgl. REUBER 1999, 42 f.). „Das Ergebnis eines qualitativ-verstehenden Forschungsprozesses ist damit [...] eine subjektive Interpretation der subjektiven Weltsicht der Akteure durch den Wissenschaftler" (ebd., 43).

2. Konkretes Forschungsdesign: qualitativer Methodenmix

Eine möglichst tiefgreifende Rekonstruktion und Analyse der Entscheidungsprozesse aus der Sicht der maßgeblichen Akteure ist als Ziel der vorliegenden Arbeit zu konstatieren. Möglichst vielseitige Informationen über die Prozesse mussten zusammengetragen und ausgewertet werden. Dies erfolgte durch eine Kombination verschiedener qualitativer Forschungsmethoden. Die drei folgenden Methoden wurden angewandt (vgl. HÖHMANN 1999, 36 f.): Printmedienanalyse; Dokumenten-, Protokoll- und Verwaltungsaktenanalyse (Auswertung von Materialien); Problemzentrierte (Leitfadengestützte) Interviews.

---

[41] Hermeneutik: Lehre oder Kunst „des Verstehens und der rechten Auslegung des Verstandenen" (HÖHMANN 1999, 34 nach GADAMER 1986, 1).

2.1. Printmedienanalyse

Mit der Printmedienanalyse wurde die Untersuchung gestartet. Sie diente der Vorstrukturierung und der Abschätzung des Konfliktpotentials von verschiedenen in Frage kommenden Entscheidungsprozessen. Diese Analyse fand im Stadtarchiv Offenbach statt. Dort gibt es Dokumentenmappen zu verschiedenen Themenkreisen und Firmen. In diesen Mappen sind u.a. eine Vielzahl von Zeitungsartikeln abgeheftet, die relevante Informationen zu potentiellen Entscheidungsprozessen enthalten. Die Zeitungen die regelmäßig aus Offenbach berichten, sind die Offenbach Post (OP), die Frankfurter Allgemeine Zeitung (FAZ) und die Frankfurter Rundschau (FR). Aufgrund der Erfassung der Inhalte von Presseartikeln konnte in der Folge eine chronologische Einordnung der Fälle und eine Erfassung von potentiellen Interviewpartnern erfolgen. Daneben wurden durch regelmäßige Lektüre von FR und FAZ, von Zeit zu Zeit auch der OP, aktuelle Zeitungsartikel zu den verschiedenen Themenkomplexe erfasst. Weitere Artikel konnten im Pressearchiv der Grünen beim Planungsverband Frankfurt Rhein-Main eingesehen werden. Es kann allerdings keine lückenlose Erfassung aller zu den Themen veröffentlichter Zeitungsartikel in Anspruch genommen werden.

2.2 Auswertung von Materialien

Die Auswertung von Materialien konnte nicht den Stellenwert einnehmen, den die Analyse von Verwaltungsakten u.ä. bei REUBER (1999, 47 ff.) oder HÖHMANN (1999, 37) hatte. Das liegt daran, dass die meisten Sitzungsprotokolle politischer Gremien aufgrund der Zeitsperre nicht betrachtet werden konnten. Unterlagen zu den raumordnerischen Verfahren konnten im Archiv der Grünen beim Planungsverband Frankfurt Rhein-Main eingesehen werden[42]. Daneben konnte „graue" Literatur, die von Gesprächspartnern zur Verfügung gestellt wurde, eingesehen werden. Aus den Informationen dieser Unterlagen können Interaktions- und Kommunikationsmuster nachvollzogen werden, die dabei helfen Handlungsspielräume und Netzwerke der Akteure freizulegen (vgl. HÖHMANN 1999, 37).

2.3. Leitfadengestützte Interviews mit ExpertInnen

Die Interviews wurden zwischen Februar und Juli 2002 durchgeführt. Die Gespräche dauerten zwischen knapp einer halben Stunde bis etwa zwei Stunden. Die meisten Gespräche konnten per Tonband mitgeschnitten werden. Ein längeres Gespräch wurde am Telefon geführt und direkt handschriftlich protokolliert. Ebenso musste bei einem persönlichen Gespräch vorgegangen werden. In einem weiteren Fall wurden die Informationen anhand von Leitfragen schrift-

---

[42] An dieser Stelle möchte ich Frau Linelle Suffert und Herrn Jens Peter Scheller herzlich danken.

lich per E-Mail formuliert. Die Gespräche fanden als problemzentrierte, leitfadengestützte Expertengespräche (vgl. MEUSER/NAGEL 1991, 441 ff.; als auch FLICK 1999, 105 ff.; LAMNEK 1989, 74 ff.) statt. In diesen sind biographische Zusammenhänge der Gesprächspartner irrelevant. Die Relevanz eines solchen Gesprächs ergibt sich aus dem Wissen der Befragten zu einem bestimmten Sachverhalt. Der Leitfaden strukturiert das Gespräch bis zu einem gewissen Grad vor. Er ist als Selbstkontrolle gedacht, damit die relevanten Themen im Verlauf des Gesprächs zur Sprache kommen, nicht um bestimmte Fragen abzuarbeiten. Für den erfolgreichen Verlauf eines Gesprächs ist es wichtig, dass das durch die vorhergehenden Printmedien- und Materialienanalysen erworbene Vorwissen flexibel als Impuls in das Gespräch eingebracht werden kann und dass Arbeitshypothesen bei Bedarf ad hoc modifiziert werden können (vgl. HÖHMANN 1999, 36). Mit den Protokollen wurde im Anschluss nach MEUSER/NAGEL (1991, 451 ff.) verfahren. Dabei ist wichtig, dass der auszuwertende „Text als Dokument einer sozialen Struktur" (ebd., 458) angesehen wird.

Eine Zusammenstellung der durchgeführten Gespräche und eines Interviewleitfadens befindet sich im Anhang der Arbeit. Darin werden die Gespräche nach Themenbereichen eingeteilt. Die Informationen wurden durchgehend anonymisiert, so dass als Angaben zur Person nur die vertretene Organisation angegeben wird. Allen Befragten sei an dieser Stelle mein herzlicher Dank ausgesprochen. Ohne ihre Bereitschaft zur Auskunft wäre die Arbeit in ihrer vorliegenden Form nicht möglich gewesen.

C.   **Empirische Ergebnisse**

I.   **Der Strukturwandel und die Stadtentwicklungspolitik in Offenbach am Main**

Die Entwicklung der Stadt Offenbach bis zur Wirtschaftskrise, die in den 70er Jahren des 20. Jahrhunderts ausbrach (Fordismuskrise), kann hier aus Platzgründen nicht näher betrachtet werden. Zu den historischen Entwicklungen der Stadt und ihrer Industrialisierung wird auf die Arbeiten von BARTH (2000, 24 ff.), BURKART (1996, 20 ff.) und SAHM/USLULAR-THIELE (1997, 62 ff.) verwiesen.

1.   **Wie stellt sich der Strukturwandel in Offenbach dar?**

Der Höchststand der Beschäftigtenzahlen in Offenbach war im Zuge der prosperierenden Entwicklungen des Fordismus um 1960 (1961: 58.625 sozialversicherungspflichtig Beschäftigte; vgl. HSK 2000, 97) erreicht. In der damals sehr stark industriell geprägten Stadt dominierten folgende Industriezweige (vgl. BARTH 2000, 113; O.1): Maschinenbau (1959: 8.321 Beschäftigte), Lederverarbeitung (1959: 5.130 Beschäftigte), Elektrotechnik (1959: 2.505 Beschäftigte) und Chemische Industrie (1959: 2.324 Beschäftigte). Die erste Welle von Betriebsschließungen fand Mitte der 60er Jahre statt. Die zweite, tiefgreifendere Welle vollzog sich im Verlauf der 70er Jahre (vgl. BARTH 2000, 29). 1970 waren in Offenbach noch 57.499 Personen beschäftigt[43]. 1977 war mit 51.039 Beschäftigten ein erster Tiefpunkt erreicht. Während 1991 mit 52.084 Beschäftigen nochmals ein zwischenzeitlicher Höhepunkt erreicht wurde, nahm die Beschäftigung im Verlauf der 90er Jahre drastisch ab, so dass es in Offenbach 1998 nur noch 43.869 Beschäftigte gab (vgl. HSK 2000, 97). Zum 30. Juni 2001 waren in Offenbach 48.790 Personen sozialversicherungspflichtig beschäftigt (vgl. HSL 2003). Seit Mitte der 70er Jahre sind rund 10.000 Arbeitsplätze des produzierenden Gewerbes verloren gegangen (vgl. BARTH 2000, 38). Das prozentuale Verhältnis der Erwerbstätigen zwischen sekundärem und tertiärem Sektor war bereits 1979 fast ausgeglichen (sekundärer Sektor: 50,2%; tertiärer Sektor: 49,8%). Die Tertiärisierung hat sich in der Folgezeit rasant entwickelt, so dass der tertiäre Sektor zum 30. Juni 2001 mit 34.457 Beschäftigten einen Anteil von 70,6% erreichte, während der sekundäre Sektor bei 29,1% (14.186 Beschäftigte) lag (vgl. HSL 2003).

Durch die große Zahl an Betriebsschließungen sah sich die Stadt mit hohen Gewerbesteuerverlusten konfrontiert. Die wegfallenden Arbeitsplätze von meist in der Stadt ansässigen Personen führte zu hohen Nachfolgekosten im sozialen Bereich. Die Betriebsschließungen der 70er Jahre wirken noch heute nach: „Was damals als Arbeitslosigkeit geherrscht hat, kommt zum Teil als

---

[43] Die folgenden Angaben beziehen sich auf sozialversicherungspflichtig Beschäftigte.

fehlende Rente heute bei den Betroffenen an und muss durch Sozialhilfe wieder abgefedert werden. Solche Prozesse ziehen sich sehr lange hin" (O.1). Die Schuldenentwicklung der Stadt hatte bis zum Ende der 80er Jahre eine Dynamik entwickelt, die dazu führte, dass für die Tilgung der Zinsen von alten Krediten neue Kredite aufgenommen werden mussten. Damals betrugen die Offenbacher Schulden rund eine halbe Milliarde DM. Die Eigenständigkeit der Kommune wurde in Frage gestellt (vgl. BARTH 2000, 33; FAZ vom 16.10.2000). „In der Region sprachen die Politiker von „Offenbacher Verhältnissen", wenn sie ein Schreckbild brauchten. Die seit den sechziger Jahren von Betonbauten geprägte City [...] galt ebenso als „imageschädigend" wie die große Zahl der Sozialhilfeempfänger, die hohe Kriminalitätsrate und dass jeder fünfte Ausländer war. Investoren und Reisende mieden Frankfurts Nachbarstadt" (FAZ vom 16.10.2000; Anführungszeichen im Original, J.S.). Im September 1990 wurde der heutige OB Grandke zum Kämmerer der Stadt gewählt. Er verordnete der Stadt einen Sparkurs, der bundesweit Beachtung fand. Unter der Marketingbezeichnung „Modell Offenbach" wurden Haushaltsausgleich, Verwaltungsreform und Stadtumbau verknüpft (vgl. FAZ vom 16.10.2000). Was die Grundsätze dieser Politik sind und welche Instrumente zu ihrer Verwirklichung eingesetzt werden, soll im folgenden Abschnitt behandelt werden.

2. Grundsätze und Instrumente der gegenwärtigen Stadtentwicklungspolitik

Die Kommunalpolitik konzentrierte sich seit Anfang der 90er Jahre „im wesentlichen auf die Stabilisierung der Geldökonomie. Kommunale Fragestellungen, die diesem übergeordneten Ziel nicht unmittelbar dienten, wurden aus der Diskussion ausgeblendet" (LA 21 2002). Aufgrund der aktuellen finanziellen Probleme und der geringen Gewerbesteuereinnahmen[44] in den letzten beiden Jahren (vgl. FAZ vom 16.11.2002) ist damit zu rechnen, dass von diesem Grundsatz in naher Zukunft nicht abgerückt wird. Das strategische Mittel, das „Modell Offenbach" umzusetzen, ist das Haushaltssanierungskonzept (vgl. BARTH 2000, 39; HSK 2000). Als Hauptziele des „Modells Offenbach" gelten (vgl. AMBERGER/GRANDKE 1995, 160 und 163; BARTH 2000, 39): die städtischen Ämter sollen wie ein Konzern gemanagt werden; Stadtentwicklung soll im Rahmen des Stadtmarketings betrieben werden; die Verwaltung soll zu einem Dienstleistungsunternehmen umstrukturiert werden und es sollen Privatisierungen durchgeführt und Stellen eingespart werden[45].

In Offenbach wird Stadtmarketing[46] als ein inhaltlich und räumlich ganzheitliches Konzept beschrieben. Dabei gilt die Stadt als Produkt und die Nachfra-

---

[44] Die Stadt musste für das Jahr 2002 4,5 Mio. Euro Gewerbesteuer mehr zurückzahlen, als sie eingenommen hat (vgl. FAZ vom 16.11.2002).

[45] Ausführlich zum kommunalen Finanzhaushalt: BARTH 2000, 38 ff.

[46] Vgl. HELBRECHT 1994; STRATMANN 1999, 174 ff. SCHNEIDER 1997, 49 ff.

ger nach dem Standort Stadt Offenbach bilden den Markt. Als Fehler der Vergangenheit wird ausgemacht, dass die Stadt lange Zeit versuchte, alle Facetten des Marktes zu bedienen, was zu fehlender Kundenbindung und zur Geringschätzung des Standorts, sowohl von innen als auch von außen, führte (vgl. AMBERGER/GRANDKE 1995, 160). Als Zielgruppe im Bereich Wohnungsbau gelten die gut ausgebildeten „mittleren Einkommensschichten" (ebd., 162). Deren Ansiedlung soll dazu beitragen die Einkommenssteuereinnahmen zu erhöhen.

Um die Gewerbesteuereinnahmen zu befördern, werden die Ansiedlungsbemühungen bewusst selektiv auf unternehmensorientierte Dienstleistungen, „backoffices" großer Konzerne, und produzierendes Gewerbe mit hohem Ausbildungsniveau ausgerichtet (vgl. AMBERGER/GRANDKE 1995, 162). Dazu wird eine Imageverbesserung des Standorts angestrebt, denn „Ansiedlungs*erfolge* beschränkten sich lange Zeit auf Betriebe, die einen guten Standort suchten, aber auf eine ‚gute Adresse' verzichten konnten und daher keine Imagevorbehalte hatten" (ebd., 161; Hervorhebungen im Original, J.S.). Ein Preis-/Leistungsverhältnis, das ein regional konkurrenzfähiges Niveau hat, die Garantie der Baugenehmigung in Drei-Monats-Frist und „verlässliche Entscheidungsstrukturen"[47] (ebd., 162) sollen den Willen zur Ansiedlung von Seiten der Investoren befördern helfen.

3. Die Bewertung der Stadtentwicklungspolitik aus der Sicht der lokalen Akteure

Durchweg positiv und als Chance für die Stadtentwicklung werden die Strategien zur Ansiedlung von neuen Unternehmen und der Verbesserung der Bevölkerungsstruktur bewertet (O.1; O.2; O.3; O.4; O.5; O.6). Gleichwohl werden die damit verbundenen Probleme kritisch betrachtet. Es wird erwähnt, dass es im Bereich der Planung „keine wirklich definierten Ziele" (O.1) gibt, an denen eine Orientierung möglich wäre. Ein stark ausgeprägtes Bewusstsein für die Planung habe es in der Stadt ohnehin nie gegeben. Im letzten Jahrzehnt wurden die Elemente, die sich stärker auf den Markt stützen und den Investoren den Standort durch „marktkonformes Verhalten" schmackhaft zu machen versuchen, ideologisch verstärkt (ebd.). Für den Planungsbereich heißt das, dass Stadtentwicklungsplanung nicht stattfindet, sondern dass der Magistrat bei Investoreninteresse sagt: „Macht uns den Plan dafür', um es jetzt mal extrem auszudrücken" (ebd.). In vielen Fällen wird „danach entschieden, welche kurzfristigen stadtwirtschaftlichen Effekte man von diesen jeweiligen Planungen hat" (ebd.), weiche Standortfaktoren oder soziale Aspekte „bleiben dabei eher

---

47 Durch frühzeitige politische Entscheidungen für anstehende Projekte „garantiert der Oberbürgermeister persönlich dafür, dass abgestimmte Projekte auch politisch gefördert werden und gibt dadurch den Investoren eine hohe Entscheidungssicherheit" (AMBERGER/ GRANDKE 1995, 162). Mit dieser Aussage wird deutlich gemacht, dass man Nicht-Entscheidungen im Regelfall für unabdingbar hält, und die parlamentarische Mehrheit auf Linie zu halten ist.

auf der Strecke, weil man sagt: ‚was interessiert uns am Ende, ob wir da in zwanzig Jahren vielleicht mal ein Vorteil davon haben, wenn wir jetzt die Chance haben, an der Stelle ein Justizzentrum[48] hochzuziehen, dann geben wir halt eine öffentliche Grünfläche auf und können noch eine städtische Fläche dabei verkaufen und haben entsprechend eine positive Wirkung in der Haushaltssanierung.' Da sehe ich durchaus Gefahren für die Stadtentwicklung" (ebd.). Von FDP und CDU wird zwar gefordert, dass die Stadtplanung flexibel sein soll, es aber Rahmenpläne bzw. eine konsequente Entwicklungsplanung geben sollte (O.2; O.4). Konsistente Konzepte können sie aber nicht vorlegen[49], und „in der Verantwortung hat sie (die CDU, J.S.) sich nicht unbedingt so geäußert, wie sie es jetzt in der Opposition tut, aber das ist ganz normal" (O.1). Das zu ziehende Fazit ist, dass es in der Stadt Offenbach keine politische Kraft gibt, „die dezidiert stadtplanerische Visionen hat" (O.3).

Die Strategie der Veräußerung von kommunalen Grundstücken hat ihre Grenzen, weil in absehbarer Zeit alle Grundstücke, die zu veräußern sind, verkauft sein werden. Konsequenterweise ist die Frage zu stellen: „wie soll es dann weitergehen" (O.3), wenn der Haushalt bis dahin noch nicht ausgeglichen werden konnte und die Gewerbesteuereinnahmen weiterhin so niedrig bleiben wie aktuell (ebd.)? Kritisch werden die bisherigen Ansiedlungserfolge in der vom Magistrat definierten Einwohnerzielgruppe betrachtet, denn „diese Umstrukturierung steckt noch in den Kinderschuhen, bestenfalls" (O.2). Die Veränderung der Einwohnerstruktur wird als ein „ganz schwieriges Feld" (O.1) angesehen, in dem deutlich wird, dass „die Omnipotenzvorstellungen von Kommunalpolitikern etwas an der Realität vorbei" (ebd.) gehen.

Mit der verwendeten Begrifflichkeit für die stadtpolitischen Maßnahmen und der Außendarstellung wird aus der Sicht von einigen Akteuren „viel Wind gemacht" (O.1), der die Brüche in der Struktur verdeckt. Der Begriff ‚Modell Offenbach' ist demnach als „PR-Erscheinung" (O.2) zu werten, denn „das ist ein Konzept, auf das jeder Kämmerer stoßen würde, der hier diese Aufgabe aufnehmen würde. [...] Das ist keine irgendwie geartete originelle Idee gewesen, sondern das waren die Hausaufgaben, die hier anstanden" (ebd.). Das Stadtmarketing und die Image-Profilierung wird als zu selektiv angesehen, „dazu genügt es nicht, dass sich ein Gerhard Grandke mit dem „Modell Offenbach" nach draußen hängt" (O.4). Die Probleme, die sich durch öffentlich-private Partnerschaften und die starke Zunahme von Verfahren, die über vorhabensbezogene Bebauungspläne abgewickelt werden, ergeben, liegen auf der Hand: „Das sehe ich durchaus gespalten, weil es unter dem Strich zu einer Entmach-

---

48 Näheres hierzu im Kapitel C.II.2.3.2.

49 Die CDU hat im September 2001 ein Thesenpapier zur Stadtentwicklung vorgelegt (vgl. CDU Thesenpapier), das eine große Anzahl von gewünschten Einzelmaßnahmen aneinander reiht, aber dafür weder Finanzierungsvorschläge noch Konzepte vorgelegt (vgl. FAZ vom 22.9.2001 und FR vom 25.9.2001).

tung der Parlamente führt" (O.5). Breite Abstimmungs- und Meinungsbildungsprozesse finden bei diesen Verfahren in der Regel nicht statt, denn die Verwaltung und der Investor koordinieren die Vorgehensweise, dem Parlament werden fertige Entwürfe zur Abstimmung vorgelegt. Würde das Parlament dann gegen einen Entwurf stimmen, dann hätte das zur Folge, dass das Investorenengagement in Offenbach stark zurückgehen würde (ebd.). Das Parlament wird so unter einen enormen Entscheidungsdruck gesetzt.

3.1.   Ein offenes Wort zu wunden Punkten[50]

Aus den Ausführungen wurde klar, dass sich die vom Magistrat betriebene Politik sehr selektiv und einseitig an einem kurzfristigen wirtschaftlichen Nutzen orientiert. Das führt dazu, dass viele potentielle Probleme nicht erkannt oder ignoriert werden, es sich dabei also um *unerkannte Handlungsbedingungen* handelt. Die logische Konsequenz daraus ist, dass es in der Folge zu *unbeabsichtigten Handlungsfolgen* kommt. Das ist bis zu diesem Punkt nichts außergewöhnliches und in der Praxis der Alltagswelt normal. Folgende Aspekte sollten aber im Bezug auf die Offenbacher Kommunalpolitik zu denken geben:

1. Die Offenbacher Verwaltung ist eine hochgradig organisierte Institution und ein Expertensystem, das z.B. in dem Bereich der Baugenehmigungen für Investoren in der Lage ist, innerhalb von Drei-Monats-Frist Baurecht zu schaffen. Diese Leistung stellt für die Stadt Offenbach einen wichtigen Wettbewerbsvorteil gegenüber der Konkurrenz um Unternehmensansiedlungen dar. Es muss aber die Frage erlaubt sein, warum verschiedene Trends oder eben Handlungsbedingungen von einem solchen Expertensystem nicht erkannt werden? Ein Beispiel sei hier genannt (vgl. BARTH 2000, 40): Als das „Modell Offenbach" 1991 in die Wege geleitet wurde, hatte man sich zum Ziel gesetzt bis 1994 einen ausgeglichenen Haushalt vorlegen zu können. Durch den S-Bahnbau erhoffte man sich, dass sich Betriebe neu ansiedeln, die die Gewerbesteuereinnahmen erhöhen helfen. In verschiedenen Stadtteilen wurde Baurecht für 5.000 neue Wohnungen geschaffen, wodurch die Einkommenssteuereinnahmen befördert und die Sozialstruktur verbessert werden sollten. „Es kamen jedoch nicht vorhergesehene finanzielle Belastungen durch den hohen kommunalen Finanzierungsbeitrag an den Folgekosten der deutschen Einheit über die Gewerbesteuerumlage und die S-Bahn-Finanzierung" (ebd.) auf die Stadt zu. Die Folge war, dass 1994 nicht der Haushalt ausgeglichen war, sondern die Schulden weiter anstiegen und 1997 mit 61,9 Mio. DM einen neuen Höchststand er-

---

50 Unter diesem Motto veranstaltet der Offenbacher Oberbürgermeister Grandke in regelmäßigen Abständen Veranstaltungen in den Stadtteilen, wo er sich den Fragen und der Kritik der Einwohner stellt.

reicht hatten (ebd.). Hätten die genannten Kosten, die auf die Stadt zu-
kamen, nicht 1991 zumindest in der Tendenz absehbar sein müssen?

In bezug auf die Veräußerung von stadteigenen Flächen zur Finanzierung der
Schulden wird vom „Ausverkauf des Tafelsilbers" (O.3) gesprochen. Wie lange
kann diese Strategie noch funktionieren? Oder anders gefragt: Was macht die
Stadt Offenbach, wenn sie sämtliche Flächen verkauft hat, die vermarktbar
waren, der Haushalt immer noch nicht saniert werden konnte und erneute
Kosten, mit denen niemand gerechnet hat, zu bezahlen sind?

Das sind nur zwei Aspekte, die dazu in der Lage sind, die vom OB proklamierte
„alternativlose" Politik (vgl. FAZ vom 5.11.2001) in Frage zu stellen. Betrachtet
man die Entwicklung der Beteiligungen an den Kommunalwahlen seit 1993
ergibt sich folgendes Bild: 1993 nahmen 64,9 % der Wahlberechtigten teil, 1997
waren es 57,1 % und 2001 gerade noch 40,0 % (vgl. OF WAHLEN 2001). Die
stetig zurückgehende Wahlbeteiligung spiegelt offensichtlich das OhnMachts-
gefühl großer Teile der Bevölkerung wider. Wer das Gefühl hat, dass er keinen
Einfluss auf die Politiker vor Ort nehmen kann, geht nicht mehr zur Wahl
(nach dem Motto: „Die machen ja doch, was sie wollen").[51] Ein weiterer Aspekt
der dazu beiträgt, dass latente Konfliktlinien selten als manifeste Konflikte
zum Tragen kommen, scheint die exorbitant ausgeprägte Machtposition des
OB zu sein. Dazu gehört u.a. eine überdurchschnittliche diskursive Überzeu-
gungskraft und ein ausgeprägtes Verhandlungsgeschick, wie mehrere Gesprächspartner bestätigten (O.2; O.5).

4. Der Nutzungswandel ehemaliger Industrieflächen in Of-
fenbach am Main

4.1. Erfassungskriterien der ehemaligen Industrieflächen

Die Informationen und Daten zu den Einzelflächen wurden durch mehrere Ex-
perten-Gespräche im Bau- und Planungsamt der Stadt Offenbach (O.1; O.8)
und eine Printmedien- und Dokumentenanalyse im Stadtarchiv der Stadt Offenbach ermittelt. Für den Verlauf dieser Erhebung ist positiv hervorzuheben,
dass dort für die meisten Gewerbebetriebe, die in der Vergangenheit in der
Stadt ansässig waren oder es noch heute sind, eigene Mappen mit relevanten
Unterlagen zu den einzelnen Unternehmen (meistens Zeitungsartikel, Fotos,
Jubiläumsbroschüren u.ä.) angelegt sind. Die Recherche wurde durch dieses
Ordnungsprinzip eminent erleichtert.

---

[51] Das Bespiel Justizzentrum/Altes Hospital zeigt allerdings, dass es durchaus Interventionspo-
tentiale gibt (vgl. FAZ vom 30.4.2003; FR vom 30.4./1.5.2003).

Karte 1:

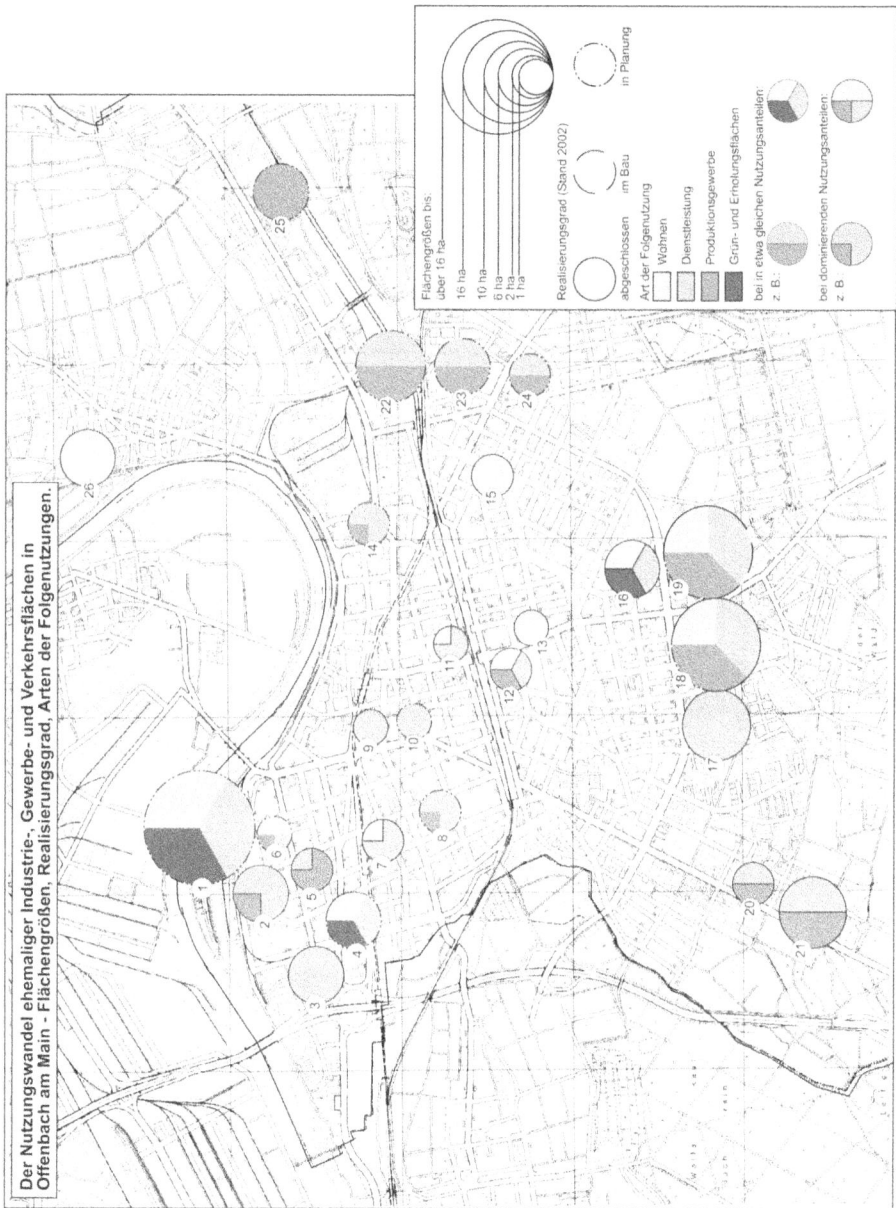

Der Nutzungswandel ehemaliger Industrie-, Gewerbe- und Verkehrsflächen in Offenbach am Main - Flächengrößen, Realisierungsgrad, Arten der Folgenutzungen.

131

Tab. 1: Ehemalige Industrie-, Gewerbe- und Verkehrsflächen in Offenbach am Main

Nr.	Bezeichnung der Fläche	Flächen-größe	Realisierungsgrad (Stand Juli 2002)			Art der Folgenutzung (dominierende Nutzung fett)			
			abg.	Bau	Plan.	Wohnen	DL	Gewerbe	Grün, Erhol.
1	Hafen	21 ha			X	X	X		X
2	Heyne-Fabrik	2,5 ha	X			X	**X**	X	
3	"Omega-Haus" (ehem. Mädler-Gelände)	2,5 ha	X				**X**		X
4	ehem. Rheinberger/C&E-Gelände	4,7 ha	X		X	X	X		
5	ehem. Danfoss-Gelände	1 ha	X			**X**	X	**X**	
6	ehem. Jado-Gelände	0,9 ha			X	X	X	X	
7	"Cinemaxx" (ehem. Glockenbrot/Kramp-Gelände)	1,6 ha	X				**X**	X	
8	ehem. Kaiser Friedrich Quelle-Gelände	1,6 ha			X		**X**	X	
9	"Haus der Wirtschaft" (ehemaliges Atlanta-Gelände)	0,2 ha	X				**X**		
10	ehem. Offenbach Post-Gelände	0,4 ha			X		**X**		
11	ehem. Schlesinger-Gelände	0,8 ha	X			X	**X**		
12	Hassia-Fabrik	1 ha	X			X	X	X	
13	ehem. Nube-Gelände	0,5 ha	X			**X**			
14	ehem. Mabeg-Gelände	1,1 ha			X		**X**	X	
15	ehem. Rügner-Gelände	1,7 ha	X			**X**			
16	Alter Schlachthof/Wohnpark Buchhügelallee	4,8 ha	X			X	X		X
17	ehem. Lavis-Gelände ("Ring-Center")(Fallstudie)	7 ha	X				**X**		
18	ehem. MSO-Gelände	12,1 ha	X		X	X	X	X	
19	ehem. Rowenta/Hartmann-Gelände	15 ha	X	X	X	X	X	X	
20	ehem. Sustan-Gelände (Sprendlinger Landstraße 178)	1 ha	X				X	X	
21	ehem. US-Army-Gelände	6 ha	X				X	X	
22	Güterbahnhofsgelände (Fallstudie)	9 ha			X		X	X	
23	ehemaliges Tack-Gelände	3,8 ha		X	X		X	X	
24	MATO-Fabrik	1,1 ha			X		X	X	
25	ehem. Thorer-Gelände	4,2 ha			X			**X**	
26	ehem. Becker-Gelände	3,2 ha	X			**X**			

Quelle: Eigene Erhebung

angesiedelt. Von den erhobenen Flächen waren das sechs mit einem Gesamt-flächenpotential von 43,8 ha. Auf sieben der erhobenen Flächen waren früher Betriebe aus dem Bereich der Lederverarbeitung oder artverwandte Indust-rien. Der Bereich Metallverarbeitung und Maschinenbau war mit elf Betrieben vertreten. Lebens- und Genussmittelproduktion fand in vier Betrieben statt (Schlachthof, Glockenbrot, Kaiser Friedrich Quelle, Atlanta-Gewürzmühle). Ehemalige Verkehrsflächen waren der Hafen und das Güterbahnhofsgelände. Druckereigewerbe war in drei Fällen ansässig. Aus dem Bereich Elektrotech-nik kam lediglich die Firma Rowenta, die in Offenbach heute nur noch mit ei-nem Verwaltungsgebäude im Kaiserlei-Gebiet ansässig ist. Einen Sonderfall stellt das ehemalige US-Army-Gelände dar, das als Konversionsfläche des Mili-tärs gilt. Dieses Areal wurde vorwiegend als LKW-Lager genutzt.

4.4. Folgenutzungen

Bei der Erhebung der Folgenutzungen wurde nach Wohnen, tertiärer Sektor (Dienstleistungen und Einzelhandel), (Produktions-) Gewerbe (inklusive Handwerksbetriebe u.ä.) und Grün- und Erholungsflächen unterschieden. Zwi-schennutzungen konnten auf drei Arealen beobachtet werden, wobei es in zwei Fällen (Kaiser Friedrich Quelle und Mato-Fabrik) sein könnte, dass sich diese Nutzungen über einen langfristigen Zeitraum erhalten können. In der Mato-Fabrik z.B. haben sich verschiedene Künstler mit ihren Ateliers angesiedelt.

Wohnen spielt beim Flächenrecycling in Offenbach eine eher untergeordnete Rolle, die insgesamt dominierende Nachfolgenutzung ist der Dienstleistungs-bereich. Dort lassen sich die Ansiedlungsbemühungen der städtischen Wirt-schaftsförderung ablesen. Nur in vier Fällen ist keine Dienstleistungsnutzung vorhanden oder soll dort realisiert werden. Das Spektrum der verwirklichten Projekte reicht von den spezialisierten Dienstleistungsstandorten Omega-Haus und Haus der Wirtschaft über das Kino-Center Cinemaxx mit integrierter La-denpassage („off-City-Center"), die kleinteilig vermietete Heyne-Fabrik und ein Parkhaus mit integriertem Einzelhandel, Arztpraxen und Büros (ehemaliges Schlesinger-Gelände) bis zum Fachmarktzentrum Ring-Center auf dem Lavis-Gelände. Als wichtigste zukünftige Projekte im Dienstleistungsbereich gelten der Hafen, das Güterbahnhofsgelände und das ehemalige Rowenta-Gelände, wo sich ein Ärztehaus im Bau befindet und bereits das neue Verlagshaus der Offenbach Post in Betrieb ist.

Sekundär-gewerbliche Nutzungen haben sich u.a. auf dem ehemaligen US-Army-Gelände (Scania-Ersatzteillager und -Reparaturwerk), dem MSO-Gelände (Honda-Ersatzteillager und Handwerksbetriebe) und dem ehemaligen Danfoss-Gelände im Nordend (Gewerbehof) angesiedelt. Grün- und Erholungs-flächen spielen beim Offenbacher Flächenrecycling keine besondere Rolle.

4.2. Art und Umfang der Flächen

Es wurden auf Offenbacher Gemarkung insgesamt 26 Einzelfälle ermittelt, wovon bis auf einen (ehemaliges Becker-Gelände in Bürgel) alle im Bereich der Kernstadt Offenbach liegen. Der Gesamtumfang der erfassten Flächen liegt bei rund 108 Hektar. Als erstes Differenzierungskriterium wurde in Anlehnung an HÖHMANN (1999, 41) nach Flächen unterschieden, deren Umnutzung entweder spätestens 2002 *abgeschlossen* wurde, momentan realisiert wird (*in Bau*) oder sich *in Planung* befindet. Von den 26 erhobenen Einzelflächen sind 15 weitestgehend abgeschlossen. Konkret in Bau befinden sich momentan lediglich Teile von drei Flächen, jedoch dominiert bei keiner dieser Flächen die Bautätigkeit. In einem Fall (Rowenta-Gelände) sind alle drei Realisierungsgrade vorhanden, wobei keiner davon als dominant bezeichnet werden kann. Die Zahl der sich überwiegend in Planung befindlichen Flächen beträgt 10.

4.3. Räumliche Verteilung und ursprüngliche Nutzungen

Als Unterscheidungskriterien für die räumliche Lage wurden zum einen die Lage im Stadtgebiet und zum anderen die Lage in der Umgebung angewandt (vgl. HÖHMANN 1999, 41). Für die Lage im Stadtgebiet wurden Innenstadt- und -randlagen, Stadtteillagen und Stadtrandlagen unterschieden. Für die Umgebungslage wurden Industrieverdichtungen (Lage in überwiegend industriell-gewerblicher Umgebung), Gemengelagen (kleinräumige Nachbarschaft zu anderen Nutzungstypen, z.B. Wohnen oder Büronutzung) und blockübergreifende Einzelstandorte (hier: Hafen und Güterbahnhof) unterschieden. Die meisten der erhobenen Flächen befinden sich in einer Stadtteillage. Es handelt sich dabei um 14 Fälle. Die Durchschnittsgröße dieser Flächen beträgt 4 ha. Davon befinden sich 8 in Gemengelage und 6 in vorwiegend industriell gewerblich geprägter Umgebung. In der Innenstadt und dem Innenstadtran befinden sich lediglich fünf Fälle. Dabei handelt es sich um sehr kleinteili Grundstücke, ihre Größe liegt zwischen 2.000 qm (ehemaliges Atlan Gelände, heute „Haus der Wirtschaft") und 1,6 ha in zwei Fällen (ehemal Glockenbrot/Kramp-Gelände, Kaiser Friedrich Quelle-Gelände). Sie befi sich allesamt in Gemengelagen. In Randlagen befinden sich sieben der er nen Areale. Fünf der Flächen liegen in industriell-gewerblichem Umfel zwei sind als Einzelstandort zu bezeichnen (Hafen und Güterbahnhofsge In den Innenstadt- und innenstadtnahen Lagen sind die Flächen entwe umgenutzt oder sie beherbergen Zwischennutzungen (OP-Gelände Friedrich Quelle-Gelände).

Die Umgebungslagen haben folgendes Muster: 13 Flächen befind Gemengelagen, 11 Areale in Industrieverdichtungen, der Hafen u terbahnhofsgelände können als blockübergreifende Einzelstandort werden. Entlang der Industriebahn, die vom Güterbahnhof aus Südwesten verlief, waren mehrere bedeutende Industriebetrieł

5. Die Bedeutung von ehemaligen Industrieflächen für die Stadtentwicklung

Dem Recycling von ehemaligen Industrieflächen wird von den lokalen Akteuren ein hoher Stellenwert beigemessen. Es ist aber nicht so, dass „bei Planern und Politikern ein ausgeprägtes ökologisches Bewusstsein vorhanden wäre, was da sagt: ‚wir wollen den Freiraum schonen‘" (O.1). Da Offenbach eine relativ geringe Gesamtfläche hat, stehen nur bescheidene Zuwachsflächen zur Verfügung. Somit ist bei Flächenausweisungen schnell die Grenze des Machbaren erreicht, weil andere Interessen, vor allem Naturschutz, Biotop- und Artenschutz im Wege stehen (ebd.; O.7). Als Konsequenz gewinnt „das Flächenrecycling [...] enorm an Bedeutung" (O.2). Des Weiteren ist „mit den vorhandenen Flächen sehr sparsam umzugehen" (O.1) und eine adäquate Verwertung sicherzustellen. Aus stadtgestalterischer Sicht ist es „ein Glück für Offenbach, [...] dass die Industrieflächen frei werden und sich diese Gestaltungsmöglichkeiten eröffnen" (O.3)[52].

6. Konsequenzen für die Auswertung der beiden Fallbeispiele

Im „Unternehmen Stadt Offenbach" müssen alle Vorhaben dem Ziel der Haushaltssanierung dienen. Was nicht direkt der Einnahmensteigerung dient, wird als nicht durchsetzungswürdig verworfen. Alle Vorhaben werden im Sinne der „unternehmer- bzw. investorenfreundlicher Ansiedlungspolitik" durchgeführt. Hierzu ein Zitat von OB Grandke: *„Jeder, der will, kann mir gerne das Etikett ‚unternehmerfreundlicher Kämmerer und OB' anheften. Erstens, weil es stimmt. Zweitens, weil ich dazu stehe. Und drittens, weil nur die Ansiedlung weiterer potenter Gewerbesteuerzahler uns in die Lage bringt, dass wir den Investitionsstau auflösen und eine konkurrenzfähige Infrastruktur schaffen können"* (FAZ vom 5.11.2001, Anführungszeichen im Original, J.S.). Das zweite Hauptziel der Stadtentwicklungspolitik ist die Stärkung und der Ausbau der zentralen Funktionen des Oberzentrums Offenbach in der Planungsregion Südhessen (vgl. RP 2000, 8), verbunden mit einer Verbesserung des Stadtimages. Alle anderen politischen Strategien werden diesen Zielen untergeordnet. Die in diesem Kapitel beschriebenen Entwicklungen, Strukturbedingungen und politischen Strategien bilden den Orientierungsrahmen für die beiden untersuchten Fallstudien.

---

52 Diese letzte Aussage wurde explizit im Zusammenhang mit Projekten erwähnt, die unter Einbeziehung und Erhaltung vorhandener Bausubstanz getätigt wurden (z.B. Heyne-Fabrik und Schlachthof).

II. Ergebnisse der Fallstudien

1. Das Fachmarktzentrum „Ring-Center" auf dem ehemaligen Lavis-Gelände

Der Entscheidungsprozess um das ehemalige Lavis-Gelände wurde durch zwei Hauptphänomene bestimmt:

1. Der Konflikt um die prinzipielle zukünftige Entwicklung und Ausrichtung der „Einzelhandelslandschaft" von Offenbach, hatte mit dem Standort Lavis-Gelände nur in sofern zu tun, als der städtische Einzelhandelsverband (EHV) befürchtete, dass durch den Bau eines Einkaufs- oder Fachmarktzentrums, der innerstädtische Einzelhandel stark beeinträchtigt würde und entsprechend den „Tod der Innenstadt", wie es im Titel eines Artikels in der OP vom September 1997 hieß (vgl. OP vom 20./21.9.1997), zur Folge hätte. Der konkrete Standort spielte für die Diskussion nur eine untergeordnete Rolle. Wichtiger für die Argumentation der Akteure war die erwartete Nutzung, die ebenso für einen anderen, außerhalb der Innenstadt liegenden Standort hätte geplant werden können.

2. Der Planungsprozess stellt sich als fast schon mustergültig dar. Die beteiligten Akteure äußerten sich in dieser Richtung: „Vom Planungsablauf her habe ich viel Wohlwollen festgestellt, viel Unterstützung des Projektes und fand das fast idealtypisch" (L.2). Von Seiten des Investors wurde angemerkt, dass es eine „unheimlich gute Zusammenarbeit mit der Stadt" (L.9) gab, was auf den „sehr starken OB mit sehr klaren Vorstellungen" (ebd.) zurückzuführen sei. Der Planungsprozess sei aus der Sicht von Rewe „ein Lehrstück für die ganze Bundesrepublik" (ebd.). Schließlich die Anmerkung: „Ich habe so etwas noch nie erlebt" (ebd.).

1.1. Charakterisierung des Geländes

Das ehemalige Lavis-Gelände (vgl. Karte 2; Größe: 7 ha) liegt südwestlich der Kreuzung Odenwaldring/Senefelderstraße. Das Grundstück wird nach Norden durch den Odenwaldring, nach Nordosten durch sich direkt an der Kreuzung Odenwaldring/Senefelderstraße befindende Wohnnutzung, nach Osten durch die Senefelderstraße, nach Süden durch den Industriebahnweg, nach Westen durch die Schubertstraße und nach Nordwesten durch angrenzende Gewerbe- und Handelsbetriebe begrenzt. Im Umfeld des Geländes befindet sich im Norden, Süden und Westen vorwiegend Wohnnutzung, während sich östlich der Senefelderstraße auf dem ehemaligen MSO-Gelände vorwiegend Gewerbenutzung befindet. Die Standortlage des Geländes wird im Speer-Gutachten als „stadtintegrierte Lage" (ASP 1997, o.S.) bezeichnet.

Karte 2: Das Ring-Center auf dem ehemaligen Lavis-Gelände - Lage im Stadtteil

Quelle: Bau- und Planungsamt Offenbach am Main, eigene Nachbereitung

1.2 Die Biographie des politischen Entscheidungsprozesses

1.2.1 Die Vorgeschichte und der Beginn des Prozesses

Die Firma Stahlbau Lavis[53], die durch hochwertige und prestigeträchtige Projekte[54] überregionales Ansehen genoss und über viele Jahrzehnte eines der
wirtschaftsstärksten Unternehmen in Offenbach war, plante Anfang der 90er
Jahre ihren Betrieb vom angestammten Gelände zu verlegen. Der Magistrat
und die zuständigen Stellen in der Stadtverwaltung hatten aufgrund der
schwierigen wirtschaftlichen und finanziellen Gesamtlage der Kommune ein
großes Interesse daran, ein profitables Industrieunternehmen innerhalb der
eigenen administrativen Grenzen zu halten. Die Verhandlungen scheiterten
1994 am hohen Preis, den der Besitzer des Güterbahnhofgeländes, die damalige Deutsche Bahn AG, für das vorgesehene Teilareal (ca. 3 ha), verlangte (vgl.

---

53 Der vormalige Firmenbesitzer Robert Lavis verkaufte das Unternehmen 1990 aus familiären
    Gründen (es gab keinen Nachfolger) an den Philipp Holzmann Konzern (FR vom 23.4.1994b).

54 Stahlbau Lavis war mehrfacher Träger des Europäischen Stahlbaupreises und war u. a. für
    den Bau des neuen Dachs für das Waldstadion Frankfurt zur WM 1974, die Sanierung des Ei-
    sernen Stegs in Frankfurt, die Magnetschwebebahn am Flughafen Ffm., die Magnetschwebe-
    bahn Emsland (Transrapid-Teststrecke) und die Kaiserleibrücke (Autobahnbrücke der A 661
    über den Main von Offenbach nach Frankfurt) zuständig (OP vom 6.3.2001).

Kap. C.II.2.3.1.). 1994 entschied sich das Unternehmen für den Umzug nach Aschaffenburg, wo es ein geeignetes Grundstück gefunden hatte (vgl. FR vom 23.4.1994a).

Der Holzmann-Konzern und die Stadt Offenbach einigten sich darauf, dass Holzmann Entwicklungsvorschläge für das Lavis-Gelände erarbeiten sollte, um das städtische Ziel der Erhaltung bzw. Neuschaffung gewerblicher Arbeitsplätze zu erreichen und die Stadt zur Unterstützung dieser Pläne einen Bebauungsplan entwickeln sollte (vgl. OP vom 13.5.1994; L.1). Der Wert des Grundstücks[55] wurde auf 50 Mio. DM geschätzt, das von Holzmann beauftragte Architekturbüro Mähner und Novotny legte Pläne vor, in denen von „verdichteter und gemischter Wohn- und Gewerbebebauung" (FR vom 3.8.1996) die Rede war. Diese Pläne wurden allerdings nicht weiter verfolgt[56].

Im Spätherbst des Jahres 1996 ergaben sich für den Holzmann-Konzern neue Perspektiven für eine Neunutzung des brachgefallenen Grundstücks. Das Einzelhandelsunternehmen Rewe AG war an einer Verwertung des Lavis-Geländes für seine Zwecke interessiert. Beide Konzerne hatten bereits des öfteren Projekte gemeinsam durchgeführt, wodurch man in diesem Zusammenhang auf Offenbach zu sprechen kam. Die finanzielle Lage des Holzmann-Konzerns galt zu diesem Zeitpunkt als angespannt, eine Bilanzverbesserung sollte durch die Veräußerung von diversen Grundstücken erreicht werden, eines dieser Grundstücke war das ehemalige Lavis-Gelände (L.9). Gegen Ende des Jahres 1996 wandte sich Rewe erstmals per Brief an die Stadt Offenbach, um das gemeinsame Vorhaben mit Holzmann bekannt zu geben (L.3).

Der seit 1994 amtierende OB Grandke stand dem Vorhaben, großflächigen Einzelhandel in der Stadt Offenbach anzusiedeln, offen gegenüber (L.1). Dafür gab es mehrere Gründe: im RROP 1995 war folgendes zu lesen: „Standorte für Einkaufszentren, großflächige Einzelhandelsbetriebe und sonstige großflächige Handelsbetriebe mit mehr als 1.200 m² Geschossfläche sind in der Regel Ober- und Mittelzentren" (RROP 1995, 16). Da Offenbach nach dem RROP als Oberzentrum gilt (vgl. ebd., 8), und die Stadt damals eine als „mangelhaft" bezeichnete Kaufkraftbindung besaß, wollte der OB diese verbessern (vgl. BARTH 2000, 47) und die Stärkung der Stadt als Oberzentrum betreiben.

Das Gefüge des Einzelhandelsstandorts Innenstadt Offenbach war zu diesem Zeitpunkt „recht fragil" (L.8). Die schwierige Situation der Offenbacher Innenstadt wurde vor allem vom EHV immer wieder gegenüber der Verwaltung

---

[55] Bis Ende 1996 war die 100%ige Holzmann-Tochter Wohn- und Geschäftsbauten GmbH Frankfurt Eigentümer des Geländes (OP vom 19./20.4.1997).

[56] Ein Mitgrund hierfür ist - obwohl damals in der Öffentlichkeit nicht korrespondiert – die hohe Lärmbelastung in diesem Gebiet durch die direkt über das Gelände verlaufende Einflugschneise des Frankfurter Flughafens (L.1).

thematisiert[57]. Der Einzelhandelsverband versuchte zu erreichen, dass die Stadt durch die Entfernung der Straßenbahn-Infrastruktur aus der Fußgängerzone einhergehend mit ihrer Ausweitung und entsprechenden Veränderungen des gesamten Erscheinungsbilds (neue Pflasterung der Straße, Möblierung und Begrünung des Straßenraumes) eine Grundlage für die „Attraktivitätssteigerung" des Einkaufsstandorts Innenstadt schafft (L.8).

Im Frühjahr 1997 wurde das Vorhaben von Rewe[58] erstmals öffentlich korrespondiert (vgl. OP vom 19./20.4.1997). Die Sprache war von Verbrauchermärkten, wie z.B. Baumarkt, Gartencenter, Möbel- oder Lebensmittelmarkt. Das Investitionsvolumen sollte bis zu 150 Mio. DM betragen. Der OB sprach von einem „Zugewinn für die Stadt" (ebd.), machte aber gleichzeitig deutlich, dass „wir [...] nur solche Ansiedlungen dulden, die den Handel in der Innenstadt nicht schwächen" (ebd.). Bereits zu diesem Zeitpunkt waren als Bedingung für eine Zustimmung der Stadt zum Projekt zwei Gutachten in Auftrag gegeben worden (L.3). Eines sollte die vorhandene Einzelhandelsstruktur von Offenbach untersuchen und Empfehlungen für ihre Verbesserung aussprechen[59] und ein zweites, das den Standort Lavis nach Vorgaben der Stadt genauer untersuchen sollte[60]. Im zweiten Gutachten wurde insbesondere untersucht, welche Auswirkungen ein bestimmtes Warenangebot am Standort Lavis-Gelände auf den innerstädtischen Einzelhandel hätte. Als Ziel dieser Gutachten wurde ein „stimmiges Gesamtkonzept" (OP vom 19./20.4.1997) angegeben. Parallel dazu sollte eine Arbeitsgruppe mit Vertretern von IHK, EHV, Planungsamt und Wirtschaftsförderung in die Planungen eingebunden werden (ebd.). Bei dieser Arbeitsgruppe handelte es sich jedoch nicht um ein Gremium, in dem Entscheidungen getroffen wurden, sondern die Vertreter wurden lediglich mit den nötigen Informationen versorgt (L.3; L.8).

---

[57] Seit Eröffnung der S-Bahn-Trasse Ende Mai 1995 und der gleichzeitigen Verlegung der Straßenbahnendstation vom Anfang der Frankfurter Straße an die Stadtgrenze zu Frankfurt, wurden vom Einzelhandelsverband Umsatzrückgänge proklamiert. Sie führten das darauf zurück, dass Kundenpotentiale aus dem Frankfurter Stadtteil Oberrad verloren gegangen seien und gleichzeitig aufgrund der verwaisten Straßenbahnschienen in der Fußgängerzone (Frankfurter Straße) und der dort befindlichen Oberleitungen für die Stromversorgung der Straßenbahnen, das Erscheinungsbild der Innenstadt sehr stark verbesserungswürdig sei (vgl. OP vom 20./21.9.1997).

[58] Die Philipp Holzmann AG (Frankfurt am Main) und die Rewe-Zentral AG (Köln) bildeten 1996 eine Grundstücksgesellschaft (H&R Immobilienverwaltung GmbH&CoBeteiligungsKG), die zur Jahreswende 1996/97 das Gelände kaufte, so dass Rewe und Holzmann im Anschluss jeweils 50% der Anteile an dem Grundstück hielten (vgl. OP 19./20.4.1997).

[59] Dieses Gutachten, das die Stadt in Auftrag gegeben hatte, wurde vom Planungsbüro A&SP Albert Speer und Partner angefertigt. Es handelte sich um ein Folgegutachten, das sich an ein Gutachten im Auftrag des UVF anschloss, das die regionale Einzelhandelsstruktur untersuchte und Empfehlungen für ihre Verbesserung aussprach (vgl. ASP 1997).

[60] Dieses Gutachten wurde von der Gesellschaft für Konsumforschung (GfK) Nürnberg im Auftrag von Rewe bearbeitet (vgl. GfK 1997).

1.2.2. Die Konfliktphase bis zur Verabschiedung der Pläne

Als die Ergebnisse der beiden Gutachten öffentlich bekannt gemacht wurden (September 1997), begann der EHV mit konkreten Konflikthandlungen. Man kündigte eine Unterschriftensammlung an und wollte prüfen lassen, ob gegen den projektierten Bebauungsplan juristisch vorgegangen werden könne. Gleichzeitig erklärte man sich aber bereit, an einem „Ansiedlungskonzept aus einem Guß" (FAZ vom 17.9.1997) mitzuarbeiten. Der erwartete, im GfK-Gutachten als „durch das geplante Fachmarktzentrum verursachten Umsatzrückgang in Höhe von 3,7%" (GfK 1997, 159) bezeichnete Kaufkraftverlust von 19 Mio. DM (ebd.) würde zur Schließung etlicher Einzelhandelsgeschäfte in der Innenstadt führen und diese hart treffen, prophezeite der EHV. Die Verbandsvertreter erwarteten weiterhin von der Stadt ein „schlüssiges Gesamtkonzept zur Aufwertung der Innenstadt" (FAZ vom 17.9.1997).

Im weiteren Verlauf des Jahres 1997 und bis Mai 1998 machten die Vertreter des EHV immer wieder auf ihre ablehnende Haltung gegenüber dem geplanten Fachmarktzentrum aufmerksam, sei es durch entsprechende Äußerungen bei den stattfindenden öffentlichen Veranstaltungen oder durch gezielt an die örtliche Presse weitergegebene Informationen (L.8), die dankbar publiziert wurden (z.B. OP vom 20./21.9.1997: „Lavis-Projekt ist Tod der Innenstadt"; OP vom 11.11.1997: Handel gegen Flächenwahn; FR vom 6.2.1998: Einzelhandel in Aufruhr; OP vom 25./26.4.1998: „Innenstadt wird weiter veröden"; FAZ vom 6.5.1998: Einzelhändler gegen Fachmarkt). Ein Gesprächspartner spricht in diesem Zusammenhang von „Horrorszenarien, die damals gemalt wurden" (L.6).

Konsens bestand darüber, dass die Innenstadt gestärkt werden solle (vgl. OP vom 7.11.1997), jedoch über das *wie* war man sich gänzlich uneinig. Der EHV sah vor allem die Stadt in der Verantwortung, weil die Fußgängerzone als öffentlicher Raum ,verschönert' werden müsse. Der OB wies bei einer Podiumsdiskussion darauf hin, dass die Stadt zwar das Erscheinungsbild der Fußgängerzone verändern könne[61], aber dass die Einzelhandelsbetriebe für die Schaufenstergestaltung, die Warenauswahl und die Schulung des Personals selbst verantwortlich seien (vgl. OP vom 7.11.1997). Der EHV seinerseits forderte, dass die Gemeinden dazu verpflichtet werden sollten, ihre Planungen für großflächigen Einzelhandel untereinander abzustimmen, weil sie sich bisher gegenseitig das „Wasser abgraben" (OP vom 11.11.1997) würden, so aber keine Probleme gelöst werden könnten. Des weiteren beklagte sich der EHV darüber, dass man nicht genug in den Entscheidungsprozeß eingebunden werde, denn der Verband sei „immer vor vollendete Tatsachen gestellt worden" (OP vom 23.12.1997).

---

61 In einem ersten Schritt sollten 600.000 DM für die Sanierung der oberen Herrnstraße bereit gestellt werden (OP vom 18.12.1997).

Trotz der Meinungsverschiedenheiten wurde eine Vereinigung („IG Treffpunkt Offenbach") gegründet, in der sich Einzelhändler und Gewerbetreibende mit der städtischen Wirtschaftsförderung zusammentaten, um im Rahmen des Stadtmarketings ein schlüssiges Konzept für das City-Management zu entwickeln, womit die Innenstadt revitalisiert und der sogenannte Erlebniseinkauf befördert werden sollte (vgl. FR vom 6.2.1998).

Der EHV machte in mehreren Fällen negativ von sich reden. Der Verbandsvorsitzende verlangte, dass angesichts des Leerstands in der Innenstadt von nahezu 70 Läden „wieder mehr Konkurrenz" (vgl. FR vom 26.11.1997) angesiedelt werden solle, um diese Leerstände mit Angeboten zu füllen (ebd.). Der Sprecher des Magistrats hielt dem entgegen, die Behauptungen, dass 70 Läden leer stehen, sei eine bewusste Verzerrung der Tatsachenbestände. Das Offenbach-Center am Hugenottenplatz, in dem zu diesem Zeitpunkt eine Vielzahl von Läden leer standen, weil das Gebäude abgerissen werden sollte, um dort den City-Tower zu bauen, dürfe bei einer seriösen Betrachtung der Situation nicht mitgezählt werden. Deswegen war die Stadt „zunehmend weniger darüber amüsiert, wie der Einzelhandelsverband den Standort Offenbach herunterredet" (OP vom 27./28.12.1997). Das Fazit lautete: „Die Funktionäre des Einzelhandelsverbandes verspielen ihren Kredit als Ansprechpartner, wenn sie in ihrer Kritik an der Stadtverwaltung wider besseres Wissen falsche Behauptungen aufstellen" (ebd.). Innerhalb des EHV eskalierte ein Konflikt, der sehr persönlicher Natur war. Der Vertrag des Geschäftsführer wurde durch den EHV-Vorsitzenden Ende Februar 1998 in „beidseitigem Einvernehmen" gelöst. Viele Verbandsmitglieder waren über diesen Schritt nicht informiert. Es wurde darüber spekuliert, dass der Geschäftsführer entlassen wurde, weil er die harte Linie des EHV-Vorsitzenden im Lavis-Konflikt nicht mittragen wollte (vgl. OP vom 6.3.1998 und 7./8.3.1998). Als Ende März 1998 der neue EHV-Geschäftsführer - der ehemalige Geschäftsführer der 1997 geschlossenen Offenbacher Karstadt-Filiale - vorgestellt wurde, sahen verschiedene EHV-Mitglieder gar „alte Seilschaften" (FAZ vom 25.3.1998) reaktiviert. Man kritisierte die eigenmächtige Entlassung des ehemaligen Geschäftsführers durch den Vorsitzenden und die fehlende Transparenz von Entscheidungen innerhalb des EHV (vgl. ebd.).

Der neue Geschäftsführer verglich das Fachmarktzentrum-Projekt mit einem ebenfalls von Rewe durchgeführten Projekt in Ulm[62]. Dieses hätte zu 10% Umsatzeinbußen in der dortigen Innenstadt geführt, aufgrund dessen erwarte er „teils „tödliche" Auswirkungen" (OP vom 25.3.1998; Anführungszeichen im Original, J.S.) für den Offenbacher Innenstadt-Handel (vgl. ebd.; FR vom 25.3.1998). Die Umsatzeinbußen in Ulm verknüpfte er mit dem dortigen historischen Stadtbild inklusive Münster und übertrug es auf Offenbach mit seinem

---

62 In Ulm wickelte er zuletzt das ortsansässige Hertie-Kaufhaus ab (vgl. FR vom 25.3.1998).

Stadtbild, das nichts dergleichen zu bieten habe. Deswegen seien höhere Umsatzeinbußen als in Ulm zu erwarten (vgl. OP vom 27.4.1998).

Als die ersten Beschlüsse im UVF zur FNP-Änderung näher rückten, meldete sich auch eine Nachbarkommune Offenbachs, Mühlheim zu Wort (vgl. FR vom 22.4.1998). Der Magistrat Mühlheims wies darauf hin, dass das Projekt nicht mit den Zielen des RROP übereinstimmten, weil das Areal als Gewerbeflächen ausgewiesen sei[63]. Man befürchtete – und dies waren wohl eher die ausschlaggebenden Punkte – negative Auswirkungen auf den Einzelhandel der eigenen Kommune und mehr Verkehr im Mühlheimer Stadtgebiet.

Bereits im März 1998 wurde von der SVV die Aufstellung eines „vorhabensbezogenen Bebauungsplans"[64] (Nr. 591 „Offenbach-Süd – Odenwalring/Senefelderstraße") verabschiedet. Bei den politischen Vertretern herrschte zum Teil am Beginn des Entscheidungsprozesses eher Zurückhaltung, weil die schwierige Situation der Innenstadt und ihrer Händler bekannt war (L.6). Als aber genauere Informationen zu dem Bauvorhaben und die Ergebnisse der Gutachten bekannt wurden, entstand bei den Kommunalpolitikern eine breite Zustimmung (L.4; L.5; L.6; L.7). Im Gutachten der GfK wurde das Hauptargument geliefert, das die kommunalen Vertreter zur Überzeugung brachte, dass das Fachmarktzentrum zu bauen sei:

> „Die Kaufkraftbindungsquote für die Stadt Offenbach beträgt – bezogen auf das Potential im Stadtgebiet – lediglich 81%. [...] Die Stadt Offenbach wird als Oberzentrum somit ihrer übergeordneten Versorgungsfunktion für die im Marktgebiet lebende Bevölkerung nur teilweise gerecht" (GfK 1997, 126).

Es wurde „eine Unterausstattung an großflächigen Einzelhandelsbetrieben in verkehrsgünstiger Lage" (ebd., 131) konstatiert. Daneben spielte eine Rolle, dass die Versorgung in Offenbach mit verschiedenen, nicht innenstadtrelevanten Sortimenten (insbesondere Nahrungsmittel, Einrichtungsbedarf und baumarktspezifische Sortimente; vgl. GfK 1997, 93) unterdurchschnittlich war. Die Politiker wollten aber auch die Bedenken des EHV berücksichtigt sehen. So wurde als Kompromissvariante beschlossen, die Warenliste, die die innenstadtrelevanten Sortimente am Standort Lavis-Gelände beschränken sollte, in den „vorhabensbezogenen Bebauungsplan" einzufügen (L.4; L.5; L.6; L.7).

---

[63] Was zu diesem Zeitpunkt zwar sachlich richtig war, aber von Seiten des RP wurde eine Abweichung vom RROP ausdrücklich befürwortet, um die oberzentrale Funktion der Stadt Offenbach zu stärken.

[64] Ein vorhabenbezogener Bebauungsplan kann als nachfrageorientiert bezeichnet werden, während der klassische Bebauungsplan als angebotsorientiert bezeichnet wird (L.2).

Im Mai stand die Entscheidung zur FNP-Änderung im UVF[65] an. Die Änderung des FNP beinhaltete die Umwidmung von 10 ha „gewerbliche Baufläche" in 7 ha „Sondergebiete – Einkaufszentrum, Verbrauchermarkt" und 3 ha „gemischte Bauflächen" (vgl. UVF Drucksache G VI-124, Gemeindekammer; UVF Beschluß-Entwurf zu Punkt 5 TO/I, Verbandsausschuß; UVF-Pressemitteilung vom 13.5.1998). Der „vorhabenbezogene Bebauungsplan" hingegen umfasste nur die 7 ha, die für das Fachmarktzentrum vorgesehen waren, nämlich die Fläche des ehemaligen Lavis-Geländes. Die IHK sprach sich im Rahmen ihrer Stellungnahme als Träger öffentlicher Belange für das Fachmarktzentrum aus. Sie wies aber auf die kritische Situation in bezug auf die Innenstadt hin und regte an, dass am Standort Lavis-Gelände die Verkaufsfläche für klassische Fachgeschäfte beschränkt werden sollte (L.10).

Kurz vor den Entscheidungen im UVF übergab der EHV eine Unterschriftensammlung an den OB, was als der letzte öffentlichkeitswirksame Versuch zu werten ist, den Magistrat und die beteiligten politischen Gremien noch von ihrem Vorhaben abzubringen. Der OB bekräftigte erneut seinen Standpunkt und wies darauf hin, dass keine hohen Umsatzverluste zu erwarten seien, da es sich um „andere Segmente" (FAZ vom 6.5.1998) als die in der Innenstadt angebotenen handele (vgl. ebd.).

Im UVF-Verbandsausschuss wäre das Projekt fast zu Fall gebracht worden. Hier wurde darüber entschieden, ob in der Gemeindekammer des UVF das Verfahren zur Änderung des FNP in die Wege geleitet werden konnte. Die Entscheidung fiel denkbar knapp aus, und hatte einen etwas unangenehmen Beigeschmack, denn die entscheidende Ja-Stimme kam ausgerechnet von dem Vertreter der „Republikaner". Während die Beigeordneten von der CDU für das Projekt stimmten, entschieden sich die Vertreter von SPD und Grünen dagegen (vgl. OP vom 7.5.1998). Eine Woche später wurde über die Einleitung des Verfahrens zur FNP-Änderung in der Gemeindekammer des UVF abgestimmt[66]. Diesmal gab es eine breite Mehrheit für das Projekt, aber gleichzeitig kam es zu einer „lebhaften" Debatte. Einige der Vertreter der SPD taten sich mit ihrer Zustimmung aufgrund der schwierigen Situation im Parlament schwer[67]. Letztendlich konnte sich in der SPD-Fraktion aber mehrheitlich die Meinung durchsetzen, dass Offenbach Stadtentwicklungsimpulse brauche und deswegen das Projekt nicht verhindert werden dürfe. Ein interessanter Aspekt ist, dass

---

65 Zunächst musste im Verbandsausschuss darüber entschieden werden, ob in der Gemeindekammer über die Einleitung des Verfahrens zur FNP-Änderung abgestimmt werden kann, indem sie auf die Tagesordnung gesetzt wird. In einem weiteren Schritt musste im Verbandstag die FNP-Änderung verabschiedet werden.

66 Das Abstimmungsergebnis: 36 Ja-Stimmen, 4 Nein-Stimmen und eine Enthaltung (vgl. UVF-Pressemitteilung vom 13.5.1998).

67 Nur wenige Wochen vorher war die große Koalition in der Gemeindekammer an einem Streit um die geplante Erweiterung des Main-Taunus-Zentrums in Sulzbach zerbrochen. Hier sprachen sich die Vertreter der SPD gegen eine Erweiterung aus, wohingegen die Vertreter der CDU dafür stimmten.

die Vertreter der Grünen im UVF gegen das Projekt stimmten (vgl. OP vom 14.5.1998), während die Grünen in der Offenbacher SVV für die Ansiedlung eines Fachmarktzentrums auf dem Lavis-Gelände votierten. Die Offenbacher Grünen waren seit der Kommunalwahl 1997 in einer Koalition mit SPD und der Freien Wählergemeinschaft (FWG). Die Entwicklung des Lavis-Geländes war als ausdrückliches Ziel im Koalitionsvertrag für die Wahlperiode von 1997 bis 2001 festgesetzt (vgl. Koalitionsvertrag 1997).

Ende Mai 1998 gab Rewe seinen Bauantrag bei der Stadt ab (vgl. OP vom 29.5.1998) und Ende September fielen alle restlichen parlamentarischen Entscheidungen innerhalb weniger Tage. Zunächst stimmte der Verbandstag des UVF der FNP-Änderung zu, dann stimmte die Offenbacher SVV dem vorhabensbezogenen Bebauungsplan zu (vgl. FR vom 24.9.1998; FAZ vom 26.9.1998; OP vom 30.9.1998) und schließlich wurde in der Regionalversammlung des RP der Abweichung vom RROP zugestimmt. Die Baugenehmigung wurde direkt im Anschluss erteilt (OP vom 30.9.1998), so dass noch 1998 mit dem Bau des Fachmarktzentrums begonnen wurde (vgl. FR vom 12.12.1998 und FAZ vom 12.12.1998). Das Fachmarktzentrum „Ring-Center" wurde am 28. Oktober 1999 nach ca. 11-monatiger Bauzeit mit 27 Fachmärkten und –geschäften auf 25.000 qm Verkaufsfläche und mit 1.200 kostenlos zur Verfügung stehenden Parkplätzen eröffnet. Bis zu 600 neue Arbeitsplätze sollten laut den beiden Gutachten dort entstehen (vgl. FR 27.10.1999).

Der EHV, der mit einer Klage gegen das Projekt gedroht hatte, wandte sich von dieser Strategie ab (vgl. FR 24.9.1998), als sich die Möglichkeiten zur Verwirklichung von Teilzielen abzeichneten. Als erstes Teilziel konnte durch die Bereitstellung von kommunalen Finanzmitteln die Straßenerneuerung im Fußgängerzonenbereich als öffentliche Aufgabe der Stadt erreicht werden, und man war in die Erstellung eines Marketingkonzepts (u.a. Parkraumkonzept) für die Innenstadt einbezogen. Der entscheidende Gesichtspunkt war aber, dass in den vorhabensbezogenen Bebauungsplan im Rahmen des Vorhaben- und Erschließungsplans nach § 12 BauGB (31. Auflage, 2000) die sogenannte Warenliste mit den innenstadtrelevanten Sortimenten, die im Ring-Center nur eingeschränkt (vgl. OP 5.10.1999) verkauft werden dürfen, aufgenommen wurde. Die Initialzündung für die Integration dieser Warenliste waren die Bedenken und Anregungen, die von dem EHV, der IHK und aus Mühlheim im Rahmen der Offenlegung des Bebauungsplans geäußert wurden (L.2).

1.2.3. Aktuelle Situation und Ausblick

Die aktuelle Situation im Verhältnis zwischen Stadt, EHV und dem Ring-Center auf dem Lavis-Gelände stellt sich so dar, dass das Ring-Center als Geschäftseinheit von Rewe im Februar 2002 Mitglied im EHV wurde (L.3). Von Seiten des IHK-Einzelhandelsausschuss hat es Vorschläge für die Potentialausschöpfung der Zusammenarbeit zwischen Innenstadt und Ring-Center gegeben:

- „Einrichtung von regelmäßig verkehrenden, kostenlosen Shuttle-Bussen zu Spitzenzeiten, vornehmlich an Donnerstag- u. Freitagabenden sowie samstags zwischen dem Ring-Center und der Innenstadt

- Verstärkte Kundeninformationen über das Geschäfts- und Produktangebot an beiden Standorten

- Verbindliche Kernzeiten für die Ladenöffnung in der Innenstadt" (OP vom 5.11.2001).

Der Citymanager der Stadt Offenbach wurde damit beauftragt (L.3), in der Innenstadt ansässige Filialisten zur Mithilfe an der Finanzierung des geplanten Pendelbusverkehrs zwischen Innenstadt und Ring-Center zu bewegen. Auf diese Weise soll das Ring-Center zu einer Art „verlängerter Arm der Innenstadt" (ebd.) werden.

Des Weiteren wurde die GfK mit einem Nachfolgegutachten über die aktuelle Situation in bezug auf die Entwicklung der Kaufkraftströme seit Eröffnung des Fachmarktzentrums beauftragt. Nach den Ergebnissen dieses Gutachtens konnte die Kaufkraftbindung in der Stadt gesteigert werden. Um die Kaufkraftbindung noch weiter zu verbessern, möchte der OB das ehemalige OP-Gelände für weiteren Einzelhandel erschließen. Der EHV räumt heute ein, dass der Verband dem Bau des Ring-Centers zu skeptisch gegenüberstand (vgl. FAZ vom 16.8.2002; FR vom 16.8.2002)[68].

1.3.   Theoriegeleitete Re-Interpretation

Das Netz der Akteure

Das Planungsnetzwerk und das politische Netzwerk bilden das Gesamtnetzwerk des Entscheidungsprozesses. Die Verknüpfungsstelle der beiden Netzwerke bildet der Magistrat, in seiner Funktion als Schnittstelle zwischen Verwaltung und Politik. Das Planungsnetzwerk wird von städtischer Seite zunächst durch den Magistrat und die Wirtschaftsförderung vertreten, die die direkten Kontakte mit dem Investor pflegen. Die Experten aus dem Bau- und Planungsamt, die an der Erstellung des städtebaulichen Vertrags und des vorhabensbezogenen Bebauungsplans beteiligt waren, sind weitere, wichtige städtische Vertreter. Die übergeordnete Planungsebene war durch die Fachleute bei UVF und RP vertreten, die in enger Kooperation mit der Stadt Offenbach die FNP-Änderung und die Abweichung vom RROP betreuten. Rewe war als Investor mit einer großen Anzahl von Experten beteiligt, die im Vorfeld Marktanalysen betrieben und an der konkreten Projektabwicklung beteiligt waren

---

68 Zwischenzeitlich hat allerdings der gesamte Vorstand des EHV im Rahmen einer Vorstandswahl gewechselt (vgl. OP vom 28.10.2000).

(L.9). Die Experten von GfK und AS&P traten als Gutachter auf. Sie beförderten mit ihren Untersuchungsergebnissen den Diskurs.

Das politische Netzwerk wird von den Kommunalpolitikern vertreten, die die politische Legitimation schaffen. Auf der regionalen Ebene sind die Politiker beteiligt, die im UVF und im RP über die FNP-Änderung bzw. die Abweichung vom RROP abstimmen. Weitere Akteure sind die wirtschaftlichen und gesellschaftlichen Vertreter, die im Laufe des Prozesses aktiv werden. Im vorliegenden Fall trat der EHV als Lobbyorganisation des innerstädtischen Einzelhandels als Projektgegner auf. Sie nutzten als Mittel in erster Linie die Meinungsverbreitung in den Printmedien. Die IHK sprach sich für das Projekt aus. Da sich die politische Diskussion in erster Linie um die Auswirkungen und die Zukunft der Innenstadt drehten, sind die am City-Management Beteiligten weitere Akteure. Hier wird der Kreis von dem City-Manager geschlossen, der als Schnittstelle zwischen Verwaltung und den am City-Managementprozess Beteiligten dient. Die Zeitungen dienen allen Akteuren als Forum und können selbst durch Kommentare und gezielt auf bestimmte Themenbereiche konzentrierte Artikel die öffentliche Diskussion befördern und in bestimmte Richtungen lenken.

Die Ziele und Interessen der Akteure

Das übergeordnete Ziel der Stadt war, die Rolle Offenbachs als Oberzentrum zu stärken. Damit verbunden ist das Ziel der Verbesserung der Kaufkraftbindung. Bis zu dem Zeitpunkt, als Rewe an die Stadt herantrat, um ihre Planungen mitzuteilen, war allerdings über die Ansiedlung eines Fachmarktzentrums noch nicht ernsthaft nachgedacht worden. Es wurde schon im Vorfeld des Entscheidungsprozesses über die Situation der Innenstadt diskutiert. Da der Konflikt mit dem EHV abzusehen war, beschloss man gemeinsam mit dem Investor, zwei Gutachten anfertigen zu lassen. Das Ziel der Stadt, das dahinter stand, war die Tatsache, dass man mit Zahlen operieren wollte und Argumentationshilfen brauchte, um den EHV und andere Zweifler (auch aus den eigenen Reihen) von dem Projekt zu überzeugen. Die Ergebnisse der Gutachten bestätigten die städtische Linie und dienten bei der Überzeugungsarbeit und insbesondere dem Magistrat bei der Produktion seiner strategischen Raumbilder.

Das Hauptziel des EHV war eine bauliche Aufwertung insbesondere der Frankfurter Straße. Man sah dabei in erster Linie die Stadt in der Pflicht, weil diese für eine solche Aufwertung Sorge zu tragen hat. Durch die Diskussion über das Fachmarktzentrum sah man die Aufwertungsziele in Gefahr, weil man bei einer Realisierung Kaufkraftabflüsse aus der Innenstadt befürchtete (L.8). Das Ziel von Rewe war in Offenbach mit großflächigem Einzelhandel ansässig zu werden. Diesem Ziel zuträglich war, dass Holzmann das Lavis-Gelände veräußern wollte (L.9). Das dahinterstehende Interesse war eine Verbesserung der Stellung im Marktgebiet. Die meisten der weiteren lokalen Akteure (Politiker; IHK) reihten sich im Verlauf des Prozesses in die Befürworterriege hinter OB Grandke ein. Es wurde aber immer wieder darauf hingewiesen, und darüber bestand eigentlich ein allgemeiner Konsens, dass gleichzeitig die Innenstadt aufgewertet werden sollte und dass - in Anschluss an die beiden Gutachten – im Fachmarktzentrum eine Sortimentsbeschränkung stattfinden müsse.

Auf der regionalen Politikebene versuchten insbesondere Vertreter aus der Nachbargemeinde Mühlheim, die FNP-Änderung zu verhindern. Ein dahinterstehendes Ziel war der Schutz des eigenen Einzelhandels. Ebenfalls vehement gegen das Projekt stellten sich die Grünen in UVF und RP. In den Jahren zuvor wurden in der Region eine Vielzahl von großflächigen Einzelhandelsvorhaben auf der grünen Wiese verwirklicht. Da dieses aufgrund der damit einhergehenden Bodenversiegelung als ökologisch schwierig einzustufen ist, wandten sich die Grünen gegen diese Vorhaben. Daneben wurden Befürchtungen der Innenstadtverödung thematisiert. Die Ziele der Grünen waren in regionaler Perspektive, die Umwelt zu schonen und attraktive innerstädtische Einkaufslagen zu erhalten.

Die Machtpotentiale und Handlungsstrategien der Akteure

Die wichtigste autoritative Machtressource der Stadt Offenbach war das Planungsrecht. Durch das Instrument des vorhabenbezogenen Bebauungsplans war es möglich, mit Hilfe der Ergebnisse aus den Gutachten und den Beschwerden (EHV) und Anregungen (IHK) von Akteuren die Warenliste in den Bebauungsplan zu integrieren. Auf diese Weise konnten die Interessen des EHV in das Projekt integriert werden. Der Bebauungsplan war somit ein Instrument, das zur Konfliktregulation beitrug. Die allokativen Ressourcen von Rewe (Grundstück) in Verbindung mit dem Bebauungsplan führten zur schnellen Projektverwirklichung. Die der Stadt Offenbach übergeordneten autoritativen Ressourcen waren der FNP (UVF) und der RROP (RP). Wenn nämlich schwerwiegende Einwände gegen das Projekt bestanden hätten, dann hätten diese beiden Instrumente die Ansiedlung des Fachmarktzentrums verhindern können.

Eine allokative Ressource der Stadt, nämlich die Innenstadt mit ihren Geschäften und dem ohne Zweifel vorhandenem Potential, das aber verbesserungswürdig war, stellte zugleich die autoritative Ressource bzw. das „Faustpfand" des EHV in diesem Prozess dar. Da beide Akteure ein Interesse an der Verbesserung der Struktur der Innenstadt hatten, war der EHV an dieser Stelle in der Lage den Magistrat so zu beeinflussen, dass eine kurzfristige Aufwertung durchgeführt wurde.

Als wichtigstes Machtpotential ist die Definitionsmacht anzusehen. Vornehmlich eingesetzt wurde sie bei Diskussionsveranstaltungen oder durch die Presse. Hier tat sich besonders der EHV hervor, der regelmäßig Mitteilungen an die OP schickte, in denen die Standpunkte des EHV oder Umfragen unter Verbandsmitgliedern veröffentlicht wurden. Auf diese Weise konnte sicher gestellt werden, dass die Anliegen der Einzelhändler zur Kenntnis genommen wurden. In vielen Fällen antwortete die Stadt dann über Pressemitteilungen u.ä. Obwohl dieser „Pressekrieg" (L.6) geführt wurde, fanden zu jeder Zeit auch persönliche Gespräche statt (L.8), die meist sehr sachlich verliefen: „Das waren eigentlich fast zwei Welten" (L.1).

An dem inneren Konflikt des EHV, der zur Entlassung des Geschäftsführers führte, lassen sich die Machtasymmetrien, die innerhalb dieser Organisationsstruktur bestanden, gut nachvollziehen. Die Reaktionen von verschiedenen Verbandsmitgliedern waren eher negativ. Sie vermuteten, dass der Geschäftsführer den Verband „nicht ganz freiwillig" (OP vom 7./8.3.1998) verlassen hatte und wollten aufgrund des Regelverstoßes des Vorsitzenden Sanktionen[69] erwirken.

Der EHV hatte seine Gestaltungsmacht vor allem dem „Faustpfand" zu verdanken, dass die Diskussion zur „Innenstadtverschönerung" zum Zeitpunkt des Planungsbeginns in vollem Gange war. Der OB hatte bereits zu Beginn des Prozesses darauf hingewiesen, dass die Innenstadt keineswegs geschwächt werden solle und man in einen entsprechenden Konsultationsprozess mit dem EHV treten wolle.

Die Rolle der räumlichen Strukturen und Zusammenhänge bei der Produktion der akteursspezifischen strategischen Raumbilder

Während der Magistrat bzw. OB Grandke in erster Linie ein strategisches Raumbild von dem wirtschaftsstarken Oberzentrum Offenbach mit hoher Kaufkraftbindung und attraktiver Innenstadt produzierte, musste der EHV ein Negativbild zeichnen. Das Problem, das der EHV nämlich hatte, war, dass ein Teil von Grandkes räumlichen Zielvorstellungen auch Teil der eigenen war. Das war nur logisch, weil die ‚attraktive' Innenstadt Ziel beider Akteure war. Da aber in einem Konflikt die Gesichtspunkte thematisiert werden, die strittig sind, malte der EHV das Bild der darbenden, aufgrund des Fachmarktzentrums verödenden City. Das Teilziel, eine attraktive Innenstadt, war in seinen Grundzügen gleich.

Die Zahlen des GfK-Gutachtens wurden von allen Seiten instrumentalisiert. Der für die Innenstadt prognostizierte Kaufkraftabfluss wurde von den Befürwortern als niedrig und verkraftbar eingestuft, während die Gegner behaupteten, dass selbst dieser relativ niedrige Kaufkraftabfluss dazu führen werde, dass einige der in der Innenstadt ansässigen Einzelhandelsbetriebe werden

---

69 Außerordentliche Mitgliederversammlung, die möglicherweise zur Abwahl des Vorsitzenden und Wiederanstellung des Geschäftsführers geführt hätte.

aufgeben müssen. Es fanden einseitig subjektiv verzerrte Darstellungen der Ergebnisse der Gutachten statt.

Der damalige EHV-Vorsitzende, der sich in erster Linie als Lobbyist für den mittelständischen Einzelhandel und in eigener Sache sah, hatte das strategische Raumbild der von vorwiegend mittelständischen Fachgeschäften dominierten Innenstadt, in der keine Filialisten und Billigläden Platz haben dürfen. Hier diente eine ideologisch geprägte Dichotomisierung: für die positiven Entwicklungen ist der mittelständische Einzelhandel verantwortlich und die negativen Trends gehen zum einen darauf zurück, dass die Stadt sich nicht genug um die bauliche Substanz kümmert und zum anderen auf die Zunahme von Filialisten und Billigläden. Die eigentliche, dahinterstehende Ursache sei aber die schwierige Sozialstruktur der Stadt, denn „das Angebot spiegele die nur wider" (OP vom 29.1.1999). Die Fußgängerzone sollte möglichst ausgedehnt und attraktiv sein. Großflächige Einzelhandelsagglomerationen im Einflussbereich sind weitgehend unerwünscht. Dieses Raumbild ist als ein stark romantisierendes Bild, das einen lebensweltlich-identifikatorischen Hintergrund hat, einzustufen.

2. Der politische Entscheidungsprozess um die Verlegung des Hauptbahnhofs und die Entwicklung des Güterbahnhofsgeländes

Dieser Entscheidungsprozess stellt sich als komplex und schwierig für alle beteiligten Akteure dar. Da hier der Deutsche Bahn-Konzern als Verhandlungspartner der Stadt Offenbach gegenübertritt, sind die Machtpotentiale der DB weitgreifender als es bei anderen, weniger in die Regional- und Bundespolitik eingebundenen Konfliktpartnern, der Fall wäre. Hier ist ein entsprechend hohes Verhandlungsgeschick und weitreichende persönliche Fähigkeiten und Verbindungen nötig, um die Interessen der eigenen Organisation oder der eigenen Gruppe zu wahren und zu den eigenen Zielen zu gelangen. Ein Beleg für die Schwierigkeit dieses Entscheidungsprozesses ist seine Länge von mittlerweile zwölf Jahren[70].

2.1. Charakterisierung des Geländes

Die Fläche des zur Disposition stehenden Güterbahnhofsgeländes (vgl. Karte 3) wird im Süden durch die Bahntrasse Frankfurt-Hanau-Bebra, im Westen durch die Untere Grenzstraße, im Norden durch angrenzende Grundstücke, die zwischen dem Gelände, der Mühlheimer Straße, der Brockmannstraße und dem Steinweg liegen und im Osten durch die Brücke der Laskastraße begrenzt. Die Flächengröße beträgt ca. 9 ha. Die Fläche des Güterbahnhofsgeländes ist

---

[70] Als Beginn kann die Vorstellung des Bebauungsplanentwurfs für das Güterbahnhofsgelände im Jahr 1991 bezeichnet werden (FAZ vom 11.10.1991; FR vom 11.10.1991; OP vom 11.10.1991).

zum Teil Eigentum der DB AG und zum Teil Eigentum der DB Netz. Der aktuelle Stand (Juli 2002) ist, dass die DB Imm das Güterbahnhofsgelände als „teilentbehrlich" (G.8) bezeichnet, d.h. die betroffenen Flächen sind für Bahnzwecke zwar entbehrlich, aber teilweise sind Zwischennutzungen vorhanden. Die Güterhalle ist an Speditionen vermietet und es gibt eine Altölumfüllstelle der DB Cargo, deren Verlagerung erst bei einer Entwicklung der Fläche erfolgen soll. Bei dieser Nutzung handelt es sich um eine DB-Nutzung, für die dann Ersatzflächen angeboten werden müssten, was sich unter Umständen als schwierig erweisen kann (ebd.).

Karte 3: Das Güterbahnhofgelände – Lage im Stadtteil

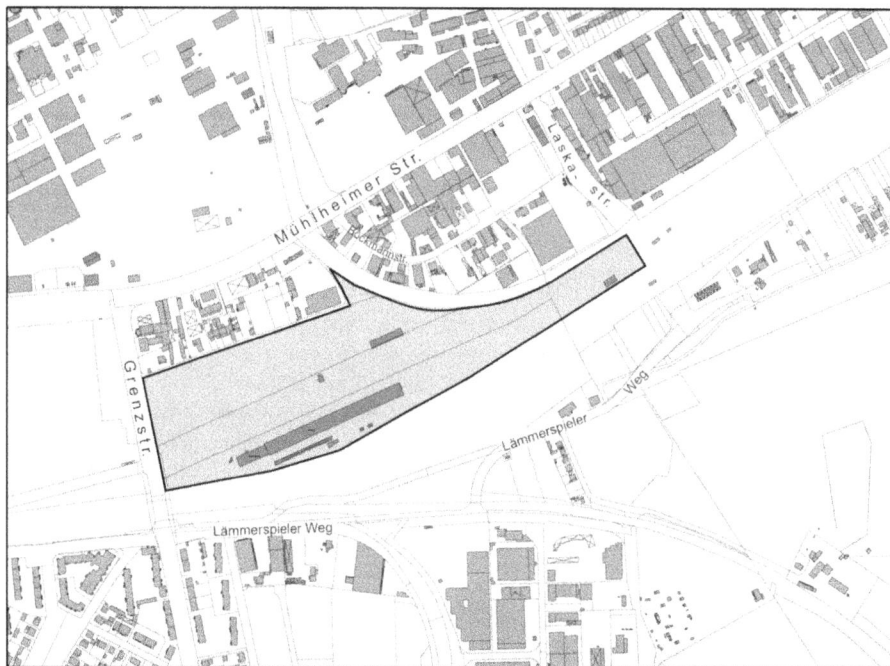

Quelle: Bau- und Planungsamt Offenbach am Main, eigene Nachbearbeitung

2.2. Exkurs: Die Bahnreform

Die Bahnreform ist als Teil des strukturellen Hintergrunds für den untersuchten Entscheidungsprozess zu verstehen. Nach der Wiedervereinigung prognostizierte das Bundesverkehrsministerium für den Zeitraum von 1994 bis 2003 für DB und DR einen staatlichen Zuschuss von rund 260 Mrd. DM und einen Anstieg der Verschuldung auf ca. 400 Mrd. DM. Zum 1. Januar 1994 wurde die Deutsche Bahn AG gegründet. DB und DR wurden in eine Aktiengesellschaft überführt, die Bundesrepublik Deutschland ist alleiniger Aktionär. Die beiden Staatsbahnen wurden zum Bundeseisenbahnvermögen (BEV) zusammengefasst. Dieses BEV wurde anschließend in einen unternehmerischen und einen öffentlichen Bereich aufgeteilt, welcher nochmals in zwei Teile aufgegliedert wurde. Den unternehmerischen Teil stellt die DB AG mit ihren Geschäftsbereichen dar[71], der erste öffentliche Teil ist das neugegründete Eisenbahnbundesamt (EBA), welches hoheitliche Aufgaben verfolgt, z.B. die Planfeststellung für Schienenwege oder die Ausübung der Eisenbahnaufsicht. Der zweite, öffentliche Teil ist die Bundesbehörde BEV, die z.B. für Personalangelegenheiten, Sozialverwaltung und Kredit- und Schuldenmanagement zuständig ist (vgl. SCHELTE 1999, 25 ff.).

Das BEV ist alleiniger Eigentümer des gesamten Immobilienbesitzes der ehemaligen Bundesbahn und Reichsbahn geworden. Das Nutzungsrecht an den betriebsnotwendigen Liegenschaften hat das BEV eigentumsrechtlich auf die DB AG übertragen. Zu den betriebsnotwendigen Flächen zählen Trassenflächen, Gleisanlagen, Stellwerke, sonstige betriebliche Anlagen (Bahnbetriebswerke) und Bahnhöfe. Im Herbst 1996 sind die DB Immobiliengesellschaft mbH (DB Imm) als 100%ige Tochter der DB AG und die Eisenbahnimmobilien Management GmbH (EIM), die zum BEV gehört, gegründet worden. Die DB Imm ist für die Verwertung und Vermarktung von Grundstücken der DB AG zuständig, die nicht mehr für den Bahnbetrieb benötigt werden. Zu ihrem Aufgabenbereich gehört Vermietung, Verkauf, Projektentwicklung und Erbbaurechtsbestellung. Die EIM war für die Vermarktung der Flächen zuständig, die das BEV 1994 nicht der DB AG übertragen hat und die somit damals schon nicht mehr betriebsnotwendig waren[72]. Die EIM ist 2001 in Vivico Real Estate GmbH umbenannt worden. In erster Linie soll mit dem Verkauf von Arealen, die sich gut am Markt platzieren lassen, das in diese Flächen gebundene Kapital für die Finanzierung der Bahnreform freigesetzt werden. Zum gleichen Zweck wurde im Laufe des Jahres 2002 die Aurelis gegründet, die für die Vermarktung von hochwertigen Flächen zuständig sein soll, die vorher von der DB Imm vermarktet wurden (also Flächen aus dem Nutzungsrecht der DB AG). Diese hochwertigen, meist innenstadtnah verorteten Flächen machen etwa 20% des Bestands aus, sind aber mit etwa 80% des Gesamtwertes der Flächen der DB AG zu veranschlagen (vgl. SCHELTE 1999, 28 ff.; G.7).

---

71 Dazu gehörten 1994 folgende Gesellschaften: DB Netz (Fahrweg); DB Reise und Touristik (Fernverkehr); DB Regio (Nahverkehr); DB Station und Service (Personenbahnhöfe) und DB Cargo (Güterverkehr) (G.7).

72 Dazu zählen: stillgelegte Gleisflächen; verfallene Schuppen und Lagerhäuser; ehemalige Betriebswerke; Gewerbeflächen mit Gleisanschluss; Bürogebäude; exklusive Anwesen (vgl. SCHELTE 1999, 30).

2.3. Die Biographie des bisherigen politischen Entscheidungsprozesses

2.3.1. Die erste Phase: Der Bebauungsplan und seine Folgen

Die erste Phase des Entscheidungsprozesses wurde mit der öffentlichen Vorstellung der Planungsentwürfe für einen Bebauungsplan „Güterbahnhof" im Oktober 1991 eingeleitet (vgl. FAZ vom 11.10.1991; FR vom 11.10.1991; OP vom 11.10.1991). Damals sollte eine Gesamtgeschossfläche von 100.000 qm überbaut werden. Im Ostteil hätte eine neue Stückguthalle der DB Platz gefunden, im mittleren Bereich sollten Flächen für Stahlbau Lavis (vgl. Kap. C.II.1.2.1.) und das Transportunternehmen Agotrans entwickelt werden. Auf dem Westteil des Geländes angrenzend an die Untere Grenzstraße hätte ein Büro- und Dienstleistungszentrum entstehen sollen. Es hätten bis 1994 zwischen 1.800 und 2.000 neue Arbeitsplätze entstehen sollen. Der damalige Stadtbaurat Kaib wies auf folgendes hin: „Mit Bau- und Planungsrecht können wir viel bewirken, und schon allein deswegen ist es wichtig, dass wir unsere Selbständigkeit behalten" (FAZ vom 11.10.1991).

Kurz danach wurde die Planung für die S-Bahnstation Offenbach-Ost vorgestellt (vgl. FAZ vom 21.11.1991), die mit einer Brückenkonstruktion als Umsteigestation zwischen Bahnen und Bussen direkt über der Unteren Grenzstraße konzipiert und verwirklicht wurde[73]. Diese Planung wurde im Zusammenhang mit der Entwicklung des Güterbahnhofsgeländes ausgewählt, um ein neues Stadtteilzentrum zu schaffen, wobei der Bahnhof den Mittelpunkt dieses Zentrums darstellen sollte und das Güterbahnhofsgelände „für ansiedlungswillige Industrie- und Gewerbebetriebe noch attraktiver und wertvoller" (FR vom 9.1.1992) werden sollte.

Problematisch war, dass von Seiten der DB (damals noch Bundesbahn) die Nutzung des Güterbahnhofsgeländes unklar war, weil das Konzept der DB für den Güterverkehr „Bahntrans"[74] noch in Planung war (vgl. OP vom 3.12.1992). Im darauffolgenden Jahr (Dezember 1993) war klar, dass die Bahn das neue, zentrale Güterabfertigungszentrum für die Rhein-Main-Region auf dem Caltex-Gelände zwischen Kelsterbach und Raunheim plante und somit den Güterbahnhof in Offenbach aufgeben würde. Damit stand der Planung der Stadt im Prinzip nichts mehr im Weg (vgl. OP vom 3.12.1993), wenn sich nicht das Problem ergeben hätte, dass Lavis sich im April 1994 aufgrund von überhöhten Preisforderungen der DB für das 3 ha große Teilareal auf dem Güterbahnhofs-

---

[73] Die aktuell von der Stadt Offenbach gewünschte Fernbahnstation an diesem Standort würde eine Erweiterung dieser vorhandenen Station darstellen.

[74] Dieses Konzept sah vor, dass deutschlandweit 41 Frachtzentren entstehen sollten, die die lokalen Güterabfertigungen ersetzen sollten. Für Rhein-Main war ein solches Frachtzentrum geplant. Offenbach als Standort war aber unwahrscheinlich (und von der Stadt aufgrund der wenigen dabei entstehenden Arbeitsplätze und des großen Flächenbedarfs eher unerwünscht), weil nach den Plänen der Stadt der Bahn nur 1,8 Hektar Fläche auf dem Güterbahnhofsgelände geblieben wären, was für diese Zwecke zu wenig gewesen wäre.

gelände dafür entschieden hatte, seinen Standort nach Aschaffenburg zu verlegen (vgl. FAZ vom 23.4.1994). Die Stadt hielt darauf hin aber an dem Vorhaben fest, die Spedition Agotrans anzusiedeln. Ebenso sollte das Bürogebäude an der Unteren Grenzstraße gebaut werden (vgl. FR vom 23.4.1994a). Bereits im Februar 1994 gab OB Grandke seine Absichten in bezug auf eine Hauptbahnhofsverlegung bekannt.

Seit Ende 1994 wird das Bebauungsplanverfahren von der Stadt nicht mehr weiterbetrieben. Der Grund dafür ist, dass, nachdem sich Lavis gegen den Standort entschieden hatte, die DB nur den westlichen Teil des Geländes für eine Bebauung freigegeben hatte. Das bedeutete, dass die DB die geplante Bebauung für die Spedition Agotrans blockierte. Von Seiten der Stadt wurde geäußert, dass dieses Vorgehen der Bahn gegen die Abmachungen gehe, die vorsahen, die gesamte Fläche für eine Bebauung freizugeben. Ein weiterer Haken zu diesem Zeitpunkt war, dass der Bebauungsplan (Nr. 585, „Güterbahnhof") zwar seit Ende 1992 vorlag, es aber noch keine endgültige Genehmigung durch das RP Darmstadt (Abweichung vom RROP) für eine Bebauung gab. Klar war zu diesem Zeitpunkt außerdem, dass ein neues Güterverkehrszentrum doch nicht auf dem Caltex-Gelände gebaut werden würde, sondern eines am Containerbahnhof Frankfurt-Ost geplant wurde. Dieses würde aber frühestens zwischen 1998 und 2000 fertiggestellt werden[75]. Solange wollte die DB die Güterabfertigung in Offenbach weiter betreiben, was bedeutete, dass das Güterbahnhofsgelände als zusammenhängende Fläche, denn als solche sollte nach den Vorstellungen der Stadt Offenbach die Vermarktung betrieben werden, ebenfalls erst nach vier bis sechs Jahren verfügbar sein würde. Grund genug für die Stadt Offenbach das Bebauungsplanverfahren ruhen zu lassen. Agotrans erwartete bis Jahresfrist eine Nachricht von der DB, ob sie das Grundstück beziehen könnten oder nicht, ansonsten würden sie bis zum 1. April 1995 Offenbach in Richtung Dietzenbach verlassen und gleichzeitig 700.000 DM für die Erstellung zweier Baupläne bei der Bahn einklagen (vgl. OP vom 28.12.1994). Die Bebauung des Güterbahnhofsgeländes ist seitdem ungewiss. Nachdem die Bebauung Mitte der 90er Jahre weder nach den Vorstellungen der Stadt, noch nach denen der Bahn zustande kam, als auch wegen den Strategien der Stadt (Verknüpfung des Prozesses zur Hauptbahnhofsverlegung mit der Vermarktung der Flächen des Güterbahnhofs, um die Finanzierung für den Bau des neuen Bahnhofs zu sichern) ist die Fläche vorerst nicht disponibel. Die DB Imm ist der Ansicht, dass der Offenbacher Immobilienmarkt mittelfristig durch die geplanten Entwicklungen am Kaiserlei und im Hafengebiet gesättigt ist. Somit sollte aus der Sicht der DB Imm die Vermarktung des Güterbahnhofsgeländes nicht vor 2010 (eher später) begonnen werden (G.8). Das Planungsrecht für den Güterbahnhof stellt das „Faustpfand" der Stadt Offenbach in diesem Entscheidungsprozeß dar (G.1; G.8).

---

[75] Die DB ist aber mittlerweile von dieser Planung abgerückt.

2.3.2. Die zweite Phase: Die Forderung der Stadt Offenbach nach einer Fernbahnstation in Offenbach-Ost und wie die DB damit umgeht

Die Diskussion um eine Verlegung des Hauptbahnhofs an die Stelle, an der beim Bau einer S-Bahn-City-Trasse eine Verknüpfung zwischen S-Bahn-Verkehr und Regional- und Fernverkehr möglich ist, um einen neuen Verkehrsknotenpunkt herauszubilden, ist nicht so neu (G.2; G.4; G.5). Bereits in den 70er Jahren, als die Diskussion um den S-Bahnbau durch Offenbach begonnen wurde, hatte sich diese Idee herauskristallisiert. Die DB favorisierte damals eine S-Bahnstrecke auf der Linie über den Hauptbahnhof, während sich in der Offenbacher Kommunalpolitik eine Mehrheit für die später gebaute City-Trasse entlang der Berliner Straße abzeichnete. Es war aber auch klar, dass der Bau dieser Linie einen Bedeutungsverlust des Hauptbahnhofs und damit auch seines Umfelds bedeuten würde (G.5). Deswegen dauerte es noch bis 1983, bis im Stadtparlament eine endgültige Entscheidung zugunsten der City-Trasse getroffen wurde (vgl. BPA 2001, 4). Im Zuge des weiteren Entscheidungsprozesses wurde durch die oppositionelle CDU eine Verlegung der Hauptbahnhofsfunktion an den über der Unteren Grenzstraße neu zu bauenden Ostbahnhof angedacht (G.4). Allerdings wurde dieser Vorschlag damals „nicht gehört und wie das bei der Irrationalität von solchen Prozessen ist, hat man darauf verzichtet bei der Entscheidung für die City-Trasse die Frage des Hauptbahnhofes gleich mitzuentscheiden, weil man Angst hatte: ‚wenn man noch ein Paket draufpackt, verlieren wir wieder zehn Jahre'. Wir sind ja mit der S-Bahn-Trasse in den Osten von Frankfurt eh dreißig Jahre zu spät" (G.5). Die nicht getroffene Entscheidung zugunsten der Hauptbahnhofsverlegung im Zusammenhang des S-Bahnbaus stellt sich heute zunehmend als „stadtentwicklungspolitisch strategischer Fehler" (G.1) heraus.

In einem 1990 fertiggestellten Gutachten zur regionalen Verkehrsanbindung des Flughafens „wurde ein Halt für eine sogenannte City-Bahn in Offenbach-Ost empfohlen" (BPA 2001, 4). Ein Jahr später erfolgte im Rahmen einer Untersuchung (durchgeführt von DB und FVV) zu einem regionalen Eilzugnetz eine Standortuntersuchung zur Station Offenbach-Ost. 1992 wurde eine Arbeitsgruppe zwischen der DB und der Stadt Offenbach gegründet, die die Verlegung des Hauptbahnhofs nach Offenbach-Ost untersuchen sollte. Diese Arbeitsgruppe wurde jedoch bald von der DB aufgekündigt, weil aus ihrer Sicht für den Bau einer Fernbahnstation kein positives Nutzen-Kosten-Verhältnis gegeben war. 1994 wurden die Gespräche in der Folge der von OB Grandke gemachten Äußerungen zum RROP (siehe oben) zwischen DB und Stadt wieder aufgenommen (vgl. ebd.). Nach der Kommunalwahl 1997 hat die neue Mehrheit (SPD, Die Grünen, FWG) das Ziel der Entwicklung des Güterbahnhofsgeländes in Verbindung mit einer „evtl. Verlagerung des Hauptbahnhofes, wobei die angekündigte Entwicklung des Hauptbahnhofes durch die Deutsche Bahn

AG auf keinen Fall konterkariert werden darf" (Koalitionsvertrag 1997) festgehalten (G.1; G.2; G.5).

Details zu den Verhandlungen um die Bahnhofsverlegung wurden weder vor
noch nach den Äußerungen von OB Grandke im Zusammenhang der Stellungnahmen der Stadt Offenbach zum Entwurf des RROP im Februar 1994 in die
Öffentlichkeit getragen. Zum ersten Mal wurde im Sommer 1998 in der Presse
zu diesem Thema berichtet. Dort (vgl. OP vom 25.6.1998) hieß es, dass die DB
bis August 1998 eine Entscheidung darüber treffen würde, ob der Ostbahnhof
zum neuen Hauptbahnhof ausgebaut würde oder ob dies nicht geschehen solle.
Im letzteren Falle wollte die Bahn den Hauptbahnhof sanieren, der seit der
Eröffnung der S-Bahntrasse durch die Berliner Straße im Jahr 1995 erheblich
an Bedeutung verloren hatte.

Bis zum Ende des Jahres 1998 hatte sich hinter den Kulissen einiges bewegt.
Im Bau- und Planungsamt der Stadt wurde ein weiterer wichtiger Teil des
strategischen Raumbildes der Stadt resp. OB Grandke angefertigt. In der
„Machbarkeitsstudie" (FR vom 18.12.1998) „Zukunft Bahn Offenbach. Werkbericht 1" (vgl. BPA 2001) wurde auf ca. 30 Seiten detailliert dargestellt, wie sich
die Verantwortlichen der Stadt Offenbach die weitere Vorgehensweise und das
Ergebnis des Planungsprozesses zur Verlegung des Hauptbahnhofs vorstellen.
Der Werkbericht ist als Versuch zu bewerten, die bis dahin hauptsächlich über
Schlagworte geführte Diskussion „mit Substanz zu füllen" (G.1). Der Stadt ist
es gelungen, „dieses Tor über die Diskussion wieder aufzustoßen" (ebd.), bzw.
„den Fuß in die Tür zu kriegen. Da haben wir auch einen breiten Konsens im
Parlament" (G.5). Es sollte zu einem „konstruktiven Dialog" (FR vom
18.12.1998) zwischen dem Magistrat und der DB kommen. Damals wurde auch
die Idee der Vermarktung von DB-Flächen entlang des Bahndamms von der
Sprendlinger Landstraße im Westen bis zur Unteren Grenzstraße im Osten für
Gewerbe und Wohnungsbau zur Finanzierung des neuen Bahnhofbaus von
Seiten der Stadt Offenbach aufgebracht. Die Sprache war von einem Entwick-
lungspotential von 26 ha entlang der Bahntrasse. Laut OB Grandke würde
dabei soviel Überschuss durch den Verkauf erzielt werden, dass der Bau des
neuen Hauptbahnhofs finanziert werden könne und die DB darüber hinaus den
alten renovieren könne. Das Güterbahnhofsgelände sollte mit verdichteter Ge-
werbe- und Büronutzung bebaut werden, und somit zukünftig einen dritten
städtebaulichen Schwerpunkt neben der Kaiserlei-Entwicklung und der City-
Entwicklung darstellen. Entlang des Bahndamms sollte fünf- bis sechsgeschos-
sige Gewerbe- und Wohnbebauung möglich sein. Der DB-Sprecher Jöckel äußerte, dass auch die Bahn an einer raschen Verwirklichung des Projekts bis zur
Eröffnung der S-Bahn-Linien nach Rodgau und Dietzenbach im Jahre 2003
interessiert sei. Der alte Hauptbahnhof sei aufzugeben und zu verwerten, um
den Neubau zu finanzieren. Die von der Stadt gewünschte Beibehaltung des
Bahnbetriebs bezeichnete Jöckel als den „vielleicht einzigen Knackpunkt" (FAZ

vom 19.12.1998) bei den Verhandlungen (vgl. ebd.; FR vom 18.12.1998; OP vom 22.12.1998).

Die „Knackpunkte" scheinen aber zahlreicher und gravierender gewesen zu sein, als von der DB dargestellt, denn im August 2000 verkündete selbiger DB-Sprecher Jöckel: „Die Deutsche Bahn hat kein weiteres Interesse am Ausbau der Offenbacher Ost-Station zu einem Fernbahnhof" (FR vom 8.8.2000), weil sich das Projekt nach den Kalkulationen der DB nicht rechne. Es sollten weitaus weniger Regionalzüge als bis dahin in Offenbach halten. Der Hintergrund dafür waren die Planungen für das (mittlerweile begrabene) „Jahrhundertprojekt" Frankfurt 21[76]. Danach sollte der Fernverkehr in erster Linie über die südmainische Trasse Frankfurt-Offenbach-Hanau ohne Halt in Offenbach abgewickelt werden. Zum Generalverkehrsplan 2000 des UVF, worin es heißt, dass im Zusammenhang mit der Realisierung des Projekts Frankfurt 21 u.a. folgende Maßnahmen vorgesehen sind (vgl. FR vom 8.8.2000): „Bau eines Fernverkehrsbahnhofes und Einrichtung von Regional-Fernverkehrshalten in Offenbach-Ost (mit Verknüpfung zur S-Bahn)" (UVF 2000, 220), äußerte Jöckel, dass diese Aussagen für die DB nicht bindend seien. Er vermutete, dass sie ohnehin die Handschrift der kommunalen Vertreter Offenbachs tragen. Der Sprecher der Stadt Offenbach, Matthias Müller ließ verlauten, dass das letzte Wort zur Planung noch nicht gesprochen sei. Er machte auf drei Dinge, die im Rahmen der Produktion des strategischen Raumbildes der Stadt Offenbach eine Rolle spielen, aufmerksam. Erstens darauf, dass mit dem S-Bahn-Start 2003 Richtung Rodgau und Dietzenbach das Fahrgastpotential erheblich steigen würde. Mit den Argumenten zwei und drei drohte er expressis verbis mit dem Planungsrecht: „Ich kann mir nicht vorstellen, dass wir die Bahn eine Hochgeschwindigkeitstrasse durch die Stadt zum Nulltarif bauen lassen" (FR vom 8.8.2000) und dass die Stadt darüber entscheide, ob die Bahn ihr Güterbahnhofsgelände „für 2 oder 200 Mio. DM verkaufen kann. Das kommt aufs Baurecht an" (ebd.).

Die Resonanz, die die Entscheidung der DB bei den Offenbacher Parteien, als auch bei der IHK und dem VCD, nach sich zog (vgl. FR vom 15.8.2000; OP vom 16.8.2000), war von negativer Vehemenz. Es war die Rede davon, dass die DB sich selbst schade, wenn sie das Fahrgastpotential für den Fernverkehr, das sich durch die neue S-Bahn ergebe, vernachlässige und die Stadt vom Fernverkehr abschneiden wolle, zumal die Attraktivität der Bahn gegenüber des Autos durch diese Entscheidung leide. In Sachen Hauptbahnhof, dessen Erneuerung

---

[76] Dieses Projekt sah vor, den Frankfurter Hauptbahnhof vom Kopfbahnhof zum unterirdischen Durchgangsbahnhof umzubauen. Dazu sollte ein die Frankfurter Innenstadt unterquerender Bahntunnel gebaut werden, der sich östlich der Innenstadt in zwei Zweige aufteilt. Der nördliche Zweig sollte ab dem Frankfurter Ostbahnhof als oberirdische Trasse in Richtung Hanau weitergeführt werden. Der südliche Zweig sollte auf der südlichen Mainseite zwischen den Frankfurter Stadtteilen Sachsenhausen und Oberrad an die Oberfläche gelangen und über Offenbach Richtung Hanau weitergeleitet werden (vgl. UVF 2000, 220).

wegen den Verhandlungen zur Bahnhofsverlegung zurückgestellt war, hofften die Kommunalpolitiker, dass wenigstens die angekündigte Renovierung nun durchgeführt werde, die FDP stellte zu diesem Zweck den Antrag in der SVV, dass die Stadt sich für Fördergelder des Landes bewerben solle. Daneben äußerte sich der VCD, der verlangte, dass der vorhandene Hauptbahnhof wenigstens den Ansprüchen eines Großstadtbahnhofs zu entsprechen habe: Bahnsteigaufzüge, Gepäckbänder und Info-Monitore sollten installiert werden und es solle wieder „eine regelmäßige Schnellzuganbindung" (FR vom 15.8.2000) geben. Um die S-Bahn und das Fernbahnnetz zu verknüpfen, solle zukünftig eine S-Bahnlinie über den Hauptbahnhof geführt werden.

Bei der Bahn hatte man mit solchen Reaktionen nicht gerechnet. In der Folge setzte sich, wohl durch weiteren Druck seitens der Stadt Offenbach verstärkt, die Erkenntnis durch, dass die Stadt nun nicht ohne weiteres bereit sein würde, für das Güterbahnhofsgelände Baurecht zu schaffen. So wurden zum Ende des Jahres 2000 erneut Verhandlungen zwischen DB und Stadt aufgenommen. Dieses geschah nun offensichtlich erstmals in einer von beiden Seiten gleichermaßen gewollten Weise in Form eines sogenannten Lenkungskreises unter der Führung des Konzernbevollmächtigten der DB AG für das Land Hessen. In diesem Lenkungskreis sitzen Vertreter von verschiedenen DB Gesellschaften, dem RMV (als Vertretung des Landes Hessen) und der Stadt Offenbach. Dem Lenkungskreis sind zwei Arbeitskreise zugeordnet. Der erste Arbeitskreis „Verkehr" befasst sich mit den verkehrlichen und technischen Gesichtspunkten eines projektierten Bahnhofsbau. Der zweite Arbeitskreis „Finanzierung" befasst sich mit den Fragen der Finanzierungsmöglichkeiten. Das Arbeitsziel des Lenkungskreises ist die verschiedenen Wünsche der Beteiligten zu integrieren und abzuwägen, was technisch und verkehrlich machbar ist und wie die Finanzierung des Projektes gesichert werden kann (G.7).

Wichtig ist darauf hinzuweisen, dass die Untersuchungen und Berechnungen, die im Zuge dieses Prozesses durchgeführt werden, zugrunde legen, dass lediglich eine Haltestelle für den Regionalverkehr mit Verknüpfung zur S-Bahn an der Haltestelle Offenbach-Ost gebaut wird. Hintergrund hierfür ist erstens, dass die DB den Fernverkehr eigenwirtschaftlich betreiben muss und keine staatlichen Zuschüsse dafür erhält. Das heißt, dass die Entscheidung darüber, ob ein Fernverkehrszug gefahren wird oder nicht (und an welchen Stationen dieser hält), im Regelfall allein bei der DB AG liegt. Da sie an ihren Planungen für den Fernverkehr festhalten wird und die Haltestellen in ihrem Fernverkehrsnetz weiter ausdünnen wird, hat sie in diesem Bereich kein Interesse an einem regelmäßigen Halt in Offenbach (egal ob an einem Haltepunkt Offenbach Hbf. oder –Ost!). Da aber die Verantwortung für den Nahverkehr mit der Bahnreform auf die Länder übergegangen ist, haben diese verschiedene regional organisierte Verkehrsverbünde gegründet (für die Region Rhein-Main ist das der RMV), an diesen sind die Kommunen beteiligt und können daher bei Projekten Einfluss nehmen. Für Projekte im Regionalverkehr stehen Fördergelder der Länder und des Bundes zur Verfügung. Für die Durchführung des Projektes Hauptbahnhofsverlegung nach Offenbach-Ost bedeutet das, dass bei Planung einer Nahverkehrsstation bis zu 90% der Kosten für den Bau durch Fördergelder abgedeckt werden können, den Rest der Kosten muss der Besteller, also die Stadt Offenbach organisieren. Damit eine Fernbahnstation gebaut würde, müsste der Besteller die weiteren Kosten tragen, die durch die Erfüllung der dann zu leistenden Standards (verlängerte Bahnsteige usw.) zusätzlich entstehen und es müsste ein Auftraggeber (ein Verkehrsunternehmen) die betreffende Strecke und den betreffenden Halt anfahren wollen. Diese Kosten sind durch die Stadt Offenbach kaum zu leisten, ein Auftraggeber für einen Halt an einer Fernbahnstation Offenbach-Ost ist nicht in Sicht. Deswegen wird vorerst für eine Nahverkehrshaltestelle geplant, allerdings mit der Option für eine Erweiterung (G.7).

Beteiligt an dem Planungsprozess, der thematisch und räumlich dreigeteilt ist (Hauptbahnhof, Of.-Ost, Güterbahnhof), sind folgende DB Unternehmen: DB Station und Service AG (zuständig für Empfangsgebäude; Verkehrsstation), DB Netz AG (Gleisanlagen und –infrastruktur), DB Regio (Dienstleister für den Transport im Nahverkehr) und DB Imm als Vermarkter für das Güterbahnhofsgelände und die Teilflächen entlang des Bahndamms zwischen Untere Grenzstraße und Sprendlinger Landstraße (G.7). Der Umfang der Bahndamm-Flächen ist allerdings weitaus geringer als 1998 von der Stadt Offenbach angegeben (26 ha, siehe oben) und aus Sicht der DB Imm kaum gewinnbringend vermarktbar, weil es sich erstens um lediglich 6,8 ha Brutto-Gesamtfläche handelt und zweitens keine zusammenhängenden größere Flächen vorhanden sind, sondern solche, die meist ungünstige Zuschnitte haben (meist schmal und langgezogen) und daneben das Problem auftritt, dass es sich aufgrund des Bahndamms überwiegend um Hanglagen handelt. Das bedeutet, dass - um dort Gebäude bauen zu können – der Bau von Abstützmauern vonnöten wäre. Außerdem ist schwer abschätzbar, was im Erdreich noch an alten Kabeln, Verunreinigungen u.ä. vorhanden ist, was ebenfalls kostenintensiv entfernt werden müsste. Auf der Nutzenseite ist wenig Profit zu erwarten, weil die Flächen durch ihre direkte Lage an der Trasse für eine hochwertige Vermarktung[77] aufgrund der Lärmbelastung durch den Bahnverkehr unattraktiv bzw. ungeeignet sind. Ein weiteres Hindernis stellt die 110 KV-Stromleitung dar, die auf dem Bahndamm durch die Stadt führt. Diese verschiedenen Hemmnisse bedeuten, dass letztendlich nur Sonderflächen möglich sein würden. Was wiederum bedeutet, dass in den betreffenden Abschnitten entlang der Bahntrasse für die DB keine Vermarktung möglich sein wird, bei der unter dem Strich ein finanzielles Plus stehen würde (G.8). Die eigentlich logische Konsequenz aus diesen Umständen müsste meines Erachtens sein, dass die Vertreter der Stadt

---

[77] Für eine Wohnnutzung an diesen Stellen würden die übergeordneten Planungsbehörden aufgrund von Lärmemissionen des Bahnbetriebs ohnehin keine Genehmigung erteilen.

Offenbach von dem Unterfangen, diese Flächen auf Biegen und Brechen vermarkten zu wollen, absehen.

Das vehemente Festhalten an dieser Strategie verwundert auch aus einem
anderen Grund, denn in den Verhandlungen zwischen Stadt und DB wurde
vereinbart, dass die beiden Aspekte Bahnhofsneubau und Flächenvermarktung
nicht direkt miteinander verknüpft werden sollen. Es soll demnach keine Querfinanzierung stattfinden, was die Stadt Offenbach ja immer noch verlangt. Eine Querfinanzierung ist ohnehin erst dann möglich, wenn die Flächen verkauft
sind, wobei die Erlöse heute noch nicht absehbar sind. Eine Erschließung in
Vorleistung kommt für die DB solange nicht in Frage, wie kein Investor zur
Hand ist. Ein solcher wiederum wird sich solange nicht finden, wie für das Güterbahnhofsgelände kein Baurecht geschaffen wurde (G.7; G.8). Die Bahnhofsverlegung soll als förderfähige ÖPNV-Maßnahme geplant und durchgeführt
werden, was bedeutet, dass bei einem positiven Kosten-Nutzen-Verhältnis, das
im Rahmen eines Gutachtens ermittelt wurde (vgl. FR vom 16.1.2002)[78], die
obengenannten Fördersätze zum Tragen kommen. Die Stadt Offenbach hätte
dann noch ca. 10% der Gesamtkosten[79] für den Bau einer Regionalhaltestelle
zu tragen (G.7).

Der Punkt der Finanzierung stellt sich als die Hauptkonfliktlinie zwischen
Stadt und DB dar. Während die DB darauf verweist, dass durch die Vereinbarungen im Arbeitskreis die Stadt ihren Teil der Kosten zu tragen hat, weil sie
derjenige Akteur ist, der diesen Bahnhof möchte (G.7), pocht die Stadt darauf,
dass sie die Kosten nicht selbst tragen kann. Deswegen sollen die Kosten über
die Querfinanzierung innerhalb des Bahnkonzerns getragen werden (G.1; G.5;
G.6). Die Kosten für den Bau einer Regionalhaltestelle haben seit der Bahnreform aber die Länder und Kommunen zu tragen. Das Bewusstsein dafür sei
aber in der Stadt Offenbach nicht vorhanden: „Das Hauptproblem ist die Finanzierung durch die Stadt, [...], die Stadt Offenbach will alles, aber keinen
Pfennig (resp. Cent, J.S.) bezahlen" (G.7). In der Stadt Offenbach wird damit
argumentiert, dass die Bahn nie gesagt habe, dass sie diese neue Station (als
Fernbahnstation, J.S.) wirklich wolle, sondern der Stadt gegenüber immer nur
von technischer Machbarkeit gesprochen habe (G.1).

SPD, Grüne und FWG als Koalitionspartner sowie die oppositionelle CDU –
gewissermaßen als Urheber der Idee „neuer Hauptbahnhof" – sprechen sich für
das Projekt aus (G.4; G.5; G.6): „Die Verlegung des Hauptbahnhofs nach Offen-

---

[78] Der vorgesehene Abschluss für dieses Gutachten war für Ende Oktober 2002 geplant, der
Lenkungskreis sollte Mitte November 2002 tagen (G.7). Wie das Ergebnis des Gutachtens und
darauf aufbauend eine mögliche Empfehlung des Lenkungskreises in Sachen Hauptbahnhofsverlegung aussieht, ist bis heute (Anfang Oktober 2003) noch nicht öffentlich korrespondiert
worden.

[79] Es wurden Kosten von ca. 20 Mio. Euro kalkuliert (vgl. FR vom 16.1.2002). Es ist aber davon
auszugehen, dass die Kosten nochmals um eine mindestens zweistellige Millionen-Eurosumme
steigen werden.

bach Ost wird angestrebt, der jetzige Hauptbahnhof soll als Haltepunkt im Regionalverkehr erhalten werden, das Bahnhofsgebäude soll modernisiert und das Bahnhofsumfeld soll aufgewertet werden. Die Stadt Offenbach fordert die Wiederaufnahme der Fernverkehrsverbindungen der Bahn" (vgl. Koalitions-vertrag 2001).

FDP und PDS hingegen vertreten die Ansicht, dass der Bau eines neuen Hauptbahnhofs erstens durch die Stadt Offenbach nicht finanzierbar ist und zweitens eine Verknüpfung zwischen S-Bahn und Fern- oder Regionalverkehr schlicht nicht nötig ist (G.2; G.3). Von Teilen der Befürworter des Projekts wird bezweifelt, dass bei Bau und Inbetriebnahme des neuen Bahnhofs der geforder-te zusätzliche Halt am alten Hauptbahnhof dann noch durchzuführen sein wird (G.1; G.5). Der Grund hierfür ist ein ganz einfacher: die Auftraggeber (hier: Stadt, RMV) müssen als Besteller für den Betrieb der Züge und für deren Halt an den einzelnen Haltepunkten Gebühren an die verschiedenen DB-Gesellschaften zahlen (G.7), d.h. für zwei Halte eines Zuges des Regionalver-kehrs in Offenbach müssten Stadt und RMV eine entsprechend höhere Gebühr bezahlen. Für die Stadt Offenbach wird das finanziell nicht darstellbar sein. Von Seiten der Bahn wird dieser Gesichtspunkt jedoch pragmatisch gesehen und auf das Konnexitätsprinzip verwiesen: „Wer bestellt, bezahlt [...] und wenn der Besteller sagt, er möchte dort halten, dann halten wir da auch" (ebd.).

In Bezug auf den alten Hauptbahnhof und die südliche Kaiserstraße bis zur Kreuzung Geleitsstraße sind sich die politischen Vertreter darüber einig, dass das Gebiet einer Aufwertung bedarf, und dass dabei das unter Denkmalschutz stehende Hauptbahnhofsgebäude eine Schlüsselrolle spielt (G.2; G.3; G.4; G.5; G.6). Für den Hauptbahnhof war längere Zeit eine Nutzung für Vereine und kulturelle Zwecke angedacht, was entweder eine Anmietung von Räumen oder den Kauf des Gebäudes durch die Stadt bedeuten würde, beides ist aber nicht zu finanzieren. Um das Quartier um den alten Hauptbahnhof und die südliche Kaiserstraße aufzuwerten, sind laut OB Grandke drei städtebauliche Akzentu-ierungen wichtig: zum einen die Aufwertung des Firmengeländes von Gold-pfeil, die aktuell durchgeführt wird, die Bebauung des Busbahnhofsgeländes neben dem Hauptbahnhof bei Verlegung der Hauptbahnhofsfunktion und der Bau eines Justizzentrums auf dem von Hospitalstraße, Kaiserstraße und Ra-thenaustraße begrenzten, dreieckigen Areal, um die momentan in der Stadt verteilten Gerichtsbehörden an einem Ort zu bündeln. Es würden Arbeitsplät-ze entstehen und die südliche Kaiserstraße würde durch mehr Passanten eine Aufwertung erfahren, so der OB (vgl. FR vom 7.11.2001). Das für das Justiz-zentrum vorgesehene Gelände, das sich in städtischem Eigentum befindet, be-herbergt den Taschenpark und das alte Hospital (erbaut Mitte des 19. Jahr-hunderts), das unter Denkmalschutz steht. Es hätte nach dem Willen des In-vestors abgerissen werden müssen, um das Justizzentrum errichten zu können. Dieser Aspekt war in Offenbach zwischen Herbst 2001 und Frühjahr 2003 ein heiß umkämpfter Konflikt mit leidenschaftlich geführten Debatten. Mittlerweile konnte ein Kompromiss zum Bau des Justizzentrums, unter Erhaltung und Einbezug des alten Hospitals, getroffen werden. An diesem Entscheidungsprozeß waren Akteure von der lokalen bis zur Landesebene (u.a. mehrere Ministerien) beteiligt (vgl. FAZ vom 30.4.2003; FR vom 30.4./1.5.2003). Dieser Aspekt ist zwar für den Diskurs um die südliche Kaiserstraße von großer Bedeutung, interessiert für das Fallbeispiel aber eher als Randbedingung. Deswegen – und aus Platzgründen – kann hier nicht näher darauf eingegangen werden.

2.3.3. Ausblick

Ob es in absehbarer Zeit zu einer Verlegung der Hauptbahnhofsfunktion nach Offenbach-Ost kommt oder nicht, hängt von mehreren Faktoren ab: Zunächst muss das Kosten-Nutzen-Verhältnis einer projektierten Bahnhoferweiterung an der Haltestelle Offenbach-Ost positiv sein. Ist das nicht der Fall, dann wird die Diskussion um die Bahnhofsverlegung zunächst einmal beendet sein. Diese Forderung wird aber wieder in den Raum gestellt werden, vielleicht in zehn, vielleicht in zwanzig Jahren. Das wird davon abhängen, wie sich die Kommunalfinanzen und die Stadt in diesem Zeitraum entwickeln. Spätestens wenn sich die Entwicklung auf dem Güterbahnhofsgelände und dem näheren Bahnhofsumfeld weniger positiv darstellt, als von der Stadt erwartet, werden erneut Forderungen für einen Neubau am Ostbahnhof laut werden. Wird es ein positives Kosten-Nutzen-Verhältnis geben, dann wird zunächst im Lenkungskreis die Empfehlung für den Erweiterungsbau an der Station Offenbach-Ost ausgesprochen werden. Der nächste Schritt wird sein, dass in der Offenbacher SVV grundsätzlich für den Bau abgestimmt, und dass für den städtischen Kostenanteil ein Finanzierungskonzept erarbeitet werden muss. Diese Finanzierung könnte aufgrund der angespannten Haushaltslage sehr schwierig werden, und möglicherweise dazu führen, dass das Projekt auf Eis gelegt werden muss. Wenn aber ein tragfähiges Finanzierungskonzept für den städtischen Anteil vorliegt, dann werden für Bau und Planung weitere sechs bis acht Jahre benötigt werden, bis ein neuer Hauptbahnhof Offenbach-Ost in Betrieb gehen kann. Vor 2010 wird demnach kein Regionalexpress an einem neuen Bahnhof halten.

Für die Entwicklung des Güterbahnhofsgeländes muss der Bebauungsplan Nr. 585 modifiziert werden. Was sich letztendlich auf dem Gelände entwickeln wird, hängt von der Entscheidung in Sachen neuer Hauptbahnhof ab. Bei einem Bau des neuen Bahnhofs ist mit einer aus Sicht der DB hochwertigeren Entwicklung (größerer Dienstleistungsanteil und insgesamt mehr Bürofläche) auf dem Gelände zu rechnen. Daneben besteht die Chance das Quartier insgesamt umzustrukturieren, wie es im Werkbericht von 1998 vorgesehen ist (vgl. BPA 2001, 22 f.). Positive Effekte ergeben sich dann auch für die Entwicklung entlang der Mühlheimer Straße (z.B. ehemaliges Thorer-Gelände) und südlich der Bahnlinie, insbesondere auf dem ehemaligen Tack-Gelände.

Am Hauptbahnhof sollen nach Möglichkeit Nutzungen angesiedelt werden, die einer Aufwertung des Umfeldes zuträglich sind. Wird die Hauptbahnhofsfunktion nach Offenbach-Ost verlegt, dann wird der Hauptbahnhof aller Voraussicht nach aus finanziellen Gründen nicht mehr als regelmäßige Haltestelle angefahren werden können, ansonsten bleibt der alte Hauptbahnhof weiterhin Haltestelle des Regionalverkehrs.

2.4 Theoriegeleitete Re-Interpretation

Das Netz der Akteure

Wie schon im ersten Fallbeispiel gibt es zwei Netzwerke, die zusammen das Gesamtnetzwerk des Entscheidungsprozesses bilden. Im Planungsnetzwerk sind die Vertreter, die von städtischer Seite für Magistrat und Verwaltung die Ziele und Interessen der Stadt Offenbach vertreten. Von Seiten der DB sind das ebenfalls eine größere Anzahl von Fachleuten, die für die jeweils betroffenen Bereiche des Unternehmens an der Planung und den Verhandlungen teilnehmen. Interessant dabei ist, dass von Seiten der DB für öffentliche Äußerungen nur der jeweils aktuelle DB-Sprecher zur Verfügung steht. Für die Frühphase des Entscheidungsprozesses, als es noch primär um die Bebauung des Güterbahnhofsgeländes ging, waren die ansiedlungswilligen Unternehmen weitere Akteure. Da durch die Bahnreform die Unternehmensstruktur der DB verändert wurde, wechselten die Zuständigkeitsbereiche einzelner Personen des öfteren, so dass die Vertreter der Stadt mit wechselnden Personen bei den Verhandlungen konfrontiert wurden (G.1). Der RMV (als Vertreter des Landes Hessen) ist als weiterer Akteur, besonders intensiv seit der Einrichtung des Lenkungskreises, beteiligt. In diesen aktuellen Verhandlungen liegt die Koordination für die Durchführung der Kosten-Nutzen-Analyse in den Händen des RMV. Daneben liefern die externen Gutachter den Akteuren Argumentationshilfen.

Im politischen Netzwerk sind zum einen die Kommunalpolitiker vertreten, die im Parlament über die Planunterlagen abstimmen. Dort haben sie auch ihr Forum zur Meinungsverbreitung und -bildung. Als weitere Akteure treten verschiedene wirtschaftliche und gesellschaftliche Vertreter mit Äußerungen im Laufe des Prozesses auf (z.B. IHK, VCD). Diese Vertreter nutzen, wenn nötig (z.B. bei der Absage der DB zur Fernbahnstation im August 2000) die Möglichkeit ihre Meinung über die Printmedien mitzuteilen. Für die Zeitungen als Träger von Informationen gilt, dass sie durch ihre Berichterstattung einen erheblichen Anteil an der Intensität und Ausrichtung der Diskussion tragen, die den Entscheidungsprozeß begleiten.

Die Ziele und Interessen der Akteure

In der ersten Phase des Entscheidungsprozesses mit der Erstellung des Bebauungsplans für das Güterbahnhofsgelände war es das Hauptziel der Stadt,

Arbeitsplätze innerhalb der Grenzen der Stadt zu sichern. Ein Teil des Bebauungsplans wurde zur Sicherung von Arbeitsplätzen durch Unternehmensumsiedlungen gestaltet. Der zweite Teil des Bebauungsplans sollte das Interesse potentieller Investoren und damit weiterer potentieller Akteure wecken, um Arbeitsplätze im tertiären Sektor zu schaffen. Ein weiteres, damit zusammenhängendes Teilziel der Stadt war eine Steigerung der Gewerbesteuereinnahmen.

Die Ziele der DB in der ersten Phase sind bis zu einem gewissen Grad aus den Geschehnissen rekonstruierbar. Es kann davon ausgegangen werden, dass die Stadt ihren Bebauungsplanentwurf nicht mit der DB abgesprochen hatte. Des Weiteren ist davon auszugehen, dass die DB nicht mit der geplanten Ansiedlung von Lavis und Agotrans einverstanden war. Man wollte bei einer Vermarktung – das gilt bis zum heutigen Tage – möglichst hohe Verkaufspreise erzielen, was mit „hochwertigen" Büronutzungen eher möglich erscheint, als mit flächenintensiven Produktions- oder Speditionsunternehmen.

In der zweiten Phase kommt auf städtischer Seite das Ziel der Hauptbahnhofsverlegung zum Tragen. Die dahinter stehenden Ziele und Interessen sind vielfältig. Es soll zum einen an dem vorgesehenen Standort eine Verknüpfung zwischen den verschiedenen Verkehrsarten geschaffen werden, um den Bewohnern und Pendlern möglichst bequeme und schnelle Verbindungen und Verknüpfungen zwischen den Verkehrsträgern zu ermöglichen. Das wiederum wirkt sich positiv auf die Standortqualität der Stadt aus. Ein Ziel, das momentan zwar nicht verwirklicht werden kann, aber immer noch akut ist und auch in Zukunft immer wieder thematisiert werden wird, ist der Wunsch nach einem Fernbahnhalt an der neuen Station. Der Hintergrund ist, dass der Offenbacher Hauptbahnhof aufgrund mangelnder Fahrgastzahlen durch die DB vom Fernverkehr abgehängt wurde. Das ist ein Aspekt, der in Offenbach sehr negativ bewertet wird, weil es sich bei der Stadt um ein Oberzentrum handelt, das zentrale Funktionen erfüllen soll, wozu der Halt von Fernverkehrszügen gehört. Längere Reisezeiten schmälern aus Sicht der Stadt und der IHK die Standortqualität von Offenbach. Die Stadt hofft nun durch den Erweiterungsbau in Offenbach-Ost, welcher schnelleres Umsteigen ermöglichen soll, die DB zumindest mittelfristig wieder dazu zu bringen, in der Stadt Fernverkehrszüge halten zu lassen. Die durch regelmäßige Halte von Regionalzügen als Ergänzung zur S-Bahn erwarteten positiven Impulse für die Entwicklung des umgebenden Quartiers sind ein weiterer Grund, den die Stadt Offenbach für den Bau des Bahnhofs anführt. In der Folge würde eine hochwertige Vermarktung des Güterbahnhofsgeländes durch die DB ermöglicht werden, was im Interesse beider Akteure ist. Der Stadt bietet sich daneben die Möglichkeit, weitere Flächen im Umfeld des Bahnhofs neu zu strukturieren und auf diese Weise eine Aufwertung – die mehr oder weniger direkt auf eine Tertiärisierung und Vermehrung der Arbeitsplätze durch Neubau von Bürogebäuden und Ansiedlung neuer Unternehmen hinausläuft – des Quartiers zu erreichen.

Die Vermarktung der Flächen entlang des Bahndamms wird von der Stadt als einzige Möglichkeit dargestellt, eine Finanzierung der Hauptbahnhofsverlegung zu garantieren. Das Problem dabei ist, dass ihr das kaum gelingen kann, denn eine hochwertige Vermarktung dieser Flächen ist nicht möglich. Die Erschließungskosten sind zu hoch, zum Wohnen ist eine Lage direkt an einer Trasse des Eisenbahnfernverkehrs denkbar ungünstig und aufgrund der Emissionen rechtlich nicht durchführbar. Die Realisierung von Büro- oder Produktionsgebäuden ist aufgrund der Hochspannungsleitung auf dem Bahndamm und den damit verbundenen Gefahren der Störung von technischen Geräten ebenfalls unwahrscheinlich.

In bezug auf die Realisierbarkeit des neuen Hauptbahnhofs gibt es politische Vertreter in der Opposition (FDP und PDS), die den Sinn dieses Vorhabens generell in Frage stellen. Sie sind der Meinung, dass das Vorhaben nicht finanziert werden kann und halten die S-Bahn als Zubringer für den Fernverkehr nach Hanau oder Frankfurt für ausreichend. Dahinter stehen Fokussierungen auf andere, teilweise individuell motivierte Interessen. Diese beziehen sich in erster Linie auf die Renovierung und mögliche Folgenutzungen für das Gebäude des alten Hauptbahnhofs und die Aufwertung der südlichen Kaiserstraße. Diese Akteure sprechen sich für einen weiteren Halt des Regionalverkehrs am Hauptbahnhof aus.

Als Lobbyorganisationen sind bisher die IHK und der VCD mit Meinungsäußerungen in der Presse in Erscheinung getreten. Die IHK ist in erster Linie daran interessiert, die wirtschaftliche Standortqualität der Stadt Offenbach zu sichern. Diesem Ziel wäre die Hauptbahnhofsverlegung oder zumindest die attraktivere Gestaltung des bestehenden Bahnhofs zuträglich (vgl. IHK 35/2000 und 92/2000). Der VCD setzt sich für bequeme und kundenfreundliche Gestaltung von Bahnhöfen und schnelle Zugverbindungen mit Umsteigemöglichkeiten ein. Er nannte als Ziel in einer Presseveröffentlichung, dass Aufzüge, Gepäckbänder und Informationstafeln an den Bahnsteigen des bestehenden Hauptbahnhofs angebracht werden sollen (vgl. FR vom 15.8.2000).

Der RMV – die Stadt Offenbach ist hier Teilhaber und wirkt als solcher auf die Interessen des RMV ein – ist an dem neuen Hauptbahnhof aufgrund der Verknüpfungsfunktion interessiert. Durch diese Vernetzung kann erreicht werden, dass aufgrund der besseren Verbindungen und durch die neuen S-Bahnverbindungen nach Rodgau und Dietzenbach die Zahl der Fahrgäste steigt. Das wiederum bedeutet Mehreinnahmen.

Das Ziel der DB in dieser zweiten Phase ist sehr klar und einfach: das Güterbahnhofsgelände soll auf möglichst lukrative Weise vermarktet werden. Das ist letztendlich der einzige Grund, warum die DB sich überhaupt auf diese Diskussion einlässt, das Unternehmen ist in dieser Hinsicht ein Stück weit erpressbar. Was auf dem Güterbahnhofsgelände gemacht wird, ist für die DB weniger interessant, solange die Vermarktung hohe Einnahmen garantiert, denn stadtentwicklungspolitisch hat die DB an Offenbach kein Interesse, weil dort kein Fernbahnhalt mehr geplant ist. Das ist somit anders als in diesen Städten, in denen die DB aufgrund der Haltestellen des Fernverkehrs durchaus ein Interesse an der – aus ihrer Sicht – positiven Entwicklung der Bahnhöfe und des Umfelds hat, weil sie in diese Bahnhöfe z.B. Einkaufszentren integriert oder weil durch Bahnhofsumbauten größere städtebauliche Umstrukturierungen anstehen, die hohe Profite versprechen[80].

Die Machtpotentiale und Handlungsstrategien der Akteure

Die wichtigsten Machtpotentiale sind einigermaßen gleichgewichtig zwischen Stadt und DB verteilt. Die DB als Flächenbesitzer des Güterbahnhofsgeländes verfügt somit über eine allokative Ressource. Die Stadt besitzt als autoritative Ressource das Planungsrecht. Die DB ist, um ihr Ziel der Flächenvermarktung zu verwirklichen, auf das Planungsrecht der Stadt angewiesen. In der Debatte um die Bahnhofsverlegung verfügt die DB über die autoritative Ressource der Gestaltung des Fernbahnnetzes und der damit verbundenen Haltestellen und des Fahrplans. Die Stadt hingegen kann mit den positiven Entwicklungen seit der S-Bahneröffnung, den damit verbundenen Zunahmen der Pendlerzahlen, der gestiegenen Standortqualität, des Messestandorts, der Anzahl der Hotelübernachtungen u.ä. argumentieren. Diese Aspekte sind als allokative Ressourcen zu bezeichnen. Hier zeigt sich, dass durch die strukturellen Unterschiede bei in etwa gleichgewichtigen Machtpotentialen der Verhandlungspartner die gegenseitige Blockade über einen so langen Zeitraum durchgehalten werden kann.

In der ersten Phase des Entscheidungsprozesses wollte die Stadt, obwohl sie wusste, dass sie ihren Bebauungsplan ohne die DB nicht realisieren konnte, durch geschaffene Fakten zu einer schnellen Realisierung beitragen. Die DB wiederum wusste, dass für die Verwirklichung der Ansiedlungspläne der Güterbahnhof erstens als für den Bahnbetrieb entbehrlich ausgewiesen werden musste und zweitens regionalplanerische Veränderungen nötig waren (FNP-Änderung und Abweichung vom RROP). Daher konnte sie ihre Verhinderungsmacht ausspielen und das Verfahren verschleppen. Zum einen dadurch, dass sie dafür sorgte, dass eine Teilfläche als für den Bahnbetrieb nichtentbehrlich blieb und keine Kaufverträge mit den ansiedlungswilligen Unternehmen zustande kamen. Da es zwischen Stadt und DB aber anscheinend Absprachen darüber gab, dass die DB die Ansiedlungen ermöglichen sollte, setzte die Stadt das Sanktionsmittel der Nicht-Weiterbetreibung des Bebauungsplanverfahrens ein. Dieses war deswegen wirksam, weil die DB die Teilfläche, die kurzfristig hochwertig vermarktbar erschien, verkaufen wollte und die restli-

---

80 Beispiele hierfür sind Leipzig (Umbau des Hauptbahnhofs mit integriertem Einkaufszentrum) und Stuttgart („Stuttgart 21", Umwandlung des Hauptbahnhofs vom Kopf- zum Durchfahrtsbahnhof; vgl. „Frankfurt 21" oben).

che vorgesehene Nutzung blockierte. Die Stadt blockierte ihrerseits in der Folgezeit durch ihre Vorgehensweise das Vorhaben der DB.

Die zweite Phase wurde durch die Äußerung des damals neuen OB Grandke eingeleitet. Da die Idee der Bahnhofsverlegung ursprünglich vom Koalitionspartner CDU stammte, sollte diese Themensetzung dazu führen, eine breite parlamentarische Mehrheit hinter sich zu versammeln, und dabei helfen seine politische Reputation zu steigern. Gegenüber der DB war durch das Scheitern der Ansiedlungsvorhaben auf dem Güterbahnhofsgelände das Planungsrecht als Faustpfand vorhanden. Da die Äußerungen im Rahmen der städtischen Stellungnahmen zum Entwurf des RROP gemacht wurden und so das Ziel Fernbahnstation am Verknüpfungspunkt der Verkehrsträger definiert wurde, fand durch die Interpretation der betreffenden Passagen im RROP-Entwurf in Verbindung mit der konkreten Zielformulierung die Produktion eines strategischen Raumbildes statt. Im weiteren Verlauf wurde das strategische Raumbild durch den Werkbericht „Zukunft Bahn Offenbach", die entsprechend reproduzierbaren Passagen im Generalverkehrsplan 2000 des UVF und des Regionalplans Südhessen 2000 untermauert und anhand von Aspekten aus verschiedenen Gutachten präzisiert.

Da das Problem der Finanzierung von Anfang an bestand, suchte die Stadt nach Möglichkeiten, wie eine Finanzierung über Grundstücksgeschäfte möglich gemacht werden könne. So kam man auf die Idee der Vermarktung der Bahnflächen entlang der Bahntrasse durch Offenbach. Es spricht sicher einerseits für die Findigkeit der städtischen Akteure, dass man auf diese Idee kam. Andererseits lässt sich daraus eine gewisse Ignoranz gegenüber den Problemen herauslesen, die durch den Versuch, diese Flächen zu vermarkten, entstehen. Man könnte auch von Verantwortungslosigkeit gegenüber zukünftigen Nutzern dieser Flächen sprechen.

Unter normalen Umständen wäre die Diskussion nach der Absage der DB im August 2000 beendet gewesen, aber durch das Druckmittel des Planungsrechts über das Güterbahnhofsgelände konnten die Verhandlungen wieder aufgenommen werden. Zu den städtischen Handlungsstrategien gehört auch das gezielte Einsetzen der Printmedien. So äußerte Grandke z.B. in einem Artikel der FR (10.5.2002) im Zusammenhang mit Gesprächen, die er mit DB-Managern führte, den Eindruck, dass „die (DB-Manager, J.S.) eher an der Vermarktung von Flächen und großen Bahnhöfen, denn an Fahrgästen interessiert sind". Die anderen politischen Akteure, als auch die wirtschaftlichen und gesellschaftlichen Vertreter, die bisher in Erscheinung traten (z.B. IHK und VCD), nutzen ihre Definitionsmacht, die sich durch gezielte Äußerungen in Zeitungen ergeben. So hat die FDP z.B. einen Antrag an den städtischen Magistrat gestellt, in dem gefordert wird, dass das Gebäude des alten Hauptbahnhofs saniert werden soll. Einzelhandel, Gastronomie oder Büros sollen nach den Vorstellungen der FDP angesiedelt werden. Es wird darauf hingewiesen, dass eventuell Fördergelder aus einem noch laufenden Programm des Landes Hessen zur Modernisierung von Bahnhöfen wirksam werden könnte. Der Zweifel an dem Sinn eines neuen Hauptbahnhofs in Offenbach-Ost wird ebenfalls erneut geäußert (vgl. FR vom 4.12.2002). Anträge und Anfragen in den Stadtverordnetenversammlungen zu stellen, sind Handlungsstrategien der Parlamentsmitglieder, um ihre Definitionsmacht anzubringen. So sollen Themen, die aus ihrer Sicht behandelt werden müssen, auf die Tagesordnung gesetzt werden. Damit bietet sich die Möglichkeit, dass diese Themen in die Presse kommen, denn von den SVV wird regelmäßig in der Presse berichtet. Um ganz sicher zu gehen, dass ein Thema in den Zeitungen steht, werden im Vorfeld oder nach den SVV Pressemitteilungen herausgegeben. So kann gewährleistet werden, dass von den drei aus Offenbach regelmäßig berichtenden Zeitungen (FAZ, FR, OP) mindestens eine den Faden aufnimmt und darüber berichtet. In ähnlicher Weise verfahren alle anderen Akteure.

Die DB reagierte auf die Äußerungen von OB Grandke, mit denen er die zweite Phase des Entscheidungsprozesses einleitete, damit, dass sie zunächst nur von der technischen Machbarkeit des Projekts sprachen. Sie wiesen daneben darauf hin, dass die Finanzierung ein elementares Problem bei diesem Vorhaben darstellte. Die mit der Bahnreform verbundene Umstrukturierung, die zu dieser Zeit in vollem Gange war, bot den Verantwortlichen die Möglichkeit, die Verhandlungen mit der Stadt Offenbach in die Länge zu ziehen. Im Zuge der Bahnreform und der Gründung der beiden Immobiliengesellschaften (EIM und DB Imm) wurde das Konzept für „Frankfurt 21" entwickelt, daneben wurde das neue Fernverkehrskonzept entwickelt. All diese Faktoren waren einer Verlängerung der Verhandlungen zuträglich. Ein Grund, warum die DB im August 2000 der Fernbahnstation eine Absage erteilte, ist, dass die Verhandlungen zur Finanzierung des Projekts und der Wunsch der Stadt Offenbach, den alten Hauptbahnhof weiterhin als Haltestelle anzufahren, nicht abschließend geklärt werden konnten.

Die Einrichtung des Lenkungskreises resultiert aus den öffentlichen Reaktionen in der Stadt Offenbach und dem damit verbundenen erneuten Druck, den die Stadt in der Folge der Absage der DB mit Hilfe des Planungsrechts für das Güterbahnhofsgelände ausübte. Die DB richtete diesen Lenkungskreis aus mehreren Gründen ein. Sie merkte, dass die Stadt nicht ohne weiteres bereit war für das Güterbahnhofsgelände Baurecht zu schaffen. Daneben geht es ihr darum, diesen Entscheidungsprozess nun zu einem Ende zu bringen, bei dem alle Wünsche und Erwartungen der im Planungsprozess beteiligten Akteure (DB, RMV, Stadt) geäußert sind und das Machbare erörtert wurde. Kurz gesagt soll ein „sauberes Ende" herbeigeführt werden. Dieses ist nur durch eine Kooperation von allen Seiten zu erreichen. Die Verhandlungen im Lenkungskreis und den zugeordneten Arbeitskreisen stellen eine typische Form einer postfordistisch geprägten Politik dar.

Die Rolle der räumlichen Strukturen und Zusammenhänge bei der Produktion
der akteursspezifischen „Strategischen Raumbilder"

An der Produktion von strategischen Raumbildern in der Folge von subjektiven räumlichen Zielvorstellungen sind in erster Linie die verschiedenen städtischen Akteure beteiligt. Die Forderung der Stadt nach einem Fernbahnhalt, kollidiert mit dem MEHDORN'schen[81] strategischen Raumbild des mit den Luftfahrtgesellschaften konkurrierenden Fernbahnnetzes. Es soll schnelle Verbindungen zwischen den vermeintlich wichtigen Zentren in der Bundesrepublik bieten. Konsequenz ist, dass das Fernbahnnetz der DB stark ausgedünnt wird. Dem steht auf der lokalen Ebene der Stadt Offenbach der Wunsch nach einer neuen Fernbahnstation entgegen.

Der Weg zum in erster Linie von OB Grandke unter Mithilfe vieler Fachleute aus der städtischen Verwaltung seit 1994 entwickelten strategischen Raumbild soll hier kurz nachvollzogen werden. Im RROP von 1995 steht im Abschnitt „Verkehr": in Oberzentren sind „geeignete, zentral gelegene Flächen für die Verknüpfung von Verkehrsträgern und Wegen des Personenverkehrs" (RROP 1995, 28) zu schaffen, um den motorisierten Individualverkehr einzuschränken. Der Inhalt dieses Absatzes wurde so reproduziert, dass er zu den städtischen Zielvorstellungen passte. Die Forderung nach dem neuen Hauptbahnhof konnte damit begründet werden und es wurde eine Grundlage für die Verhandlungen mit der DB geschaffen. In der Folgezeit bis 1998 wurde der Werkbericht „Zukunft Bahn Offenbach" (BPA 2001) angefertigt, der alle wichtigen Argumente für die Hauptbahnhofsverlegung aufführt. Dabei wird u.a. mit der zu erwartenden Entwicklung von Arbeitsplätzen und Einwohnern im Bereich der beiden Bahnhöfe bei Bau des neuen Hauptbahnhof gearbeitet. Des Weiteren werden detaillierte Zielvorstellungen für die städtebaulichen Entwicklungen definiert. Dieser Werkbericht stellt somit das ausführlichste Dokument dar, das der strategischen Argumentation von OB Grandke konkrete Inhalte und fachlich fundierte Orientierungspunkte liefert. Im Haushaltssanierungskonzept 2000 werden mit Rekurs auf den Werkbericht die mit der Hauptbahnhofsverlegung verbundenen Ziele der Stadt Offenbach erneut dargelegt (vgl. HSK 2000, 19 ff.). Der Regionalplan 2000 liefert wiederum ein Argument, das zur Erneuerung der Forderungen gegenüber der DB beiträgt. Dort heißt es, dass das Verkehrssystem so gestaltet werden soll, dass die Oberzentren „die Funktion von Verknüpfungspunkten des großräumigen mit dem regionalen Verkehr erfüllen können" (RP 2000, 9). Daneben werden die in der Biographie des Entscheidungsprozesses bereits genannten Aspekte des Generalverkehrsplans des UVF reproduziert und mit den anderen Argumenten zu einem stimmigen strategischen Raumbild zusammengefügt.

---

81 Hartmut Mehdorn ist der Vorstandsvorsitzende des DB Konzerns.

Wer sich neben OB Grandke für den neuen Hauptbahnhof ausspricht, argumentiert neben den genannten Aspekten mit dem Fahrgastpotential (hier ist die Rede von bis zu 300.000 Personen; vgl. IHK 35/2000 und 92/2000) und mit der Verknüpfungsfunktion, die dort wirksam wird. Gegenüber der DB wird geäußert, dass sie sich selbst damit schadet, wenn sie dieses Potential vernachlässigt. Die Offenbacher Akteure verwenden für ihre subjektiven Konstruktionen neben den funktionalen Vorteilen des Bahnhofsneubaus die ökonomischen Chancen, die sich aus ihrer Sicht der DB bieten.

Dem entgegen stellen sich die strategischen Raumbilder der Akteure, die die Hauptbahnhofsverlegung für nicht realisierbar halten. Sie definieren einen Diskurs, der sich in den Formulierungen auf die südliche Innenstadt rund um den Hauptbahnhof (insbesondere die südliche Kaiserstraße) konzentriert. Die damit verfolgten strategischen Raumbilder lassen sich in ihrer Argumentation in den Bereich der identifikatorisch-lebensweltlichen Orientierungen einordnen. Um die Ziele der Befürworter der Hauptbahnhofsverlegung zu diskreditieren, wird mit der Unmöglichkeit der Vermarktung der Trassenflächen und vor allem damit argumentiert, dass ein Verknüpfungsbahnhof keinen Sinn mache, weil z.B. bezweifelt wird, dass „ein neuer Knotenpunkt mit relevanten Umsteigebeziehungen entstehen könnte. Das wäre nur dann der Fall, wenn Offenbach zu einem Fernbahnhof mit IC- und ICE-Halt wird, wofür – eingeklemmt zwischen Frankfurt und Hanau – wenig spricht" (FR vom 4.12.2002)[82].

Diese Akteure sind allerdings mit einem elementaren Nachteil konfrontiert, denn von den Informationen zum Stand der Verhandlungen und zu sachlichen Daten aus Gutachten u.ä. werden sie in der Regel ausgeschlossen. Das gilt für alle Akteure, die nicht direkt am Planungsnetzwerk beteiligt sind. Die Akteure, die dem Magistrat politisch nahe stehen, werden eher dazu bereit sein, die einseitig verzerrten Argumente, die ihnen aus der Verwaltungsspitze zugetragen werden, zu akzeptieren, bzw. sie selbst zu reproduzieren. Die gegnerischen Akteure aus dem politischen Netzwerk müssen sich mit den allgemein zugänglichen Ressourcen zufrieden geben und können lediglich durch ihre Definitionsmacht versuchen, dass der Diskurs zum Thema z.B. durch die Printmedien in ihrem Sinne befördert wird.

---

[82] Es muss aber darauf hingewiesen werden, dass seit dem Fahrplanwechsel im Dezember 2002 wieder zwei IC zu Tagesrandzeiten am Offenbacher Hauptbahnhof halten (vgl. FAZ vom 6.12.2002).

D.   Zusammenfassung

1.   Politische Entscheidungsprozesse und Stadtentwicklung zwischen Struktur und Handeln – ein Fazit

Sollen politische Entscheidungsprozesse im Rahmen der Stadtentwicklung untersucht und analysiert werden, so stellt sich das Problem des theoretischen Zugangs. Man sollte weder davon ausgehen, dass das Handeln der Akteure durch die systemische Struktur determiniert wird, noch dass es sich genau umgekehrt verhält, sondern dass beide Seiten in einem nicht zu trennenden gegenseitigen Abhängigkeitsverhältnis stehen. Daher sollten theoretische Zugänge gewählt werden, die es ermöglichen, sowohl die strukturellen Gegebenheiten, als auch das Handeln der Akteure zu analysieren und sie aufeinander zu beziehen.

Um die aktuellen strukturellen Gegebenheiten der untersuchten Kommune analysieren zu können, wurde ein theoretischer Ansatz, die Regulationstheorie gewählt, der sowohl auf den wirtschaftlichen Strukturwandel, die gesellschaftliche Entwicklung und den Wandel des Staats- und Politikverständnisses eingeht, die den Handlungsrahmen der Stadtentwicklungspolitik bilden. Das Handeln der Akteure, die sich auf die gegebenen Strukturen beziehen und diese durch ihr Handeln überformen, findet dabei zunehmend unter Bezugnahme auf globale Entwicklungen statt.

Möchte man die konkreten politischen Entscheidungsprozesse untersuchen, die unter Bezugnahme auf die strukturellen (räumlichen und nicht-räumlichen) Gegebenheiten stattfinden und zu ihrer Transformation beitragen, so muss geklärt werden, unter welchen Prämissen die Akteure handeln, insbesondere dann, wenn sich latente gesellschaftliche Konfliktlinien zu manifesten Konflikten auswachsen. Dabei geht es darum, welche Machtpotentiale ihnen zur Verfügung stehen, um ihre Ziele und Interessen durchzusetzen und wie sie räumliche Gegebenheiten instrumentalisieren und in ihre Handlungsstrategien einbeziehen. Das führt zu der Annahme, dass die (räumlichen) Strukturen nur als je spezifisch produzierte subjektive Konstrukte der Akteure innerhalb eines raumbezogenen Konflikts zum Tragen kommen können.

Der wirtschaftliche Strukturwandel führt zu veränderten räumlichen Standortsystemen von Wirtschaftsunternehmen. Als Folge der Verlegung von Betrieben werden u.a. innerstädtische Flächen freigesetzt. Diese Flächen stellen ein wichtiges Potential der Stadtentwicklung dar und sind Chance und Risiko zugleich. Ihre Umnutzung führt oftmals zu politischen Entscheidungsprozessen, bei denen konfligierende Ziele und Interessen von beteiligten Akteuren zum Tragen kommen. Dabei hängt es von den Machtpotentialen und Handlungsstrategien der Akteure ab, inwieweit sich welche räumlichen Zielvorstellungen durchsetzen können.

Im empirischen Teil der Arbeit wurde zunächst der Strukturwandel der Stadt Offenbach mit seinen Auswirkungen auf den kommunalen Haushalt und die von den Verantwortlichen gezogenen Konsequenzen für die Stadtentwicklungspolitik beschrieben. Es wurde allgemein der Nutzungswandel der ehemaligen Industrieflächen beschrieben und seine Bedeutung für die Stadtentwicklung von Offenbach erörtert. Darauf aufbauend wurden zwei politische Entscheidungsprozesse im Kontext des Nutzungswandels ehemaliger Industrieflächen erarbeitet. Dabei wurde deutlich, dass der geplante Nutzungswandel der Flächen Auslöser für vielschichtige und komplexe Diskurse war, an denen sich u.a. ideologische und ökonomische Konflikte entbrannten. Die Machtpotentiale und Handlungsstrategien zur Durchsetzung der Ziele und Interessen der Akteure wurden durch eine Dekonstruktion offengelegt. Auf dieser Grundlage wurden die strategischen Raumbilder verschiedener Akteure entwickelt.

2.   Zum Nutzen der Ergebnisse

Die Ergebnisse sollen dazu beitragen, die betrachteten Entscheidungsprozesse transparenter zu machen. Um Verlauf und Ergebnis der Konfliktverläufe beurteilen zu können, ist es nötig, die Handlungsziele und –strategien der beteiligten Akteure nachvollziehen und begreifen zu können. Um ein anwendungsorientiertes und übertragbares Konfliktverstehen zu erreichen, muss ein Rückbezug auf ein theoretisches Konzept vorhanden sein. Dazu wurden die hier beschriebenen theoretischen Zugänge zwischen Struktur und Handeln entwickelt. Die Arbeit möchte einen Beitrag zu einer Forschung leisten, die sich „vor allem auf die Analyse politischer Konflikte konzentrieren, [...] sich von harmonistischen Gesellschaftsvorstellungen jedweder Art verabschieden" (MASSING 1992, zitiert nach REUBER 1999, 336) und sich mit den Realitäten bzw. den alltäglichen Regionalisierungen der Akteure auseinandersetzen muss.

Reflektiert man vor dem Hintergrund der Ergebnisse den Begriff der Politischen Kultur, so bedeutet dieser eine „emanzipierte Erkenntnis der Unvollkommenheit menschlicher Politik- und Verteilungssysteme gepaart mit der Notwendigkeit, in einem ständigen Diskurs deren Regeln neu zu überdenken. Auch im Rahmen raumbezogener Konflikte geht es [...] um eine weitest mögliche Transparenz der Entscheidungsstrukturen und um eine (möglichst) gleichberechtigte Einbindung verschiedenster Akteure, Meinungen und Interessen in die Gestaltung der räumlichen Strukturen der Lebenswelt" (REUBER 1999, 336). Die Ergebnisse sollen helfen, dazu beizutragen, dass – in Rekurs auf eines der Leitziele des Offenbacher City-Management – Betroffene zu Beteiligten (vgl. AWIFÖ) werden. Die Ergebnisse der Arbeit sollen dabei helfen, dass Planungsbetroffene die inneren Abläufe und Strukturen von politischen Entscheidungsprozessen verstehen und für eventuelle eigene Interventionen im politischen Bereich gewappnet sind.

E. Literatur

AKADEMIE FÜR RAUMFORSCHUNG UND LANDESPLANUNG (Hrsg.) 1998: Methoden und Instrumente räumlicher Planung. – Hannover.

AMBERGER, Jürgen u. Gerhard GRANDKE 1995: Stadtmarketing Offenbach. Ein Praxisbericht zur Anwendung des Marketingansatzes in der Stadtentwicklung. – In: Marktforschung und Management. Zeitschrift für marktorientierte Unternehmenspolitik, Nr. 4. S. 159-164.

BARTH, Sabine 2000: Innerstädtischer Flächennutzungswandel – am Beispiel der Berliner Straße in Offenbach am Main. – Frankfurt am Main (unveröffentlichte Diplomarbeit).

BASTEN, Ludger 1998: Die neue Mitte Oberhausen: ein Großprojekt der Stadtentwicklung im Spannungsfeld von Politik und Planung. (= Stadtforschung aktuell, Bd. 67). – Basel; Boston; Berlin.

BATHELT, Harald 1994: Die Bedeutung der Regulationstheorie in der wirtschaftsgeographischen Forschung. – In: Geographische Zeitschrift, 82. Jahrgang, S. 63-90.

BAUGESETZBUCH (BauGB) 2000. 31. Aufl., Stand 1. März 2000. – München.

BERNDT, Christian 1999: Institutionen, Regulation und Geographie. – In: Erdkunde, Band 53, S. 302-316.

BLOTEVOGEL, Hans Heinrich 1999: Sozialgeographischer Paradigmenwechsel? Eine Kritik des Projekts der handlungszentrierten Sozialgeographie von Benno Werlen. – In: MEUSBURGER (Hrsg.), S. 1-33.

BOESCH, Martin 1989: Engagierte Geographie. Zur Rekonstruktion der Raumwissenschaft als politik-orientierte Geographie. (= Erdkundliches Wissen 98).- Stuttgart.

BORST, Renate/Stefan KRÄTKE/Margit MAYER/Roland ROTH u. Fritz SCHMOLL (Hrsg.) 1990: Das neue Gesicht der Städte. Theoretische Ansätze und empirische Befunde aus der internationalen Debatte. (= Stadtforschung aktuell, Bd. 29). – Basel; Boston; Berlin.

BRAUN, Dietmar 1999: Theorien rationalen Handelns in der Politikwissenschaft. Eine kritische Einführung. (= Grundwissen Politik 25). – Opladen.

BURKART, Günter 1996: Die Attraktoren der Armut – eine sozialökologische Untersuchung der wohnräumlichen Verteilung von Armut in der Stadt Offenbach als Beitrag zur örtlichen Sozialplanung. – Frankfurt am Main.

BURTH, Hans-Peter u. Ulrich DRUWE 1994: Rationalität und Moralität. In: KUNZ/ DRUWE, S. 156-169.

BUTZIN, Bernhard 1982: Elemente eines konfliktorientierten Basisentwurfs zur Geographie des Menschen. – In: SEDLACEK, S. 93-124.

DAHRENDORF, Ralf 1979: Zu einer Theorie des sozialen Konflikts. – In: ZAPF, Wolfgang (Hrsg.): Theorien des sozialen Wandels. 4. Aufl. – Königstein/Taunus, S. 108-123.

DALLGAHS, Ingo 2001: Der Planungsprozess "Europaviertel Frankfurt" als Netzwerk. Stadtgeographische Forschung im Zeichen von Handlungstheorie, Strukturationstheorie und Spätmoderne. - Frankfurt am Main (unveröffentlichte Diplomarbeit).

DANGSCHAT, Jens S. 1996: Raum als Dimension sozialer Ungleichheit und Ort als Bühne der Lebensstilisierung? – Zum Raumbezug sozialer Ungleichheit und von Lebensstilen. – In: SCHWENK, Otto G. (Hrsg.) 1996: Lebensstil zwischen Sozialstrukturanalyse und Kulturwissenschaft. (= Reihe „Sozialstrukturanalyse", Bd. 7). – Opladen, S. 99-135.

DANIELZYK, Rainer 1998: Zur Neuorientierung der Regionalforschung – ein konzeptioneller Beitrag. (= Wahrnehmungsgeographische Studien zur Regionalentwicklung, Heft 17).- Oldenburg.

DANIELZYK, Rainer u. Jürgen OSSENBRÜGGE 1996a: Globale und regionale wirtschaftsräumliche Organisationsformen aus regulations-theoretischer Perspektive. – In: FASSLER, Manfred/Johanna WILL u. Marita ZIMMERMANN (Hrsg.): Gegen die Restauration der Geopolitik. Zum Verhältnis von Ethnie, Nation und Globalität. (= Parabel. Schriftenreihe des Evangelischen Studienwerks Villigst Bd. 17), S. 143-164.

DANIELZYK, Rainer u. Jürgen OSSENBRÜGGE 1996b: Lokale Handlungsspielräume zur Gestaltung internationalisierter Wirtschaftsräume. Raumentwicklung zwischen Globalisierung und Regionalisierung. – In: Zeitschrift für Wirtschaftsgeographie, Jg. 40 (1996), Heft 1-2, S. 101-112. – Frankfurt am Main.

DEUTSCHES INSTITUT FÜR URBANISTIK (DIFU) 2001: Flächenrecycling als kommunale Aufgabe. Potenziale, Hemmnisse und Lösungsansätze in den deutschen Städten. (= Umweltberatung für Kommunen). – Berlin.

ESSER, Hartmut 2000: Soziologie. Spezielle Grundlagen. Band 5: Institutionen. – Frankfurt am Main; New York.

FLICK, Uwe 1999: Qualitative Forschung. Theorie, Methoden, Anwendung in Psychologie und Sozialwissenschaften. 4. Auflage. – Reinbek bei Hamburg.

FOUCAULT, Michel 1999: Botschaften der Macht. Der Foucault-Reader, Diskurs und Medien. Hrsg. von Jan ENGELMANN. – Stuttgart.

GEBHARDT, Hans 2001: Das Jahrzehnt der Bürgerinitiativen: Partizipative Bewegungen der 70er und 80er Jahre als Thema der Politischen Geographie. – In: REUBER/WOLKERSDORFER (Hrsg.), S. 147-176.

GEBHARDT, Hans/Günter HEINRITZ u. Reinhard WIESSNER (Hrsg.) 1998: Europa im Globalisierungsprozeß von Wirtschaft und Gesellschaft. – Stuttgart.

GIDDENS, Anthony 1988: Die Konstitution der Gesellschaft. Grundzüge einer Theorie der Strukturierung. (= Theorie und Gesellschaft, Bd. 1). - Frankfurt am Main; New York.

GIDDENS, Anthony 1995: Konsequenzen der Moderne. - Frankfurt am Main.

GIDDENS, Anthony 1999: Der dritte Weg. - Frankfurt am Main.

GIESEN, Bernhard 1993: Die Konflikttheorie. – In: ENDRUWEIT, Günter (Hrsg.): Moderne Theorien der Soziologie. – Stuttgart, S. 87-134.

GREGORY, Derek 1994: Geographical Imaginations. – Cambridge; Oxford.

HEINELT, Hubert u. Hellmut WOLLMANN (Hrsg.) 1991: Brennpunkt Stadt. Stadtpolitik und lokale Politikforschung in den 80er und 90er Jahren. (= Stadtforschung aktuell, Bd. 31). – Basel; Boston; Berlin.

HEINRITZ, Günter 2001: Regionale Geographie – Grundlage für Siedlungsentwicklung und Raumordnung? – In: WOLF/SCHYMIK (Hrsg.), S. 27-38.

HEINZ, Werner 1993: Public private partnership – ein neuer Weg zur Stadtentwicklung? – In: Ders. (Hrsg.): Public private partnership – ein neuer Weg zur Stadtentwicklung? (= Schriften des Deutschen Instituts für Urbanistik, Bd. 87) – Stuttgart; Berlin; Köln, S. 29-61.

HELBRECHT, Ilse 1994: „Stadtmarketing". Konturen einer kommunikativen Stadt - entwicklungspolitik. (= Stadtforschung aktuell, Bd. 44).- Basel; Boston; Berlin.

HELBRECHT, Ilse 1998: Globalisierung und lokale Politikstrategien in der Diskussion um die Postmoderne. In: GEBHARDT/HEINRITZ/WIESSNER (Hrsg.), S. 101-110.

HIRSCH, Joachim 1990: Kapitalismus ohne Alternative? Materialistische Gesellschafts-theorie und Möglichkeiten einer sozialistischen Politik heute. – Hamburg.

HIRSCH, Joachim 1995: Der nationale Wettbewerbsstaat. Staat, Demokratie und Politik im globalen Kapitalismus. – Berlin; Amsterdam.

HIRSCH, Joachim 1998: Vom Sicherheitsstaat zum nationalen Wettbewerbsstaat. – Berlin.

HIRSCH, Joachim u. Roland ROTH 1986: Das neue Gesicht des Kapitalismus. Vom Fordismus zum Post-Fordismus. – Hamburg.

HITZ, Hansruedi/Roger KEIL/Ute LEHRER/Klaus RONNEBERGER/Christian SCHMID u. Richard WOLFF (Hrsg.) 1995: Capitales Fatales. Urbanisierung und Politik in den Finanzmetropolen Frankfurt und Zürich. – Zürich.

HITZ, Hansruedi/Christian SCHMID u. Richard WOLFF 1995: Zur Dialektik der Metropole: Headquarter Economy und urbane Bewegungen.- In: HITZ/KEIL et al., S. 137-156.

HÖHMANN, Marc 1999: Flächenrecycling als raumwirksame Interaktion – Eine politisch-geographische Untersuchung über Entscheidungsstrukturen und Konfliktpotentiale räumlicher Veränderungen am Beispiel von Köln. (= Kölner Geographische Arbeiten 71). – Köln.

HÖHMANN, Marc 2000: Raumbezogene Konfliktforschung auf der lokalen Ebene – Das Beispiel Flächenrecycling in Köln. – In: Berichte zur deutschen Landeskunde, Bd. 74, Heft 1, S. 11-29. – Flensburg.

KAPPELHOFF, Peter 1997: Rational Choice, Macht und die korporative Organisation der Gesellschaft. – In: ORTMANN et al., S. 218-258.

KEIL, Roger 1991: Handlungsräume/Raumhandeln. Postfordistische Perspektiven zwischen Raumbildern und Raumbildnern. – In: WENTZ (Hrsg.), S. 185-208.

KELLER, Reiner 1997: Diskursanalyse. – In: HITZLER, Ronald/Anne HONER (Hrsg.) 1997: Sozialwissenschaftliche Hermeneutik. Eine Einführung. – Opladen, S. 309-333.

KIRSCH, Guy 1997: Neue Politische Ökonomie. 4., überarb. und erw. Aufl. – Düsseldorf.

KRÄTKE, Stefan 1991: Strukturwandel der Städte. Städtesystem und Grundstücksmarkt in der „post-fordistischen" Ära. – Frankfurt am Main; New York.

KRÄTKE, Stefan 1995: Stadt – Raum – Ökonomie. Einführung in aktuelle Problemfelder der Stadtökonomie und Wirtschaftsgeographie. (= Stadtforschung aktuell, Band 53). – Basel; Boston; Berlin.

KUNZ, Volker u. Ulrich DRUWE (Hrsg.) 1994: Rational Choice in der Politikwissenschaft. Grundlagen und Anwendungen. – Opladen.

KUNZ, Volker u. Ulrich DRUWE (Hrsg.) 1996: Handlungs- und Entscheidungstheorien in der Politikwissenschaft. Eine Einführung in Konzepte und Forschungsstand. – Opladen.

KÜPPER, Utz Ingo 1990: Zum Wandel der Verfahren und Entscheidungsstrukturen in Stadtentwicklung und Stadtplanung. – In: SIEVERTS (Hrsg.) 1990: Zukunftsaufgaben der Stadtplanung. – Düsseldorf, S. 133-168.

LAMNEK, Siegfried 1989: Qualitative Sozialforschung. Bd. 2: Methoden und Techniken. – München.

LEBORGNE, Danièle u. Alain LIPIETZ 1990: Neue Technologien, neue Regulationsweisen: Einige räumliche Implikationen. - In: BORST et al., S. 109-129.

LENDI, Martin 1995: Ethik der Raumplanung. – In: AKADEMIE FÜR RAUMFOR-
SCHUNG UND LANDESPLANUNG: Handwörterbuch der Raumordnung. –
Hannover, S. 232-237.

LIPIETZ, Alain 1991: Zur Zukunft der städtischen Ökologie. Ein regulationstheoreti-
scher Beitrag. – In: WENTZ (Hrsg.), S. 129-136.

MAYER, Margit 1990: Lokale Politik in der unternehmerischen Stadt. – In: BORST,
Renate et al., S. 190-208.

MAYER, Margit 1991: „Postfordismus" und „lokaler Staat". – In: HEI-
NELT/WOLLMANN , S. 31-51.

MAYER, Margit 1996: Postfordistische Stadtpolitik. Neue Regulationsweisen in der
lokalen Politik und Planung. – In: Zeitschrift für Wirtschaftsgeographie, Jg. 40
(1996), Heft 1-2, S. 20-27. – Frankfurt am Main.

MEUSBURGER, Peter 1999: Subjekt – Organisation – Region – Fragen an die subjektzentrierte Handlungstheorie. - In: MEUSBURGER (Hrsg.), S. 95-132.

MEUSBURGER, Peter (Hrsg.) 1999: Handlungszentrierte Sozialgeographie. Benno
Werlens Entwurf in kritischer Diskussion. (= Erdkundliches Wissen 130). –
Stuttgart.

MEUSER, Michael u. Ulrike Nagel 1991 : ExpertInneninterviews – vielfach erprobt,
wenig bedacht. Ein Beitrag zur qualitativen Methodendiskussion . – In:
GARZ/KRAIMER (Hrsg.): Qualitativ – empirische Sozialforschung. Konzepte,
Methoden, Analysen. – Opladen; S. 441-471.

MIOSGA, Manfred 2001: Struktur und Handeln im Regulationsansatz: Die soziale
Formbestimmtheit von Handeln und Institutionen. – In: REUBER/ WOLKERS-
DORFER 2001, S. 269-277.

NOLLER, Peter/Walter PRIGGE u. Klaus RONNEBERGER 1994: Zur Theorie der Globalisierung. – In: Dies. (Hrsg.): Stadt-Welt. Über die Globalisierung städtischer
Milieus. (= Die Zukunft des Städtischen, Frankfurter Beiträge, Bd. 6). – Frankfurt am Main; New York, S. 13-21.

ORTMANN, Günther/Jörg SYDOW u. Klaus TÜRK (Hrsg.) 1997: Theorien der Organisation. Die Rückkehr der Gesellschaft. – Opladen.

ORTMANN, Günther/Jörg SYDOW u. Klaus TÜRK 1997: Organisation, Strukturation,
Gesellschaft. Die Rückkehr der Gesellschaft in die Organisationstheorie. – In:
ORTMANN et al., S. 15-34.

OSSENBRÜGGE, Jürgen 1983: Politische Geographie als räumliche Konfliktforschung.
Konzepte zur Analyse der politischen und sozialen Organisation des Raumes auf
der Grundlage anglo-amerikanischer Forschungsansätze. (= Hamburger Geographische Studien, Heft 40). – Hamburg.

OSSENBRÜGGE, Jürgen 2001: Modernisierung der Belanglosigkeit oder Neubeginn
einer kritischen Politischen Geographie? Anmerkungen zur wissenschaftlichen
Lage und zum Start eines Arbeitskreises. – In: REUBER/WOLKERSDORFER
(Hrsg.), S. 177-184.

POHL, Jürgen 1989: Die Wirklichkeiten von Planungsbetroffenen verstehen. Eine Studie zur Umweltbelastung im Münchner Norden. – In: SEDLACEK, Peter (Hrsg.):
Programm und Praxis qualitativer Sozialgeographie. (= Wahrnehmungsgeographische Studien zur Regionalentwicklung, Heft 6). – Oldenburg, S. 39-64.

REUBER, Paul 1999: Raumbezogene Politische Konflikte. Geographische Konfliktforschung am Beispiel von Gemeindegebietsreformen. (= Erdkundliches Wissen
131). – Stuttgart.

REUBER, Paul 2000: Macht und Raum – Geographische Konfliktforschung am Beispiel von Gebietsreformen. – In: Berichte zur deutschen Landeskunde, Bd. 74, Heft 1, S. 31-54. – Flensburg.

REUBER, Paul 2001: Möglichkeiten und Grenzen einer handlungsorientierten Politischen Geographie. – In: REUBER/WOLKERSDORFER (Hrsg.), S. 77-92.

REUBER, Paul u. Günter WOLKERSDORFER (Hrsg.) 2001: Politische Geographie: Handlungsorientierte Ansätze und Critical Geopolitics. (= Heidelberger Geographische Arbeiten 112). – Heidelberg.

RÜEGG, Erwin 1996: Urbanität und Stadtentwicklung. Politische Entscheidungsprozesse in Bologna, Frankfurt/Main und Zürich. (=Europäische Urbanität – Politik der Städte, Bd. 1). - Amsterdam.

SAHM, Winfried B. u. Christina USLULAR-THIELE 1997: Offenbach – was für eine Stadt. – o.O.

SCHELLER, Jens Peter 2001: Auf der Suche nach den Grenzen der Region. Die Rolle territorialer Abgrenzungen in der aktuellen rhein-mainischen Regionalreformdebatte. – In: WOLF/SCHYMIK (Hrsg.), S. 313-359.

SCHELTE, Jeannette 1999: Räumlich-struktureller Wandel in Innenstädten. Moderne Entwicklungsansätze für ehemalige Gewerbe- und Verkehrsflächen. (= Dortmunder Beiträge zur Raumplanung 97). – Dortmund.

SCHMID, Heiko 2002: Der Wiederaufbau des Beiruter Stadtzentrums. Ein Beitrag zur handlungsorientierten politisch-geographischen Konfliktforschung. (= Heidelberger Geographische Arbeiten 114). – Heidelberg.

SCHMITT, Annette 1996: Ist es rational, den Rational Choice-Ansatz zur Analyse politischen Handelns heranzuziehen? – In: KUNZ/DRUWE, S. 106-126.

SCHNEIDER, Herbert 1997: Stadtentwicklung als politischer Prozeß. Stadtentwicklungsstrategien in Heidelberg, Wuppertal, Dresden und Trier. (= Städte und Regionen in Europa, Bd. 2). – Opladen.

SEDLACEK, Peter 1982: Kulturgeographie als normative Handlungswissenschaft. In: SEDLACEK (Hrsg.), S. 187-216.

SEDLACEK, Peter (Hrsg.) 1982: Kultur-/Sozialgeographie. – Paderborn; München; Wien; Zürich.

SOJA, Edward W. 1995: Postmoderne Urbanisierung. Die sechs Restrukturierungen von Los Angeles. – In: FUCHS/MOLTMANN/PRIGGE (Hrsg.): Mythos Metropole. – Frankfurt am Main, S. 143-164.

SOYEZ, Dietrich 1985: Ressourcenverknappung und Konflikt. Entstehen und Raumwirksamkeit mit Beispielen aus dem mittelschwedischen Industriegebiet. (=Arbeiten aus dem Geographischen Institut der Universität des Saarlandes, Band 35). – Saarbrücken.

SOYEZ, Dietrich 1997: Raumwirksame Lobbytätigkeit. – In: GRAAFEN, Rainer/Wolf TIETZE (Hrsg.): Raumwirksame Staatstätigkeit. (= Colloquium Geographicum, Bd. 23). – Bonn, S. 217-231.

SOYEZ, Dietrich 1998: Globalisierung „von unten": Transnationale Lobbies und industrieller Wandel. – In: GEBHARDT/HEINRITZ/WIESSNER (Hrsg.), S. 55-65.

STRATMANN, Bernhard 1999: Stadtentwicklung in globalen Zeiten. Lokale Strategien, städtische Lebensqualität und Globalisierung. (= Stadtforschung aktuell, Band 75). – Basel, Boston, Berlin.

WENTZ, Martin (Hrsg.) 1991: Stadt-Räume. (= Die Zukunft des Städtischen, Frankfurter Beiträge, Band 2). – Frankfurt am Main; New York.

WENTZ, Martin (Hrsg.) 1992: Planungskulturen. (= Die Zukunft des Städtischen, Frankfurter Beiträge, Band 3). – Frankfurt am Main; New York.

WERLEN, Benno 1995: Sozialgeographie alltäglicher Regionalisierungen. Bd. 1: Zur Ontologie von Gesellschaft und Raum. (= Erdkundliches Wissen 116).- Stuttgart.

WERLEN, Benno 1997a: Gesellschaft, Handlung und Raum. Grundlagen handlungstheoretischer Sozialgeographie. 3., überarb. Aufl. – Stuttgart.

WERLEN, Benno 1997b: Sozialgeographie alltäglicher Regionalisierungen. Bd. 2: Globalisierung, Region und Regionalisierung. (= Erdkundliches Wissen 119).- Stuttgart.

WERLEN, Benno 1999: Handlungszentrierte Sozialgeographie. Replik auf die Kritiken. – In: MEUSBURGER 1999, S. 247-268.

WIEGANDT, Claus-Christian 2001: Erfolgsbedingungen und Hemmnisse bei der Wiedernutzung von Gewerbebrachen – Erfahrungen aus dem Experimentellen Wohnungs- und Städtebau. In: JOB, Hubert & Martin KOCH (Hrsg.): Gewerbebrachflächenrecycling. Ein Beitrag zur nachhaltigen Stadt- und Regionalentwicklung. (= Münchner Studien zur Sozial- und Wirtschaftsgeographie, Bd. 42). – Kallmünz/Regensburg, S. 15-29.

WOLF, Klaus 1998: Theoretische Aspekte der räumlichen Planung. – In: AKADEMIE FÜR RAUMFORSCHUNG UND LANDESPLANUNG (Hrsg.), S. 39-50.

WOLF, Klaus u. Franz SCHYMIK (Hrsg.) 2001: 75 Jahre Rhein-Mainische Forschung 1925 – 2000. (= Rhein-Mainische Forschungen, Heft 119). – Frankfurt am Main.

WOLKERSDORFER, Günter 2001: Politische Geographie und Geopolitik zwischen Moderne und Postmoderne. (= Heidelberger Geographische Arbeiten 111). – Heidelberg.

WOOD, Gerald 2003: Die Wahrnehmung städtischen Wandels in der Postmoderne. Untersucht am Beispiel der Stadt Oberhausen. (= Stadtforschung aktuell, Band 88). – Opladen.

ZEHNER, Klaus 2001: Stadtgeographie. – Gotha.

ZIERHOFER, Wolfgang 1999: Geographie der Hybriden. – In: Erdkunde, Band 53, S. 1-13.

ZIMMERLING, Ruth 1994: ,Rational Choice'-Theorien: Fluch oder Segen für die Politikwissenschaft? – In: KUNZ/DRUWE, S. 14-25.

Zitierte Zeitungsartikel

Frankfurter Allgemeine Zeitung

FAZ vom 11.10.1991: Büro- und Gewerbezentrum an der künftigen S-Bahn-Station.

FAZ vom 21.11.1991: Verzicht auf „Modesprache der heutigen Architektur".

FAZ vom 23.4.1994: „Aschaffenburg ist momentan das Beste für uns".

FAZ vom 17.9.1997: Einzelhändler gegen Fachmarkt-Zentrum.

FAZ vom 25.3.1998: Einzelhandelsverband wechselt Geschäftsführer.

FAZ vom 6.5.1998: Einzelhändler gegen Fachmarkt.

FAZ vom 26.9.1998: Lavis-Areal: Umlandverband stimmt Fachmarktzentrum zu.

FAZ vom 12.12.1998: Offenbach ist einsame Spitze.

FAZ vom 19.12.1998: Deutsche Bahn AG will neuen Zentralbahnhof in Offenbach bauen.

FAZ vom 16.10.2000: Neue Arbeitsplätze, Trend-Lokale, sogar Hochhäuser.

FAZ vom 22.9.2001: Offenbacher Parteien streiten um Stadtentwicklung.

FAZ vom 5.11.2001: „Ich bin unternehmerfreundlich".

FAZ vom 16.8.2002: Durch Einkaufszentrum Kunden zurückgewonnen.

FAZ vom 16.11.2002: Stadt muß Steuer zurückzahlen.

FAZ vom 6.12.2002: Stadt soll „Knoten im regionalen Netz" bleiben.

FAZ vom 30.4.2003: Hospital wird Hauptbau des Justizzentrums.

Frankfurter Rundschau

FR vom 11.10.1991: 2000 Arbeitsplätze am Güterbahnhof.

FR vom 9.1.1992: Hier treffen und trennen sich die Züge.

FR vom 12.2.1994: Am Ostbahnhof sollen bald Fernzüge halten.

FR vom 23.4.1994a: Grundstück war Lavis zu teuer.

FR vom 23.4.1994b: Zur Sache: Firma Lavis.

FR vom 3.8.1996: Lavis ist mittendrin im Umzug.

FR vom 26.11.1997: In der Offenbacher City stehen fast 70 Läden leer.

FR vom 6.2.1998: Einzelhandel in Aufruhr.

FR vom 25.3.1998: Geschäftsleute wollen gegen Fachmärkte am Stadtrand kämpfen.

FR vom 22.4.1998: Mühlheim will Offenbach das Fachmarktzentrum ausreden.

FR vom 24.4.1998: Bürgerversammlung mit sieben Bürgern.

FR vom 24.9.1998: Umlandverband hat keine Bedenken.

FR vom 12.12.1998: Ergänzendes Angebot zur City.

FR vom 18.12.1998: Künftig soll am Ostbahnhof der Zug abgehen.

FR vom 27.10.1999: Das Ring-Center soll dem Umland Kunden abjagen.

FR vom 8.8.2000: Deutsche Bahn will Fernzüge an Offenbach vorbeibrausen lassen.

FR vom 15.8.2000: Fernzüge müssen in der Großstadt halten.

FR vom 25.9.2001: CDU hält Entwicklung der City für Patchwork.

FR vom 7.11.2001: „Der südliche Teil der Kaiserstraße verslumt".

FR vom 16.1.2002: Studie soll Weichen für neuen Hauptbahnhof stellen.

FR vom 19.3.2002: Justizneubau kommt, das alte Hospital fällt.

FR vom 10.5.2002: Land soll Bahn Dampf machen.

FR vom 16.8.2002: Offenbacher kaufen häufiger in ihrer Stadt ein.

FR vom 4.12.2002: FDP: Hauptbahnhof muss aufgepeppt werden.

FR vom 30.4./1.5.2003: Ehemaliges Hospital bleibt, das Justizzentrum kommt.

Offenbach Post

OP vom 11.10.1991: „Durch neue Bebauungspläne Stadtentwicklung gesteuert".

OP vom 3.12.1992: Güterabfertigung hat eine ungewisse Zukunft.

OP vom 3.12.1993: Frachtzentrum am Güterbahnhof ohne Chance.

OP vom 12./13.2.1994: Zwei zusätzliche Bahnsteige sind noch Zukunftsvision.

OP vom 13.5.1994: Holzmann sichert Arbeitsplätze auf Lavis-Gelände zu.

OP vom 28.12.1994: Bebauungsplan zu Güterbahnhof liegt nun auf Eis/Stadt und Bahn blockieren einander.

OP vom 19./20.4.1997: Gartencenter statt Stahlbau bei Lavis an der Senefelder?

OP vom 20./21.9.1997: „Lavis-Projekt ist Tod der Innenstadt".

OP vom 7.11.1997: „Der Kunde ist heute ein Schnäppchenjäger".

OP vom 11.11.1997: Handel gegen Flächenwahn.

OP vom 18.12.1997: Im Februar soll bei Lavis Abriß für die Fachmärkte beginnen.

OP vom 23.12.1997: Protest gegen die Fachmärkte.

OP vom 27./28.12.1997: „Standort Offenbach heruntergeredet".

OP vom 6.3.1998: Nachfolge von Sohn geregelt.

OP vom 7./8.3.1998: Einzelhändler wollen ihren Sohn wiederhaben.

OP vom 25.3.1998: Einzelhandel setzt auf alten Bekannten.

OP vom 25./26.4.1998: „Innenstadt wird weiter veröden".

OP vom 27.4.1998: Viele Einzelhändler warten zunächst ab.

OP vom 7.5.1998: Umlandverband: Streit um Lavis.

OP vom 14.5.1998: „Innenstädte veröden".

OP vom 29.5.1998: Lavis-Gelände: Baubeginn im August möglich.

OP vom 25.6.1998: Bis August Klarheit über Ostbahnhof?

OP vom 30.9.1998: Fachmarktzentrum auf Lavis-Areal genehmigt.

OP vom 22.12.1998: Neuer Hauptbahnhof/Offenbach-Ost soll zentrale Station werden.

OP vom 29.1.1999: „Das Einkaufsangebot in der City verflacht".

OP vom 5.10.1999: „Innenstadt ist für Rewe gut gerüstet".

OP vom 16.8.2000: Ohne Titel.

OP vom 28.10.2000: Einzelhändler krempeln ihren Verband um.

OP vom 6.3.2001: Ein alter Brückenkran wird auf dem Industriebahnweg aufgeteilt.

OP vom 5.11.2001: IHK: Ringcenter hat Offenbachs City keine Kaufkraft genommen.

Quellenverzeichnis

Stadt Offenbach am Main

AMT FÜR WIRTSCHAFTSFÖRDERUNG UND LIEGENSCHAFTEN, STADTVERWALTUNG OFFENBACH AM MAIN (Hrsg.) O.J.: City-Management OF. Partner im Public-Private-Partnership-Prozess. – Offenbach. (zitiert als AWIFÖ).

BAU- UND PLANUNGSAMT DER STADT OFFENBACH AM MAIN (Hrsg.) 2001: Zukunft Bahn Offenbach. Werkbericht 1. 2., unveränderte Aufl. – Offenbach. (zitiert als BPA 2001).

MAGISTRAT DER STADT OFFENBACH AM MAIN (Hrsg.) 2000: Haushaltssanierungskonzept 2000. – Offenbach. (zitiert als HSK 2000).

STADT OFFENBACH AM MAIN 2002: Lokale Agenda 21. Leitbilder. Quelle: www.offenbach.de/bpu/index.html. (zitiert als LA 21 2002).

STADT OFFENBACH AM MAIN 2001: Zahlen/Wahlen. Alle Wahlergebnisse seit 1993. Quelle: www.offenbach.de/zahlen/index.html. (zitiert als OF WAHLEN 2001).

Stadtarchiv Offenbach am Main

M 21	Schlachthof.
M 34	Hassia-Fabrik.
M 46	Sprendlinger Landstraße.
M 46	Stadthof.
M 46	Strahlenberger Straße.
M 65	Firma Glockenbrot.
M 70s	Cinemaxx.
M 79b	Güterbahnhof.
M 79c	Ostbahnhof.
M 127	Haus der Wirtschaft.
M 176gg	Einzelhandelsverband für Stadt und Kreis Offenbach.
M 205	Firma Collet & Engelhard.
M 208	Firma Hartmann AG.
M 220	Firma Kramp & Comp.
M 233	Heyne-Fabrik.
M 433	Firma Rowenta.
M 436	Firma Mabeg.
M 437	Firma Mädler.
M 535	Firma Rügner.
M 547	Firma Becker.
M 605	Firma Danfoss.
M 605	Firma Jado.
M 605	Firma Lavis.
M 605	Firma Nube.
M 605	Firma Rheinberger.
M 605	Ring-Center.
M 694	Firma MSO.
M 709	Offenbach-Post.
M 711	Firma Schlesinger.
Y-Slg. 920	Firma Sustan.
ZA 7230	Omega-Haus.

Sonstige Quellen

AS&P ALBERT SPEER & PARTNER GMBH 1997: Großflächiger Einzelhandel in Offenbach am Main. Stadtstrukturelle Empfehlungen. – Frankfurt am Main. (zitiert als ASP 1997).

GESELLSCHAFT FÜR KONSUMFORSCHUNG (GfK) 1997: Markt- und Standortgutachten zur Sicherung der Einkaufsattraktivität in der Stadt Offenbach (am Main). – Nürnberg. (zitiert als GfK 1997).

HESSISCHES MINISTERIUM FÜR WIRTSCHAFT, VERKEHR UND LANDESENTWICKLUNG (Hrsg.) 1995: Regionaler Raumordnungsplan Südhessen 1995. – Wiesbaden. (zitiert als RROP 1995).

HESSISCHES STATISTISCHES LANDESAMT (Hrsg.) 2003: Ausgewählte Daten über Gemeinden. Quelle: www.hsl.de/Allgemein/daten.htm. (zitiert als HSL 2003).

INDUSTRIE- UND HANDELSKAMMER OFFENBACH - Nachrichten für Presse, Funk und Fernsehen (35/2000): IHK Offenbach gegen Streichung der Fernzüge: Bahn-Argumente sind nicht stichhaltig (zitiert als IHK 35/2000).

INDUSTRIE- UND HANDELSKAMMER OFFENBACH - Nachrichten für Presse, Funk und Fernsehen (92/2000): IHK fordert Fernbahnhof in Offenbach-Ost. Fern-, Regional- und S-Bahnverkehr müssen miteinander verknüpft werden (zitiert als IHK 92/2000).

Koalitionsvertrag zwischen SPD, Bündnis 90/Die Grünen und FWG für die Legislaturperiode 1997-2001. Quelle: www.gruene-offenbach.de/fraktion/index.shtml. (zitiert als Koalitionsvertrag 1997).

Koalitionsvertrag zwischen SPD, Bündnis 90/Die Grünen und FWG für die Legislaturperiode 2001-2005. Quelle: www.gruene-offenbach.de/fraktion/index.shtml. (zitiert als Koalitionsvertrag 2001).

REGIERUNGSPRÄSIDIUM DARMSTADT 1999: Regionalplan Südhessen Entwurf 1999. Anhörung und Offenlegung. Drucksache Nr. HPA/13/9. – Darmstadt. (zitiert als RP 1999, HPA/13/9).

REGIERUNGSPRÄSIDIUM DARMSTADT (Hrsg.) 2000: Regionalplan Südhessen 2000. – Darmstadt. (zitiert als RP 2000).

Thesenpapier der CDU Offenbach-Stadt zum Kreisparteitag am 05.09.2001 zum Thema „Stadtentwicklung" in Offenbach. (zitiert als CDU Thesenpapier).

UVF-PRESSEMITTEILUNG vom 13.5.1998: Verfahren für Einkaufszentrum in Offenbach eingeleitet.

UMLANDVERBAND FRANKFURT (UVF) 1998a: Beschluß-Entwurf zu Punkt 5 TO/I, Verbandsausschuß; Änderung des Flächennutzungsplanes des Umlandverbandes Frankfurt für den Bereich der Stadt Offenbach am Main, Stadtteil Offenbach-Süd, Gebiet „Lavis-Gelände".

UMLANDVERBAND FRANKFURT (UVF) 1998b: Drucksache G VI-124, Gemeindekammer; Änderung des Flächennutzungsplanes des Umlandverbandes Frankfurt für den Bereich der Stadt Offenbach am Main, Stadtteil Offenbach-Süd, Gebiet „Lavis-Gelände".

UMLANDVERBAND FRANKFURT (UVF) (Hrsg.) 2000: Generalverkehrsplan 2000. – Frankfurt am Main.

UMLANDVERBAND FRANKFURT (UVF) 2001: Drucksache G VI-389, Gemeindekammer; Änderung des Flächennutzungsplanes des Umlandverbandes Frankfurt für den Bereich der Stadt Offenbach am Main, Stadtteil Innenstadt, Gebiet „Mainhafen Offenbach".

F.   Anhang

Liste der Gesprächspartner

Gesamtstadt Offenbach

O.1 Bau- und Planungsamt

O.2 FDP

O.3 PDS

O.4 CDU

O.5 SPD

O.6 Bündnis 90/Die Grünen (schriftlich dargelegte Standpunkte, erhalten per E-mail)

O.7 Bau- und Planungsamt

O.8 Bau- und Planungsamt

Lavis-Gelände/Ring-Center

L.1 Bau- und Planungsamt

L.2 Bau- und Planungsamt

L.3 Amt für Wirtschaftsförderung und Liegenschaften

L.4 FDP

L.5 Bündnis 90/Die Grünen (schriftlich dargelegte Standpunkte, erhalten per E-mail)

L.6 CDU

L.7 SPD

L.8 Einzelhandelsverband für Stadt und Kreis Offenbach

L.9 Rewe Zentral AG, Köln (telefonisches Gespräch)

L.10 IHK Offenbach (schriftlich dargelegte Stellungnahme vom 12. März 2002, erhalten
      per Post)

Güterbahnhof/Bahnhofsverlegung

G.1 Bau- und Planungsamt

G.2 FDP

G.3 PDS

G.4 CDU

G.5 SPD

G.6 Bündnis 90/Die Grünen (schriftlich dargelegte Standpunkte, erhalten per E-mail)

G.7 DB AG, Frankfurt am Main

G.8 DB Imm GmbH, Frankfurt am Main

Interview-Leitfaden

Stadtentwicklung Offenbach

Wie bewerten Sie die städtischen Maßnahmen zur Bewältigung des Strukturwandels und der angespannten Finanzsituation?

Die Stadt Offenbach ist für ihre investorenfreundliche Ansiedlungspolitik bekannt, welche Chancen und Risiken sehen Sie in diesem Zusammenhang?

Welche stadtentwicklungspolitischen Maßnahmen ergeben sich aus Ihrer Sicht für die Zukunft?

Welchen Stellenwert hat aus Ihrer Sicht die Wiedernutzbarmachung ehemaliger Industrie- u. Verkehrsflächen für die Stadtentwicklung von Offenbach?

Ring-Center

Wie stehen Sie diesem Projekt gegenüber?

Vom Einzelhandelsverband wurden die zunehmenden Probleme innerhalb der Innenstadt im Zusammenhang mit der Errichtung des Fachmarktzentrums thematisiert. Sie befürchteten negative Wirkungen des Ring-Centers auf den innerstädtischen Einzelhandel, wie sehen Sie diesen Sachverhalt?

Wie bewerten Sie den Einfluss der Ergebnisse der beiden Gutachten (Albert Speer und Partner; Gesellschaft für Konsumforschung) auf den Entscheidungsprozeß?

Wie beurteilen Sie die Einigung mit dem vorhabenbezogenen Bebauungsplan und den darin enthaltenen Festsetzungen?

Was hätte man in diesem Planungsprozess besser oder anders machen können oder müssen?

Güterbf./Ostbf.

Wie beurteilen Sie den Werkbericht 1 (Zukunft Bahn Offenbach) von 1998?

In welchem Umfang werden Ihrer Meinung nach die städtischen Forderungen verwirklicht werden können?

Welche Nutzungen können Sie sich im denkmalgeschützten Gebäude des alten Hauptbahnhofs vorstellen?

Wie sollen die südliche Kaiserstraße und das den alten Hbf. umgebende Quartier aufgewertet werden?

Ruschek, Stefanie

Lokale Agenda 21
Chancen und Risiken einer neuartigen Kooperationsform
Dargestellt am Beispiel des Main-Taunus-Kreises

In: MATERIALIEN 32
       Frankfurt am Main 2004

Bei der vorliegenden Arbeit handelt es sich um die gekürzte Fassung einer Diplomarbeit, die 2001 bei Frau Professor Dr. Elke Tharun am Institut für Kulturgeographie, Stadt- und Regionalforschung der J.W. Goethe-Universität Frankfurt am Main abgeschlossen wurde.

Anschrift der Verfasserin:

Dipl.-Geogr.In Stefanie Ruschek
Heidestraße 85

D-60385 Frankfurt am Main

Inhaltsverzeichnis

Abbildungsverzeichnis

Tabellenverzeichnis

Abkürzungsverzeichnis

ARL   Akademie für Raumforschung und Landesplanung

BMU   Bundesministerium für Umwelt, Naturschutz und Reaktorsicherheit

CAF   Clearinghouse for applied future

Difu   Deutsches Institut für Urbanistik

ICLEI   International Council for Local Environmental Initiatives (Internationaler Rat für kommunale Umweltinitiativen)

IFOK   Institut für Organisationskommunikation

HGO   Hessische Gemeindeordnung

LA 21   Lokale Agenda 21

RKW   Rationalisierungs- und Innovationszentrum der Wirtschaft

StVv   Stadtverordnetenversammlung

StVvo   StadtverordnetenvorsteherIn

UBA   Umweltbundesamt

1. Einleitung

Die Agenda 21, eines der Abschlussdokumente der UN-Konferenz für Umwelt und Entwicklung 1992 in Rio de Janeiro, existiert nun beinahe zehn Jahre.

Auch wenn sie aus den Titelschlagzeilen und Kommentaren der großen Tageszeitungen verschwunden ist, lebt sie – mehr oder weniger sichtbar – auf der kommunalen Ebene und in den kleineren regionalen und lokalen Zeitungen fort: als Lokale Agenda 21[1].

Neben dem inhaltlichen Anspruch der Lokalen Agenda 21, eine nachhaltige Entwicklung zu fördern, ist die Beteiligung aller Gruppen an der Erarbeitung eines Handlungskonzeptes ein wesentlicher Bestandteil dieses Ansatzes. BürgerInnen[2], Vereine, Organisationen, Kirchen und die Wirtschaft – so das in Kap. 28 der Agenda 21 formulierte Ziel - erarbeiten gemeinsam die *Lokale Agenda 21*[3] das Dokument, in dem Leitbilder, Ziele und Maßnahmen für eine nachhaltige Entwicklung in der Kommune präzisiert werden. Die LA 21 ist damit als eine neuartige Kooperationsform zwischen Politik und den verschiedenen gesellschaftlichen Gruppen anzusehen, die einen breiten inhaltlichen Anspruch mit einem weitreichenden Partizipationsanspruch anstrebt. Dabei greift sie in Deutschland auf bereits erprobte Beteiligungsformen zurück, verbindet sie allerdings in vielfältiger Weise miteinander.

In den letzten Jahren wurden in Deutschland durch Aufstellungsbeschlüsse der jeweiligen Kommunalparlamente zahlreiche LA 21-Prozesse begonnen. Diese Prozesse, die von jeder Kommune individuell gestaltet werden können, sehen in der Praxis sehr unterschiedlich aus. Es variieren die Organisationsformen, die Beteiligungsformen, die beteiligten Akteure und weitere Rahmenbedingungen. Dadurch sind die einzelnen Prozesse schwer miteinander vergleichbar. Allen Prozessen ist jedoch gemein, dass das Kommunalparlament zu Beginn einen Beschluss zur Erarbeitung einer *Lokalen Agenda 21* fassen muss, damit die Aktivitäten, unterstützt durch die Verwaltung, einsetzen können und nachdem die *Lokale Agenda 21* mit ihren Leitlinien und Maßnahmen erstellt wurde, diese beschließen muss, damit die Vorschläge umgesetzt werden können. In Deutschland sind mittlerweile viele Kommunen in der Phase der Formulierung und Verabschiedung der *Lokalen Agenda 21* (vgl. Kap. 4.1.1).

So verschieden die Prozesse angelegt sind, so unterschiedlich werden auch die Umsetzungen aussehen. Die Bandbreite kann von einer Verabschiedung der *Lokalen Agenda 21* durch das Kommunalparlament mit anschließend konsequent verfolgter Umsetzung bis zu einer kompletten Ablehnung der Vorschläge durch die Politik rei-

---

[1] Im Folgenden wird Lokale Agenda 21 durch LA 21 abgekürzt (vgl. Abkürzungsverzeichnis).
[2] Die Form „BürgerInnen" umfasst Bürgerinnen und Bürger und wird aufgrund der leichteren Lesbarkeit verwendet. Ebenso wird „PolitikerInnen" für Politikerinnen und Politiker verwendet.
[3] *„Lokale Agenda 21"* kursiv gesetzt, bezeichnet das im Laufe des LA 21-Prozesses gemeinsam erarbeitete Dokument , während „Lokale Agenda 21 oder LA 21" den Prozess bezeichnet.

chen. Auch die Möglichkeit, dass der Prozess keine Fortschritte macht und „einschläft", ist gegeben.

Es existieren bereits Untersuchungen zu Verlaufsformen der Prozesse mit Darstellungen von „best practices" (v. a. Veröffentlichungen der Landesumweltministerien), quantitative Erhebungen durch das Difu (vgl. RÖSLER 1999) sowie durch CAF Agenda Transfer (vgl. www.agenda-transfer.de), qualitative Vergleiche von vier Städten (vgl. STARK 1999) und Berliner Bezirken (vgl. UBA 2000) sowie verschiedene Einzelfalluntersuchungen (vgl. z. B. SCHELLER; WOLF 2000).

Die quantitativen Untersuchungen haben die Rahmendaten der Prozesse (Datum des Beschlusses, Formen der Aktivitäten u. a.) erfasst; die qualitativen Untersuchungen basieren auf Expertengesprächen zur Untersuchung von Prozesstypen (vgl. STARK 1999) sowie auf Interviews mit BürgerInnen zur Analyse von Kommunikations- und Organisationsformen (vgl. UBA 2000).

Der Grund, einen LA 21-Prozess zu beginnen, sind die vielfältigen Chancen, die dieser Prozess bietet. Durch die Beteiligung verschiedener Gruppen an der LA 21 beginnen diese miteinander zu kommunizieren und eventuell auch zu kooperieren. Vorurteile können abgebaut werden und gemeinsames Wissen und Know How genutzt werden.

Während die Chancen einer Lokalen Agenda 21 von den meisten Beteiligten sowie in der Literatur erkannt und beschrieben werden, weisen nur wenige auf die mit der Lokalen Agenda 21 verbundenen Risiken hin (vgl. z. B. STARK 1997; SELLE 1999). Die Risiken bestehen im Falle eines Scheiterns des Prozesses in einer zunehmenden Politikverdrossenheit und in einer „nachhaltigen" Verschlechterung des Verhältnisses zwischen Politik und engagierter Bürgerschaft, ausgelöst durch die Frustration der BürgerInnen. SELLE konstatiert eine „gewisse Irritation, wenn nicht Frustration [der BürgerInnen] im Hinblick auf die kommunale Gestaltung der Agenda-Prozesse". Dies ist für ihn ein Anlass, darauf hinzuweisen, dass das Engagement der lokalen Akteure eine knappe Ressource ist, die nicht verschwendet werden darf, da ansonsten nicht nur Misserfolge, sondern „möglicherweise dauerhafte Schäden in der lokalen Planungs- und Politikkultur" entstehen können (vgl. SELLE 1999, 4).

Ob der Prozess ein Erfolg mit Vorteilen unterschiedlicher Art für die Beteiligten oder ein Misserfolg, verbunden mit Frustrationserlebnissen bei den Engagierten z. B. durch eine fehlende Umsetzung wird, hängt von vielfältigen Rahmenbedingungen ab, die in Erfolgsfaktoren und Hemmnisse unterschieden werden können. Auch die Organisationsform des Prozesses ist für den Erfolg oder Misserfolg entscheidend.

Das Ziel dieser Diplomarbeit ist es,

- die Lokale Agenda 21 als eine neuartige Kooperationsform einzuordnen,
- Chancen und Risiken Lokaler Agenda 21-Prozesse zu identifizieren,
- die den Prozess stark beeinflussenden Rahmenbedingungen aufzuzeigen
- und Empfehlungen für den Prozess der LA 21 daraus abzuleiten.

Im Rahmen einer qualitativ/quantitativen Untersuchung habe ich BürgerInnen und PolitikerInnen in einem hessischen Landkreis, dem Main-Taunus-Kreis, nach ihren Vorstellungen der Lokalen Agenda 21, den Chancen und Risiken sowie den Rahmenbedingungen der LA 21-Prozesse befragt. Zusätzliche Informationen über die Prozess-Verläufe und Beteiligungsformen wurden bei den jeweiligen Agenda-Beauftragten, die zumeist in den Kommunalverwaltungen angesiedelt sind, eingeholt.

Die Arbeit beginnt mit einer Einführung in die Entwicklung der Bürgerbeteiligung, um die LA 21 als eine neuartige Kooperationsform einzuordnen. Anschließend wird das Konzept der Nachhaltigkeit, das die inhaltliche Grundlage der Agenda 21 bildet, sowie die Agenda 21 selbst, vorgestellt. Der idealtypische Verlauf einer LA 21, ihre Akteure, Beteiligungsformen sowie eine Klassifizierung in Prozesstypen werden schließlich in Kapitel 4 beschrieben. Chancen, Risiken und Rahmenbedingungen der LA 21 werden ebenfalls in diesem Kapitel zuerst theoretisch erarbeitet, bevor sie in Kapitel 5 anhand der Befragungsergebnisse im Main-Taunus-Kreis überprüft werden. Aus diesen Ergebnissen und der Analyse der Rahmenbedingungen wird in Kapitel 6 ein Fazit gezogen, das in Empfehlungen für eine erfolgreiche Kooperation im Rahmen der LA 21 mündet.

2.   Kommunale Bürgerbeteiligung

Der Begriff „Bürgerbeteiligung" wird häufig als Synonym für den Ende der sechziger Jahre aus der englischsprachigen Literatur übernommenen Begriff der „Partizipation" verwendet. „Unter Partizipation wird allgemein die Beteiligung von Mitgliedern einer gesellschaftlichen Organisation an der Festsetzung der Organisationsziele und ihrer Umsetzung verstanden" (STRUBELT 1995, 699).

In der Bundesrepublik Deutschland wurde der Begriff der Partizipation populär, als in den sechziger Jahren verstärkt eine Demokratisierung von Politik und Gesellschaft gefordert wurde. Durch die Legitimationskrise der bestehenden Partizipationsmöglichkeiten durch das repräsentative System wurden darüber hinausgehende Beteiligungsformen gefordert, die eine Stärkung des plebiszitären Elements der Demokratie fördern sollten. Anfang der 70er Jahre verschob sich die vertikale Orientierung auf den Staat zu einer horizontalen Orientierung: BürgerInnen traten gemeinsam für ihre Interessen ein und gründeten die ersten Bürgerinitiativen.

Seine Brisanz erhält der Begriff der Partizipation durch das schwierige Verhältnis zwischen repräsentativer Demokratie und dem direkt-demokratischen Anspruch: „Demokratisierung der Gesellschaft durch Beteiligung (Partizipation) der Betroffenen an allen sie berührenden Entscheidungen war und ist zum Thema einer breiten Diskussion über die Anpassung der vorhandenen demokratischen Strukturen an die Herausforderungen neuer gesellschaftlicher Entwicklungen geworden" (STRUBELT 1995, 700).

In dieser Arbeit werden die Begriffe „Bürgerbeteiligung und „Partizipation" synonym verwendet.

In diesem Kapitel werden die Entwicklung der Bürgerbeteiligung in Deutschland und Formen der Bürgerbeteiligung vorgestellt, wobei formelle und informelle Bürgerbeteiligung unterschieden werden. Anschließend werden zusammenfassend Anforderungen bzw. Kriterien an Bürgerbeteiligung formuliert, die später (Kap. 4) mit den Ansätzen der LA 21 verglichen werden.

2.1 Entwicklung der Bürgerbeteiligung

Um die LA 21 als eine Form der Bürgerbeteiligung einordnen zu können, wird an dieser Stelle die Entwicklung der Bürgerbeteiligung in groben Zügen skizziert. Die einzelnen Entwicklungsschritte, die hier beschrieben werden, sind nicht als eine Abfolge von Phasen zu verstehen, sondern als Stufen oder Schichten, deren jeweils nächste die vorhergehende voraussetzt, aber nicht notwendigerweise völlig ersetzt (vgl. SELLE 1996a, 68). Die Darstellung basiert auf einer Typisierung SELLEs (vgl. 1996a, 62 ff. und 1999, 8 ff.).

In den **60er Jahren** wurden formelle Beteiligungsformen durch das Bundesbaugesetz von 1960 geschaffen. Eine öffentliche Auslegung der Pläne und die Information der Öffentlichkeit vor Beschluss eines Bebauungsplans wurden festgeschrieben. Die Mitte der 60er Jahre begonnenen Sanierungsmaßnahmen riefen in vielen Städten starke Proteste hervor, die sich Ende der 60er Jahre verstärkten und in einigen Großstädten zu Hausbesetzungen und Gründungen der ersten Bürgerinitiativen führten.

In den **70er Jahren** entwickelten sich zahlreiche Bürgerinitiativen, die sich gegen unterschiedliche Planungsvorhaben in den Bereichen Stadtentwicklung, Wohnen, Verkehr, Umweltschutz u. a. wendeten und Protestformen wie Demonstrationen, Sit-ins, Aktionen auf Straßen und Plätzen und Hausbesetzungen zur Artikulation und Durchsetzung ihrer Interessen nutzten. Das Engagement der Bürgerschaft führte zu einem Umdenken der Politik, das sich in einem Versprechen Willy BRANDTs von 1969 manifestiert: „Wir wollen mehr Demokratie wagen. [...] Mitbestimmung, Mitverantwortung in den verschiedenen Bereichen unserer Gesellschaft werden eine bewegende Kraft der kommenden Jahre sein. [...] Wir stehen nicht am Ende unserer Demokratie, wir fangen erst richtig an" (BRANDT 1991, zit. nach SELLE 1996a, 64). Das Ziel, Planung auf den „Willen des Bürgers" zu stützen, wurde zu jener Zeit auf vielfältige Weise in Theorie und Praxis aufgegriffen. Diese Phase kann als die Hoch-Zeit der Partizipation bezeichnet werden. Mit Ende der Reformphase Mitte der 70er Jahre wurden die Beteiligungsangebote zur Routine und durch mangelndes Engagement von Seiten der Planung kontraproduktiv. Es gab allerdings auch Gegenbeispiele: Beratungsstellen wurden eingerichtet, um gezielt BürgerInnen zu aktivieren. Dies geschah z. T. auch aus praktischen Erwägungen, da man in vielen Fällen (z. B. Sanierung von Wohngebäuden und Innenhöfen) auf die Mitwirkungsbereitschaft der Anwohner angewiesen war. In dieser Zeit entstanden vielerorts Stadtforen, die neben fachlich interessierten BürgerInnen bei entsprechend brisanten Themen auch die breite Stadtöffentlichkeit erreichten.

In den **80er Jahren** machte sich eine Ernüchterung über Planung im allgemeinen breit, da man sich bewusst wurde, dass die Planungsvorstellungen der 70er Jahre nicht umgesetzt werden konnten. Der Gesetzgeber trug 1976 zum Bedeutungsverlust der Bürgerbeteiligung bei, indem er Verletzungen der Vorschriften zur vorgezogenen Beteiligung als nicht sehr erheblich einstufte. Auch die späteren „Beschleunigungsgesetze", insbesondere in der Folge des Beitritts der neuen Länder zur Bundesrepublik Deutschland, stuften Bürgerbeteiligung als einen hemmenden Faktor ein und beschränkten diese, z. B. durch Verkürzung von Auslagefristen. Dem standen auch vereinzelt Bemühungen von PlanerInnen gegenüber, die sich um eine Aktivierung der Betroffenen bemühten und Beratungsstellen vor Ort einrichteten. Die in den 70er Jahren entstandenen Bürgerinitiativen entwickelten sich z. T. weiter zu Selbsthilfegruppen: die BürgerInnen gingen ihre Probleme selbst an. Unterstützt wurden sie dabei teilweise von den Kommunen, die für bestimmte Bereiche, wie z. B. Hofbegrünung, Förderung anboten. In vielen Stadterneuerungsgebieten wurden Beratungsstellen bzw. Stadtteilbüros eingerichtet.

Die schon in den achtziger Jahren gewonnenen Erkenntnisse, dass Kooperation nötig ist, um gemeinsam getragene Entwicklungen zu erreichen, setzte sich in den **90er Jahren** fort und wurde in neuen Kooperationsformen sichtbar. Eine wachsende Bedeutung – wenn auch noch nicht in allen Kommunen - erhielten Informationsarbeit mit Broschüren, Ausstellungen, in jüngerer Zeit auch Internetangebote und ein aktives Werben für bestimmte Ziele, die Zielgruppenbeteiligung (v. a. Kinder und Jugendliche), eine ortsnahe Beratung bei Projekten oder Stadtteilrunden, Zukunftswerkstätten, Bürgergutachten, Foren, Qualifizierungsangebote und verschiedene Formen der Konfliktbearbeitung. SELLE bezeichnet die LA 21 als den „deutlichsten Ausdruck dieses kooperativen Arbeitsansatzes" (SELLE 1999, 8), da sie eine Vielzahl der bestehenden Beteiligungsformen verbindet. Vor diesem Hintergrund ist der Titel dieser Arbeit „Lokale Agenda 21. Chancen und Risiken einer *neuartigen Kooperationsform*" zu verstehen.

Zusammenfassend wird die Entwicklung des Beteiligungsverständnisses in Abbildung 1 dargestellt (s. Abb. 1).

2.2 Entwicklungsstufen und Formen der Bürgerbeteiligung

Bürgerbeteiligung wird in den verschiedenen Entwicklungsstufen der Beteiligung in jeweils unterschiedlicher Form durchgeführt, wobei die Intensität der Beteiligung von Information bis Kooperation variiert.

Man kann drei Formen der Bürgerbeteiligung unterscheiden, die sich gegenseitig beeinflussen: Bürgerbeteiligung in der repräsentativen Demokratie, direkt-demokratische und nicht-institutionalisierte Bürgerbeteiligung (vgl. ROTH 1997, 409 ff.). Bei allen Formen der Beteiligung muss allerdings zwischen „Pseudopartizipation", die vor allem auf das Ruhigstellen von Gegnern abzielt, und „Authentischer Partizipation", die Werte, Bedürfnisse und auch Wissen der Beteiligten berücksichtigt, unterschieden werden (vgl. MÜLLER-CHRIST 1998, 151). Diese beiden Formen sind in den meisten Fällen nicht trennscharf zu differenzieren, sollen jedoch die Bedeutung einer gut vorbereiteten und von Politik und Verwaltung gewollten Partizipation herausstellen. Die folgende Übersicht folgt einer Darstellung ROTHs (1997, 410 ff.). Hier wird die Hessische Gemeindeordnung (HGO) zitiert, da das Untersuchungsgebiet, der Main-Taunus-Kreis, zu diesem Bundesland gehört.

Abb. 1: Die Entwicklung des Beteiligungsverständnisses ab 1960

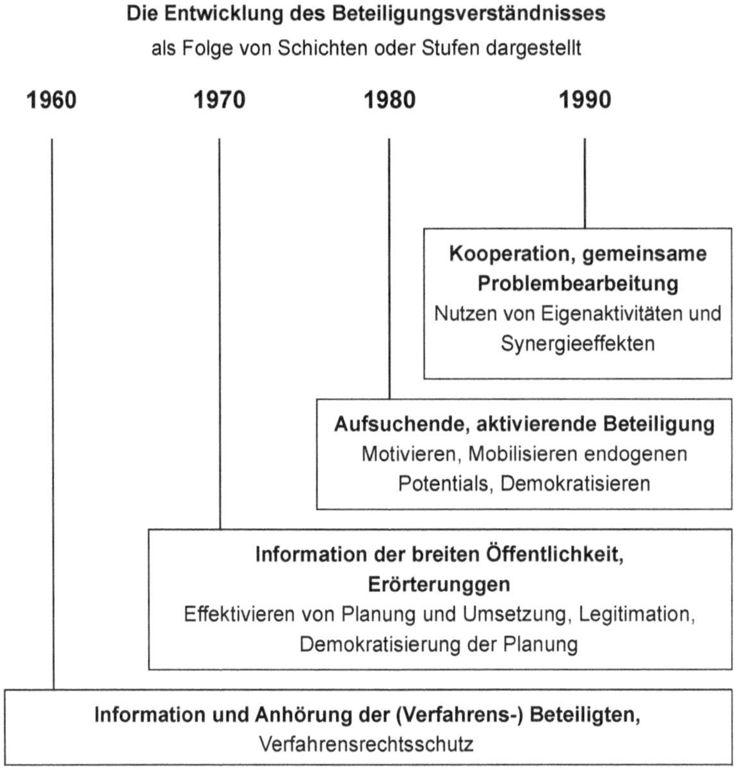

Die Entwicklung des Beteiligungsverständnisses
als Folge von Schichten oder Stufen dargestellt

| 1960 | 1970 | 1980 | 1990 |

Kooperation, gemeinsame Problembearbeitung
Nutzen von Eigenaktivitäten und Synergieeffekten

Aufsuchende, aktivierende Beteiligung
Motivieren, Mobilisieren endogenen Potentials, Demokratisieren

Information der breiten Öffentlichkeit, Erörterunggen
Effektivieren von Planung und Umsetzung, Legitimation, Demokratisierung der Planung

Information und Anhörung der (Verfahrens-) Beteiligten,
Verfahrensrechtsschutz

Quelle: SELLE 1996, 69

Kernstück der Bürgerbeteiligung in der *repräsentativen Demokratie (formelle Beteiligung)* ist die **Wahl** – sowohl auf Bundes-, Landes- und Kommunalebene, wobei sich gerade die Kommunalwahl zu Experimenten für eine verstärkte Beteiligung (z. B. Herabsetzung des Wahlalters und Kommunalwahlrecht für ausländische Mitbürger) eignet.

Um unterrepräsentierte Bevölkerungsgruppen in die Kommunalpolitik einbinden zu können, ohne die Zuständigkeit des gewählten Gremiums zu beschneiden, wurde die Institution des „**sachkundigen Bürgers**" (§ 72 HGO) ins Leben gerufen, der sich – nicht-gewählt – an Ausschüssen des Parlaments sowie in Kommissionen beteiligen kann. Eine weitere Form der Beteiligung ist die Möglichkeit der Mitarbeit in **Beiräten** (§ 8c HGO), in denen GemeindevertreterInnen und VertreterInnen der Einwohner aus den betreffenden Zielgruppen ein Thema bearbeiten und damit das Parlament, die Ausschüsse und die Verwaltung beraten und unterstützen. Beispiele für solche Beiräte sind der Senioren- und Ausländerbeirat.

Tab. 1:   Entwicklungsstufen der Beteiligung

Information	Dialog (Beteiligung) Erste Generation	Dialog (Beteiligung) Zweite Generation	Kooperation
Information und Anhörung der (Verfahrens-) Beteiligten	Information der breiten Öffentlichkeit, Erörterungen	Aufsuchende und aktivierende Beteiligung	Kooperation
Verfahrensrechtsschutz Information der Verfahrensbeteiligten, ggf. öffentliche Bekanntmachungen, Gewährung von Informationsrechten (Akteneinsicht u. ä.), Anhörungen, Gewährung von Einspruchsrechten	Effektivierung von Planung und Umsetzung, Legitimation Information der Öffentlichkeit (Broschüren und Ratgeber, Informationsschriften zu Einzelplanungen, Ausstellungen) Dialog mit der breiten Öffentlichkeit (Befragungen, Anhörungen und Erörterungen, Angebot von Gesprächsmöglichkeiten in der Verwaltung usf.) Dialog mit Teilöffentlichkeiten (Fachleute, Beiräte, Vereine, Verbände, gesellsch. Gruppen...)	Motivation, Mobilisierung von Potential, Kompensation von Benachteiligung Zielgruppenbezogene Informations- und Beteiligungsangebote (Einzelgespräche und Aushandlungsprozesse) Präsenz vor Ort Qualifizierungsstrategien Gezielte Berücksichtigung besonders benachteiligter Gruppen; in Bezug auf die Bewohner: Lebensweltbezug des Beratungs- und Planungskonzeptes Prozessorientierung	Kooperative Problembearbeitung Erfahrungs- und Informationsaustausch Vereinbarung von Leitbildern und Zielen (Runde Tische u. a.) Kooperative Qualifizierung (Schulungen, Wettbewerbe) Kooperativ realisierte Projekte Partnerschaften (institutionalisierte Kooperation) Kooperationsnetze

Quelle: BISCHOF/SELLE/SINNING 1996, 10.

Über **Bürger- und Einwohnerfragestunden** sowie über **aktivierende Bürgerbefragungen** kann ebenfalls versucht werden, BürgerInnen an der Gemeindepolitik über die Wahlen hinaus zu beteiligen. Wichtiger sind allerdings vom Bürgermeister bzw. von der Bürgermeisterin ausgehende **Bürgerversammlungen** (§ 8a HGO), die ein Informations- und Diskussionsangebot darstellen, aber keine bindenden Entscheidungen fällen können.

Formen *direkt-demokratischer Beteiligung (formelle Beteiligung)* sind die **Direktwahl des Bürgermeisters** (§ 39 HGO), das Bürgerbegehren und der Bürgerentscheid. Die beiden letztgenannten Formen werden allerdings nur sehr selten in Anspruch genommen. Ein **Bürgerbegehren,** das von mind. 10% der Wahlberechtigten unterzeichnet sein muss, (§ 8b HGO) ist der Antrag zu einem **Bürgerentscheid** (§ 8b HGO), der, wenn er die erforderliche Mehrheit erhalten hat, die Wirkung eines endgültigen Beschlusses der Gemeindevertretung hat.

Die *nicht-institutionalisierte Bürgerbeteiligung (informelle Beteiligung)* ist eine Form der Bürgerbeteiligung, zu der **Bürgerinitiativen, neue soziale Bewegungen** (Orientierung an Problemen der Studierenden, Frauen, der Umwelt oder der Friedenssicherung (vgl. STRUBELT 1995, 701)) und **Selbsthilfegruppen** zu zählen sind, die in den letzten dreißig Jahren deutlich an Bedeutung gewonnen hat. Weitere Formen sind die **Planungszelle / Bürgergutachten** und die **Mediation.**

Zu dieser Form der nicht-institutionalisierten Bürgerbeteiligung ist auch die **LA 21** zu zählen. Nicht institutionalisierte Bürgerbeteiligung bringt in der Regel eine Unverbindlichkeit der Arbeitsergebnisse mit sich. Typische Methoden und Arbeitsformen für die LA 21 sind Runde Tische, Arbeitsgruppen, Fachforen, Zukunftswerkstätten und Open-Space.

2.3   Potenziale und Grundsätze der Bürgerbeteiligung:

Im Laufe der Jahrzehnte wurden unterschiedliche Anforderungen an Bürgerbeteiligung gestellt und dementsprechend auch unterschiedliche Erfahrungen gemacht.

Grundsätzlich bietet eine Bürgerbeteiligung vielfältige Chancen:
Bürgerbeteiligung bietet die Möglichkeit, externe Vorschläge und externen Sachverstand einzubeziehen. Dadurch können Innovationspotenziale erschlossen und die BürgerInnen motiviert werden, ihre Interessen zu artikulieren und ihren Lebensraum mitzugestalten (z. B. Dorferneuerung, Wohnquartiersanierung u. a. m.). Diese Beteiligung beugt Politikverdrossenheit vor und gibt den BürgerInnen das Gefühl, von der Politik ernst genommen zu werden. Ein Konsens zwischen verschiedenen Gruppen kann einer Konfliktregelung im Vorfeld dienen. Dadurch erreichen Planungsprozesse und -ergebnisse eine höhere Akzeptanz. Schließlich lernen alle Beteiligten im Planungsprozess und es besteht die Möglichkeit, dass sich neue Netzwerke bilden (vgl. MÜLLER-CHRIST 1998, 145 ff.).

Für die Gemeindevertretung kann Bürgerbeteiligung ebenfalls vorteilhaft sein: BürgerInnen können die Gemeindevertretung und die Verwaltung auf Probleme aufmerksam machen, die diese bisher so noch nicht erkannt haben, es handelt sich dabei also um ein „Frühwarnsystem", das Schwachstellen politischer Argumentation deutlich werden lässt und für Korrekturen sorgt. Dadurch können auch Lücken zwischen Programmatik und Realität thematisiert werden. Letztlich kann Bürgerbeteiligung die Legitimation für gemeinderätliches und Verwaltungshandeln erhöhen (vgl. HERMANN et al. 2000, 182).

Um diese Wirkungen zu erreichen, sollte die Bürgerbeteiligung den von LINDNER und VATTER (1996, 181 ff.) aufgestellten 14 Grundsätzen bzw. Kriterien zur Evaluation von Partizipationsverfahren entsprechen.

1. Fairness

Die bestehenden Ungleichgewichte und das damit verbundene Demokratiedefizit zwischen Behörden, organisierten Interessen, Experten und der breiten Öffentlichkeit muss ausgeglichen werden. Durch eine frühzeitige Beteiligung der Öffentlichkeit und Mitwirkungsmöglichkeiten kann die Bevölkerung Einfluss auf Grundsatzentscheidungen nehmen. Damit soll jede Gruppe über die gleichen Einflusschancen und die gleichen Möglichkeiten, externe Gutachter heranzuziehen, verfügen. Fairness ist die entscheidende Grundlage, damit Akteure Vertrauen zueinander und zu den Ergebnissen haben.

2. Transparenz

Transparenz und Information über das Verfahren und das Zustandekommen der getroffenen Entscheidungen ist die Voraussetzung, die Bevölkerung für bestimmte Planungsfragen zu sensibilisieren, was wiederum positiven Einfluss auf deren Mitwirkung hat. „Die explizite Formulierung der eigenen Interessen und Wertorientierungen ex ante durch die Beteiligten wird dabei als eine zentrale Voraussetzung eines auf Kompromiss ausgerichteten Diskurses angesehen, der sich von der Strategie einseitiger Machtdurchsetzung unterscheidet" (WEBER 1990, zit. nach LINDNER; VATTER 1996, 183).

3. Lernchancen

Lernprozesse aller Beteiligten sind Voraussetzung für einen sinnvollen Dialog. Die Argumente der anderen Seite müssen respektiert und veränderte Situationen als Chance begriffen werden. Dabei müssen Expertenwissen und Erfahrungswissen der Laien produktiv miteinander verbunden werden.

4. Frühe und iterative Beteiligung

Bereits zu Beginn, wenn Grundsatzentscheidungen getroffen werden, sollte die Bevölkerung beteiligt werden. Allerdings ist zu diesem Zeitpunkt das Mitwirkungsinteresse noch relativ gering, da noch keine persönliche Betroffenheit besteht. Förderlich ist eine frühzeitige und für Laien gut verständliche Information über komplexe und abstrakte Probleme der Planung. Durch eine frühzeitige Beteiligung können eventuelle Kosten für Planänderungen gespart werden und auch Alternativen können noch vergleichsweise leicht gegeneinander abgewogen werden. Von LINDNER und VATTER werden iterative Planungsverfahren empfohlen, bei denen einzelne Planungsschritte mehrmals unter Beteiligung externer Akteure durchlaufen und Ergebnisse verändert werden können. Diese Rückkoppelungsschleifen fördern Lernprozesse und dienen der Wahrnehmung externer Restriktionen. Durch die frühe Beteiligung werden auch Konflikte früher deutlich und können leichter gelöst werden.

5. Direkte, verständliche Informationen und offene Konfliktaustragung

Das Interesse an Partizipation kann durch eine laienfreundliche Informations- und Kommunikationspolitik gesteigert werden. Dadurch kann es zwar leichter zu Konflikten durch viele Beteiligte mit unterschiedlichen Interessen kommen, doch kann die Verwaltung durch ein erfolgreiches Konfliktmanagement auch Vorteile, z. B. weniger Vollzugswiderstände, daraus ziehen.

6. Gemeinsame Festlegung der Entscheid- und Verfahrensregeln

Es sollten gemeinsame Verfahrensregeln zur Konfliktlösung vereinbart werden und Konsens über die grundsätzliche Vorgehensweise und Entscheidregeln bestehen. Durch die Einstimmigkeitsregel bei Fragen zur Vorgehensweise wird am ehesten eine Akzeptanz der Entscheidung am Ende des Verfahrens gewährleistet.

7. Erwartungssicherheit

Diese kooperativ entstandenen Ergebnisse sind nicht verbindlich und von der Zustimmung der Politik abhängig. Damit Partizipationsverfahren glaubwürdig bleiben, ist es also umso wichtiger, dass diese Ergebnisse umgesetzt werden, bzw. dass bereits zu Beginn darüber informiert wird, in welcher Weise die Verhandlungsergebnisse verwendet werden sollen.

8. Motivation der Beteiligten

Eine Beteiligung aller Bevölkerungsgruppen ist wünschenswert. Es ist sinnvoll, sich über die Motive der unterschiedlichen Beteiligten im Klaren zu sein. Für einige BürgerInnen können bspw. konfliktlastige Themen ein Anreiz sind, sich zu beteiligen, um dadurch Anerkennung für die eigenen Interessen und Sozialprestige zu erhalten.

9. Kompetenz der Beteiligten

Gerade bei komplexen Fragestellungen ist die Information und Kompetenz aller Beteiligten Voraussetzung für sinnvolle Lösungen. „Kompetenz bedeutet in diesem Zusammenhang, dass der getroffene Entscheid nach bestem Stand des Wissens, nach rationalen Kriterien der Aussagenüberprüfung zustande gekommen ist und das Wissen um die Folgen von verschiedenen Optionen adäquat berücksichtigt wird" (RENN et al. 1992, 19, zit. nach LINDNER; VATTER 1996, 186).

10. Ausgleich zwischen verschiedenen sozialen Schichten

Die Erfahrung zeigt, dass bei konventionellen Mitwirkungsverfahren sozial mittlere und höhere Schichten stärker vertreten sind als sozial schwächere. Da alle sozialen Schichten in gleicher Weise Zugang zu Partizipationsverfahren haben sollen, müssen die Behörden weniger artikulationsfähige Gruppen oder ihre Vertreter zur Mitwirkung bewegen und sie auch dazu befähigen.

11. Ausgleich zwischen konfliktfähigen und nicht konfliktfähigen Interessen

Die Beteiligung schwach organisierter Gruppen wie älterer Personen oder Kinder soll gestärkt werden, da Partizipationsverfahren in der Regel von organisierten konfliktfähigen Interessen dominiert werden. Dies setzt eine aktive Suche nach Vertretern dieser Gruppen voraus.

12. Ausgleich zwischen kurzfristigen und langfristigen Interessen

Da Betroffenheit der häufigste Anlass für eine Beteiligung ist, werden langfristige Interessen zugunsten von kurzfristigen Interessen weniger berücksichtigt. Um Betroffene langfristig wirksamer Folgen zu schützen, müssen prozedurale Verfahren gefunden werden, wo durch Stellvertreterrollen diese Interessen formuliert werden können.

13. Umwandlung von Nullsummen-Konflikten in Positivsummen-Konflikte

Auch wenn nicht immer ein Nullsummen-Konflikt vermieden werden kann, kann durch eine möglichst lange Offenhaltung des Entscheidungsspielraums versucht werden, möglichst viele Interessen zu berücksichtigen. Das „Paketschnüren" ist u. U. empfehlenswert, da somit bestimmte Anliegen miteinander verkoppelt werden können. Auch Kompensationslösungen mit unterschiedlichen Kompensationslösungen sollen einbezogen werden.

14. Institutionelle Integration

Partizipationsverfahren sollten so organisiert sein, dass sie sich in übergeordnete Entscheidungsverfahren integrieren lassen. Dabei sind die gesetzlichen Zuständigkeiten und die Mittelressourcen der Beteiligten zu berücksichtigen.

Diese Grundsätze werden in Kapitel 3.3.4 mit den Grundsätzen der LA 21 verglichen, um zu überprüfen, inwieweit die LA 21 von ihrer Konzeption den Kriterien eines Partizipationsverfahrens entspricht. Die Ausgestaltung dieser Kriterien, die je nach Kommune variieren, wird in Kapitel 5 dargestellt.

3.   Vom Brundtland-Bericht zur Lokalen Agenda 21

In diesem Kapitel werden die Grundlagen der LA 21, das Konzept der Nachhaltigkeit, das durch die Rio-Konferenz 1992 ein wichtiger Bestandteil der Agenda 21 wurde, sowie die Agenda 21 selbst vorgestellt und wesentliche Kritikpunkte erläutert.

3.1   Der Brundtland-Bericht: Sustainable Development/Nachhaltige Entwicklung

1987 wurde durch den Bericht „Unsere gemeinsame Zukunft" („Brundtland-Bericht", deutsche Version: HAUFF 1987) der UN-Kommission für Umwelt und Entwicklung unter Vorsitz der norwegischen Ministerpräsidentin Gro Harlem Brundtland („Brundtland-Kommission") der Begriff „Sustainable Development" (im Deutschen meist mit „Nachhaltiger Entwicklung" übersetzt, s. u.) populär gemacht. Die Erkenntnis dieses Berichtes ist, dass die bisherige Wirtschaftsweise sowohl zu Armut in vielen Ländern als auch zu großen Umweltzerstörungen geführt hat, die eine globale Bedrohung darstellen. Eine Kernforderung dieses Berichtes war es entsprechend, die heutige Entwicklung in eine nachhaltige Entwicklung umzuwandeln, *„die die Be-*

dürfnisse der Gegenwart befriedigt, ohne zu riskieren, dass künftige Generationen ihre eigenen Bedürfnisse nicht befriedigen können" (HAUFF 1987, 46).

Dieser Bericht wird als Meilenstein in der Diskussion über Entwicklungs- und Umweltprobleme angesehen und stellte zum damaligen Zeitpunkt den „weitest gehenden Konsens von Wissenschaftlern und Politikern aus allen Weltregionen" dar (EBLING-HAUS/STICKLER 1996, 59).

Der Begriff der Nachhaltigkeit, als das Ziel einer nachhaltigen Entwicklung stellt einen Leitbegriff dar oder „eine gesellschaftliche Leit- und Wertidee vom „Sein-Sollenden""(EBLINGHAUS/STICKLER 1996, 41), der die Funktion übernimmt, die herkömmlich dem Begriff des Gemeinwohls zugedacht war. Damit ist das Konzept als eine „regulative Idee" im Sinne Kants zu charakterisieren (vgl. FEINDT; TSCHEULIN 1999, 253). Obwohl es sich damit nicht um ein völlig neues Konzept handelt, bietet dieser Begriff die Basis für die Entstehung eines „Querschnitts- oder Metapolitikfeld[es], das sich derzeit in der Phase der Politik*formulierung* befindet" (FEINDT 1997, 38), und dem dementsprechend große Aufmerksamkeit gewidmet wird.

Der Begriff „Nachhaltigkeit" in der heutigen Diskussion wurde vom englischen „sustainability" (= ability to be sustained) abgeleitet, das der Brundtland-Bericht benutzte, und bedeutet wörtlich „Aufrechterhaltbarkeit". Übersetzt wurde „sustainability" unter anderem mit Nachhaltigkeit, Dauerhaftigkeit, Zukunftsfähigkeit und Zukunftsbeständigkeit (vgl. ICLEI 1998, 5).

1992 wurden von MEADOWS folgende Prinzipien nachhaltigen Wirtschaftens aufgestellt, die mittlerweile Basis zahlreicher Dokumente sind (z. B. Charta von Aalborg, Bericht der Bundesregierung zur nachhaltigen Entwicklung) (vgl. ICLEI 1998, 6).

1. Die Nutzung erneuerbarer Naturgüter darf auf Dauer nicht größer sein als ihre Neubildungsrate (Regenerationsrate). Andernfalls steht diese Ressource zukünftigen Generationen nicht (ausreichend) zur Verfügung.

2. Nicht erneuerbare Naturgüter dürfen nicht schneller verbraucht werden als sie durch dauerhafte, erneuerbare Ressourcen ersetzt werden können. Andernfalls gingen nicht nur die Ressourcen selbst, sondern auch deren Funktionen zukünftigen Generationen verloren.

3. Die Freisetzung von Stoffen und Energie darf auf Dauer nicht größer sein als die Anpassungsfähigkeit der natürlichen Umwelt, also die Fähigkeit von Luft, Wasser und Boden, diese Schadstoffe zu binden und abzubauen. Andernfalls werden Naturgüter und/oder die menschliche Gesundheit wegen Nicht-Anpassungsfähigkeit und Unverträglichkeit geschädigt.

Erweitert wurde dieser Katalog durch ein Prinzip, das die Charta von Aalborg fordert. Die Charta von Aalborg ist das Abschlussdokument der ersten „Europäischen Konferenz über zukunftsbeständige Städte und Gemeinden", die 1994 in Aalborg stattfand. Die Charta von Aalborg war für viele Kommunen ein Anstoß, mit der Erstellung einer LA 21 zu beginnen. Das Prinzip, das wesentlich konkreter als die vorherigen formuliert ist, lautet folgendermaßen:

„Eine Stadt soll ihre Probleme grundsätzlich nicht in die weitere Umgebung oder in die Zukunft „exportieren". Alle Probleme und Ungleichgewichte sollen zunächst auf lokaler Ebene ausgeglichen werden und erst, wenn dies nicht möglich ist, auf nächst höherer Ebene aufgefangen bzw. ausgeglichen werden. Konkret: Das Exportieren von Abfall, das Herantransportieren von Frischwasser aus fernen Gegenden, das Ablagern von Atommüll oder das Importieren von Futtermitteln aus Ländern der Dritten Welt widerspricht diesem Prinzip. All jenes darf nicht als Selbstverständlichkeit gesehen werden, sondern verlangt zumindest Verhandeln und Ausgleichen."
(vgl. ICLEI 1998, 7).

In der vom Umweltbundesamt herausgegebenen Studie „Nachhaltiges Deutschland" werden diesen Handlungsgrundsätzen noch folgende zwei Forderungen hinzugefügt:

• Gefahren und unvertretbare Risiken für den Menschen und die Umwelt durch anthropogene Einwirkungen sind zu vermeiden.

• Das Zeitmaß anthropogener Eingriffe in die Umwelt muss in einem ausgewogenen Verhältnis zu der Zeit stehen, die die Umwelt zur selbst stabilisierenden Reaktion benötigt (vgl. UBA 1997, 12).

Da der Begriff der Nachhaltigkeit sehr breit gefasst ist, finden sich sowohl in der Wissenschaft als auch in der Praxis die unterschiedlichsten Interessen und Umweltphilosophien, die sich des Begriffes bedienen. Es ist nicht verwunderlich, dass die Ungenauigkeit des Begriffs viele Definitionen zulässt und damit auch viele Kritiker auf den Plan ruft. Allerdings ist die Unschärfe auch gerade die Voraussetzung seiner Popularität: „Gerade die unscharfe Semantik also befördert die hegemoniale Durchsetzung des Begriffpaars als Leitbild der nationalen und internationalen Entwicklungs- und Umweltpolitik" (EBLINGHAUS/STICKLER 1996, 49).

Nach BRAND (1997, 9 ff.) und ARS (zit. nach GÖRG 1996, 179 f.) kann man vier Typen von Nachhaltigkeitsinterpretationen und -philosophien unterscheiden:

1. Die **„Weiter-So-Strategie"** (BRAND) mit einem großen Technik- und Marktvertrauen bzw. das **„Business as usual"** (ARS), das sich weigert, der Bedrohung der physischen Bedingungen wirtschaftlichen Wachstums Rechnung zu tragen.

2. Die **„Sozial-Ökologische-Modernisierung"** (BRAND) bzw. **„Grüne Ökonomie"** (ARS), durch die die negativen Marktauswirkungen gemindert werden sollen. Die Vertreter dieser Strategien sind der Effizienz-Strategie zuzuordnen, die der Suffizienz-Strategie entgegensteht (vgl. FEINDT/TSCHEULIN 1999, 252). Die Effizienz-Strategien gehen auf die Forderungen des Club of Rome in den 70er Jahren nach Wachstumsdrosselung oder Wachstumsverzicht zurück. Bereits damals wurde ein qualitatives Wachstum gefordert, das heute als nachhaltiges Wachstum bezeichnet wird. Als entscheidender „Problemlöser" wird in diesen Strategien der technische Fortschritt gesehen (vgl. VOSS 1997, 11).

3. Der „antimodernistische Diskurs" (ARS), bzw. die „Grundsätzliche Korrektur des industriellen Zivilisationsmodells" (BRAND). Diese Kritik beinhaltet sowohl die Kritik an der industriellen Entwicklung als auch an ungerechter Verteilung. Die entwickelten Industriegesellschaften selbst müssen entwickelt werden, d. h. die Idee der Nachhaltigkeit beinhaltet eine „Kritik des vorherrschenden Entwicklungs- und Zivilisationsmodells" und zielt „auf einen Umbau der modernen Industriegesellschaften im Norden selbst" ab (GÖRG 1996, 181).

4. Die „Integrale Nachhaltigkeit" (ARS), die eine „Kombination starker wirtschaftlicher, schwacher ökologischer und (starker oder schwacher[4]) sozialer Nachhaltigkeit enthalte, entspricht nach ARS allein dem Sinn von nachhaltiger Entwicklung (vgl. GÖRG 1996, 179 f.).

Zu beachten ist bei der Diskussion über Nachhaltigkeit, dass der Begriff zwar eine enorme Popularität genießt, in Deutschland aber dennoch 1996 nur 11% (West) bzw. 7% (Ost) der befragten Bevölkerung bei einer repräsentativen Bevölkerungsumfrage des Bundesumweltministeriums bekannt war (vgl. MÜLLER-CHRIST 1998, 27). Auch Zeitungsredakteuren, die über die LA 21 berichteten, waren sich des Begriffs oder Inhalts z. T. nicht sicher und verwechselten die Agenda 21 mit der Agenda 2000, dem agrarpolitischen Konzept der EU-Kommission.

3.1.1 Kritik am Ansatz der Nachhaltigkeit

Wie bereits die vorgestellten Nachhaltigkeitsdiskurse zeigten, wird der Begriff der Nachhaltigkeit unterschiedlich interpretiert und kritisiert. Kritisiert wird insbesondere die *Unschärfe des Begriffs*. Die inflationäre Verwendung des Begriffs lässt bereits auf einen vagen Inhalt schließen. GÖRG stellt sogar fest, „dass sich die Häufigkeit seiner Verwendung umgekehrt proportional verhält zur Bestimmtheit seines Inhaltes" (GÖRG 1996, 178). Andere Autoren haben dafür Begriffe gefunden wie: „Leerformel" (JÄNICKE 1993, 149), „Alleskleber" (SACHS 1995, 14), „Intellektueller Mix" (MARGLIN/MISHRA 1994, 213) oder „Containerbegriff" (ARS 1994, 6) (zitiert nach EBLINGHAUS/STICKLER 1996, 38). Aber gerade durch diese Unschärfe und seinen Kompromisscharakter ist er auf der anderen Seite so attraktiv (vgl. EBLINGHAUS/STICKLER 1996, 37). Da die Definitionen nichts über den Weg, die gewünschte Nachhaltigkeit zu erreichen, aussagen, ist die Palette der Interpretationsmöglichkeiten breit, wie das Beispiel der Internationalen Handelskammer zeigt, die unter nachhaltiger Entwicklung Gewinnoptimierung versteht und damit eine gegensätzliche Vorstellung von Nachhaltigkeit wie eine niederländische Nichtregierungsorganisation hat, für die nachhaltige Entwicklung das Infragestellen und Än-

---

4 Die Begriffe starke und schwache Nachhaltigkeit beziehen sich auf den Diskurs über die Substituierbarkeit natürlichen Kapitals durch Finanz- und Humankapital. Während Vertreter der schwachen Nachhaltigkeit eine Substituierbarkeit befürworten, sprechen sich Vertreter der starken Nachhaltigkeit dagegen aus.

dern des eigenen Lebensstils bedeutet, um die Freiheit der Welt-Mitbewohner nicht einzuschränken (vgl. EBLINGHAUS/STICKLER 1996, 49).

Der *uneindeutige Gerechtigkeitsbegriff* des Ansatzes der Nachhaltigkeit bietet weitere Ansatzpunkte für eine Kritik. Es handelt um eine „Gerechtigkeitsnorm" (vgl. z. B. FEINDT 1997, 38; HERMANN 2000, 167), ohne dass geklärt wäre, um welche Form der Gerechtigkeit es sich handelt. Nach WALZER (zit. nach FEINDT 1997, 39) gibt es in den verschiedenen gesellschaftlichen Handlungsfeldern verschiedene Auslegungen des Gerechtigkeitsbegriffs, z. B. die Leistungs- und Tauschgerechtigkeit der ökonomischen Sphäre, die wenig mit der sozialen Bedarfsgerechtigkeit gemein hat. FEINDT sieht die Möglichkeiten, dass Sustainability zu den jeweiligen Definitionen hinzutreten muss oder für eine Handlungssphäre gilt, die es noch nicht gibt. Um diesen Widersprüchen zu begegnen, kann eine integrative Strategie gewählt werden („Ressourcen sparen ist wirtschaftlich"), wobei die unterschiedlichen Sphären bei knappen Ressourcen weiterhin in Konkurrenz stehen und einige Ziele schwächer verfolgt werden als andere (vgl. FEINDT 1997, 39 f.).

Auch der Wunsch nach *Machterhaltung* wird dem Konzept vorgeworfen. Es gibt Kritiker am Konzept der Nachhaltigkeit, die die historische Entwicklung des Begriffes näher untersucht und festgestellt haben, dass dieses Konzept nicht nur positiv zu bewerten ist. Am Beispiel des Bannwaldes, der nicht allen zugänglich war, lässt sich z. B. erkennen, dass als weiteres Motiv der Nachhaltigkeit auch die Machterhaltung zählt (vgl. SCHMIDT 1998, 12). Auch heute ist dieses Prinzip noch gültig, denn durch die Partnerschaftsideologie des Konzeptes der Nachhaltigkeit laufen Macht- und Herrschaftsverhältnisse zwischen Industrie- und Entwicklungsländern, aber auch innerhalb der LA 21 Gefahr, nicht mehr thematisiert zu werden (vgl. REDCLIFT 1987, 202 zit. nach EBLINGHAUS/STICKLER 1996, 39).

Die historische Bedeutung zeigt, dass Nachhaltigkeit nicht notwendigerweise mit einer Abkehr von immer höherem Wachstum zu tun hat – es geht um das *technische „in den Griff bekommen"*. (vgl. SCHÄFFLER 1996, 22). Auch heute bauen die Vertreter der „Weiter-So-Strategie", bzw. des „Business as usual" (vgl. Kap. 3.1) auf die Technik, durch die die drohenden Gefahren, wie z. B. ein Klimawandel, abgewehrt werden sollen.

Auf der Konferenz für Umwelt und Entwicklung 1992 in Rio de Janeiro wurde das Konzept der Nachhaltigkeit in der Agenda 21 konkretisiert.

3.2 Rio-Konferenz: Agenda 21

1992 fand in Rio de Janeiro die Konferenz der Vereinten Nationen für Umwelt und Entwicklung statt, wo die Agenda 21 von 178 Staaten als eines von fünf Abschlussdokumenten verabschiedet wurde. In diesem Dokument nimmt der Begriff Nachhaltigkeit eine zentrale Stelle ein.

Die Agenda 21 ist in der deutschen Fassung ein rund 350 Seiten starkes Dokument, das eine Vielzahl der Lebensbereiche umfasst und sich in die vier Hauptteile „Soziale und wirtschaftliche Dimensionen", „Erhaltung und Bewirtschaftung der Ressourcen für die Entwicklung", Stärkung der Rolle wichtiger Gruppen" und „Möglichkeiten der Umsetzung" untergliedert (vgl. BMU 1997)

Die Agenda 21 versteht sich als ein langfristiges Handlungsprogramm, das die Nationalstaaten als Handlungsträger auffordert, die natürlichen Lebensgrundlagen (Umwelt) zu erhalten und dies mit dem Erhalt der sozialen und ökonomischen Lebensgrundlagen (Entwicklung) zu verbinden. Um diese Ziele zu entwickeln und zu erreichen sind alle gesellschaftlichen Akteure einzubinden. Durch diese Forderung entstand das mittlerweile viel zitierte „magische Dreieck", das die Verbindung dieser drei Lebensbereiche verdeutlicht: ein Symbol für Sustainability bzw. Nachhaltigkeit (vgl. Abb. 2).

Abb. 2:   Das magische Dreieck der Agenda 21

Quelle: BMU/UBA 199, Titelseite

In einigen Abbildungen wurde dieses Dreieck durch eine vierte Dimension erweitert: durch die inhaltliche Ergänzung „Kultur" oder durch die prozedurale Ergänzung, die eigentlich alle Bereiche umfasst: „Mitentscheidung / Partizipation".

Nach HERMANN et al. kann man das Politikverständnis der Agenda 21 in diesen drei Formeln ausdrücken:

• „Beteiligung aller gesellschaftlichen Akteure an der politischen Entscheidungsfindung

• Verwirklichung demokratischer Prinzipien bei der Partizipation,

• Ausrichtung der gesellschaftlichen Kräfte auf ein gemeinsames Ziel" (HERMANN et al. 2000, 167).

Dieser Ansatz ist in der Tradition eines emanzipatorischen Politikverständnisses zu sehen (vgl. auch Abb. 3).

Abb. 3:   Die drei Dimensionen einer Lokalen Agenda 21

Das Ziel:

Langfristiges Handlungsprogramm für eine zukunftsbeständige Gemeinde
- Aufstellung eines langfristigen kommunalen Handlungskonzeptes
- ...für die ökologische, ökonomische und soziale Entwicklung
- ...mit auf Dauer aufrecht erhaltbaren Strukturen
- .. und dem Ziel der Zukunftsbeständigkeit im 21. Jahrhundert

Die politische Kultur:

Konsensfindung zwischen allen gesellschaftlichen Gruppen

Gesellschaftlicher Diskurs über Leitbilder, Entwicklungspfade, Werte und Weichenstellungen
- ... mit allen gesellschaftlichen Kräften
- ... mit einem partizipatorischen Prozess
- ... mit dem Ziel des größtmöglichen Konsenses, damit die LA 21 Durchschlagskraft erhält

Der planerische Weg:

Systematischer Planungsprozess in Stufen
- gibt Ziel und Verfahren eine umsetzbare Struktur,
- unterstützt die Konzentration auf das Wesentliche,
- verhindert, dass sich die LA 21 im Nichts unendlicher Diskussionen auflöst.

Quelle: ZIMMERMANN 1997

3.2.1   Kritik an der Agenda 21

Die Kritik an der Agenda 21 bezieht sich in vielen Fällen auf das Konzept der Nachhaltigkeit, das die Agenda 21 propagiert, so dass an dieser Stelle nur die Kritik an der Agenda 21 selbst dargestellt wird.

Negativ wird von Kritikern beurteilt, dass die *bestehende Weltwirtschaftsordnung nicht in Frage gestellt wird*. Die Agenda 21 grenzt sich weder von Atom- noch von Gentechnik (vgl. Kap. 22 der Agenda 21, vor allem 22.8) ab und propagiert nur die Verbesserung und nicht die grundsätzliche Änderung der bisherigen Weltwirtschaftsordnung. Kritikern zufolge handelt es sich also bei der Agenda 21 nur um eine weitere Effizienzstrategie.

Auch eine *Bevormundung der sog. Dritten Welt* wird angeprangert. Die Vorschläge für eine Veränderung der Lebens- und Wirtschaftsweise beziehen sich hauptsächlich auf die Situationen in den Staaten der Nordhalbkugel, während den ganz anderen Problemen der sog. Dritten Welt kaum Rechnung getragen wird. Obwohl Entwicklung und Umwelt gleichermaßen berücksichtigt werden sollen, wird in der Agenda 21 die Natur im Dilemma „Gerechtigkeit vs. Natur" begünstigt. Damit wird der Erhalt der Umwelt zum „Wohle der Gesamtmenschheit" über den Anspruch der Entwicklungsländer auf das Lebensniveau der Industrieländer gestellt (vgl. EBLING-HAUS/STICKLER 1996, 116).

Zur Übersicht soll hier vereinfacht der Weg des Konzeptes der Nachhaltigkeit und der Agenda 21 skizziert werden. Dabei werden nur Meilensteine, nicht jedoch alle im Zusammenhang mit der Nachhaltigkeit stehenden Veranstaltungen genannt. (s. Tab. 2)

Tab. 2: Entwicklung des Konzeptes der Nachhaltigkeit und der Agenda 21

Jahr	Konferenz	Teilnehmer	Abschlussdokument	Wichtigste Inhalte/ Ergebnisse
1987	3-jährige Arbeit, keine Konferenz	UN-Kommission für Umwelt und Entwicklung	Brundtland-Bericht	Begriff der Nachhaltigkeit wird populär
1992	Konferenz für Umwelt und Entwicklung in Rio de Janeiro	179 Staaten	Agenda 21	Aktionsprogramm „Agenda 21" mit Maßnahmen mit dem Ziel einer nachhaltigen Entwicklung
1994	Europäische Konferenz über zukunftsbeständige Städte und Gemeinden in Aalborg	600 Vertreter von Kommunen, internationalen Organisationen, Regierungen, Verbänden, wissenschaftlichen Instituten, Berater und Einzelpersonen aus 34 Staaten	Charta von Aalborg: „Charta der Europäischen Städte und Gemeinden auf dem Weg zur Zukunftsbeständigkeit"	Etwa 320 Unterzeichnerstädte verpflichten sich, in einen LA 21-Prozess einzutreten und entsprechende langfristige Handlungsprogramme aufzustellen. Anstoß für die Gemeinden Lokale Agenden umzusetzen
1996	Zweite Konferenz zukunftsbeständiger Städte in Lissabon	1.000 VertreterInnen von Kommunen und Kreisen aus ganz Europa	Lissabonner Aktionsplan: „Von der Charta zum Handeln"	Erfahrungsaustausch, Umsetzungsorientierung
1997	UN-Sondergeneralversammlung „Rio plus 5" in New York	Regierungschefs der UN-Mitgliedsstaaten	Programm zur weiteren Umsetzung der Agenda 21 mit Arbeitsaufträgen, aber keine politische Erklärung	Zwischenbilanz des weltweiten Agenda 21-Prozesses: eher negativ.
2002	UN-Sondergeneralversammlung „Rio plus 10" in Johannesburg	Regierungschefs der UN-Mitgliedsstaaten	?	?

Quelle: eigene Darstellung

3.3 Die Lokale Agenda 21

Die in Kapitel 3 vorgestellte Agenda 21 soll auf unterschiedlichen Ebenen umgesetzt werden. Dabei bietet sich die kommunale Ebene als die der Bevölkerung am nächsten liegende Einheit besonders an, da dort die politischen Entscheidungen am überschaubarsten sind und dem/der BürgerIn eine erweiterte Möglichkeit der Mitbestimmung zukommt. In dieser „Grundschule der Demokratie" sind die handelnden Akteure und Interessen vergleichsweise bekannt und es ist möglich, Einzelmeinungen Gehör zu verschaffen (vgl. KNEMEYER 1995, 78).

In Kapitel 28 der Agenda 21 wird dementsprechend von den Kommunen gefordert:

> „Jede Kommunalverwaltung soll in einen Dialog mit ihren Bürgern, örtlichen Organisationen und der Privatwirtschaft eintreten und eine „kommunale Agenda 21" beschließen. Durch Konsultation und Herstellung eines Konsenses würden die Kommunen von ihren Bürgern und von örtlichen Organisationen, von Bürger-, Gemeinde-, Wirtschafts- und Gewerborganisationen lernen und für die Formulierung der am besten geeigneten Strategien die erforderlichen Informationen erlangen...." (Agenda 21, Kapitel 28.3).

In allen weiteren Publikationen wird anstelle von „kommunaler" nur noch von „lokaler" Agenda 21 gesprochen, was dem englischen Begriff „local" nicht ganz entspricht. Dennoch wird auch hier der Begriff „Lokale Agenda 21" verwendet, da dieser sich inzwischen etabliert hat und allgemein verwendet wird und nach SELLE den Sachverhalt besser beschreibt. Nach SELLE ist die *kommunale* Agenda eine Agenda von Politik und Kommunalverwaltung, die über diesen Weg ihren Aufgabenbestand angeht, während bei der *lokalen* Agenda viele einzelne Akteure einer Kommune beteiligt sind (vgl. SELLE 1999, 18).

Die Präambel des dritten Teils der Agenda 21 „Stärkung der Rolle wichtiger Gruppen" hebt die Bedeutung der *Beteiligung aller Gruppen* hervor: „Ein wesentlicher Faktor für die wirksame Umsetzung der Ziele, Maßnahmen und Mechanismen, die von den Regierungen in allen Programmbereichen der Agenda 21 gemeinsam beschlossen worden sind, ist das Engagement und die echte Beteiligung aller gesellschaftlichen Gruppen" (Kap. 23.1. der Agenda 21).

Damit wird die strukturelle Besonderheit der Agenda 21 und damit auch der LA 21 deutlich: „Die Agenda 21 gab den Anstoß zum Nachdenken über einen neuen Politikstil, ein neues Politikverständnis sowie die Aufforderung zur Demokratisierung von politischen Prozessen" (HERMANN et al. 2000, 167).

Bei den Akteuren, die an der Erstellung einer LA21 beteiligt sein können, handelt es sich um BürgerInnen, Politik, Verwaltung, Wirtschaft und Moderation. Diese Akteursgruppen werden in Kapitel 4 näher vorgestellt.

Der Anspruch, *Entscheidungen im Konsens* zu fällen, stellt eine große Herausforderung dar, denn im Gegensatz zu hierarchisch gefällten Entscheidungen, die den Anspruch haben, „richtig" zu sein, sind diskursiv-kollektiv gefällte Entscheidungen dann „gut", wenn möglichst viele der Beteiligten mit dem Ergebnis zufrieden sind, es also einen Konsens gibt. Diese z. T. suboptimalen Lösungen stellen eine Herausforderung an die vorherrschenden Denkmuster in Politik und Wirtschaft dar.

Dem Ansatz der Nachhaltigkeit folgend sieht auch die LA 21 eine *Rücksichtnahme auf die nachfolgenden Generationen* vor, d. h. die heutigen Generationen sollen so wirtschaften, dass den nachfolgenden Generationen die gleichen Ressourcen und Lebenschancen zur Verfügung stehen. Neben der Solidarität mit den kommenden Generationen steht auch die Solidarität mit den heute lebenden Generationen im Mittelpunkt: es handelt sich um einen *globalen Ansatz.*

Die Umsetzung in Deutschland sieht bisher sehr heterogen aus: während in einigen Regionen schon an einer übergreifenden Agenda gearbeitet wird, existieren in vielen Kommunen noch keine LA 21-Prozesse, was auch wiederum vom Engagement des jeweiligen Bundeslandes und natürlich der Kommune selbst abhängt. Eine Bundesbzw. Landesagenda existiert bisher nicht. Bis 1996 sollten alle Kommunen einen LA 21-Prozess begonnen haben. Dieses Ziel wurde auch 2001 noch nicht erreicht und es bleibt abzuwarten, welche Flächendeckung LA 21-Prozesse letztendlich erreichen und wie erfolgreich sie verlaufen.

3.3.1 Kritik an der Lokalen Agenda 21

Die LA 21 als eine neuartige Kooperationsform erfährt nicht nur Akzeptanz und Zustimmung, sondern muss sich auch einer vielfältigen Kritik aussetzen, die Schwachpunkte des Ansatzes aufzeigt.

Oft wird kritisiert, die **LA 21 sei nichts Neues**, was insofern stimmt, als bestimmte *Elemente* der LA 21, z. B. Beteiligungsformen, nicht neu sein müssen. Auch Parallelen der LA 21 zu Stadtmarketing- oder Stadtleitbildprozessen, die sich in einigen Kommunen zeitlich und inhaltlich überschneiden, können zu der Einschätzung führen, die LA 21 sei nichts Neues. Daneben sind viele KommunalpolitikerInnen der Meinung, die Forderungen der Agenda 21 bereits zu berücksichtigen. In vielen Fällen werden tatsächlich wichtige Kernpunkte der LA 21 schon umgesetzt, aber nur in sehr seltenen Fällen alle Intentionen und vor allem ihre gegenseitige Integration verfolgt. Auch die Zusammenarbeit verschiedener Gruppen zur Erreichung eines gemeinsamen Ziels ist außerhalb der LA 21 ein eher seltenes Phänomen.

Auch die **fehlende demokratische Legitimation** der agenda-engagierten BürgerInnen wird kritisiert. Diese Kritik drückt weiterhin das Bedenken aus, das demokratisch gewählte Parlament könnte durch das Engagement nicht legitimierter BürgerInnen an Macht verlieren. Um diesen Bedenken zu begegnen, wird darüber nachgedacht, die LA 21 langfristig zu institutionalisieren, d. h. mit gewissen Kompetenzen auszustatten und in das System der in den Gemeindeordnungen festgelegten Beteiligungsformen einzufügen. Ein Vorteil dieser nicht-institutionalisierten Formen der Beteiligung ist die bessere Erreichbarkeit von Personen(kreisen), die sich z. B. in einem gewählten Gremium nicht engagieren würden. Eine Institutionalisierung der LA 21 könnte also in diesem Sinne zu einer noch verstärkten Selektion unter den interessierten Bürgern führen und damit die Agenda-Gruppe noch deutlicher als bisher zu einer „bürgerschaftlichen Elite-Gruppe" machen.

In den meisten Kommunen engagiert sich eine bestimmte Gruppe von BürgerInnen, die dadurch charakterisiert ist, dass sie sich auch in anderen Bereichen ehrenamtlich engagiert und über einen guten Bildungsstand verfügt. Die Beteiligten sind also **nicht repräsentativ** für die Gesamtheit der BürgerInnen. Schon durch die unterschiedlichen Sprachstile der sozialen Gruppen entsteht eine „soziale Distanz", die nur ansatzweise im Rahmen von Bürgerbeteiligung überwunden werden kann und die somit bestimmte Gruppen ausschließt. Auch die Themenstellung ist entscheidend für die Beteiligung unterschiedlicher Personengruppen: „je abstrakter das Thema ist, desto deutlicher die Orientierung an den (bildungsbürgerlichen) Mittel- und Oberschichten" (HERMANN et al. 2000, 181). Der Vorwurf lautet, dass durch diese Form der Beteiligung bereits privilegierte Interessen weiter gestärkt werden zu Lasten derjenigen, die ihre Interessen schwerer artikulieren können. ROTH bestätigt, „dass direkt-demokratische Verfahren auf kommunaler Ebene eher zur zusätzlichen Privilegierung bereits privilegierter Interessen beitragen und damit mehr politische und soziale Ungleichheit bewirken können" (ROTH 1997, 412, nach KITSCHELT 1996, 17-29).

Da es sich bei der LA 21 nicht um konkrete Einzelfallentscheidungen handelt, sondern um „Prämissen für zukünftige Entscheidungen", für die keine Form der Beteiligung gesetzlich festgelegt ist, **können die Ergebnisse – bis zur Verabschiedung durch das Kommunalparlament - nur unverbindlich sein.** Erst in der konkreten Umsetzung der Agenda-Ergebnisse kann die Politik beweisen, dass sie die Arbeit der Bürgerschaft ernst nimmt und Mitarbeit gewünscht ist (vgl. MÜLLER-CHRIST 1998, 151).

3.3.2 Prozessverlauf und Formen der Beteiligung

Der Prozessverlauf sowie die Formen der Beteiligung wirken sich entscheidend auf die Ergebnisse des LA 21-Prozesses aus.

Der Konsultationsprozess einer LA 21 ist in der Regel stark von lokalen Strukturen abhängig, lässt sich aber vereinfacht folgendermaßen beschreiben:

Durch eine Partei, die Verwaltung, einen Verein oder eine bestimmte Gruppe wird der Vorschlag gemacht, eine *Lokale Agenda 21* zu erarbeiten. Es werden Gespräche geführt und die Ziele der LA 21 von und mit der Politik erörtert. Daraufhin fasst das Kommunalparlament nach Abstimmung den Beschluss zur Aufstellung einer *Lokalen Agenda 21* und äußert dadurch den Willen, die BürgerInnen ihrer Kommune an der Zukunftsgestaltung der Kommune zu beteiligen und sie ganz konkret Vorschläge für Leitlinien, Ziele und später Projekte entwickeln zu lassen. In den meisten Fällen wird anschließend die Verwaltung mit der organisatorischen Unterstützung des Prozesses beauftragt. Externe ModeratorInnen können v. a. zur Durchführung größerer Veranstaltungen und auch zur Strukturierung des Prozesses herangezogen werden.

Nach einer Auftaktveranstaltung folgt i.d.R. die Bildung von Arbeitskreisen zu bestimmten Themenschwerpunkten, in denen die BürgerInnen Leitlinien / Leitbilder und evtl. auch schon Maßnahmen und Projekte entwickeln. Dazu gibt es sehr unterschiedliche Formen der Beteiligung und des Austauschs wie Arbeitskreise, Bürgerforen, Zukunftskonferenzen u. a. Die erarbeiteten Vorschläge werden dann wieder an die Stadtverordnetenversammlung (StVv) weitergegeben, die die *Lokale Agenda 21* beschließen kann und damit die Grundlage für eine Umsetzung schafft. Anschließend müssen die Bedingungen für die Umsetzungen vereinbart werden und die Zukunft der LA 21-Gruppe geklärt werden. Da bisher erst wenige Kommunen eine *Lokale Agenda 21* verabschiedet haben, gibt es über die Fortführung der LA 21 nur wenige Erfahrungen.

Im Rahmen der Lokalen Agenda 21 können verschiedene Formen der Beteiligung zum Einsatz kommen. Besonders häufig werden Fachforen oder Arbeitskreise gebildet und es wird ein Lenkungsgremium oder Beirat eingerichtet. Seltener finden Zukunftswerkstätten oder Open-Space-Veranstaltungen statt.

DE HAAN, KUCKARTZ und RHEINGANS-HEINTZE haben in der vom Umweltbundesamt herausgegebenen Studie „Bürgerbeteiligung in Lokale Agenda 21-Initiativen" anhand einer Analyse der Organisation von LA 21-Prozessen in Berlin vier organisationssoziologische Modelle entwickelt. Diese Modelle sind insofern interessant als sie unterschiedliche Wege beschreiben, eine Lokale Agenda 21 zu erstellen und die Vor- und Nachteile des gewählten Modells darstellen.

Kooperationsmodell

Typisch für diese Organisationsform ist die ständige Auseinandersetzung mit der Organisation des Prozesses, wobei es schwer fällt, Zeitspannen und Endergebnisse zu definieren. Ein großer Teil der Zeit wird für Meta-Diskussionen verwendet, was dazu führt, dass viele Teilnehmer das Gefühl haben, zu keinem Ergebnis zu kommen. Das Engagement und der Idealismus der Teilnehmer sind allerdings sehr hoch und es gibt Kreativitätspotenziale, die sich in einer Affinität zu projektbezogenen Arbeitsgruppen ausdrücken. Auch innovative Methoden der Kommunikation wie Zukunftswerkstätten, Brainstorming oder eine rotierende Moderation von Arbeitsgruppen und Plena kommen zum Einsatz.

Initiationsmodell

Dieses Modell wird durch das Vorhandensein eines relativ kleinen Personenkreises charakterisiert, der verschiedene Funktionen wie Planen, Organisieren und Kontrollieren einnimmt. Organisationsstrukturen sind wichtig, die meist in Form von Organigrammen dargestellt werden. Die kleine Gruppe der „Macher" beeinflusst den Prozess weitgehend, indem sie die Sitzungen der Arbeitskreise inhaltlich und methodisch vorbereitet. Die gute Organisation führt zu effizienter Arbeit und vermeidet Meta-Diskussionen (vgl. Kooperationsmodell). Man gelangt deshalb schneller zu Arbeitsergebnissen und Erfolgen als im Rahmen des Kooperationsmodells. Typisch ist weiterhin eine starke Konzentration auf das „Machbare", was durch die „Projektma-cher" unterstützt wird.

Verwaltungsmodell

In diesem Modell wird ebenfalls Wert auf effiziente Arbeit gelegt: es wird ein Organi-gramm erstellt und Protokolle geschrieben. Im Gegensatz zum Initiationsmodell wird die inhaltliche Arbeit im Verwaltungsmodell nicht beeinflusst. Die Verwaltung stellt lediglich unterschiedliche Ressourcen zur Verfügung.

Diskussionen über Ziele, Aufgaben und Selbstverständnis der Agenda-Arbeit nehmen auch bei dieser Form viel Zeit in Anspruch, aber durch die engere Verbindung zur Verwaltung besteht ein gewisser Druck, Ergebnisse vorzulegen.

Die Gefahr bei diesem Modell besteht darin, dass die Teilnehmer sich von der Ver-waltung instrumentalisiert fühlen können.

Netzwerkmodell

Bei diesem Modell wird versucht, verschiedene vorhandene Initiativen zu stärken und zusammenzubringen, auch Akteure, die eine gemeinsame Diskussion aufgrund von gegenseitigen Vorurteilen eher meiden. Öffentlichkeits- und Pressearbeit, um neue Kontakte zu initiieren, spielen eine große Rolle.

Typisch für dieses Modell ist die Arbeit an konkreten Projekten, für die sich die Ak-teure zeitlich begrenzt zusammenfinden, um die Ziele der Agenda zu vertreten. Be-sonders wichtig für diese Form sind engagierte Einzelpersonen, die über viele Kon-takte verfügen und als „Motor" fungieren.

Entsprechend dieser Arbeitsweise ist die Struktur eher informell und lose und es kommt bei nicht ausreichender Motivation schneller zu Fluktuationen als bei ande-ren Organisationsmodellen.

In folgender Tabelle werden die vier Modelle hinsichtlich ihrer Organisationsstruk-tur, ihrer Strategie, ihrer Diskursstruktur und ihres Denkstils verglichen (vgl. Tab. 3).

Die vorgestellten Modelle weisen spezifische Stärken und Schwächen auf, die in Ta-belle 4 dargestellt werden (vgl. UMWELTBUNDESAMT 2000, 59).

3.3.3   Das Potenzial der Lokalen Agenda 21: Chancen und Risiken

Nach den vorgestellten Aspekten der LA 21 stellt sich die Frage, welches Potenzial im positiven wie im negativen Sinn die LA 21 beinhaltet. Die Kritik (vgl. Kap. 3.3.1) zeigt, dass die LA 21 nicht von allen als nur positiv wahrgenommen wird, sondern auch gewisse Risiken in sich birgt, bzw. die Engagierten im Laufe des Prozesses auf zahlreiche Hemmnisse stoßen können. Dennoch übt der Gedanke einer LA 21 für viele eine große Faszination aus, was allein an der großen Anzahl von Publikationen abzulesen ist. In den folgenden Kapiteln werden Chancen und Risiken zusammengestellt und die Rahmenbedingungen, die maßgeblich für den Erfolg oder das Scheitern eines Prozesses sind, werden dargestellt.

Tab. 3:   Die Organisationsmodelle im Vergleich

Organisationsmodelle und ihre Eigenschaften				
	Kooperations-modell	Initiations-modell	Verwaltungs-modell	Netzwerk-modell
Organisations-struktur	Flache Hierar-chien	Hierarchisie-rung	Bürokratische Hierarchisierung	Multizentri-sche Struktur
Strategie	Einbeziehung Vieler	Aufforderung zur Zurückhal-tung	Unterstützung leisten	Verbundenheit auf Zeit
Diskursstruktur	Gleichberechtig-te Kommunika-tion	Unterweisung	Berichterstattung, wenig Diskussion	Know-How austauschen
Denkstil	Prozessorien-tiertes Denken	Zielorientier-tes Denken	Entlastungsorien-tiertes Denken	Effizienzorien-tiertes Denken

Quelle: UBA 2000, 58.

Die LA 21 bietet eine Reihe von **Chancen**, die auf zwei Ebenen, der thematischen und der strukturellen Ebene, angesiedelt sind.

Thematische Chancen sind die *Nachhaltige Entwicklung* sowie die *Bewusstseins-schärfung für Themen der Agenda*. Nachhaltige Entwicklung ist das langfristige Ziel der Agenda 21 und der LA 21. Trotz der Schwierigkeit, Nachhaltigkeit inhaltlich ver-bindlich definieren zu können, ist die nachhaltige Entwicklung (vgl. Definition Kap. 3.1) eine große Chance des LA 21-Prozesses.

Die LA 21 bietet die Chance, BürgerInnen, die sich bisher nicht mit der Thematik der nachhaltigen Entwicklung auseinander gesetzt haben, zu erreichen. Durch Presse-informationen und gezielte Informationen an alle Haushalte wird die Möglichkeit ge-schaffen, die Bürgerschaft für die Thematik der LA 21 zu sensibilisieren, auch wenn nicht jede/r in einer Arbeitsgruppe mitarbeiten wird (vgl. MÜLLER-CHRIST 1998, 143).

Diese Chance sehen auch die Verfasser der Agenda 21:
„Durch den Konsultationsprozess würde das Bewusstsein der einzelnen Haushalte für Fragen der nachhaltigen Entwicklung geschärft."(Agenda 21. Kap. 28.3)

Durch diese Bewusstseinsschärfung besteht langfristig die Chance eines tiefgreifen-den gesellschaftlichen Wertewandels, der notwendig ist, damit die nachfolgenden Generationen die gleichen Lebenschancen wie die heute Lebenden haben.

Die **strukturellen Chancen** sind vielfältig.

Eine wichtige Chance ist die Möglichkeit der *kooperativen Zusammenarbeit* zwischen Politik, Verwaltung, BürgerInnen, verschiedenen gesellschaftlichen Gruppen / Orga-nisationen und der Wirtschaft: „Durch Konsultation und Herstellung eines Konsenses würden die Kommunen von ihren Bürgern und von örtlichen Organisationen, von Bürger-, Gemeinde-, Wirtschafts- und Gewerbeorganisationen lernen und für die Formulierung der am besten geeigneten Strategien die erforderlichen Informationen erlangen" (Agenda 21. Kap. 28.3).

Tab. 4: Stärken und Schwächen der Organisationsmodelle

Die Stärken der vier Organisationsmodelle			
Kooperationsmodell	**Initiationsmodell**	**Verwaltungsmodell**	**Netzwerkmodell**
Verantwortlichkeiten sind breit gestreut. Alle Entscheidungen werden durch Konsens herbeigeführt. Spontaneität und Kreativität des Verhaltens, gute „Gruppenatmosphäre". Hohe Flexibilität und Transparenz, da Planung, Koordination und Durchführung in einer Einheit zusammengefasst sind.	Hierarchie sorgt für Stabilität und Kontinuität Klare Strukturen und Verantwortlichkeiten erleichtern Orientierung. Routinen befreien vom Zwang, ständig neu aushandeln zu müssen. Berechenbarkeit des Verhaltens der Akteure.	Forciert die Erstellung eines präzisen Konzeptes, das nach außen vertreten und verantwortet werden muss. Klare Strukturen und Verantwortlichkeiten erleichtern Orientierung. Strukturelle Freiräume ermöglichen die Entfaltung von Kreativitätspotentialen.	Hohe Flexibilität und breite Partizipation Wenig Zeitaufwand für Organisationsfragen: Die Problemlösung steht im Vordergrund. Die Akteure stehen in intensivem Kontakt zueinander, agieren jedoch autonom. Aufgrund zeitlicher Begrenztheit drohen keine Ermüdungserscheinungen.
Die Schwächen der vier Organisationsmodelle			
Kooperationsmodell	**Initiationsmodell**	**Verwaltungsmodell**	**Netzwerkmodell**
Tendenz zum Gruppendruck. Oft lange Debatten, insbesondere über Organisationfragen. Unklare, erst auszuhandelnde Definition der Rolle des Einzelnen erzeugt Unsicherheiten. Durch das Fehlen von Regulierungsmechanismen ist Macht schwer zu erkennen und lässt sich kaum offen thematisieren.	Mangelnde Flexibilität aufgrund starrer Strukturen Kommunikation wird auf ein Mindestmaß beschränkt. Häufig Intransparenz: einseitige Informationskanäle Einschränkung von Kreativitäts- und Partizipationspotentialen. Unsicherheit in Bezug auf Identifikation mit dem Vorhaben.	Hoher Bedarf an Kommunikation für Abstimmung und Koordination. Lange Informationswege. Unterschätzung struktureller Konflikte.	Geforderte Kompetenz und notwendig großes Engagement der Akteure als Selektionsfaktor. Unübersichtlichkeit und Unbestimmtheit. Unterschätzung struktureller Konflikte.

Quelle: UBA **2000**, 59.

Durch die verstärkte Kommunikation und Kooperation können *Politikverdrossenheit und Vorurteile abgebaut werden.* Persönliche Vorurteile können durch die Diskussion und Zusammenarbeit mit „Gegnern" relativiert werden. Es kann auch sein, „dass ein richtig durchgeführter Konsultationsprozess zwischen den verschiedenen Interessensgruppen mehr positive Wirkung in Richtung Nachhaltigkeit bewirkt als das Ergebnis in Form des Agendapapiers selbst" (MÜLLER-CHRIST 1998, 143). Politikverdrossenheit, die durch das Gefühl der Macht- und Sinnlosigkeit bezüglich politischer Entscheidungen entsteht, kann durch eine Mitarbeit an politischen Prozessen abgebaut werden (vgl. ebd. 152).

Die neuen Beteiligungsformen sind eher als übliche formale Beteiligungsangebote geeignet, zur *Festigung und Modernisierung der Demokratie* beizutragen (vgl. WEIDNER 1996, 95), weil stärker an die Verantwortung des Einzelnen appelliert wird.

Durch die intensive Zusammenarbeit unterschiedlicher Persönlichkeiten und unterschiedlicher Interessenvertreter *können Vorurteile abgebaut werden* und die Toleranz steigen. Durch die Arbeit an der LA 21 können sich neue informelle und persönliche Netzwerke bilden, die auch in Zukunft in Konfliktlagen hilfreich sein können (vgl. WEIDNER 1996, 94).

Für die tägliche Kommunalpolitik bieten sich vielfältige Chancen:

Durch eine breite Beteiligung der Bürgerschaft können *Informationen* einfließen, die dem Kommunalparlament zusätzlich zur Verfügung stehen würden (vgl. Kap. 28 der Agenda 21).

Die *Transparenz von Entscheidungswegen* führt durch die Nachvollziehbarkeit zu einer höheren Akzeptanz bei den BürgerInnen. Dass gerade dieser Aspekt sowohl Befürworter als auch Gegner hat, ist offenkundig: „Hier haben sich langfristig Netzwerke gebildet, die vielmehr noch als formale Interessenregelungen das Geschehen bestimmen. Dies erklärt zum großen Teil die mancherorts stark verwurzelte Aversion gegen neue, intensivere und Transparenz erzeugende Kooperationsformen – auch wenn natürlich öffentlich ganz andere Argumente verwendet werden" (WEIDNER 1996, 95). Somit kann die LA 21 eine „enorme Sprengkraft für zum Teil verkrustete lokale Behörden- und Politikstrukturen haben" (SERWE 1997, 21).

Der themenverbindende Ansatz der LA 21 fordert eine *Zusammenarbeit unterschiedlicher Gruppen, Ressorts und Parteien.* Dieser innovative Aspekt ist als eine große Chance zu sehen, die durch die LA 21 initiiert werden kann (vgl. APEL/GÜNTHER 1998, 11).

Grundsätzlich haben gemeinsam erarbeitete Ziele *größere Umsetzungschancen,* da sich alle Beteiligten mit dem Ergebnis identifizieren können – v. a. wenn es im Konsens entstanden ist. Die Idee, nicht eine rechtliche Vorschrift zu erlassen, sondern ein regulatives Prinzip, „unter dessen Regime schrittweise und bedachtsam flexible Leitplanken für den Weg einer lernenden Gesellschaft in die Zukunft gesetzt werden sollen" (WEIDNER 1996, 89), ist grundsätzlich richtig und vernünftig, da gemeinsam aufgestellte Ziele und Maßnahmen eine höhere Aussicht auf Erfolg haben als von oben verordnete Gesetze. Dies zeigt das Beispiel einiger Staaten, die eher kooperativ arbeiten als auf Hierarchien zu setzen. Sie haben im Umweltbereich größere Erfolge: „Länder, in denen sich anstelle des „eisernen Dreiecks" des umweltpolitischen Interessensausgleichs (staatliche Institutionen, Wirtschaftsverbände, etablierte wissenschaftliche und gesellschaftliche Organisationen) ein „grünes Vieleck" entwickelt hat, wo umweltpolitische Innovateure und Umweltanspruchsgruppen (Umweltorganisationen, fortschrittliche Unternehmen, ökologisch orientierte Wissenschaftsinstitutionen etc.) in den Entscheidungsprozeß integriert werden, gehören zu den umweltpolitisch fortschrittlichen Ländern: die Niederlande, Dänemark, Schweden und teils die Schweiz sind Beispiele hierfür. Diese Länder sind im übrigen von ihrer politischen Kultur her – anders als etwa die USA oder Großbritannien – stark auf gesellschaftliche und politische Konsensbildung ausgerichtet" (WEIDNER 1996, 91).

Neben den genannten Chancen birgt die LA21 auch gewisse **Risiken**:
Geringe Erfolge können dazu führen, dass die LA 21 an *Glaubwürdigkeit verliert.* Diese Enttäuschung kann dazu beitragen, dass das inhaltliche Anliegen einer nachhaltigen Entwicklung ebenfalls in Misskredit gerät.

Strukturelle Risiken stehen ebenfalls den strukturellen Chancen gegenüber. Erfolglosigkeit kann zu *steigender Politikverdrossenheit* und damit einem *Glaubwürdigkeitsverlust der Politik* führen.

Auch das *Verhältnis der Beteiligten untereinander kann sich verschlechtern,* wenn die Lokale Agenda zur politischen Schaukampfbühne wird (vgl. APEL 1998, 12).

Wird die Chance einer Annäherung nicht wahrgenommen, kann es zu einer *Verstärkung der Vorurteile* kommen, wenn jede Gruppe ihre Positionen beibehält und nicht kompromissbereit ist.

Das Eintreten der genannten Chancen und Risiken ist kein Zufall. In der Literatur und durch Erfahrungen in der Praxis können Rahmenbedingungen definiert werden, die den Prozess beeinflussen. Ich bezeichne diese Rahmenbedingungen hier als Erfolgsfaktoren und Hemmnisse.

Um Erfolgsfaktoren oder Hemmnisse benennen zu können, muss zunächst definiert werden, was unter einem erfolgreichen Prozess zu verstehen ist.

Grundsätzlich ist ein LA 21-Prozess erfolgreich, wenn die Chancen wahrgenommen werden. Da dies allerdings schwer messbar ist, hat PROSIK (1998, 57) in seiner Arbeit folgende Erfolgsmerkmale bzw. Indikatoren für einen *mittelfristigen* Erfolg herausgestellt: 1. die Erarbeitung eines LA 21-Dokumentes in einem überschaubaren Zeitrahmen, 2. das Vorliegen von Zwischenergebnissen, 3. Umsetzungsversuche, 4. die Teilnahme der Bevölkerung, 5. die Abdeckung der vier großen Agenda-Bereiche und 6. die Prozessgeschwindigkeit.

Grundsätzlich ist die Unterstützung der **Politik** der wichtigste Erfolgsfaktor in LA 21-Prozessen, da diese die Unterstützung der Verwaltung sowie die finanzielle Unterstützung bedingt. Dies bestätigt die Umfrage des Difu, in der der Erfolgsfaktor „Unterstützung von Verwaltungsspitze und Politik" die meisten Nennungen auf sich vereinen konnte (vgl. RÖSLER 1999, 30). Dabei ist es wichtig, dass die PolitikerInnen in der Vorbereitungsphase umfassend über die Chancen [und Risiken] des Prozesses sowie über den Ablauf informiert werden (vgl. HMULF 2000, 25). In seltenen Fällen (so auch ein Beispiel im Main-Taunus-Kreis) engagieren sich BürgerInnen auch ohne einen formalen Beschluss, z. B. in einem „Agenda 21-Verein", was sich allerdings ohne ideelle wie finanzielle Unterstützung von Politik und Verwaltung sehr schwierig gestaltet und schnell zu Frustrationen führt.

So wie die Zustimmung und Unterstützung durch die Politik der wichtigste Erfolgsfaktor ist, so ist die Ablehnung oder das Desinteresse dementsprechend hinderlich. Die Gründe können sehr unterschiedlicher Natur sein: von der Überzeugung, schon alles richtig zu machen bis zur Angst, dass durch die neuen partizipativen Organisationsstrukturen des LA 21-Prozess die eigene Rolle in Frage gestellt werden könnte (vgl. GREWE 1996, 40).

Die Unterstützung durch die **Verwaltung** durch Bereitstellen von Räumen, Material, Informationen und der weiteren benötigten Infrastruktur ist gerade für den Beginn des Agenda-Prozesses sehr wichtig und als ein großer Erfolgsfaktor anzusehen. Mangelnde Unterstützung hingegen ist als hemmend für den Prozess zu bewerten. Ebenso wie die Politik muss auch die Verwaltung in der Vorbereitungsphase umfassend informiert werden, denn gerade „das Engagement und die Glaubwürdigkeit der Verwaltungsspitze [ist] von großer Bedeutung" (HMULF 2000, 25). „Personalmangel" ist dicht hinter „Finanzknappheit" als zweitwichtigstes Hemmnis in der Difu-Befragung genannt worden (vgl. RÖSLER 1999, 29), was die Bedeutung der (bedingten) Freistellung von VerwaltungsmitarbeiterInnen für die LA 21 herausstellt. Durch unflexible Verwaltungsstrukturen und starre Zuständigkeiten wird der LA 21-Prozess, der einen themenübergreifenden Anspruch hat, stark beeinträchtigt. Meistens wird die Verantwortung dem Umweltamt übergeben, das damit in vielen Kommunen personell überlastet ist, und das auch im Prinzip inhaltlich nicht die richtige Adresse ist.

Die **finanzielle Unterstützung** ist sowohl für die laufenden Kosten des Prozesses als auch für einzelne Projekte wichtig. Im günstigsten Fall wird der Prozess sowohl über die Kommune als auch das Land finanziert. Mangelnde finanzielle Unterstützung wirkt sich vor allem negativ auf den LA 21-Prozess aus, wenn nicht einmal eine minimale Unterstützung für die Organisation vorhanden ist. In der Befragung des Difu wurde „Finanzknappheit" mit über 100 Nennungen als wichtigstes Hemmnis bei der Bearbeitung und Umsetzung der LA 21 gesehen (vgl. RÖSLER 1999, 29). Demgegenüber stellt GREWE dar, dass die LA 21 langfristig nicht als finanzielle Belastung anzusehen ist: „Das Prinzip der Vorsorge durch eine nachhaltige, umweltverträgliche und sozial gerechte Stadtentwicklung kann hier langfristig zur Konsolidierung kommunaler Haushalte beitragen" (GREWE 1996, 40). Auch HILLIGES plädiert dafür, gerade in Zeiten knapper Gemeindefinanzen Ressourcen nachhaltiger, intelligenter und effizienter einzusetzen. Demnach ist die LA 21 kein Luxus, sondern kann ganz im Gegenteil diesem Ziel dienen (vgl. HILLIGES 1997, 32).

Die hohe **Beteiligung von BürgerInnen** stellt in einer Befragung des RKW (Rationalisierungs- und Innovationszentrum der Wirtschaft) Hessen von rund 40 Agenda-Beauftragten den entscheidenden Faktor für einen erfolgversprechenden Agenda-Prozess dar (vgl. HMULF 2000, 25). Wichtiger als eine ausreichende Anzahl engagierter BürgerInnen ist jedoch die kontinuierliche Arbeit dieser Gruppe. Problematisch ist die Vermittlung des Konzeptes der LA 21 in breite Bevölkerungskreise, da Begriffe wie Agenda 21 oder Nachhaltigkeit abstrakt sind, und auf den ersten Blick keine Relevanz für den Alltag der BürgerInnen haben. Dadurch werden sie als wenig kommunikativ betrachtet oder auch einseitig mit der Umweltproblematik gleichgesetzt (vgl. GREWE, 40). Der Mut zu Visionen oder das Gefühl von Aufbruchstimmung im Hinblick auf das nächste Jahrtausend sind nicht vorhanden (vgl. GREWE 41). Als weitere Ursachen für eine geringe Beteiligung nannten die Agenda-Beauftragten in der Befragung des RKW Hessen auch das geringe politische Interesse, die mangelnde Bereitschaft zum Engagement, den Zeitfaktor und die Unsicherheit über die Umsetzung der Ergebnisse durch mangelnde Unterstützung von „oben" (vgl. HMULF 2000, 26).

Eine ständige Berichterstattung durch die **Medien**, die zu einem höheren Bekanntheitsgrad der LA 21 auch bei nicht-engagierten BürgerInnen führt, ist für eine gute Information und Akzeptanz notwendig. Dabei kommt es natürlich nicht nur darauf an, *dass* über den LA 21-Prozess berichtet wird, sondern auch *wie* darüber berichtet wird. Besonders einzelne Aktivitäten bieten gute Möglichkeiten zur Berichterstattung, so dass die Lokale Agenda präsent bleibt und eine positive Grundstimmung erzeugt wird (vgl. HMULF 2000, 27). Optimalerweise sollte der Kontakt zu den Medien über die Arbeitsgruppen, d. h. über die engagierten BürgerInnen erfolgen, die damit ein „ungefiltertes Sprachrohr" für ihre Aktivitäten erhalten. Eine Person aus dieser Gruppe, die als Pressesprecher fungiert, kann für einen kontinuierlichen Kontakt zu den Medien sorgen (vgl. HMULF 2000, 27 f.).

Eine mangelnde Resonanz in den Medien führt dazu, dass die Bevölkerung nicht ausreichend informiert wird und es dadurch nicht nur wenige „engagementbereite" BürgerInnen gibt, sondern dass auch die gesamte Einwohnerschaft nicht ausreichend darüber informiert ist, was eine LA 21 ist und bewirken kann.

Teilerfolge, z. B. Projekte dienen der Motivation der Beteiligten und vermitteln nach außen – z. B. durch die Presse- den sichtbaren Erfolg der LA 21-Aktivitäten. Ein schleppender Prozess ohne Teilerfolge hingegen führt dazu, dass das Interesse der Beteiligten abnimmt und in Frustration umschlagen kann.

Die **Existenz internationaler, nationaler und regionaler Lokale Agenda 21-Kampagnen** ist vor allem durch die Entwicklung von Leitfäden oder die Auflegung von Förderprogrammen eine Hilfe für die Kommunen. Als schwerwiegendes Hemmnis ist allerdings das Fehlen solcher Kampagnen nicht anzusehen, da die Motivation über Multiplikatoren in der Kommune erfolgen muss.

Eine **Schwerpunktsetzung** und die **Konzentration auf bestimmte Themen** sind als Erfolgsfaktoren einzustufen, da sie gerade zu Beginn die notwendige Übersichtlichkeit garantieren. Zu Beginn ist es sinnvoll, eine Bestandsaufnahme zu machen und Vorhandenes aufzugreifen und weiterzuentwickeln. Wichtig ist es auch, ergebnisorientiert zu arbeiten und sich realistische Arbeitsziele und Zeithorizonte zu setzen (vgl. HERMANNS o.J., 10). Durch die Breite des Konzeptes der Nachhaltigkeit ist es schwer, aber notwendig, sich auf bestimmte Themen zu konzentrieren, bzw. eine Rangfolge zu erstellen, nach der die Themen behandelt werden sollen. Werden zu viele Themen bearbeitet, kann sich das Gefühl ausbreiten, nicht zu wissen, wo angefangen werden soll und es kann schnell zu Frustrationen kommen.

Eine **klare Aufgabenverteilung / Kompetenzverteilung** garantiert ebenfalls Übersichtlichkeit und verhindert Doppelarbeit. Durch ein diffuses Konzept besteht die Gefahr, dass Zeit und Energie verschwendet werden und die Engagierten frühzeitig frustriert aufgeben, da keine Erfolge zu erkennen sind.

Eine **professionelle Moderation bzw. effektive Arbeitsmethoden** fördern ergebnisorientiertes Arbeiten und sorgen dafür, dass realistische Zeithorizonte gesetzt werden. Wichtig ist dabei eine „Ergebnissicherung mit Augenmaß" (APEL/GÜNTHER 1998, 13), um Doppelarbeit zu verhindern. Eine unstrukturierte Arbeitsweise führt ebenfalls zu Ressourcenverschwendung und damit zum „Abbröckeln" engagierter BürgerInnen, die nicht bereit sind, unendlich viel Zeit zu investieren, ohne zu wissen, zu welchem Ergebnis ihre Arbeit führen wird. Dem kann durch den Einsatz von professioneller Moderation entgegengewirkt werden.

Eine **breite Vernetzung von Nichtregierungsorganisationen, BürgerInnen, Wissenschaft, Verwaltung und Politik** (GREWE 1996, 39) ist als ein Erfolgsfaktor anzusehen, der allerdings innerhalb einer kleineren Kommune eine nicht so große Rolle spielt wie auf regionaler oder nationaler Ebene.

Da es sich bei der Erstellung einer LA 21 nicht um ein „von oben" durchgesetztes Verfahren, sondern um einen offenen, kommunikativen Prozess handelt, sind **kommunikative Kompetenzen aller Beteiligten** unabdingbar. Helfen kann dabei eine professionelle Moderation, die mit bestimmten Arbeits- und Kommunikationsformen den produktiven Gedankenaustausch fördern kann. Auch Moderationsschulungen für Multiplikatoren sind vor allem langfristig sinnvoll, da nur in den seltensten Fällen eine professionelle Moderation über viele Jahre bezahlt werden kann, und auch gerade die Moderation der Arbeitskreise in den meisten Fällen von Beginn an von den TeilnehmerInnen durchgeführt wird.

Da der LA 21-Prozess sich komplex gestaltet, sind **Managementfähigkeiten** der Verantwortlichen, v. a. des/der Agenda-Beauftragten wichtig. Diese Personen müssen den Überblick behalten und den Prozess gut organisieren, um nicht unnötig Ressourcen zu verschwenden. Ein Mangel an kommunikativen Kompetenzen stellt, gerade wenn keine professionelle Moderation hinzugezogen wurde, ein großes Hemmnis dar. Es kann in diesem Fall leicht zu Missverständnissen kommen.

Fachliche Kompetenzen sind z. T. über die engagierten BürgerInnen vorhanden. Zur Ergänzung ist bei Bedarf eine fachliche Unterstützung der Verwaltung und/oder die Möglichkeit, Referenten einzuladen, sinnvoll. Dadurch kann Enttäuschungen bei zu utopischen Vorschlägen vorgebeugt werden und es können innovative Ideen entstehen.

Wichtig ist **ein hohes persönliches Engagement** von VertreterInnen der Politik, Stadtverwaltung, Wirtschaft oder der Bürgerschaft, die sich mit den Zielen einer nachhaltigen Stadtentwicklung identifizieren (vgl. GREWE 1996, 39).

Flexible Denk- und Verhaltensweisen sind unbedingt notwendig, da die LA 21 langfristig einen tiefgreifenden gesellschaftlichen Wandel verursachen sollte. Oftmals stößt der Prozess schon im Ansatz auf hemmende Strukturen und eingefahrene Denk- und Verhaltensweisen, die durch partielles Denken, mangelnde Flexibilität und Kooperationsunfähigkeit in Verwaltungshierarchien und der Politik gekennzeichnet werden (vgl. GREWE 1996, 25).

Zusätzlich zu den Rahmenbedingungen sind **ansatzimmanente Vor- und Nachteile** zu identifizieren, die für jeden Prozess gleich sind. Als ansatzimmanente Vorteile bezeichne ich Vorteile, die dem Konzept der Nachhaltigkeit und der LA 21 an sich zugrunde liegen, und die nicht durch Rahmenbedingungen geschaffen werden. Diesen Vorteilen stehen auf der anderen Seite auch Nachteile gegenüber, wie bereits an der Kritik der LA 21 deutlich wurde (vgl. Kap. 3.3.1).

Gerade der **visionäre Aspekt**, d. h. die Idee einer neuen Entwicklung, ist für viele ein Anreiz, sich zu beteiligen. Allerdings sind diejenigen, die ein bestimmtes Themenfeld belegen möchten oder ein konkretes Projekt verfolgen, in den meisten Fällen ebenfalls vertreten.

Die LA 21 bietet die Möglichkeit einer **breiten Beteiligung** der Bürgerschaft, da auf der kommunalen Ebene die Hemmschwelle, sich zu beteiligen, gering ist. Dennoch zeigen die Erfahrungen, dass sich in LA 21-Prozessen gerade die Personen engagieren, die auch in anderen Bereichen aktiv sind.

Das **Konsensprinzip** ist charakteristisch für die Agenda 21. Der Vorteil liegt darin, dass, so weit es möglich ist, alle Interessen berücksichtigt werden und kein Entschluss gefasst werden kann, mit dem sich nicht alle einverstanden erklärt haben. Demgegenüber stehen allerdings auch Nachteile (s. u.).

Im visionären Charakter der LA 21 sind sowohl Vor- als auch Nachteile enthalten. Während es spannend sein kann, auch einmal Utopien für die Zukunft der Kommune zu entwickeln, muss man sich doch ständig bewusst sein, dass sich die meisten Vorstellungen nicht kurzfristig umsetzen lassen. „Eine andere Gefahr ist die Harmoniesucht. Man steigert sich gemeinsam in die große historische Verantwortlichkeit hinein und entwirft Pläne und Ziele, von denen jeder weiß, dass sie unrealistisch sind" (APEL/GÜNTHER 1998, 12).

Häufig kommt es durch die Beteiligung verschiedener Gruppen zu einem Aufeinanderprallen gegensätzlicher Interessen. Wird dies nicht als Chance zu einer besseren Verständigung verstanden, kann es zu Auseinandersetzungen mit unverrückbaren Positionen kommen, die dem LA 21-Prozess nicht förderlich sind.

Die **inhaltliche Beliebigkeit** wurde bereits in Kapitel 3.4 behandelt und ist charakteristisch für das Konzept der Nachhaltigkeit. Allerdings ist dieser breite Ansatz auch die Voraussetzung für die starke Verbreitung des Konzeptes (vgl. Kap. 3.1).

„Ein Agenda-Gremium ist **nicht demokratisch legitimiert**, es ist ein selbstbestimmtes Expertenforum, das sich, ohne Verantwortung tragen zu müssen, in parlamentarisch oder privatrechtlich geregelte Prozess einmischt" (APEL/GÜNTHER 1998, 11). Diese Kritik wird oft von Seiten der Politik geäußert, die sich durch die agenda-engagierten BürgerInnen bedrängt und eingeschränkt fühlt. Tatsächlich ist die LA 21 nicht legitimiert, was sowohl Vor- als auch Nachteile hat (vgl. Kap. 3.3.1).

Die Beteiligung an der LA 21 kann **nicht repräsentativ** sein, da bestimmte Gruppen durch ihre Bildung oder ihr Zeitbudget privilegiert sind und sich verstärkt beteiligen können (vgl. Kap. 3.3.1).

Während die Entscheidungen im **Konsens** einerseits einen Fortschritt darstellen, birgt der Zwang zum Konsens andererseits aber auch die Gefahr, dass die Lösungen weniger eindeutig – bzw. „verwässert" – ausfallen, da häufig eine Einigung auf den kleinsten gemeinsamen Nenner erfolgt. Dadurch können sich BürgerInnen, die sich engagiert für eine spezielle Sache einsetzen, schnell enttäuscht fühlen und das Gefühl bekommen, dass die Agenda in den Lösungen nichts Neues darstellt.

Zusammenfassend wird eine Übersicht (s. Abb. 4) über Chancen, Risiken, Rahmenbedingungen und ansatzimmanente Vor- und Nachteile gegeben.

3.3.4 Die Lokale Agenda 21 als eine neuartige Kooperationsform

Da die Erstellung einer *Lokalen Agenda 21* freiwillig durchgeführt wird, können diese Prozesse als eine nicht institutionalisierte Form der Bürgerbeteiligung angesehen werden (vgl. Kap. 2.2). Dieser Status hat sowohl Vor- als auch Nachteile: ein Vorteil ist die mit Einschränkungen (vgl. Kap. 3.3.1) erleichterte Erreichbarkeit aller Bevölkerungsgruppen. Je exklusiver die Mitwirkung erscheint (z. B. durch Wahl) desto geringer ist die Repräsentativität auf die Gemeinde bezogen, je offener eine Beteiligung angelegt ist, desto breiter kann das Spektrum der Engagierten sein. Allerdings kann keine Form der Bürgerbeteiligung alle Gruppen gleich gut erreichen, da die Bereitschaft und die Möglichkeit (Bildung, Zeit u. a.) zur konstruktiven Mitwirkung an der LA 21 sehr stark zwischen den Bevölkerungsgruppen variiert (vgl. Kap. 3.3.1).

Der Nachteil einer nicht-institutionalisierten Form der Bürgerbeteiligung liegt in ihrer Unverbindlichkeit. Erst wenn das Kommunalparlament die Vorschläge der in den Agenda-Arbeitskreisen engagierten BürgerInnen bzw. VertreterInnen von Vereinen und Wirtschaft beschließt, sind sie als verbindlich anzusehen.

Abb. 4: Potentiale und Rahmenbedingungen der Lokalen Agenda 21

Chancen und Risiken, Erfolgsfaktoren und Hemmnisse, ansatzimmanente Vor- und Nachteile der Lokalen Agenda 21	
Chancen	**Risiken**
Thematisch • Nachhaltige Entwicklung • Bewusstseinsschärfung für Themen der Agenda -> gesellschaftl. Wertewandel **Strukturell** • Kommunikation statt Konfrontation • Politikverdrossenheit abbauen • Festigung und Modernisierung der Demokratie • Abbau von Vorurteilen anderer Gruppen gegenüber => Besseres Verständnis aller beteiligten Gruppen untereinander (evtl. Netzwerke) **Für kommunalpolitischen Alltag** • Informationsgewinn • Transparenz der Entscheidungswege • Interdisziplinarität statt Ressortdenken • Höhere Effektivität bei Umsetzung • Langfristig höhere Effizienz	**Thematisch** • Glaubwürdigkeitsverlust von Nachhaltigkeit und LA 21 durch wenig sichtbare Erfolge und inflationäre Verwendung des Begriffs **Strukturell** • Bei Erfolglosigkeit: steigende Politikverdrossenheit → Glaubwürdigkeitsverlust der Politik • Verstärkung von verhärteten Fronten und Vorurteilen anderer Gruppen gegenüber
Erfolgsfaktoren	**Hemmnisse**
Extern • Unterstützung durch Politik • Unterstützung durch Verwaltung: • Ausreichende finanzielle Ausstattung • Ausreichende Anzahl engagierter BürgerInnen • Berichte in den Medien • In absehbarer Zeit Teilerfolge (z. B. Projekt) • Existenz von internationalen, nationalen und regionalen LA 21-Kampagnen **Intern** **Strukturbezogen** • Schwerpunktsetzung, Konzentration auf bestimmte Themen • Klare Aufgabenverteilung / Kompetenzverteilung • Professionelle Moderation bzw. effektive Arbeitsmethoden • Breite Vernetzung der Akteure **Personenbezogen** • Kommunikative Kompetenzen aller Beteiligten • Managementfähigkeiten • Fachliche Kompetenzen • Hohes persönliches Engagement	**Extern** • Desinteresse / Ablehnung durch die Politik • Fachlich oder personell schwache Verwaltung bzw. Unterstützung nicht erwünscht • Mangelnde finanzielle Unterstützung durch die Kommune • Unkenntnis / Desinteresse der Bevölkerung • Mangelnde Resonanz in den Medien • Zähigkeit **Intern** **Strukturbezogen** • „Verzetteln" durch zu viele Themen • Diffuses Konzept • Unstrukturierte Arbeitsweise **Personenbezogen** • Mangelnde kommunikative Kompetenzen • Mangel an Information und Erfahrungstransfer
Ansatzimmanente Vorteile	**Ansatzimmanente Nachteile**
• Visionäres Konzept • Breite Beteiligungsmöglichkeiten • Konsens	• Vision nicht in absehbarer Zeit umsetzbar • Divergierende Interessen durch breite Beteiligungsmöglichkeiten • Zu breiter/vager Ansatz • Keine demokratische Legitimation des Agenda-Gremiums • Kaum repräsentative Beteiligung möglich • Konsens

Quelle: eigene Darstellung

In der Agenda 21 (Kap. 17) wird gefordert, dass „neue Formen der Partizipation" und „eine echte gesellschaftliche Partnerschaft" entwickelt werden sollten. Das Neuartige der LA 21 ist die erwünschte Mitwirkung **aller** gesellschaftlicher Gruppen zur Erreichung eines **gemeinsamen** Ziels. Durch das gemeinsame Ziel unterscheidet sich die LA 21 von Bürgerinitiativen, die sich zumeist zur Bekämpfung bzw. Durchsetzung einer bestimmten (un)erwünschten Entwicklung / Planung zusammenschließen. Zur Erreichung dieses gemeinsamen Ziels sollen „neue Formen der Partizipation" erprobt werden (vgl. Kap. 3.3.2). Für viele Kommunen ist die Mehrzahl der „neuen Formen der Partizipation" tatsächlich neu, auch wenn einige schon von „Pionieren" eingesetzt wurden. Die Zusammenarbeit verschiedener Gruppen zu einem bestimmten Thema wurde z. B. vor allem in den neuen Bundesländern im Rahmen von „Runden Tischen" praktiziert. Das „Neuartige" der LA 21 ist allerdings nicht eine bestimmte neue Arbeitsform, sondern das Zusammenspiel von neuen Arbeitsformen unter der Beteiligung aller Gruppen zur Erreichung eines gemeinsamen Ziels. Dies unterscheidet die LA 21-Prozesse von dem auf konkurrierende Interessengruppen abhebenden Prinzip traditioneller Kommunalpolitik (vgl. UBA 2000, 181). Im Rahmen eines LA 21-Prozesses müssten also bestehende Denk- und Verhaltensweisen stark verändert werden, was eine hohe Herausforderung gerade an die Politik darstellt. In einigen Fällen wurde diese Brisanz der LA 21 von der Politik erfasst, denn „in der Regel [ist es] ein länger dauernder politischer Prozess, der den Stadtratsbeschlüssen zur Aufstellung einer LA 21 vorausgeht. Nicht selten gibt es dabei im Vorfeld Voten gegen einen solchen Beschluss und heiße Diskussionen auf höchster Ebene. Dies ist als Indikator für die tatsächliche Sprengkraft der Inhalte zu werten und insofern von unschätzbarem Wert!" (KUHN et al.1996, 118).

Werden die in Kapitel 2.3 genannten Kriterien für Partizipationsverfahren zur Beurteilung der LA 21 als einer neuartigen Kooperationsform herangezogen, lässt sich erkennen, dass bereits einige Kriterien im Anspruch der LA 21 enthalten sind. Ob die Kriterien allerdings in den einzelnen Kommunen berücksichtigt werden, hängt von den jeweiligen kommunalen Rahmenbedingungen ab.

Da es sich um einen eigenständigen Prozess, zumeist ohne verwaltungsinterne Weichenstellungen handelt, kann der LA 21-Prozess grundsätzlich als **fair** (1. Krit.) bezeichnet werden. Dadurch, dass die LA 21 öffentlich und nicht verwaltungsintern erarbeitet wird, ist der Prozess von der Idee her **transparent** angelegt (2. Krit.). Auch die Information der Nicht-Beteiligten durch die Medien fördert diese Transparenz. Ob **Lernchancen** (3. Krit.) genutzt werden und Argumente anderer Gruppen respektiert werden, hängt wie in anderen Prozessen auch von den Beteiligten ab. Allerdings kann durch eine Moderation der Lernprozess gefördert werden, indem die unterschiedlichen Bedürfnisse und Interessen neutral benannt werden. Eine finanzielle Förderung von Moderation durch das Bundesland wie z. B. in Hessen unterstützt die Beachtung dieses Kriteriums. **Frühe und iterative Beteiligung** (4. Krit.) wird durch den Ansatz der LA 21 gewährleistet, auch wenn die Praxis in einigen Kommunen dem nicht ganz entspricht. Durch die Formulierung eines Leitbildes sowie die Gliederung des Prozesses in verschiedene Phasen findet sowohl eine frühzeitige als auch eine iterative Beteiligung statt. Bei der LA 21 handelt es sich um ein offenes Verfahren, das **direkte, verständliche Informationen und offene Konfliktaustragung** (Krit. 5) erlaubt. Durch die Mitwirkung der BürgerInnen wird vermieden, dass es zu einem späteren Zeitpunkt zu Konflikten kommt. Eine **gemeinsame Festlegung der Entscheid- und Verfahrensregeln** (Krit. 6) steht ebenfalls in den meisten Fällen zu Beginn eine Prozesses. Dabei spielt der Konsens, ein Bestandteil der LA 21, eine wichtige Rolle. Die **Erwartungssicherheit** (Krit. 7) ist eine Schwachstelle der LA 21, da keine Garantie dafür gegeben werden kann, was mit den Ergebnissen passiert. Die mangelnde Kommunikation zwischen Politik und den an der LA 21 beteiligten Gruppen ist eine Ursache dafür. Die **Motivation der Beteiligten** (Krit. 8) kann sich schwierig darstellen und es werden in den seltensten Fällen alle Gruppen vertreten sein. Allerdings werden selten konfliktträchtige Themen behandelt, so dass die Beachtung „schlecht organisierter Interessen" eine wichtigere Rolle spielt. In der LA 21 wird davon ausgegangen, dass die Beteiligten bereits hohe **Kompetenzen** (Krit. 9) mitbringen, d. h. dass das Fachwissen der BürgerInnen genutzt wird (vgl. Kap. 28 der Agenda 21 und Kap. 4). Zur Unterstützung bei technischen Fragen steht in vielen Kommunen die Verwaltung zur Verfügung. Ein **Ausgleich zwischen den verschiedenen sozialen Schichten** (Krit. 10) ist auch in der LA 21 nicht unbedingt gewährleistet, da sich erfahrungsgemäß artikulationsstarke Gruppen engagieren. Durch den Ansatz der LA 21 wird allerdings versucht, gerade diese Gruppen zu integrieren, z. B durch VertreterInnen. Die LA 21 hat weniger als „normale" Partizipationsverfahren mit dem Problem des **Ausgleichs zwischen konfliktfähigen und nichtkonfliktfähigen Interessen** (Krit. 11) zu kämpfen, da gerade die nichtkonfliktfähigen Interessen in der LA 21 relativ stark vertreten sind (z. B. existieren Arbeitskreise „Frauen", „Kinder und Jugendliche" etc.). Der **Ausgleich zwischen kurz- und langfristigen Interessen** (Krit. 12) ist bereits im Anspruch des Konzeptes der Nachhaltigkeit enthalten, das die Grundlage der LA 21 bildet. Ein Charakteristikum der LA 21 ist eine Konsensorientierung und damit die Konzentration auf konfliktarme Themen. Damit spielt die **Umwandlung von Nullsummen-Konflikten in Positivsummen-Konflikte** (Krit. 13) eine eher geringe Rolle. Die **institutionelle Integration** (Krit. 14) ist eine Schwachstelle der LA 21, da sie (bisher noch) nicht in die politischen Entscheidungsprozesse eingebunden ist.

Dieser Vergleich mit den Kriterien für Partizipationsverfahren macht deutlich, dass die LA 21 als neuartige Kooperationsform *theoretisch* geeignet ist, fast allen Ansprüchen eines Partizipationsverfahrens zu genügen. Inwieweit diese Kriterien *praktisch* in den Kommunen umgesetzt werden ist allerdings von den lokalen Akteuren abhängig.

4.   Die Lokale Agenda 21 im Main-Taunus-Kreis

Um die Bedeutung der genannten Chancen, Risiken und Rahmenbedingungen zu überprüfen, soll am Beispiel der Kommunen des Main-Taunus-Kreises untersucht werden, welche Vorstellungen BürgerInnen und PolitikerInnen von der LA 21 haben, welche Chancen, aber auch Risiken gesehen werden und welche Erfolgsfaktoren, a- ber auch Hemmnisse den Prozess beeinflussen. Durch eine Analyse der Prozesse können Zuordnungen zu den in Kapitel 3.3.2 genannten Prozessen mit ihren spezifi- schen Vor- und Nachteilen erfolgen.

4.1 Untersuchungsgebiet: Die Kommunen des Main-Taunus-Kreises

Für diese Untersuchung wurden die Kommunen eines Landkreises ausgewählt, um nicht durch die Auswahl einzelner Kommunen eine Verzerrung der Ergebnisse zu verursachen.

Abb. 5: Der Main-Taunus-Kreis

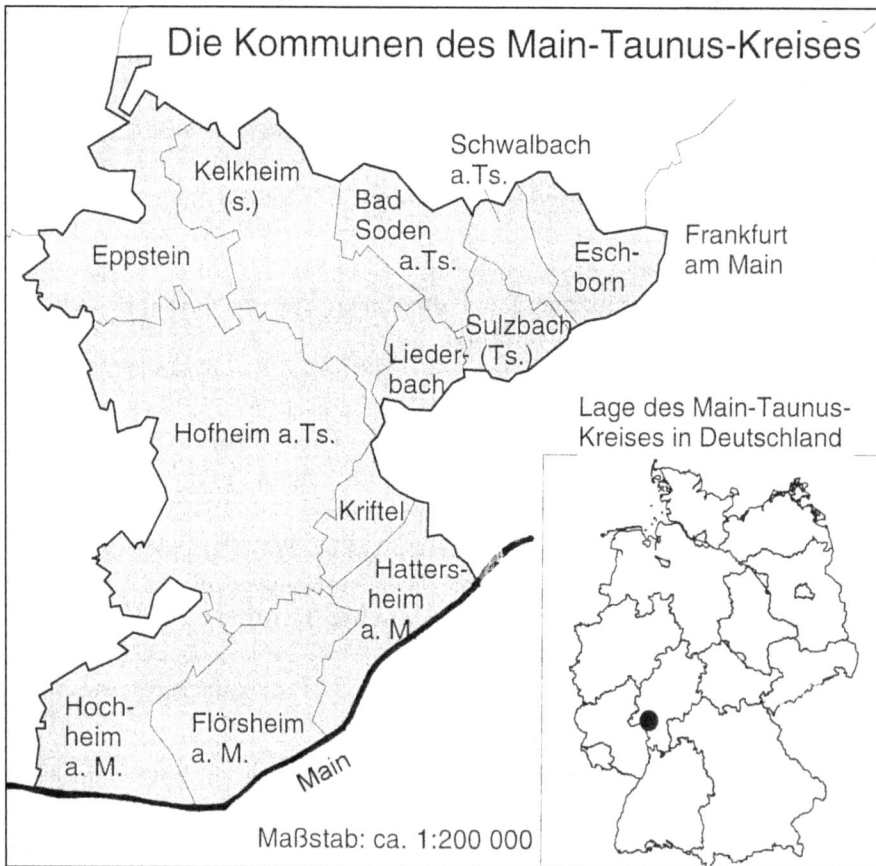

Quelle: eigene Darstellung

Der Main-Taunus-Kreis grenzt im Osten an die Stadt Frankfurt am Main und im Westen an die Landeshauptstadt Wiesbaden. Nördlich begrenzt der Hochtaunus und südlich der Main bzw. der Kreis Groß-Gerau den Kreis. Durch die verkehrsgünstige Lage im Rhein-Main-Gebiet haben sich im Main-Taunus-Kreis in den letzten Jahr- zehnten zahlreiche Gewerbebetriebe angesiedelt. Dies schlägt sich in der Steuereinnahmekraft in DM je Einwohner nieder, die sowohl im Vergleich zu Hessen als auch zu Deutschland sehr hoch ist (vgl. Tab. 5). Auch die Bevölkerung des Main-Taunus-Kreises ist in den letzten Jahren und Jahrzehnten im Vergleich zum hessischen und bundesdeutschen Durchschnitt stark gewachsen, was auf die zentrale Lage, die gute Arbeitsmarktsituation im Rhein-Main-Gebiet sowie auf die relativ hohe Lebensqualität – vielfältige Freizeitangebote und die Nähe wichtiger Zentren – zurückzuführen ist.

Tab. 5:   Bevölkerungs- und Finanzstruktur des Main-Taunus-Kreises 1999

Kommune	Bevölkerung 1999	Bevölkerungsver- änderung zwischen 1995 und 1999	Steuerein nahmekraft in DM je Ein- wohner 1999
Bad Soden a. Ts, St.	20.260	1,62%	2.101
Eppstein, St.	13.727	7,82%	1.630
Eschborn, St.	19.388	4,67%	21.727
Flörsheim a. M., St.	18.807	6,24%	1.919
Hattersheim a. M., St.	24.756	0,79%	1.405
Hochheim a. M. , St.	16.574	3,86%	1.652
Hofheim a. Ts., Krst.	37.172	3,10%	1.991
Kelkheim (Ts.), St.	26.500	-0,06%	1.675
Kriftel	10.592	0,48%	2.007
Liederbach a. Ts.	8.050	5,81%	1.972
Schwalbach, St.	14.142	-2,35%	2.943
Sulzbach (Ts.)	8.202	0,53%	3.601
MTK gesamt	**218.170**	**2,54%**	**3.722**
Zum Vergleich			
Hessen	6,052 Mio	1,21	1.608
Deutschland (früheres Bundesgebiet)	66,75 Mio	1,1	1.264

Quelle: STATISTISCHES LANDESAMT WIESBADEN 1996; 2000; STATISTI-SCHES BUNDESAMT 1996; 2000.

4.1.1   Stand der Lokalen Agenda 21 im Main-Taunus-Kreis

Der Main-Taunus-Kreis (vgl. Abb. 5) ist im Hinblick auf den Stand der Lokalen A-genda in Hessen (59,3% der hessischen Gemeinden haben einen Beschluss gefasst, deutschlandweit sind es 13,3%. (www.agenda-transfer.de)) ein überdurchschnittli-cher Kreis: 10 der 12 Gemeinden haben einen Agenda-Beschluss gefasst. Diese 10

Gemeinden befinden sich in unterschiedlichen Stadien des Prozesses (vgl. Kap. 4.2. ff.).

4.1.2 Das Förderprogramm des Landes Hessen

Seit April 1998 werden hessische Kommunen durch ein Förderprogramm der hessischen Landesregierung bei der Erarbeitung einer *Lokalen Agenda 21* unterstützt. Das RKW Hessen ist sowohl für die inhaltliche Unterstützung der Städte und Gemeinden als auch für die organisatorische Abwicklung des Programms zuständig. Gefördert werden externe Fachkräfte, z. B. in der Verfahrensorganisation und der Moderation von Veranstaltungen, nicht aber konkrete Projekte. Im Rahmen dieses Förderprogramms erhielten Kommunen bis zu 25.000 Einwohnern maximal 50.000 DM, Kommunen zwischen 25.000 und 80.000 Einwohnern maximal 80.000 DM und Kommunen mit mehr als 80.000 Einwohnern maximal 100.000 DM. Voraussetzung dieser Förderung ist der Beschluss des Kommunalparlamentes zur Erstellung einer LA 21 sowie eine Projektplanung. Bis Ende 1999 wurden 119 Kommunen (dies entspricht 28% aller hessischen Kommunen) mit insgesamt sechs Mio. DM gefördert; 41 Kommunen erhielten negative Bescheide (vgl. HMULF 2000, 9 f.).

Im Main-Taunus-Kreis profitieren vier Kommunen von dem Förderprogramm: Eppstein, Hattersheim, Hofheim und Sulzbach. Diese Kommunen konnten externe Moderationsbüros beauftragen, den LA 21-Prozess bis zur Verabschiedung der *Lokalen Agenda 21* zu begleiten.

4.2 Methodisches Vorgehen: Befragung der unterschiedlichen Akteursgruppen

Um Angaben zu Einstellungen und Einschätzungen zur LA 21 zu erhalten, ist es notwendig, die beteiligten Gruppen zu befragen. Für meine Fragestellung interessierten mich hauptsächlich die im Agenda-Prozess engagierten BürgerInnen und PolitikerInnen. Um Informationen über den LA 21-Prozess in der jeweiligen Gemeinde zu bekommen, erschien es mir sinnvoll, ebenfalls die Agenda-Beauftragten, zumeist VerwaltungsmitarbeiterInnen, zu befragen, die eine Schnittstelle zwischen Politik und Bürgerschaft darstellen und über den Prozessverlauf berichten können. Für diese drei Gruppen habe ich unterschiedliche Formen der Befragung gewählt: alle Akteursgruppen wurden über standardisierte Fragebögen befragt, die eine gute Vergleichbarkeit gewährleisten (vgl. Kap. 7.2). Zusätzlich wurden Interviews mit den Agenda-Beauftragten und PolitikerInnen geführt, bzw. ein weiterer Fragebogen ausgefüllt (vgl. Kap. 7.3 und Kap. 7.4). Die Gespräche mit den Agenda-Beauftragten fanden zwischen April und Juni 2000 statt, die Gespräche mit den PolitikerInnen von Mai bis August 2001. Die Fragebögen wurden in einem Zeitraum von Mai bis August 2000 ausgefüllt.

Die Befragung wurde in allen Gemeinden mit Ausnahme Liederbachs, wo zum damaligen Zeitpunkt keinerlei Aktivitäten zur LA 21 existierten, durchgeführt. BürgerInnen wurden nur in Gemeinden mit einer Bürgerbeteiligung im Rahmen des LA 21-Prozesses befragt.

Um einen ersten Überblick über den Stand des LA 21-Prozesses der jeweiligen Kommune zu bekommen, habe ich Gespräche mit den **Agenda-Beauftragten** geführt, welche auch weiteres Material sowie Namen und Adressen von AnsprechpartnerInnen zur Verfügung stellten. Die Agenda-Beauftragten sind in den meisten Fällen VerwaltungsmitarbeiterInnen, die die Koordination des Agenda-Prozesses neben ihrer eigentlichen Arbeit leisten müssen und aus diesem Grund in vielen Fällen stark überlastet sind. Viele der interviewten Agenda-Beauftragten gaben an, durch diese Zusatzbelastung nicht genügend Zeit für beide Aufgaben zu haben. Besonders stark eingebunden sind VerwaltungsmitarbeiterInnen in solchen Gemeinden, deren Agenda-Prozess dem „Verwaltungsmodell" entspricht, wie dies in vier Gemeinden im Main-Taunus-Kreis der Fall ist (vgl. Kap. 3.3.2).

Die Verwaltung spielt eine wichtige Rolle in den LA 21-Prozessen, da sie die Schnittstelle zwischen Politik und Bürgerschaft darstellt. In einigen Gemeinden ging der Anstoß, eine LA 21 zu erstellen, von der Verwaltung aus und in fast allen Gemeinden unterstützt sie die Arbeit durch Organisation, Bereitstellen von Räumen und z.T. durch das Erstellen von Protokollen u. a. Ist die Verwaltung sehr stark in den Prozess eingebunden, besteht die Gefahr der zu starken Beeinflussung, z. B. durch die Auswahl der zu bearbeitenden Themen.

Insgesamt habe ich 11 Gespräche mit Agenda-Beauftragten geführt, von denen 8 in der kommunalen Verwaltung arbeiten, einer selbständiger Moderator ist, einer Vorsitzender des Agenda-Vereins in einer Kommune ohne Agenda-Beschluss ist und einer Bürgermeister, der die Konzeption für eine LA 21 alleine erarbeitet hat. Dieser Bürgermeister wird in den folgenden Auswertungen dem Magistrat und nicht den Agenda-Beauftragten zugeordnet.

Alle Agenda-Beauftragten haben zusätzlich den standardisierten Fragebogen ausgefüllt, der auch an die BürgerInnen verteilt wurde.

Die **Bürgerschaft** ist die Gruppe, die in Kapitel 28 der Agenda 21 aufgefordert wird, sich am Konsultationsprozess in ihrer Kommune zu beteiligen.

Für die Gruppe der BürgerInnen wurden nur die in Agenda-Arbeitskreisen engagierten BürgerInnen befragt, da deren Erfahrung für die Untersuchung relevant war. Da sich in den meisten Fällen eine größere Anzahl von BürgerInnen in einem Agenda-Prozess engagiert, war es nicht möglich, einzelne Gespräche zu führen. Stattdessen wurde ein sechsseitiger Fragebogen (vgl. Kap. 7.2) entworfen, der Motivation, Erwartungen und bisherige Erfahrungen der Engagierten thematisiert. Die Fragebögen wurden über die Agenda-Beauftragten an die engagierten BürgerInnen verteilt. Um Anonymität zu gewährleisten, wurden die ausgefüllten Fragebögen entweder in einem Umschlag an den Agenda-Beauftragten weitergegeben bzw. direkt an mich zurückgeschickt. Zusätzlich wurden mit einzelnen BürgerInnen, die dies von sich aus angeboten haben, Gespräche geführt. Die Ergebnisse dieser Gespräche konnten nicht quantitativ in diese Arbeit eingehen, aber helfen, einen deutlicheren Einblick in die örtliche Situation zu bekommen und vorhandene Informationen einzuordnen.

Die **Moderation** nimmt eine sehr wichtige Rolle ein, da üblicherweise an LA 21-Prozessen unterschiedliche Gruppen mit unterschiedlichen Interessen beteiligt sind. Die Moderation soll für eine konstruktive Arbeitsstimmung sorgen und zwischen den unterschiedlichen Positionen vermitteln.

Unterschieden wird zwischen externer Moderation und der Moderation durch die Verwaltung. Der Vorteil einer externen Moderation ist ihre Professionalität und Unabhängigkeit, während die VerwaltungsmitarbeiterInnen auch bei professionellen Moderationskenntnissen in den meisten Fällen parteiisch sind und dadurch Interessenskonflikte entstehen können. Aus finanziellen Gründen wird oft auf eine externe Moderation verzichtet.

Wie bereits dargestellt, spielt die **Politik** in LA 21-Prozessen eine entscheidende Rolle. Sie beschließt, ob eine *Lokale Agenda 21* erstellt werden soll und entscheidet schließlich über die Leitlinien und Maßnahmen der *Lokalen Agenda 21*. Dadurch ist die Rolle der Politik, auch wenn sie sehr unklar und im Rahmen der LA 21 kaum definiert ist, von größter Bedeutung.

Der Beschluss, der am Beginn jedes Agenda-Prozesses steht, sollte von den Parteien des Kommunalparlamentes im Konsens verabschiedet werden. Durch diesen Beschluss übernimmt die Politik eine Verantwortung, die darin besteht, die BürgerInnen und ihre Vorschläge ernst zu nehmen. Nach diesem Beschluss wird die Rolle der Politik unklarer, da nicht näher definiert ist, ob und wie sich die Politik in den örtlichen LA 21-Prozess einbinden soll. Über die Rolle der Politik im LA 21-Prozess gibt es in den Kommunen die unterschiedlichsten Ansichten und Vorgehensweisen, die von Mitarbeit in den Arbeitskreisen und Organisation des Prozesses bis zu einem kompletten Verzicht einer Teilnahme reichen.

Die Vorteile für die Politik liegen in der Chance, ihre eigene Glaubwürdigkeit zu verbessern und kommunalpolitische Entscheidungen transparenter zu machen. Auch eine Erleichterung der Alltagspolitik mit handfesten Vorteilen wie Informationsgewinn und höhere Effektivität bei der Umsetzung sind als Vorteile für die Politik zu sehen.

Allerdings ist eine LA 21 für die Politik nicht zum Nulltarif zu haben, denn „eine in der Agenda 21 angestrebte Beteiligung breiter Bevölkerungsschichten benötigt andere, neue Kommunikations- und Kooperationsformen, die weit über bisherige Beteiligungs- und Gemeindeentwicklungsverfahren hinausgehen" (PROSIK 1998, 81). Das heißt, die LA 21 fordert von der Politik neue Denk- und Verhaltensweisen, was für diese ein Grund zur Skepsis der Agenda gegenüber sein kann.

Da nicht definiert ist, in welcher Form die Bürgerbeteiligung über die in der Hessischen Gemeindeordnung (HGO) festgelegten Formen der Bürgerbeteiligung (vgl. Kap. 2.2) hinausgehen soll, lässt sich die Angst der PolitikerInnen vor eigenem

Machtverlust erklären. Sicher ist, dass die Forderungen der LA 21 weitgehender sind als die in der HGO vorgeschriebenen Möglichkeiten der Beteiligung und dass sie mehr auf ein gemeinsames Erarbeiten von gemeinsamen Entwicklungszielen, d. h. ein kooperatives Vorgehen, und nicht nur auf eine Information der Bürgerschaft über bereits Beschlossenes abzielen.

Diese Unsicherheiten sorgen in vielen Fällen für eine Zurückhaltung der Politik, die nicht von allen beteiligten Gruppen nachvollzogen werden kann.

Engagiert sich die Politik, befindet sie sich auf einer Gratwanderung zwischen Zurückhaltung, um die Bürgerschaft eigene Ideen entwickeln zu lassen, und Steuerung, damit die Umsetzung realistischer wird.

Entscheidend wird die Meinung der Politiker, wenn von den Arbeitsgruppen die *Lokale Agenda 21* verfasst wurde und von der Gemeindevertretung beschlossen werden soll. Zu diesem Zeitpunkt wird sich zeigen, ob die Politik ihren Beschluss, eine Agenda unter der Beteiligung der Bürgerschaft aufzustellen, weiterhin ernst nimmt und die *Lokale Agenda 21* verabschiedet.

Von verschiedenen Autoren wurde festgestellt, dass die Parteienzugehörigkeit für die Einstellung zur LA 21 vor allem in kleineren Kommunen keine Rolle spielt. In größeren Städten gewinnt die Parteipolitik dagegen für den LA 21-Prozess mehr an Bedeutung (vgl. PROSIK 1998, 36).

Für die Befragung wurde die Gruppe der Politik in drei Untergruppen gegliedert, um unterschiedliche Funktionsträger zu Wort kommen zu lassen. In der Auswertung der Ergebnisse wurden diese drei Gruppen unter dem Begriff „Politik" bzw. „PolitikerInnen" subsumiert.

Da gerade durch die in Hessen neu eingeführte Direktwahl des Bürgermeisters[5] dieser sich in einem besonderen Maß den BürgerInnen verpflichtet fühlen sollte, nimmt er in einigen Gemeinden eine wichtige Rolle im Agenda-Prozess ein, so dass ich es für sinnvoll erachtete, ein Interview entweder mit dem Bürgermeister oder einem anderen mit der Agenda 21 befassten Magistratsmitglied (bzw. Mitglied des Gemeindevorstands) zu führen. Die Interviews (vgl. Kap. 7.3) wurden auf Tonband aufgezeichnet und anschließend transkribiert. Zusätzlich haben die Interviewten den standardisierten Fragebogen ausgefüllt.

Stellvertretend für die PolitikerInnen wurde ein Gespräch mit der/dem StadtverordnetenvorsteherIn (StVvo) bzw. der/dem Vorsitzenden der Gemeindevertretung geführt, um einen Einblick in die Einschätzung der LA 21 durch das Parlament zu bekommen (vgl. Kap. 7.3). Wie von allen anderen Akteursgruppen wurde auch von den StVvo der standardisierte Fragebogen (vgl. Kap. 7.2) ausgefüllt. In einigen Fällen wurde auf Wunsch der Befragten der Fragebogen nur zugeschickt und es wurde kein persönliches Interview geführt.

---

5   Zum Zeitpunkt meiner Befragung gab es im Main-Taunus-Kreis keine Bürgermeisterin. In der Beschreibung wird also nur die männliche Form verwendet.

Wichtig für eine Situationsanalyse war nicht nur die Meinung von Einzelpersonen, die nicht unbedingt repräsentativ für die Gruppe der PolitikerInnen sein müssen, sondern ein Überblick über die Meinung aller Fraktionen. Stellvertretend für eine Fraktion wurde der Fraktionsvorsitzende bzw. (in ganz wenigen Fällen) ein/e mit der Agenda befasste/r PolitikerIn schriftlich befragt. Telefonisch wurde mit den Fraktionsvorsitzenden vereinbart, dass ihnen zwei Fragebögen - ein Fragebogen mit offenen Fragen (vgl. Kap. 7.3), der sich auf die Arbeit in der Politik bezieht und der Fragebogen für alle Akteursgruppen (vgl. Kap. 7.2) - zugeschickt werden. Durch die vorherige telefonische Abklärung und einen beigelegten frankierten Rückumschlag konnte eine hohe Rücklaufquote erreicht werden (vgl. Tab. 7), die bei der relativ geringen Grundgesamtheit auch notwendig war, um zu aufschlussreichen Ergebnissen zu kommen.

Zusammen mit den direkt interviewten Bürgermeistern und StVvo ergeben sich 52 Antworten, die der Grundgesamtheit für die Gruppe „Politik" in den folgenden Diagrammen dieses Kapitels entsprechen.

Nicht explizit befragt wurden die *Wirtschaft* und bestimmte *gesellschaftliche Gruppen*.

In Kapitel 28 der Agenda 21 (vgl. Kap. 4) wird die Privatwirtschaft ausdrücklich als Gruppe genannt, die in einen Dialog mit der Politik eintreten soll. Das Engagement der Wirtschaft in den LA 21-Prozessen gestaltet sich sehr unterschiedlich: während in einigen Kommunen die Wirtschaft kein Interesse an einer Mitarbeit an der LA 21 zeigt, spielt sie in anderen Kommunen eine wichtige Rolle.

Oftmals sind Aktive aus den Bereichen Bürgerinitiativen, Bildungseinrichtungen, Gewerbe/Industrie/Handwerk, Umweltverbände, Religionsgemeinschaften und Vereine als Privatpersonen engagiert und nicht als Vertreter ihrer Gruppe. In anderen Fällen können aber auch einzelne Gruppen, wie z. B. eine Eine-Welt-Gruppe der Initiator für eine LA 21 sein. Die Bedeutung der Mitwirkung dieser Gruppen ist nicht zu unterschätzen, da sie über ein großes Fachwissen sowie in den meisten Fällen über Netzwerke verfügen.

Die Befragten verteilen sich auf folgende Parteien, wobei sowohl Fraktionsvorsitzende, Bürgermeister als auch StVvo enthalten sind. Diese Verteilung entspricht in etwa den politischen Mehrheitsverhältnissen im Main-Taunus-Kreis.

Tab. 6: Verteilung der Befragten nach Parteien

Partei	SPD	CDU	B90/ GRÜNE	FDP	FWG	Sonstige
Anteil in %	23,1	36,5	13, 5	9,6	15,4	1,9
(absolute Anzahl)	(12)	(19)	(7)	(5)	(8)	(1)

Quelle: eigene Erhebung

4.3 Auswertung

Insgesamt standen 125 Fragebögen zur Auswertung zur Verfügung, von denen 63 von BürgerInnen, 52 von PolitikerInnen und 10 von Agenda-Beauftragten ausgefüllt wurden (vgl. Tab. 7 und Abb. 7[6]).

Tab. 7: Übersicht der Daten
Anzahl der Kommunen mit Bürgerbeteiligung: 8

	Fragebogen (alle Akteursgruppen)			Fragebogen / Leitfadengespräch (Politik / Agenda-Beauftragte)			
	Verteilte /verschickte Fragebögen	Rücklauf	Rücklaufquote	Verschickt (zurück)	Gespräch geführt	Rücklauf (Gespräche + zurück)	Rücklaufquote
Agenda-Beauftragte	10	10	100%	-	10	10	100%
Beteiligte Bürgerschaft	Wurden ausgelegt / verteilt	63	Nicht zu berechnen	-	3	3	100%
Politik gesamt	63	52	82,5	52 (41)	11	52	82,5%
Magistrat / Gemeindevorstand	*12*	*9*	*75%*	*4 (1)*	*8*	*9*	*75%*
Vorsitzende/r der Gemeindevertretung	*11*	*9*	*82%*	*8 (6)*	*3*	*9*	*81,8%*
Fraktionsvorsitzende	*40*	*34*	*85%*	*40 (34)*	*-*	*34*	*85%*
Gesamt	Nicht zu berechnen	125	Nicht zu berechnen	52 (41)	24	65	85,5%

Quelle: eigene Erhebung

Die Datenlage variiert von Kommune zu Kommune, was damit zusammenhängt, dass noch nicht in allen Kommunen eine Bürgerbeteiligung im Rahmen der LA 21 begonnen wurde (vgl. Kap. 4.3.2).

In den meisten Fällen werden die Ansichten der BürgerInnen denen der PolitikerInnen gegenübergestellt; in Fällen, wo es sinnvoll erschien, werden zusätzlich die Agenda-Beauftragten aufgeführt. Diese Gruppe ist allerdings durch ihre geringe Anzahl an VertreterInnen schlecht mit den anderen Gruppen vergleichbar. Wichtiger ist die *qualitative* Auswertung der *mündlichen Gespräche* mit den Agenda-Beauftragten, die einen Einblick in die Prozesse vor Ort ermöglichten.

In den meisten Fällen waren die Fragen des Fragebogens so aufgebaut, dass Aussagen durch fünf Antwortmöglichkeiten bewertet werden konnten. Die Spanne der möglichen Antworten reichte von „stimmt nicht" über „stimmt wenig", „stimmt mit-

---

6   Die nicht in den Text integrierten Abbildungen befinden sich in Kap. 7.1 (Anhang).

telmäßig" und „stimmt ziemlich" bis zu „stimmt sehr". In den Kapiteln 4.3.3 und 4.3.4 werden die Ergebnisse der Fragen anhand von Grafiken dargestellt, wobei die Einfärbung der Säulen auf den Grad der Zustimmung bzw. Ablehnung schließen lässt: Je dunkler ein Feld eingefärbt ist, desto größer die Ablehnung, die stark zustimmenden Antworten („stimmt sehr") sind weiß dargestellt. In den meisten Feldern ist die Anzahl der Nennungen markiert, während auf der x-Achse die prozentualen Anteile, die auf die jeweilige Antwort entfallen, abzulesen sind.

In einigen Abbildungen werden die Daten vereinfacht dargestellt, indem Mittelwerte aus den einzelnen Antworten berechnet wurden, z. B. der Wert 1,5 als Mittelwert von stimmt nicht = 1 und stimmt wenig = 2. Bei dieser Form der Antworten ist es streng gesehen nicht möglich, einen Durchschnitt zu berechnen, da es sich um eine Ordinalskala handelt. Ordinalskalen werden dadurch charakterisiert, dass zwar eine Rangfolge abzulesen ist, aber keine Berechnungen angestellt werden dürfen, da die Abstände zwischen den verschiedenen Ausprägungen nicht quantifizierbar sind (vgl. BOSCH 1996, 5 f.). Dennoch wurde diese in anderen Zusammenhängen ebenfalls oft verwendete Darstellungsform gewählt, um eine Tendenz darzustellen und die Ergebnisse übersichtlich anzuordnen.

4.3.1 Das Engagement der Akteursgruppen

Das Engagement der verschiedenen Akteursgruppen gestaltet sich zwar je nach Kommune sehr unterschiedlich, man kann aber dennoch eine Dominanz der Prozesse durch Verwaltung, Moderation und die Bürgerschaft erkennen, während die Wirtschaft sich in den untersuchten Kommunen nur wenig beteiligt (vgl. Abb. 8).

Das hohe Engagement der *BürgerInnen* wird damit begründet, dass sie eigene Ideen einbringen möchten und sich für eine gute Sache engagieren wollen. Dabei spielen die Bereiche Umwelt und Soziales eine wichtigere Rolle als die Wirtschaft (vgl. Abb. 9). Wie bereits in Kapitel 4 erläutert, sind die agenda-engagierten BürgerInnen häufig auch noch in anderen Bereichen ehrenamtlich aktiv. Bei der Befragung gaben über 70% der Befragten an, sich neben der LA 21 ehrenamtlich zu engagieren. Nur für drei ging dabei das Engagement für die LA 21 zu Lasten der anderen Aktivitäten, was auf eine hohe Motivation schließen lässt (vgl. Abb. 10). Die für die Lokale Agenda 21 investierte Zeit beträgt bei 75% bis zu 6 Stunden monatlich, bei 15% der Befragten sind es sogar mehr als 10 Stunden (vgl. Abb. 11). Ob die BürgerInnen diese Zeit auch weiterhin investieren möchten, hängt für die meisten der Befragten stark vom weiteren Verlauf des Prozesses ab. Ein Drittel möchte allerdings so lange aktiv bleiben, bis die Vorschläge umgesetzt sind (vgl. Abb. 12).

Der häufig vorgebrachte Vorwurf, die agenda-engagierten BürgerInnen seien nicht repräsentativ für die Kommune, hat sich insofern bei der Befragung bestätigt, als sich typische Strukturen erkennen lassen: die Verteilung nach Altersgruppen zeigt, dass gut die Hälfte der Befragten 56 Jahre und älter ist, während diese Gruppe im Kreisdurchschnitt nur einen Anteil von 30% einnimmt (vgl. Abb. 13). Es engagieren sich überproportional viele Männer im LA 21-Prozess (vgl. Abb. 14). Der Anteil der

Rentner ist mit 39% überdurchschnittlich hoch, während sich nur 2% SchülerInnen beteiligen (vgl. Abb. 15). Vor diesem Hintergrund ist auch die lange Wohndauer in der jeweiligen Kommune zu sehen: mehr als die Hälfte leben länger als 20 Jahre in der untersuchten Kommune (vgl. Abb. 16).

4.3.2 Lokale Agenda 21-Prozesse in den Kommunen des Main-Taunus-Kreises

Im Folgenden werden die Agenda-Prozesse in den einzelnen Kommunen kurz charakterisiert. Die Informationen stammen aus Gesprächen mit den Agenda-Beauftragten, sowie aus der Homepage des Hessischen Umweltministeriums (www.herasum.de). In einigen Fällen wurden die Darstellungen durch Statements von PolitikerInnen ergänzt. Anschließend wird versucht, die Kommunen den in Kapitel 4 vorgestellten Prozesstypen zuzuordnen.

In **Bad Soden** wurde Mitte 1999 der Beschluss gefasst, einen LA 21-Prozess durchzuführen. Die Initiative dazu ging vom StVvo und vom Magistrat aus.

Es wurden keine Fördermittel vom Land Hessen beantragt, dennoch wurde ein ortsansässiger Moderator damit beauftragt, den Prozess zu organisieren. Mit dieser Form der Organisation des LA 21-Prozesses wurde laut den Befragten in Bad Soden eine gute Erfahrung gemacht. Die Politik und die Verwaltung sind der LA 21 gegenüber positiv eingestellt, nehmen aber zum Teil noch eine abwartende Haltung ein.

Eine Besonderheit in Bad Soden ist die gleichzeitige Erarbeitung eines Konzeptes für ein Stadtmarketing, das durch denselben Moderator begleitet wird, und die LA 21. Dabei wurden die bereits bestehenden Themen des Stadtmarketings (Arbeitskreis (AK) 1: „Infrastruktur/Bebauung", AK2 „Kultur-, Sozial- und Freizeiteinrichtungen", AK3: „Gesundheitsstandort" und AK4: „Geschäfte/Gewerbe/Betriebe") um die neuen Arbeitskreise der LA 21 (AK5: „Ökologie", AK6: „Ökonomie" und AK7: „Soziales") erweitert. Zum Teil überschneiden sich die Themen von Stadtmarketing und LA 21. Seit Juni 2000 befinden sich die Arbeitskreise der LA 21 in der zweiten Phase der Ideenausarbeitung und Aktionsplanung. Die erste Phase der Aufgabendefinition wurde nach einem halben Jahr abgeschlossen. Um die Ergebnisse der Arbeitsgruppen zu koordinieren und den Prozess zu steuern, existiert ein Lenkungskreis, das sog. Stadtgespräch. Das Verhältnis der Akteure untereinander wird von den Befragten positiv eingeschätzt. In Bad Soden wird großer Wert auf eine „Kultur der Zusammenarbeit" gelegt.

Es fanden zu Beginn des Prozesses eine Informations- und im Oktober 1999 eine Auftaktveranstaltung statt. Eigene Projekte wurden bisher noch nicht durchgeführt, allerdings flossen einzelne Ideen und Anregungen bereits in die Arbeit der Verwaltung und Parteien ein.

Die Hauptprobleme in Bad Soden waren der Start des Prozesses und die Rekrutierung von Mitwirkenden sowie die Zurückhaltung der politisch Verantwortlichen und der Verwaltung. Nach der Kommunalwahl im Frühjahr 2001 wurde die gemeinsame

Arbeit wieder aufgenommen. Nach Meinung des Moderators hätte man die Bürger-Innen früher umfassend beteiligen und die Zuständigkeiten deutlicher festlegen sollen.

(Mündliche Informationen von Herrn Bücking (Moderator) am 22.05.2000 sowie schriftliche Information am 03.07.2001)

In **Eppstein** wurde der Agenda-Beschluss am 11.07.1997 gefasst. Daraufhin beschloss der Magistrat im Juli 1998 ein Projektkonzept zur Durchführung eines LA 21-Prozesses mit integriertem kommunalen Öko-Audit. Zur Umsetzung des Öko-Audits wurde eine Stelle in der Verwaltung eingerichtet, die von 02/99 bis 01/01 befristet war. Aufgabe der Fachkraft war es auch, eine Verknüpfung zum LA 21-Prozess herzustellen und das Agenda-Büro zu leiten. Vorangetrieben wurde der Prozess vom StVvo und vom Bürgermeister, der allerdings mittlerweile aus dem Amt ausgeschieden ist.

In Eppstein hat man einen Weg gewählt, in dem sich die Politik zunächst zurück-hielt, um die BürgerInnen nicht einzuengen. Gestartet wurde der Prozess 1998 mit einer Auftaktveranstaltung, auf der auch eine Bürgerbefragung mittels eines Fragebogens zur LA 21 stattgefunden hat. Organisiert wurde der Prozess durch das Agenda-Büro. Die Verwaltung stellt den Agenda-Engagierten Daten und Räumlichkeiten zur Verfügung und delegiert sachkundige MitarbeiterInnen der Verwaltung als Ansprechpartner in die Arbeitskreise. Über Landesmittel konnte eine externe Moderation (Büro ecopol) finanziert werden. Es haben sich drei Arbeitskreise gebildet (AK1: „Umwelt, Stadtentwicklung, Verkehr", AK2: „Gesellschaft und Generationen", AK3: „Wirtschaft und Arbeit"). Diese Arbeitskreise wurden bei einer Bürgerversammlung unter Teilnahme einiger PolitikerInnen vorgestellt.

Im August 2000 wurde ein Zwischenbericht der Arbeitskreise für die StVv verfasst, in dem bereits Maßnahmen und konkrete Projekte zur Umsetzung der Ziele der Eppsteiner *Lokalen Agenda 21* aufgeführt sind. Dieser Bericht wurde anschließend an die entsprechenden Ausschüsse zur Beratung weiterverwiesen. Der Prozess soll in Eppstein ständig weitergeführt werden. Außer einer Informationsbroschüre über die LA 21 in Eppstein wurden bis Januar 2001 noch keine konkreten Projekte umgesetzt.

Als Hauptprobleme des Prozesses wurden vom Agenda-Beauftragten der Zeitmangel der Akteure, die mangelnde Repräsentativität der Arbeitskreise und das Fehlen einer rechtlichen Basis angesehen. Dennoch wird der Prozess in Eppstein positiv eingeschätzt, da die Gruppen effizient und zielgerichtet arbeiten.

(Mündliche Informationen von Herrn Dr. Reyes (ehemaliger Agenda-Beauftragter der Stadt Eppstein) am 27.04.2000 und 03.05.2000 sowie schriftliche Information vom 02.07.2001).

In **Eschborn** wurde als einziger Kommune im Main-Taunus-Kreis der Antrag, einen LA 21-Prozess zu beginnen, von der StVv abgelehnt.

Daraufhin wurde von engagierten BürgerInnen ein Agenda-Verein gegründet, der versucht, die Ziele der LA 21 in Eschborn umzusetzen. Da es von Seiten der Verwaltung keine Unterstützung geben kann, sieht sich der Verein organisatorischen Problemen gegenübergestellt. Aber auch die inhaltliche Arbeit wird durch den mangelnden Kontakt zur Verwaltung, die das Wissen über Vorschriften, Erlasse und Pläne hat, erschwert. Durch den Verein wurde eine Auftaktveranstaltung organisiert, es wurde ein Logo kreiert und 3 Arbeitskreise haben sich gebildet (AK1: „Umweltgerechtes Verhalten/Energie", AK2: „Zukunftsfähige Stadtentwicklung/Verkehr", AK3: „Integration/Frauen/Kinder und Jugendliche/Migranten"). Durch den AK1 wurde eine Fragebogenaktion durchgeführt. Mittlerweile (Stand Juli 2001) ruht der auf Privatinitiative gegründete Agenda-Prozess. Das liegt zum einen an personellen Problemen, zum anderen hat sich die Befürchtung bewahrheitet, dass sich bei etlichen TeilnehmerInnen ein Gefühl der Resignation einstellen könnte, da die Stadt Eschborn noch keinen offiziellen Agenda-Prozess gestartet hat. Der LA 21-Verein erhofft sich Verbesserungen der Situation durch die Neuwahl des Bürgermeisters im Herbst 2001.

Einzelne Projekte wurden bisher noch nicht durchgeführt, da es für sinnvoller gehalten wird, zuerst ein Konzept (z. B. Verkehrskonzept) zu erarbeiten, auch wenn es nicht erforderlich ist, zuerst eine komplette Agenda aufgestellt zu haben.

Das Hauptproblem in Eschborn ist die fehlende Unterstützung durch die Politik. Daraus resultieren weitere Probleme.

(Mündliche Information von Herrn Reckhardt, ehemaliger Koordinator des Eschborner Agenda-Vereins am 15.05.2000, sowie schriftliche Information vom 12.07.2001).

Unterstützt wird der Verein durch Mitglieder von Bündnis90/Die Grünen, was auf Seiten der konservativen Regierungsparteien eine weitere Ablehnung des LA 21-Vereins hervorgerufen hat, da es der Agenda-Verein durch einen „parteipolitisch weitgehend festgelegten Vorstand" nicht mehr möglich mache, „diese Aktivitäten als jenseits jeder Politik stehend und als für alle offen zu bezeichnen" (Brief des Fraktionsvorsitzenden der CDU Pohlen vom 05.11.2000).

Die Stadt **Flörsheim** beschäftigt sich seit 1998 durch eine Initiative des damaligen Sozialdezernenten mit der LA 21 und hat als Ende dieses Erfassungsprozesses Anfang November 1998 eine Informationsausstellung für die Bürgerschaft organisiert. Die Resonanz war sehr schlecht, was von Seiten der Verwaltung mit einer hohen Zufriedenheit der Bevölkerung mit der Kommunalpolitik erklärt wurde. Diesen Grund sah auch die zuständige Mitarbeiterin des hessischen Umweltministeriums bei einem Besuch in Flörsheim als plausibel an. Dennoch soll noch einmal ein Versuch gestartet werden, eine LA 21 in Flörsheim zu etablieren, indem gezielt Persönlichkeiten aus dem öffentlichen Leben angesprochen werden. Des weiteren ist eine Auftaktveranstaltung in Form eines Forums geplant, zu der externe Referenten eingeladen werden sollen. Insgesamt wurden sechs Themen von der Verwaltung zur weiteren Bearbeitung durch die BürgerInnen ausgewählt: 1. Stadtentwicklung und Wirtschaft, 2.

Umwelt und Energie, 3. Abfall und Recycling, 4. Verkehr und ÖPNV, 5. Kinder, Jugend und Soziales, 6. Sicherheit.

Grundsätzlich sind Politik und Verwaltung der LA 21 positiv gegenüber eingestellt, „nur es nutzt uns nichts, wenn wir aus der Bevölkerung niemanden kriegen".

(Mündliche Informationen von Herrn Teuwsen (Ordnungsamtsleiter und Agenda-Beauftragter) am 14.06.2000, sowie schriftliche Information vom 09.07.2001).

Da in Flörsheim zum Zeitpunkt meiner Befragung keine BürgerInnen an der LA 21 beteiligt waren, konnten keine Befragungsergebnisse der Bürgerschaft und der Fraktionsvorsitzenden in die in den nächsten Kapiteln folgenden Auswertungen eingehen.

In **Hattersheim** gibt es seit dem 02.10.1997 einen Agenda-Beschluss, der von der Ersten Stadträtin initiiert wurde.

Der LA 21-Prozess in Hattersheim wird über das Förderprogramm des Landes Hessen gefördert, wodurch eine externe Moderation durch das Büro Regioplan für ein Jahr finanziert werden konnte. Die Stadtverwaltung unterstützt den Prozess dadurch, dass sie mit zwei MitarbeiterInnen (Frau Gutzheim, Abteilung Grün- und Freiflächenplanung und Herrn Kaufmann, Agenda-Beauftragter, Umweltamt) die Arbeitskreise begleitet bzw. sonstige organisatorische Unterstützung leistet. Die Politik war bisher kaum involviert, wurde aber bereits über die vorliegenden Ergebnisse bzw. den Ist-Zustand der verschiedenen Arbeitskreise informiert. Koordiniert wird die Arbeit der Arbeitskreise durch das Büro der Ersten Stadträtin. Eine Beschlussvorlage an das Stadtparlament wird in Abstimmung mit den Sprechern der Arbeitskreise von der Stadtverwaltung vorbereitet. Zusätzlich soll noch ein Koordinationskreis, bestehend aus den Sprechern der Arbeitskreise und der Politik eingerichtet werden.

In Hattersheim haben sich vier Arbeitskreise gebildet: AK1: „Soziales Miteinander", AK2: „Nachhaltiges Wirtschaften und Energie", AK3: „mehr Grün in Hattersheim" und AK4: „Siedlungsentwicklung und die zukunftsfähige Stadt". Obwohl es unter den Arbeitskreismitgliedern gerade zu Beginn starke Differenzen gab, konnten sich die Vertreter unterschiedlicher Gruppierungen mit der Zeit annähern.

Die Außengestaltung eines Schulhofs, eine Fragebogenaktion für Kinder und regelmäßige Vorlesetermine in Schulen sind Beispiele für bereits umgesetzte Projekte. Des Weiteren nahmen die Arbeitskreise am „Tag der Erde" teil; ein Herbstmarkt am 22.09.2001 ist ebenfalls in Vorbereitung.

Die Hauptprobleme aus Sicht des Agenda-Beauftragten sind die unterschiedlichen Interessen der Aktiven. Die bisher Aktiven sind sehr motiviert, aber durch den hohen Arbeits- und Zeitaufwand ist es schwierig, neue Mitglieder zu gewinnen.

(Mündliche Informationen von Herrn Kaufmann (Energie-, Umwelt- und Agenda-Beauftragter) am 09.05.2000 und 10.06.2001 sowie www.herasum.de).

In **Hochheim** gibt es seit dem 09.07.1998 einen Agenda-Beschluss. Die Initiative dazu ging vom Bauamt und dem Magistrat aus.

Eine Mitarbeiterin des Bauamts ist für die LA 21 zuständig, für die sie ca. 5-10% ihrer Zeit verwenden kann. Die Verwaltung sieht ihre Rolle nicht in einer Steuerung des Prozesses, sondern möchte den durch die BürgerInnen getragenen Prozess lediglich unterstützen. Zunächst wurde eine Informations- und Auftaktveranstaltung sowie eine Fragebogenaktion durchgeführt. Im September haben sich drei Arbeitskreise gebildet (AK1: „Stadt- und Verkehrsentwicklung", AK2: „Soziales, Kinder und Jugendliche, Senioren und Nachbarschaftshilfe", AK3: „Umweltmaßnahmen und Erhaltung der Lebensgrundlagen"). Von der Bürgerschaft wird ein stärkerer Einsatz der Verwaltung und der Politik erwartet. Die Verwaltung hält sich allerdings in Hochheim bewusst zurück, da der Prozess durch die Bürgerschaft getragen werden soll. Die Politik ist bis auf den Ersten Stadtrat bisher nur indirekt beteiligt.

Bisher wurde eine Bestandsaufnahme und -analyse mit Empfehlungen zu Radwegen in Hochheim sowie Vorschlägen für Schulwegmarkierungen gemacht. Schulabgänger werden in der Vorbereitung auf den Beruf unterstützt. Russlanddeutsche werden vermittelt und integriert.

Die Hauptprobleme des Prozesses liegen in der zu geringen Beteiligung von Seiten der Bürgerschaft, die zu einem sehr schleppenden Beginn geführt hat. Ein Grund dafür kann auch darin liegen, dass die Notwendigkeit einer LA 21 in Hochheim nicht gesehen wird. Eine Förderung über das Land Hessen wurde nicht beantragt und entsprechend auch keine externe Moderation eingesetzt.

(Mündliche Informationen von Frau Korinth (Bauamt der Stadt Hochheim und Agenda-Beauftragte) am 09.05.2000 sowie schriftliche Information vom 10.07.2001)

Am 25.03.1998 wurde in **Hofheim** der Agenda-Beschluss vom Stadtparlament einstimmig gefasst.

Im Mai 1998 wurde ein Antrag auf Förderung über das Programm des Landes Hessen gestellt. Über diese Fördermittel konnte eine externe Moderation (Büro PSY:PLAN) finanziert werden. Der LA 21-Prozess in Hofheim wird stark von einer engagierten Bürgerschaft getragen, während die Verwaltung ihre Rolle in der Unterstützung, nicht aber Steuerung des Prozesses sieht. Der Umweltbeauftragte ist zusätzlich für die LA 21 zuständig, für die er ca. 15% seiner Zeit einsetzt. Einige VerwaltungsmitarbeiterInnen sind in Arbeitskreisen aktiv, um das Know How der Verwaltung zur Verfügung stellen zu können. Schnittstellen zwischen Politik, Verwaltung und LA 21 ist der Ältestenrat, sowie die StVvo. Insgesamt haben Stadtverwaltung und Politik eine positive Grundhaltung der LA 21 gegenüber.

In Hofheim haben sich neun Arbeitskreise gebildet: AK1: „Verkehr und Mobilität", AK2: „Kinder und Jugendliche", AK3: „Gerechtigkeit und Sicherheit", AK4: „Kultur", AK5: „Stadtverwaltung – Politik – Öffentlichkeit", AK6: „Arbeit, Wirtschaft", AK7: „Stadtgestaltung", AK 8: „Lebensgrundlagen Wasser, Boden, Luft, Klima", AK 9:

„Gesundheit". Die Arbeitskreise werden nicht durch eine professionelle Moderation geleitet, sondern es wird ein Moderationstraining angeboten, das die Mitglieder der Arbeitskreise befähigen soll, ihre eigenen Sitzungen zu moderieren. Als einzige Stadt im Main-Taunus-Kreis hat Hofheim ein Budget für die Arbeit der Lokalen Agenda zur Verfügung gestellt, was im Gegensatz zu den Fördermitteln des Landes, die nur für Moderation verwendet werden können, direkt in Projekte fließen kann.

Eine Besonderheit in Hofheim ist die Verbindung von Agenda und Stadtleitbild. Während der Stadtleitbildprozess allerdings mit einem Zeitrahmen von 1,5 Jahren relativ eng gefasst ist, ist der Agenda-Prozess zeitlich offen. Anfang 1999 wurde mit der Stadtleitbildentwicklung begonnen und diese nicht der Agenda vorgeschaltet, sondern in Verbindung mit den Zielen der LA 21 betrachtet. Mittlerweile ist der Stadtleitbildprozess unter Beteiligung der Agenda 21 erfolgreich abgeschlossen und es wurde ein Maßnahmenkatalog von den Arbeitsgruppen erstellt.

Es existieren bereits die Projekte „Kinder und Jugend" und „Überforderte Nachbarschaften" und eine Zukunftskonferenz wurde durchgeführt. Die Gruppe Verkehr organisiert die Beteiligung am „autofreien Tag 2001" und es wurde ein Runder Tisch „Trinkwasserqualität" organisiert. Es haben sich vier Projektgruppen gebildet: „Sozialpartnerschaften", „Berufspatenschaften", „Alt trifft Jung" und „Ökologisierung des Unterrichts".

Wie in anderen Gemeinden auch wurde ein Faltblatt und ein Logo entworfen und eine Ausstellung organisiert.

Problematisch im Hofheimer Agenda-Prozess war ein „gewisser Findungsprozess" zu Beginn, da die Engagierten sowohl von den Inhalten der Agenda als auch von der Organisation sehr unterschiedliche Vorstellungen hatten.

Die Hauptprobleme des LA 21-Prozesses in Hofheim sind die thematische Breite sowie die z. T. mangelnde Motivation der BürgerInnen.

(Mündliche Informationen von Herrn Disser (Umweltbeauftragter und für die LA 21 zuständig) am 16.05.2000 sowie schriftliche Information am 10.07.2001).

In **Kelkheim** gibt es seit dem 15.12.1998 einen Agenda-Beschluss, der von einer Initiative der Unabhängigen Kelkheimer Wählerinitiative (UKW, den GRÜNEN nahestehend) ausging.

Eine Förderung über das Land Hessen wurde nicht beantragt. In Kelkheim spielt die Stadtverwaltung im Agenda-Prozess eine wichtige Rolle: sie koordiniert, moderiert, führt Protokolle und gibt Hilfestellung bei verschiedenen Fragen. Auch die Themen der sechs Arbeitskreise („Kinder und Jugend", „Kultur", „Soziales", „Stadtentwicklung und Wirtschaft", „Umwelt und Energie" und „Verkehr") wurden von der Verwaltung festgelegt. Die Mitarbeiterin des parlamentarischen Büros für Sonderaufgaben, das direkt dem Bürgermeister unterstellt ist, kümmert sich mit ca. 15-20% ihrer Zeit um die LA 21. Die Politik hingegen hält sich möglichst heraus, um die Diskussionen der Agenda-Gruppe nicht „politisch zu unterwandern". Die Politik hat eine positive

Haltung der LA 21 gegenüber und erhält Zwischenergebnisse der Agenda-Gruppe. Zusätzlich wurden Agenda-Mitglieder in einer Planungskommission zur Stadtmitte als sachkundige Bürger einbezogen.

Das Leitbild der LA 21 ist am 20.02.2001 einstimmig von der StVv verabschiedet worden. Nun möchten sich die agenda-engagierten BürgerInnen der Bevölkerung präsentieren, um einzelne Maßnahmen über die Stadtverordneten zur Umsetzung zu bringen bzw. ausstehende Beschlüsse „agendakonform" zu beeinflussen.

(Mündliche Informationen von Frau Michel (Parlamentarisches Büro für Sonderaufgaben, Agenda-Beauftragte) am 18.05.2000, sowie schriftliche Information vom 04.07.2001).

In **Kriftel** wurde bisher kein Beschluss gefasst, einen LA 21-Prozess durchzuführen. Durch die Verwaltung hat die Gemeindevertretung Informationsmaterial über die LA 21 bekommen, aber noch nicht reagiert. Von Seiten der Verwaltung wird die Meinung vertreten, dass die Initiative nicht von der Verwaltung, sondern von der Bürgerschaft, z. B. auch von Vereinen, ausgehen sollte. Dadurch soll verhindert werden, dass der „Beigeschmack [entsteht], dass irgend etwas von oben herunter aufoktroyiert wird". Als Arbeitshilfe für spätere Arbeitskreise wurde innerhalb der Verwaltung durch verschiedenen Ämter „Agenda-relevantes" zusammengetragen.

(Mündliche Information von Herrn Schmidt (Hochbauamt und Ansprechpartner für die Agenda 21) am 18.05.2000, sowie schriftliche Information von Herrn BM Dünte am 12.07.2001).

Seit Oktober 1998 gibt es in **Liederbach** einen Agenda-Beschluss der Gemeindevertretung.

Zunächst wurde eine Arbeitsgruppe aus Mitgliedern der Gemeindevertretung gebildet. Ende September 2000 fand die konstituierende Sitzung der Arbeitskreise „Zukunftsfähige Gemeinde; Wirtschaft und Arbeitsplätze", „Ortsgestaltung, Wohnen und Verkehr", „Landwirtschaft, Naturschutz, Klima und Energie" und „Sozialwesen, Kultur und Bildung, Sport" statt. Es hat sich eine Gruppe von 10-15 aktiven Mitgliedern gebildet. Der Agenda-Beauftragte der Gemeindeverwaltung ist bei den Sitzungen anwesend und unterstützt die Arbeit organisatorisch. Ein Mitarbeiter des Umweltamtes wendet dafür ca. 5-10% seiner Zeit auf. An der inhaltlichen Arbeit sind Politik und Verwaltung nicht beteiligt, um eine Beeinflussung der BürgerInnen zu vermeiden.

Das Leitbild, das in einer gemeinsamen Sitzung der Arbeitskreise erstellt wurde, wurde in der Gemeinde Liederbach im Frühjahr 2001 verabschiedet. Folgende Themenbereiche zur weiteren Bearbeitung (Projekte) durch die Arbeitskreise wurden festgelegt: 1. Bauen und Wohnen, 2. Verkehr, 3. Zusammenleben, 4. Arbeit und Wirtschaft, 5. Ökologie, Landwirtschaft und Naturschutz und 6. Energie. Diese Themen werden zur Zeit von den einzelnen Mitarbeitern zur Umsetzung konkretisiert. Es ist hierzu vorgesehen, Erfolgskontrollen durchzuführen. Die Ergebnisse der Arbeitskreise sollen bis spätestens Mitte Dezember 2001 den kommunalen Gremien vorgestellt werden.

(Schriftliche Information von Herrn Pfundheller (Mitarbeiter des Umweltamtes und Agenda-Beauftragter (Agenda-Büro) Liederbachs am 13.09.2000 und 29.06.2001).

Seit dem 20.11.1997 gibt es in **Schwalbach** einen Agenda-Beschluss, dessen Initiative von der StVv ausging. Der Bürgermeister, Herr Faeser, hat einen Entwurf einer Agenda 21 („Agenda 21 – Entwurf einer Konzeption für die Stadt Schwalbach am Taunus") erstellt, der durch einen Beschluss vom 01.02.2001 durch die StVv gebilligt wurde. Anschließend wurde der Entwurf der Bürgerschaft vorgestellt und diese durch ein Schreiben an alle Vereine und Initiativen, an Schulen und Kirchengemeinden zur Mitarbeit eingeladen. Jetzt soll das Schwalbacher Leitbild von drei Agenda-Gruppen „Stadtentwicklung", „Soziales" und „Umweltschutz" formuliert und erarbeitet werden.

(Mündliche Information von Herrn Faeser, Bürgermeister am 15.05.2000 und www.schwalbacher-zeitung.de).

Am 09.07.1998 wurde in **Sulzbach** auf eine Initiative von engagierten BürgerInnen, die bereits am „Energie-Tisch" mitgearbeitet haben, von der Gemeindevertretung beschlossen, eine LA 21 zu erstellen.

Zunächst wurde eine Agenda-Kommission eingerichtet, in die fünf dieser engagierten BürgerInnen entsandt wurden. Das erste Treffen engagierter BürgerInnen fand bereits am 16.07.1998 statt, Anfang 1999 folgten zwei öffentliche Auftaktveranstaltungen, an denen sich rund 70 BürgerInnen beteiligten. Im Rahmen dieser beiden Veranstaltungen wurden gemeinsam Themen für die weitere Bearbeitung gefunden und Projektgruppen gebildet. Ein Austausch zwischen den Projektgruppen wurde durch in größeren Abständen (2-3 Monate) durchgeführte Agenda-Tage gewährleistet. Ein Koordinationskreis mit Vertretern von den Projektgruppen, der Gemeindevertretung und des Gemeindevorstandes steuerte die Entwicklung des Prozesses. In der Verwaltung wurde der Ordnungsamtsleiter als Agenda-Beauftragter benannt und es wurde ein Arbeitstreffen mit den Amtsleitern und ein Workshop für die MitarbeiterInnen organisiert. Die Gemeinde Sulzbach hat aus eigenen Mitteln ein Moderationsbüro (IFOK) mit der Leitung des Prozesses beauftragt. Mit zusätzlichen Fördermitteln des Landes Hessen konnte der geplante Prozessablauf sinnvoll ergänzt werden.

Das von den Arbeitskreisen und Projektgruppen entwickelte Leitbild für eine nachhaltige Entwicklung Sulzbachs wurde am 14.09.2000 von der Gemeindevertretung einstimmig beschlossen. Auch Projekte wie ein generationenübergreifendes Wohnprojekt oder verschiedene Energiesparprojekte wurden auf den Weg gebracht. Fortgesetzt wird die Arbeit in den Projektgruppen, z. T. mit der Unterstützung der Gemeinde. Ein Stammtisch und der Koordinationskreis sorgen für einen regelmäßigen Informationsaustausch und damit für die Fortsetzung des Prozesses.

(Mündliche Information von Herrn Scheuering (Ordnungsamtsleiter, Agenda-Beauftragter) am 10.05.2000 und 18.07.2001 sowie www.sulzbach-taunus.de).

Die in Kapitel 4 vorgestellten Prozesstypen lassen sich in den untersuchten Kommunen des Main-Taunus-Kreises mit Einschränkungen wiederfinden. Natürlich handelt es sich bei allen Prozessen um individuelle Prozesse, die schwer miteinander zu vergleichen sind. Dennoch sind bestimmte Strukturen in mehreren Gemeinden zu finden, was eine Zuordnung zu den vier Prozesstypen ansatzweise ermöglicht. Durch diese Muster lassen sich leichter Erfolgsfaktoren bzw. Hemmnisse von LA 21-Prozessen erkennen. Dies ist für weitere Empfehlungen von Bedeutung.

Bis auf das Netzwerkmodell lassen sich die charakteristischen Strukturen der Prozesstypen in den Prozessen der Kommunen des Main-Taunus-Kreises wiederfinden.

Verwaltungsmodell

In vier Gemeinden des Main-Taunus-Kreises (Eppstein, Hattersheim, Kelkheim und Sulzbach) wird der LA 21-Prozess nach dem Verwaltungsmodell durchgeführt. Charakteristisch für die Prozesse dieser Gemeinden ist eine starke Rolle der Verwaltung: in allen vier Kommunen wurde ein/e VerwaltungsmitarbeiterIn zur/zum Agenda-Beauftragten benannt, es werden Räumlichkeiten und Material zur Verfügung gestellt und es stehen VerwaltungsmitarbeiterInnen für Fachfragen zur Verfügung, bzw. nehmen an den Arbeitskreisen teil. Organisationsstrukturen werden durch die Erstellung von Organigrammen dargestellt (Eppstein, Kelkheim). Die klare Struktur wird auch in den Antworten zur Zeitdauer des Prozesses deutlich (vgl. Kap. 7.2), während in den meisten Kommunen viele der Befragten die Prozessdauer als „ewig" einschätzten, erwarteten überdurchschnittlich viele der Aktiven Kelkheims, Sulzbachs und Eppsteins, dass der Prozess in einem Jahr abgeschlossen sein wird, womit allerdings von einigen auch die Verabschiedung des Agenda-Papiers gemeint sein kann (vgl. Abb. 17). In drei dieser Gemeinden wurde das Förderprogramm des Landes in Anspruch genommen (Eppstein, Hattersheim, Sulzbach), d. h. diese Gemeinden profitierten von einer externen Moderation zu Beginn des Prozesses. Ermöglicht wurde die Antragstellung durch eine gute Vorbereitung seitens des Magistrats und der Verwaltung, da der Antrag nicht von der Bürgerschaft gestellt werden kann. Voraussetzung für die Antragstellung ist also eine positive Einstellung der Politik zur Agenda. Auffällig ist die hohe Zufriedenheit der BürgerInnen mit dem Prozessverlauf in diesen Kommunen (v. a. Sulzbach, Eppstein und Hattersheim), sowie die überdurchschnittlich hohe Zufriedenheit mit der Politik (vgl. Abb. 18). Auch das Engagement der Verwaltung wird überdurchschnittlich hoch eingeschätzt: bringt man die Duchschnittswerte der Antworten zum Engagement in eine Rangordnung, ergibt sich folgende Rangfolge: 1. **Kelkheim**, 2. **Eppstein**, 3. Hochheim (wegen gerade erst begonnenen Prozess noch nicht einem Organisationsmodell zugeordnet), 4. **Sulzbach**, 5. **Hattersheim**, 6. Hofheim, 7. Bad Soden, 8. Eschborn. Aussagen in Zeitungsartikeln wie „Die Zusammenarbeit mit Verwaltung und Politik ist ein zentraler Punkt bei der Agenda-Arbeit, gleichzeitig einer, in dem das kleine Sulzbach als beispielhaft für andere Kommunen gelten kann" (FR vom 26.02.2000) bestätigen die Bedeutung der Verwaltung für den Agenda-Prozess vor allem in diesen Kommunen.

Initiationsmodell

Das Initiationsmodell wird dadurch charakterisiert, dass vieles bereits von der Verwaltung oder einer anderen Stelle vorgegeben wird, bzw. erst in einem kleinen Kreis („inner circle") erarbeitet wird. Anschließend beginnt eine breite Bürgerbeteiligung. Bad Soden kann diesem Prozesstyp zugerechnet werden. Dort entstand die LA 21 zeitlich nach dem Beginn des Stadtmarketings, das bereits einige Themen der Agenda behandelt hatte. Die Agenda ist einerseits eine Ergänzung des Stadtmarketings, andererseits aber auch ein neuer Prozess. Die Strukturen sind sehr klar und werden durch ein Organigramm dargestellt. Wie die BürgerInnen in Kommunen mit einem Verwaltungsmodell sind auch die BürgerInnen Bad Sodens überdurchschnittlich zufrieden mit dem Prozessverlauf, was in diesem Fall besonders an der Moderation liegt (das Engagement der Moderation wurde von den Befragten als „sehr hoch" eingeschätzt). Die Moderation ist in Bad Soden auch für die Organisation, die ebenfalls sehr positiv eingeschätzt wurde, verantwortlich. Schwalbach ist ein Extrembeispiel für das Initiationsmodell: dort hat der Bürgermeister ein sehr detailliertes Konzept entworfen, das der Bürgerschaft als Grundlage für eine Lokale Agenda 21 dienen soll. Unter Umständen kann auch Kelkheim dem Initiationsmodell zugerechnet werden, da z. B. die Themen der Arbeitskreise durch die Verwaltung vorgegeben wurden und die Strukturen ebenfalls sehr klar sind. Dies macht deutlich, dass es sich bei dieser Kategorisierung um einen Versuch handelt, bestimmte Muster wiederzuerkennen, eine eindeutige Zuordnung allerdings nur schwer möglich ist.

Kooperationsmodell

Das Kooperationsmodell ist im Main-Taunus-Kreis in zwei sehr unterschiedlichen Kommunen wiederzufinden: in Eschborn und Hofheim. Eschborn nimmt eine Sonderrolle ein, da der Antrag für einen Agenda-Beschluss von der Politik abgelehnt wurde und sich ein Verein gegründet hat. Durch diese Struktur entstehen die für das Kooperationsmodell typisch flachen Hierarchien (vgl. Tab. 3 u. 8) und eine gleichberechtigte Kommunikation zwischen den Akteuren wird angestrebt. Auffällig ist in Eschborn die geringe Hoffnung auf ein gutes Gelingen des Prozesses (vgl. Abb. 19), was vermutlich an den als sehr gering eingeschätzten Ressourcen liegt (jeweils durchschnittliche Antwort: „eher schlecht"). Dennoch wird in beiden Gemeinden – im starken Gegensatz zu den Gemeinden des Verwaltungsmodells – die Dauer des weiteren Prozesses auf mehr als drei Jahre oder sogar „ewig" geschätzt (vgl. Abb. 20).

In Hofheim wird der LA 21-Prozess stark von der Verwaltung unterstützt, was auch eine Zuordnung zum Verwaltungsmodell ermöglicht hätte. Allerdings ist in Hofheim die Rolle der Bürgerschaft prägender als die Steuerung durch die Verwaltung, was für das Kooperationsmodell (prozessorientiertes Denken, Einbeziehung Vieler, gleichberechtigte Kommunikation) spricht. Auch Titel von Zeitungsartikeln wie

„Bürger wollen mit ins Boot. Hofheimer Agenda-Gruppe fordert frühzeitige Beteiligung an wichtigen Entscheidungen" (FR vom 23.11.2000) oder „Bürger dürfen mitreden, die Entscheidungen aber treffen Politiker. Diskussion über Chancen und Grenzen der LA 21 / Bürger kritisieren Informationspolitik der Kommunen" (FR vom 10.02.2000) bestätigen das kritische Engagement der BürgerInnen.

Tab. 8: Übersicht der Lokalen Agenda 21-Prozesse in den Kommunen

Initiator	Aktivitäten (mind. Arbeitskreise)	Förderung durch Landesmittel	Externe Moderation	Modell
StVvo, Magistrat	X	o	X	Initiationsmodell
Verwaltung	X	X	X	Verwaltungsmodell
Kein Beschluss	X	O	O	Kooperationsmodell
Magistrat, Verwaltung	O	O	O	Noch nicht zu beurteilen
Verwaltung	X	X	X	Verwaltungsmodell
Magistrat, Verwaltung	X	O	O	Noch nicht zu beurteilen
Politik	X	X	X	Kooperationsmodell
UKW	X	O	O	Verwaltungsmodell
Verwaltung	O	O	O	Noch nicht zu beurteilen
Keine Angabe	X	O	O	Noch nicht zu beurteilen
Politik	O	O	O	Initiationsmodell
BürgerInnen, Verwaltung	X	X	X	Verwaltungsmodell

Quelle: eigene Darstellung nach Angaben der Kommunen

Ganz allgemein hat sich in den meisten hessischen Kommunen die in Abbildung 17 dargestellte Organisationsstruktur herausgebildet, die vor allem dem Verwaltungsmodell entspricht, das im Main-Tanuns-Kreis das am häufigsten gewählte Modell darstellt. Die Bezeichnungen „Agenda-Beauftragte/r und „Agenda-Büro" können dabei parallel verwendet werden.

4.3.3 Die Lokale Agenda 21 als neuartige Kooperationsform

Um die LA 21 als eine neuartige Kooperationsform einschätzen und bewerten zu können, ist es wichtig, zunächst zu fragen, was die Befragten unter einer LA 21 verstehen. Die Antworten auf diese Frage, die den PolitikerInnen und BürgerInnen gestellt wurde, werden in diesem Kapitel dargestellt. Dabei wird einerseits deutlich, was mit der LA 21 assoziiert wird und andererseits sind die Differenzen zwischen den Meinungen der PolitikerInnen und BürgerInnen abzulesen. Da es sich bei der LA 21 um eine Kooperation zwischen Politik und Bürgerschaft handeln soll, wurden ebenfalls Fragen nach dem bestehenden Verhältnis zwischen Politik und Bürgerschaft gestellt sowie nach Befürchtungen wie z. B. der Möglichkeit, dass ein Nebenparlament entstehen könnte.

Die LA 21 ist bei den meisten PolitikerInnen schon seit 1992, dem Jahr der Rio-Konferenz bekannt (vgl. Abb. 21), was allerdings noch nicht unbedingt heißen muss, dass ihnen zu diesem Zeitpunkt die Tragweite des Ansatzes bekannt war: *„Ich habe damals die Beschlüsse aus Rio aus der Presse zur Kenntnis genommen, allerdings nicht registriert, dass das praktisch bis in die kleinste Einheit geht"* (StVvo[7]).

Nachdem die ersten Beschlüsse gefasst worden sind, und Aktivitäten in den Kommunen einsetzten, haben, vermutlich durch die in diesem Zusammenhang erschienenen Presseartikel bzw. durch die Aktivitäten in der eigenen Kommune, in den Jahren zwischen 1995 und 1998 die anderen PolitikerInnen ebenfalls von der LA 21 erfahren. Das Thema ist im Main-Taunus-Kreis bei allen Parteien bekannt.

Im Fragebogen wurde den Befragten fünf Definitionsvorschläge zur Agenda 21 vorgelegt (vgl. Kap. 7.2). Die meiste Zustimmung[8] erhielten die beiden Aussagen:

„Agenda ist eine Ergänzung zur parlamentarischen Kommunalpolitik"

und

„Agenda ist die Verbindung von ökologischen, sozialen und wirtschaftlichen Zielen auf Gemeindeebene".

Auch dass „Agenda ein völlig neues Konzept ist, das mehr Mitbestimmung für Bürger ermöglicht", wurde von der engagierten Bürgerschaft stark bestätigt, wohingegen die PolitikerInnen etwas vorsichtiger mit einem großen Anteil an „stimmt mittelmäßig" antworteten.

Eine Alternative zur Kommunalpolitik sehen nur ein geringer Teil der BürgerInnen und PolitikerInnen, wobei sich die Politik mit 80% deutlicher als die Bürgerschaft gegen diese Aussage wendet. Ebenfalls wenig Zustimmung erhielt die Aussage „Agenda ist eigentlich inhaltlich nichts Neues" von der Bürgerschaft (65% lehnten diese Definition ab). In der Politik dagegen ist die Meinung über diese Aussage sehr differenziert: Obwohl sich fast 50% dafür aussprechen, dass diese Aussage nicht oder nur wenig stimmt, halten doch mehr als 20% diese Aussage für sehr oder ziemlich richtig (vgl. Abb. 22-24).

Dieses Ergebnis ist wenig überraschend, wenn man davon ausgeht, dass gerade die befragte Bürgerschaft der LA 21 sehr positiv gegenüber steht und sich auch ein gewisses Maß an Mitbestimmung erhofft. Die Politik ist stärker als die Bürgerschaft der Ansicht, dass es sich inhaltlich um nichts Neues handelt, was nachvollziehbar ist, wenn man davon ausgeht, dass die Themen der LA 21 gerade für die Politik „schon immer" sehr wichtig waren bzw. hätten sein sollen. Ein ermutigendes Ergebnis vor dem Hintergrund einer gemeinsamen Kooperation ist die Tatsache, dass beide Grup-

---

7   Werden in Klammern die Bezeichnungen „BürgerIn", „PolitikerIn" oder „STVvo" (Stadtverordneten-vorsteherIn) verwendet, handelt es sich um Einzelaussagen der jeweiligen Person, die entweder im standardisierten Fragebogen angemerkt wurde oder auf eine offene Frage im PolitikerInnen-Fragebogen gemacht wurde.

8   Im Folgenden werden die Nennungen „stimmt sehr" und „stimmt ziemlich" als Zustimmung zusammengefasst, die Antworten „stimmt nicht" und „stimmt wenig" als Ablehnung.

pen in der Agenda eher eine Ergänzung als eine Alternative zur parlamentarischen Kommunalpolitik sehen (vgl. Abb. 23 u. Abb. 24). Auch die Antworten der PolitikerInnen, denen diese Frage offen gestellt wurde, entspricht dieser Tendenz (vgl. Abb. 22).

Zu je gleichen Teilen wurde „Nachhaltige Entwicklung auf kommunaler Ebene" und „Eine Möglichkeit der Mitwirkung für Bürger" an erster Stelle genannt, was darauf hindeutet, dass diese beiden Punkte als gleichwertig angesehen werden. Ein geringerer Anteil der Befragten nannte an erster Stelle die Verbindung dieser beiden Komponenten.

Die Frage, die allen Gruppen gestellt wurde: „Wird die Meinung der Bürger von der Politik ernst genommen?" wurde je nach Gemeinde und Befragtengruppe sehr unterschiedlich beantwortet. Abbildung 25 zeigt die Auswertung nach Gruppen, wobei deutlich wird, dass die Bürgerschaft ein negativeres Bild von der Politik hat, als diese von sich selbst. Die Agenda-Beauftragten äußerten sich zu dieser Frage ebenfalls relativ positiv, was auch an einer gewissen Loyalität der Politik gegenüber liegen mag.

Während der prozentuale Anteil der Antworten, der auf „stimmt mittelmäßig" entfiel, sowohl bei der Bürgerschaft als auch bei der Politik ähnlich ist, sind Differenzen bei der positiven bzw. negativen Einschätzung zu erkennen. Nur etwa 35% der befragten BürgerInnen sind der Ansicht, dass ihre Meinung von der Politik ernst genommen wird, während dieser Anteil bei den PolitikerInnen ca. 57% ausmacht. Entsprechend negativ (ca. 24%) bewerten die BürgerInnen diese Aussage im Vergleich zur Politik (unter 10%). Die Agenda-Beauftragten haben zwar ein positiveres Bild von der Politik, bleiben bei ihren Antworten aber eher zurückhaltend (weder „stimmt nicht" noch „stimmt sehr" wurde geantwortet). Dieses Ergebnis scheint mir wenig überraschend zu sein, wenn man davon ausgeht, dass es im Selbstverständnis der PolitikerInnen liegt, die Bürgerschaft ernst zu nehmen, selbst wenn dies in der konkreten Arbeit für die Bürgerschaft nicht unbedingt offensichtlich sein muss. Kritischer wird dieser Aspekt von der Bürgerschaft interpretiert, die sich vielleicht auch aus diesem Grund in der LA 21 engagiert.

Aufschlussreicher als Abbildung 25 mit einer Darstellung nach Gruppen ist eine Aufschlüsselung nach Kommunen, wobei nur die Antworten der BürgerInnen verwendet wurden (vgl. Abb. 26).

Durch die sehr geringen Fallzahlen sind keine verbindlichen Aussagen möglich, obwohl man gestützt durch die Aussagen der Interviews Tendenzen erkennen kann. Die markante Säule Eschborns lässt sich durch die Ablehnung des Agenda-Beschlusses durch die StVv erklären. Entsprechend frustriert sind die agenda-engagierten BürgerInnen, die sich im Fall Eschborns auf eigene Faust in einem Agenda-Verein zusammengeschlossen haben und nicht auf die Unterstützung von Politik und Verwaltung hoffen können. Dieser Fall zeigt beispielhaft, welche weitergehende Bedeutung für das Verhältnis zwischen Politik und einem ausgewählten Teil der Bürgerschaft die LA 21 haben kann und dass ein Zusammenhang zwischen der Meinung der BürgerInnen von der Politik mit dem Verlauf des Agenda-Prozesses zu erkennen ist: je besser der Prozess verläuft, desto besser ist die Meinung von der Politik, oder vielleicht auch anders herum: je größer das Interesse der Politik an der Bürgerschaft ist, desto besser verläuft der LA 21-Prozess durch die bessere Unterstützung von Politik und Verwaltung. Dies belegen die überwiegend positiven Antworten in den Kommunen Eppstein, Hattersheim und Sulzbach, die im Landkreisvergleich mit dem LA 21-Prozess relativ weit fortgeschritten sind (vgl. Abb. 18).

Die relativ unbestimmte Rolle der Kommunalpolitik bei der Erarbeitung der LA 21 hat zu einer sehr unterschiedlichen Beteiligung der Politik in den Kommunen geführt. Um herauszufinden, welche Rolle die Politik ihrer eigenen Meinung nach einnehmen soll, wurde den PolitikerInnen die offene Frage „Welche Rolle sollte die Politik im Agenda-Prozess einnehmen?" gestellt. Die Antworten konnten in folgende sieben Kategorien unterteilt werden:

1. Meinungen ernst nehmen und umsetzen
2. Steuern, beraten
3. Vermitteln, unterstützen
4. Interessiert und aufgeschlossen sein
5. Beobachten, nicht zu stark beeinflussen
6. Heraushalten
7. Sonstiges

Aus den Antworten ergab sich, dass die PolitikerInnen ihre Rolle in der Unterstützung und zum Teil auch Steuerung des Prozesses sehen. Lediglich ein Fünftel der PolitikerInnen ist der Ansicht, dass sich die Politik ganz aus dem Prozess heraushalten bzw. nur beobachten, aber nicht zu stark beeinflussen sollte (vgl. Abb. 27).

Die Ergebnisse dieser Frage sind in dem Sinne sehr positiv zu bewerten, als die Politik ihre Aufgabe hauptsächlich darin sieht, zu unterstützen, zu beraten und vor allem auch die Ergebnisse umzusetzen.

Die praktische Erfahrung in den Gemeinden sieht allerdings anders aus, was nicht nur von mir, sondern auch von den PolitikerInnen so bewertet wurde. Die Politik nimmt im Moment in den meisten Kommunen eine zurückhaltende bzw. keine oder nur eine untergeordnete Rolle ein. Die Mehrheit zeigt sich – gerade in Kommunen, in denen die Politik keine oder nur eine geringe Rolle spielt – unzufrieden mit diesem Zustand. Die meisten PolitikerInnen wünschen sich für die Politik eine stärkere Einbindung. Positiv bewerteten die PolitikerInnen die interessierte und aufgeschlossene Haltung der Politik, während die gestaltende Rolle, die von einigen PolitikerInnen als eine zu starke Einmischung empfunden wird, von einigen PolitikerInnen auch negativ beurteilt wird (vgl. Abb. 28).

Ein Problem der Bürgerbeteiligung im Rahmen der LA 21 ist ihre **Legitimation**: „*Es gibt aber auch noch ein Riesenproblem dabei, unter dem alle Städte leiden, das aber*

noch nicht so ganz zum Vorschein gekommen ist, Gott sei Dank. Das sich aber ir-
gendwann mal zeigen wird, nämlich dann, wenn die Arbeitsgruppen ein Konzept ent-
wickelt haben und auch hoffen und wünschen, dass es umgesetzt wird, aber sie haben
kein Mandat, sie haben keinen politischen Auftrag" (Bürgermeister). Die engagierten
BürgerInnen sind nicht gewählt, sollen aber dennoch Einfluss auf die Entwicklung
der Kommune haben. Um zu überprüfen, inwieweit dieser Vorwurf von der Politik
geteilt wird, wurde den PolitikerInnen die Frage „Sie wurden gewählt. Die engagierten Bürger hat niemand gewählt und dennoch sollen sie Entscheidungen mit vorbereiten. Sehen Sie hierin ein Problem (Legitimationsproblem)?" gestellt.

Mehr als die Hälfte der befragten PolitikerInnen gab an, kein Problem darin zu sehen, dass sich engagierte BürgerInnen in den Agenda-Arbeitsgruppen beteiligen,
ohne gewählt zu sein, während knapp ein Drittel der Befragten darin ein Problem
sah. 4% beantworteten diese Frage nicht und 14% antworteten mit Teils/teils.

Dabei wurden hauptsächlich drei Gründe genannt, warum die Legitimation kein
Problem darstellt.

Die fehlende Legitimation stellt kein Problem dar,

- weil die Mitarbeit positiv und als Unterstützung zu sehen ist,

- weil bei gegenseitiger Akzeptanz und vernünftigem Miteinander dies kein Problem ist und

- weil die Kompetenzen klar verteilt sind (Parlament entscheidet letztendlich).

Diejenigen, die anderer Meinung sind und ein Legitimationsproblem sehen, begründen dies mit folgenden Argumenten:

Die fehlende Legitimation stellt ein Problem dar,

- weil die Agenda-Gruppe ein Eigeninteresse hat,

- weil der Bürger eine „Exekutivrolle" einnimmt und eine Erwartungshaltung hat
  und

- weil die Engagierten nicht repräsentativ für die Kommune sind.

Die Argumentationen greifen z. T. die Kritik aus Kap. 3.3.1 auf.

Ähnlich wie die Frage nach der Legitimation wurde auch die Frage „Verschieben sich
durch die LA 21 die **Machtverhältnisse** (Nebenparlament)?" von einer großen
Mehrheit mit „Nein" beantwortet, während nur 2% dies als eine Gefahr ansah und
mit „Ja" antwortete.

87% aller befragten PolitikerInnen gaben an, dass sich die Machtverhältnisse durch
die LA 21 nicht verschieben würden. Hinter diesem „Nein" stehen allerdings unterschiedliche Gründe: während die einen auf das gewählte Parlament verweisen, das
auch weiterhin die Entscheidungen treffen wird, sehen andere vor allem eine frucht-
bare Zusammenarbeit mit der Bürgerschaft, die es nicht zu einem „Nebenparlament"

kommen lassen wird. Einige weisen darauf hin, dass die Gefahr eines „Nebenparlaments" nur eine Scheingefahr sei, vor der einige PolitikerInnen aber unbegründet Angst hätten. Die Befragung hat allerdings ergeben, dass diese Angst nur bei einer Minderheit vorhanden ist.

Diejenigen, die unter „Eventuell" (11%) zugeordnet wurden, können sich vorstellen, dass ein „Nebenparlament" entstehen könnte, wenn die Agenda-Gruppe es schafft, Druck auf die Politik auszuüben.

Die Frage an die BürgerInnen „Möchten die Politiker Ihrer Meinung nach bei ihrer Arbeit von den Bürgern unterstützt werden?" soll Anhaltspunkte über das Bild der BürgerInnen von der Politik liefern. 10% antworteten mit Nein, 18% mit Ja und die Mehrheit (72%) antwortete mit einem diplomatischen Teils/teils. Die Gründe, warum die PolitikerInnen im Rahmen der LA 21 durch die BürgerInnen unterstützt werden wollen oder nicht, wurden sehr unterschiedlich stark angenommen oder abgelehnt.

Die höchste Zustimmung erhielt der Grund „weil dadurch Projekte eine breitere Zustimmung bekommen". Auch „weil sie das Beste für ihren Ort wollen" und „weil sie die Meinung der Bürger interessiert" sind für die BürgerInnen Gründe, eine Unterstützung in Anspruch zu nehmen. Weder „weil Agenda 21 gerade in ist", „weil es Fördermittel vom Land Hessen gibt" oder „weil ihnen die Ideen ausgegangen sind" suchen die PolitikerInnen Unterstützung. Diese Aussagen wurden von den BürgerInnen als unzutreffend bewertet (vgl. Abb. 29). Als weitere Gründe wurden sowohl positive wie *„Horizont erweitern"* (Bürger, Kelkheim), und *„weil Betriebsblindheit abgebaut wird"* (Bürger, Bad Soden) genannt, aber auch Kritik an der Politik wurde geäußert: *„weil ein gewisser öffentlicher Druck besteht"* (Bürgerin, Eppstein), *„weil man sich damit brüsten kann, dass man ganz neue Wege geht (äußerlich zumindest)"* (Bürgerin, Kelkheim) und *„weil sie die nächste Wahl im Auge haben"* (Bürger, Hofheim).

Anschließend sollten von denjenigen, die auf die vorherige Frage mit Nein oder Teils/teils geantwortet hatten, Gründe, warum die Politiker keine Unterstützung seitens der Bürger wünschen, bewertet werden.

Diese Gruppe mit einem deutlich negativeren Bild der Politik vermutete, dass die PolitikerInnen der Ansicht sind, „keine Hilfe nötig zu haben" und weil sie befürchten, dass „dadurch Außenstehende ohne Fachkompetenz in ihren Arbeitsbereich eindringen". Auch die „Angst vor einem demokratisch nicht legitimierten „zweiten" Parlament", die „Angst vor Diskussionen bei heiklen Themen" und „weil sie nicht alle unterschiedlichen Interessen berücksichtigen wollen" hindert die PolitikerInnen aus Sicht der BürgerInnen diese zu beteiligen. Weniger ausgeprägt scheint die „Angst, die Erwartungen nicht erfüllen zu können" zu sein (vgl. Abb. 30).

Als weitere Gründe wurden genannt: *„weil unbequeme Forderungen gestellt werden, die sich nicht so leicht abwimmeln lassen"* (Bürgerin, Eppstein), *„weil Diskussion mit politisch Unbedarften unbequem und anstrengend sein kann"* (Bürgerin, Kelkheim),

„weil kein Außenstehender hinter die Kulissen schauen soll" (Bürger, Sulzbach) und „weil Diskussionen bei vielen Meinungen zeitaufwendig sind" (Bürgerin, Sulzbach).

Die Frage, ob die LA 21 für die Kommunen des Main-Taunus-Kreises sinnvoll ist, wurde nur den PolitikerInnen gestellt, da davon auszugehen ist, dass die bereits engagierten BürgerInnen von der Sinnhaftigkeit der LA 21 überzeugt sind.

82% der befragten PolitikerInnen sehen die Agenda 21 für ihre Gemeinde als sinnvoll an, während 10%, (darunter sind einige aus einer Kommune mit einem abgelehnten Agenda-Antrag) die Agenda als nicht sinnvoll erscheint. 8% haben keine Angabe gemacht (vgl. Abb. 31). Die hohe Akzeptanz der LA 21 hat sich bereits aus der großen Anzahl der Beschlüsse ablesen lassen, die die Mehrheit der Kommunalparlamente gefasst hat.

Die Agenda wird als sinnvoll erachtet, da sie die Möglichkeit einer „stärkeren Bürgerbeteiligung" bietet. Auch bisher nicht in der Politik engagierte Personen haben damit einen erleichterten Zugang zur Mitbestimmung. Durch diese stärkere Mitbestimmung soll gleichzeitig Verantwortung verteilt und die Bürgerschaft für das Ziel der nachhaltigen Entwicklung in der Heimatgemeinde sensibilisiert werden.

Gleichzeitig wird die Chance einer „Bereicherung für die Politik" gesehen, die durch die neuen Ideen und Anstöße durch die Bürgerschaft angeregt wird, eigene Positionen zu überdenken und damit auch eine Entscheidungshilfe erhält.

Es wird als wünschenswert angesehen, ein „Bewusstsein für Nachhaltigkeit" zu schaffen, was durch die LA 21 möglich erscheint (vgl. Abb. 32).

4.3.4   Chancen und Risiken

Die in Kapitel 4 vorgestellten Chancen und Risiken sollen in diesem Kapitel daraufhin untersucht werden, inwieweit sie von den Befragten bestätigt werden.

In den Fragebögen wurde sowohl nach Chancen als auch nach Risiken der LA 21 gefragt.

Die *Chancen* des LA 21-Prozesses wurden in den beiden Fragebögen unterschiedlich erfragt. Im Fragebogen für alle Gruppen lautete eine Frage „Die Chance des LA 21-Prozesses besteht darin, dass...." mit sechs vorgegebenen Aussagen, die bewertet werden sollten, sowie zwei offenen Feldern für eigene Antworten. In der Einschätzung der Chancen des LA 21-Prozesses durch den Fragebogen für alle Gruppen liegen PolitikerInnen und BürgerInnen nicht weit auseinander, auch wenn die Einschätzungen der Bürgerschaft durchweg positiver ausfallen. Die Suche nach gemeinsamen Lösungen wird dabei von beiden Gruppen als größte Chance betrachtet, wohingegen die Aussicht auf schnelle Erfolge als relativ gering eingeschätzt wird (vgl. Abb. 33 u. Abb. 34).

Zusätzlich wurden im Fragebogen für PolitikerInnen zwei offene Fragen gestellt, um die Sicht der Befragten zu Chancen der LA 21 zu erkunden. Die Fragen lauteten:

„Was ist die Lokale Agenda 21 für Sie?" und „Ist die Agenda 21 für Ihre Gemeinde sinnvoll? Wenn ja, warum, wenn nein, warum?".

Sehr deutlich konnten bei diesen beiden Fragen nach Chancen der LA 21 drei Kategorien unterschieden werden. Vernachlässigt man die Antworten, die unter „Nichts Neues" subsumiert werden können, bleiben jeweils eine thematische und eine strukturelle Chance. Thematisch wird die Nachhaltige Entwicklung genannt: *„Auf kommunaler Ebene sollen Ökonomie und Ökologie gemeinsam dazu beitragen, eine nachhaltige Entwicklung zu erreichen"*, deren Notwendigkeit [...] in Bewusstsein und Handeln der Stadt einzuführen bzw. weiterzuentwickeln [ist]" (Politikerin, Eppstein). Auch *„das Bewusstsein für Generationen und soziales Umfeld"* (Politikerin, Eppstein) wurde als Begründung genannt, warum die Agenda sinnvoll ist.

Strukturell wird die Chance einer stärkeren Beteiligung der Bürgerschaft gesehen: *„Eine Chance des Agenda-Prozesses liegt in einer Beteiligung engagierter Bürger am kommunalen Prozess ohne parteipolitische Festlegung"*, denn *„Bürgerbeteiligung [ist] in jeder Weise sinnvoll [...]. Auch Bürger müssen mehr Verantwortung übernehmen, nicht nur kritisieren"* (Politikerin, Hattersheim).

Diese beiden Ansprüche der LA 21, die bereits in Kapitel 4 vorgestellt wurden, sehen also auch einzelne PolitikerInnen. Dies belegt einerseits, dass das Wissen über die Inhalte der LA 21 vorhanden ist als auch, dass die Mehrheit der PolitikerInnen diese Aspekte als sinnvoll betrachtet. Dies wurde durch die Formulierung der Antworten bestätigt.

Vergleicht man die Ergebnisse der Befragung mit den Chancen, die in Kapitel 4 genannt wurden, ergibt sich folgendes Bild:

„Nachhaltige Entwicklung auf kommunaler Ebene" ist für die Mehrheit der PolitikerInnen der Kerngedanke der LA 21 (vgl. Abb. 22). Auch Anmerkungen in der offenen Spalte des Fragebogens für alle Gruppen wie *„Eine Chance des LA 21-Prozesses besteht darin, dass Menschen stärker als bisher auf soziale, ökologische und wirtschaftliche Zusammenhänge aufmerksam werden"* (Politiker, Eschborn) bestätigt die wichtige Rolle der Nachhaltigkeit als Chance der LA 21 und leitet zur zweiten Chance über:

Die Chance der *Bewusstseinsschärfung*, die langfristig zu einem gesellschaftlichen Wertewandel führen kann, ist die Voraussetzung für eine nachhaltige Entwicklung (s. o.), aber auch als eigenständige Chance zu betrachten. Auf die Frage „Was ist die Lokale Agenda 21 für Sie?" (PolitikerInnen) wurde dieser Punkt aufgegriffen: *„Die Agenda 21 hilft den Bürgerinnen und Bürgern und den kommunalen Entscheidungsträgern, den Gedanken der nachhaltigen Entwicklung zu verstehen"* (Politiker, Eppstein). Im Fragebogen für alle bestätigen dies folgende Aussagen: *„Eine Chance der Lokalen Agenda 21 besteht darin, dass mehr Menschen über die Umwelt nachdenken"* (Politiker, Kelkheim), *„dass ein Bewusstsein für Zusammenhänge geweckt wird"* (Politiker, Bad Soden) und *„dass Visionen entwickelt werden"* (Politiker, Kelkheim).

Die Chance der *Kooperation und Kommunikation*, zu bewerten in der Aussage „Die Chance der Lokalen Agenda 21 besteht darin, dass gemeinsam nach Lösungen für die Gemeinde gesucht wird" sehen sowohl die BürgerInnen als auch die PolitikerInnen zu 75% als zutreffend an. Allerdings wird „die Chance der Lokalen Agenda 21, dass sich das Verhältnis zwischen BürgerInnen und PolitikerInnen verbessert" etwas skeptischer beurteilt (vgl. Abb. 33 u. 34).

Wichtig ist für alle Gruppen eine *Transparenz* der Politik: *„Eine Chance der Lokalen Agenda 21 besteht darin, dass Politik transparenter wird"* (Politiker, Eschborn), *„dass Entscheidungen transparenter werden"* (Bürger, Kelkheim). Von Seiten der Politik wurde auch eine Unkenntnis der Bürgerschaft über die Arbeit des Parlaments festgestellt: *„Ich sehe immer wieder, dass ein Großteil der Bürger nicht weiß, was im Parlament vor sich geht, wie sich ein Parlament zusammensetzt [...]"* (Politiker, Bad Soden), was sowohl an einem Desinteresse der Bürgerschaft als auch an einer mangelnden Transparenz liegen kann.

Auch die *stärkere Öffnung der Politik zur Bürgerschaft* sowie die Kommunikation miteinander werden als Chancen der LA 21 betrachtet: *„Die Chance der Lokalen Agenda 21 besteht darin, dass man unproblematisch Kontakt zu Gemeindevertretern erhält"* (Bürgerin, Sulzbach) und *„dass man Politiker näher kennen lernt"* (Bürger, Bad Soden). Diese Öffnung und Kommunikation kann zu einem besseren gegenseitigen Verständnis führen: *„Die Chance der Lokalen Agenda 21 besteht darin, dass PolitikerInnen mit den Vorstellungen der Bürger konfrontiert werden"* (Bürgerin, Eppstein) und *„dass Bürger auch mehr die Probleme und Aufgaben der Politiker erkennen"* (Politiker, Hattersheim).

Schließlich wird die *Kooperation zwischen Politik und Bürgerschaft* als Chance der LA 21 angesehen: *„Die Chance der Lokalen Agenda 21 besteht darin, dass die Kommunalpolitik bürgernäher wird"* (Bürgerin, Eppstein), *„dass jede/r sich – unabhängig von Parteienzwang – nach eigenem Ermessen mit Gedanken einbringt"* (Bürgerin, Hofheim), *„dass die politischen Entscheidungen von den Bürgern Rückkoppelung erfahren"* (Agenda-Beauftragte). Letztendlich sollen *„ein gesamtheitliches Denken und die Kommunikationsbereitschaft zunehmen"* (Bürger, Eschborn), *„Gewinner/ Verlierer-Situationen ausgeschlossen werden"* (Bürgerin, Hofheim) und eine neue *„Kultur der Zusammenarbeit"* entstehen (Moderator).

50% der Befragtem sehen die „Chance des Agenda-Prozesses, dass sich mehr Menschen für das Wohl der Gemeinde engagieren" (vgl. Abb. 33 u. 34). Weitere Chancen wie: *„dass kommunale Themen stärker in der Öffentlichkeit diskutiert werden"* (Politikerin, Bad Soden), *„dass engagierte und sachkundige Bürger bei der Entscheidungsfindung helfen können"* (Politiker, Hofheim), *„dass man selbst einen Beitrag zu einer besseren Welt leistet"* (Bürgerin, Kelkheim) und *„dass BürgerInnen sich ihrer Bedeutung innerhalb der Demokratie bewusst werden"* (Bürgerin, Eppstein) zeigen den Stellenwert dieser Chance. Die PolitikerInnen sahen zusammen neben der „Nachhaltigen Entwicklung" die Möglichkeit einer Mitwirkung für die BürgerInnen (vgl. Abb. 22) als Hauptcharakteristikum der LA 21. Dadurch soll *„Demokratie attraktiver werden"*

(Politiker, Eschborn) und *„demokratisches Denken, soziales Handeln mehr verankert werden"* (Politikerin, Hofheim).

Der *Abbau von Vorurteilen*, verbunden mit einem besseren Verständnis aller Gruppen untereinander, wurde in den Fragebögen nicht aufgegriffen. Statt dessen wurde intensiv auf das Verhältnis zwischen Politik und Bürgerschaft eingegangen. In den Interviews wurde allerdings deutlich, dass es durchaus auch Annäherungen unterschiedlicher Gruppen in den Agenda-Arbeitskreisen geben kann wie das Beispiel Hattersheim zeigt. Dort haben sich Landwirte und Umweltschützer in einer Arbeitsgruppe langsam angenähert (vgl. FR vom 14.04.2000).

Sowohl Politik als auch Bürgerschaft und Verwaltung sehen den *Informationsgewinn* der Politik durch die Beteiligung der BürgerInnen als eine Chance: *„Eine Chance des Agenda-Prozesses besteht darin, dass engagierte und sachkundige Bürger bei der Entscheidungsfindung helfen können"* (Politiker, Hofheim), *„dass die Kreativität der Bürger genutzt wird"* (Politiker, Sulzbach), *„dass die Politik neue Ideen geliefert bekommt"* (Agenda-Beauftragte) und *„dass das kreative und geistige Potential der Mitbürger im Interesse der Gemeinde genutzt werden kann"* (Bürger, Hofheim). Auch ein Bürgermeister ist *„immer froh, wenn [ihm] ein Bürger aus seiner Perspektive einen Schwachpunkt zeigt"* (Bürgermeister).

„Dass die Entscheidungen transparenter werden" (Bürger, Kelkheim) und *„dass Politik transparenter wird"* (Politiker, Eschborn) wird sowohl von der Bürgerschaft als auch der Politik als Chance gesehen.

Die Chance, *„dass gesamtheitliches Denken und Kommunikationsbereitschaft zunehmen"* (Bürger, Eschborn), deutet auf die Bedeutung der LA 21 als ganzheitliches Konzept hin, das Interdisziplinarität statt Ressortdenken fordert. Die oft bemängelte „automatische" Zuständigkeit der Umweltämter für die LA 21 hat sich im Main-Taunus-Kreis interessanterweise nicht bestätigt. Nur in zwei Kommunen liegt die Verantwortung für die LA 21 tatsächlich im Umweltamt, in den anderen Kommunen, in denen der Prozess durch die Verwaltung organisiert wird, sind es Bauamt, Hochbauamt oder Ordnungsamt. In einem Fall ist sogar das parlamentarische Büro für Sonderaufgaben zuständig, d. h. nur in diesem Fall kann von einer interdisziplinären Organisation gesprochen werden, da die LA 21 nicht einem bestimmten Amt zugeordnet wurde.

80% der befragten BürgerInnen sind der Meinung, dass die Politik von ihnen unterstützt werden möchte, damit Projekte eine breitere Zustimmung finden (vgl. Abb. 29). Die PolitikerInnen bestätigen diesen Grund. Sie möchten unterstützt werden, *„weil ohne Unterstützung von vielen BürgerInnen Projekte langfristig zum Scheitern verurteilt sind"* (Politiker, Eschborn) *„weil manche Ziele nur umgesetzt werden können, wenn klar ist, dass die Bürgerinnen und Bürger das auch wollen"* (Politiker, Hattersheim) und *„weil nur ein breiter Konsens die Durchsetzung der Ziele und damit politischen Erfolg garantiert"* (Politiker, Kelkheim).

Während die Vorstellungen zu Chancen der LA 21 bei Politik und Bürgerschaft ähnlich sind, erweisen sich die Antworten auf die Frage nach Risiken als differenzierter. Während die BürgerInnen der Meinung sind, dass der Prozess an mangelnden Finanzen scheitern könnte und dass strukturelle Veränderungen ausbleiben könnten, vermuten die PolitikerInnen, dass es sich bei der LA 21 nicht um etwas Neues handelt. Einig sind sich beide Gruppen, dass eine Gefahr darin besteht, dass durch einen langwierigen und zähen Prozess engagierte BürgerInnen vergrault werden könnten (vgl. Abb. 35 u. 36).

Im Folgenden werden die in Kapitel 4 genannten Risiken mit den Antworten der Fragebögen verglichen.

Wird der Begriff der Nachhaltigkeit beliebig verwendet, besteht die Gefahr, dass auf einmal alles „nachhaltig" ist und die Besonderheit des Ansatzes immer mehr an Bedeutung verliert. 40% der PolitikerInnen und ca. 25% der BürgerInnen sehen ein Risiko des Agenda-Prozesses darin, dass „alte Inhalte unter einem neuen Namen verkauft werden" (vgl. Abb. 35 u. 36). Geschieht dies, kann die LA 21 kaum noch ernst genommen werden, da nicht mehr zwischen Einzelinteressen und „nachhaltigen" Vorschlägen unterschieden werden kann. Belegt wird dies durch Berichte in den Tageszeitungen, wo Interessenkonflikte bei Agenda-Mitgliedern, die gleichzeitig Vereinsmitglieder sind, beschrieben werden: „Weil Interessenkonflikte unvermeidbar sind, muss der Verdacht zerstreut werden, dass Teilnehmer der Agenda-Gruppen Vorteile für die Institutionen herausholen, denen sie angehören. Denn die Agenda 21 zielt auf langfristige Veränderungen, will Bürger und Kommunalpolitiker lehren, im Sinne einer nachhaltigen Entwicklung zu denken" (FR vom 11.09.2000).

Ebenso wie das Risiko eines *Glaubwürdigkeitsverlustes des inhaltlichen Ansatzes* (Nachhaltige Entwicklung) besteht, ist auch die *Glaubwürdigkeit der Politik* bei einem Scheitern des Prozesses in Gefahr. Die Politik ist sich dieses Risikos bewusst: *„Und wenn so etwas dann abgelehnt wird [Lokale Agenda 21-Dokument der Bürgerschaft], dann sagen sich die Bürger natürlich, warum setzen wir uns stundenlang zusammen und reden uns die Köpfe heiß, und die Politik beschließt etwas ganz anderes. Das ist eine Gefahr [....]"* (Bürgermeister). Auch die Bürgerschaft befürchtet Probleme, wenn die Politik der LA 21 ablehnend gegenüber steht: *„Das Risiko des Agenda-Prozesses besteht darin, dass viele Bürger durch die ablehnende Haltung der Politik gefrustet werden"* (Bürgerin, Kelkheim). 70% der PolitikerInnen und 35% der BürgerInnen bestätigten, dass es ein Risiko des Agenda-Prozesses ist, dass durch einen eventuell zähen und langwierigen Prozess ohne sichtbare Erfolge engagierte BürgerInnen vergrault werden. Das Risiko dagegen „dass strukturelle Änderungen, wie eine stärkere Beteiligung von Seiten der BürgerInnen in der Kommunalpolitik nicht umgesetzt werden" wird eher von der Bürgerschaft (45%) als von der Politik (30%) gesehen (vgl. Abb. 35 u. 36).

Eine *Verhärtung der Fronten* lässt sich v. a. in Eschborn beobachten (vgl. Kap. 4.3.2). In anderen Kommunen stellte sich dieses Risiko nicht so stark ausgeprägt dar, was allerdings auch daran liegen kann, dass in Interviews solche Problematiken ungern angesprochen werden.

Die in Kapitel 4 vorgestellten Rahmenbedingungen sollen nun durch die Ergebnisse der Befragung verdeutlicht werden. Während die einzelnen Faktoren im vorherigen Kapitel gleichwertig nebeneinander standen, soll nun durch die Einschätzung von Politik und Bürgerschaft eine Gewichtung der Rahmenbedingungen erfolgen.

In den Fragebögen wurde vor allem nach Hemmnissen bzw. Behinderungen des Prozesses gefragt, da diese oft besser sichtbar sind als die Erfolgsfaktoren. Diese wurden hingegen gut in den Gesprächen mit den Agenda-Beauftragten sowie durch die Analyse der Prozesse deutlich.

Im allgemeinen Fragebogen wurde danach gefragt, ob Behinderungen bzw. Hemmnisse des Prozesses gesehen werden und worin diese bestehen (vgl. Abb. 37 u. 38). Ein Vergleich der Ergebnisse der Gruppen zeigt, dass die Antworten in der Tendenz sehr ähnlich ausgefallen sind. Mit über 50% Ablehnung wurde dem Grund, „dass sich viele nur profilieren wollen und kein Interesse an der Sache haben" sowie „Finanzielle Probleme" kein großes Gewicht gegeben. Wie auch an anderen Punkten der Befragung wurde immer wieder von den Beteiligten darauf hingewiesen, dass finanzielle Probleme zweitrangig sind und den Erfolg der Agenda-Arbeit nicht maßgeblich beeinflussen. Einig sind sich auch alle, dass die „Agenda 21 nicht bekannt genug" ist (vgl. Abb. 37 u. 38).

Die Politik wurde bewusst nicht als Behinderungsgrund aufgenommen, damit der Untersuchung nicht eine bestimmte Absicht unterstellt werden konnte. Da es die Möglichkeit gab, eigene Gründe zu nennen, sind dennoch Ergebnisse zu diesem Aspekt vorhanden (s. u.).

Die *Unterstützung der Politik* spielt für den Erfolg des LA 21-Prozesses die entscheidende Rolle. Deutlich wird dies in Gemeinden, in denen der Prozess überdurchschnittlich positiv eingeschätzt wird (vgl. Abb. 18). Dort unterstützt die Politik den Prozess und hat auch die Verwaltung veranlasst, die Organisation des Prozesses zu übernehmen. Negativ wird dies in Eschborn deutlich, in der der Agenda-Beschluss vom Parlament abgelehnt wurde und die in einem Verein organisierten BürgerInnen wesentlich mehr Energie benötigen, um vergleichbare Erfolge zu erzielen wie erfolgreichere Nachbarkommunen.

Nach dem Grund der Behinderung befragt (PolitikerInnen-Fragebogen), gab knapp die Hälfte der PolitikerInnen, die eine Behinderung sehen, an, dass die Ursache in der Politik zu suchen ist (10 Nennungen, vgl. Abb. 39), wobei sowohl bemängelt wurde, dass sich die Politik zu wenig engagiere als auch, dass bewusst der Agenda entgegengesteuert wird. Auch die befragten BürgerInnen sahen die Politik als Hemmnis an: „*die Politik mauert*" (Bürger, Eschborn), „*Regierungsparteien*" (Bürger, Eschborn) und „*Vorschläge finden bei der Politik keinen Anklang*" (Bürgerin, Kelkheim).

Für die Zukunft des Agenda-Prozesses sahen sowohl PolitikerInnen als auch BürgerInnen die Politik als eine Klippe an, die das gute Gelingen des Prozesses erschweren könnte: die BürgerInnen nannten die Politik an erster Stelle möglicher Klippen (vgl. Abb. 40), die Politik nannte die mangelnde Umsetzung an zweiter und das Desinteresse bzw. die Vorbehalte der Politik an dritter Stelle (vgl. Abb. 40 u. 41).

Die relativ unklare Rolle der Politik im LA 21-Prozess spiegelt sich in der durchschnittlich mittelmäßigen Beteiligung am Prozess wieder.

Wird der Prozess von der Politik unterstützt, veranlasst diese in den meisten Fällen die *Verwaltung*, den Prozess ebenfalls zu unterstützen. Durch das Bereitstellen von Räumen und Material sowie durch eine fachliche Beratung wird die Arbeit der engagierten BürgerInnen sehr erleichtert. Die Verwaltung sieht sich ebenso wie die Politik vor der Schwierigkeit einer Gratwanderung zwischen Unterstützung und zu starker Beeinflussung.

Die wichtige Rolle der Verwaltung hat sich in den Gesprächen mit den Agenda-Beauftragten herausgestellt. Die von den BürgerInnen als erfolgreicher eingeschätzten Kommunen des Main-Taunus-Kreises (vgl. Abb. 18) sind dem Verwaltungsmodell (vgl. Kap. 4.3.2) zuzuordnen. Dabei hat sich gezeigt, dass durch die strukturierte Arbeitsweise und die Organisationshilfe der Verwaltung der Prozess gerade am Anfang gut unterstützt werden kann. Ist die Unterstützung der Verwaltung von der Politik nicht erwünscht, wie in Eschborn, wird die Arbeit der agenda-engagierten BürgerInnen stark erschwert: *„Das Hauptproblem ist, dass wir von Seiten der Mehrheitskoalition keinen Rückhalt haben und daraus resultiert der ganze Rest aus größeren Problemen, die wir mit uns rumschleppen. Und dazu zähle ich vor allem das Selbst-Organisieren"* (Vorsitzender Agenda-Verein).

Die *finanzielle Unterstützung* durch die Kommune ist gerade zu Beginn wichtig, vor allem, wenn keine Fördermittel zur Verfügung stehen. Während die Fördermittel für den Beginn eines Prozesses sehr hilfreich sind, da durch die damit geförderte externe Moderation die Arbeit strukturiert werden kann und Ergebnisse zielstrebiger erarbeitet werden können, sind kommunale Mittel in der Umsetzung der Vorschläge unabdingbar. Für Projekte ist es förderlich, wenn die Kommune Mittel zur Verfügung stellt. Z. T. handelt es sich allerdings um relativ geringe Beträge, die gerade die - im bundesweiten Durchschnitt - relativ reichen Kommunen des Main-Taunus-Kreises durchaus finanzieren können (vgl. Tab. 5).

In der „mangelnden finanziellen Unterstützung" sahen nur zwei der befragten PolitikerInnen ein Hemmnis (vgl. Abb. 39). Auch im Fragebogen für alle Gruppen sahen nur knapp 25% der Befragten finanzielle Probleme als Hemmnis für den Agenda-Prozess (vgl. Abb. 37 u. 38). Dies kann zum einen daran liegen, dass gerade die Kommunen des Main-Taunus-Kreises relativ reich sind, zum anderen auch daran, dass die Organisation nicht so kostspielig ist, wie die geplanten Projekte und dass es bisher darüber keine Diskussion gab. Dieser Aspekt, der so oft als Argument gegen eine Agenda verwendet wird, wird von allen Befragten als nicht sehr wichtig eingeschätzt.

Dem widersprechen allerdings die Ergebnisse der Frage nach Risiken, wo das Risiko, dass „Vorschläge vorgebracht werden, die aus finanziellen Gründen nicht umgesetzt werden können" als relativ hoch eingeschätzt wurde.

Unbestritten wichtig ist eine *ausreichende Anzahl engagierter BürgerInnen*. In Hochheim z. B. scheiterte der Beginn des Bürgerprozesses an einer zu geringen Beteiligung der Bürgerschaft. Auf längere Zeit betrachtet ist die Anzahl der engagierten BürgerInnen hingegen weniger wichtig als die konstante Mitarbeit in den Arbeitsgruppen.

Die ersten drei Fragen des allgemeinen Fragebogens beziehen sich auf das persönliche Engagement. Festzustellen ist, dass viele der Befragten seit Beginn des LA 21-Prozesses mitarbeiten, was in vielen Fällen allerdings an der noch recht kurzen Laufzeit liegen kann.

Mehr als zwei Drittel der Befragten gab an, auch noch in anderen Bereichen außerhalb der LA 21 ehrenamtlich tätig zu sein. Von diesem Personenkreis gaben nur knapp 5% an, dass die ehrenamtliche Tätigkeit in den anderen Bereichen durch die Arbeit für die LA 21 abgenommen hat. Man kann also davon ausgehen, dass überdurchschnittlich viele der Engagierten eine sehr hohe Motivation mitbringen. In einigen Fällen handelt es sich auch um Personen, die sehen, dass ihre spezifischen Interessen durch die LA 21 leichter umzusetzen sind, d. h. dass sie die die LA 21 als Instrument für die bessere Durchsetzung ihrer Interessen benutzen. Dies ist ein Vorwurf, der von verschiedenen Seiten immer wieder laut wird, und der dem verschiedene Themen integrierenden Prinzip der LA 21 teilweise entgegensteht. Gäbe es diese persönlichen Interessen (z. B. Umweltschutz oder Soziales) allerdings nicht, stünden die Chancen schlecht, dass sich überhaupt Freiwillige finden würden, die an einer LA 21 mitarbeiten möchten. Damit hat die LA 21 Ähnlichkeit mit Bürgerinitiativen, wo die persönliche Betroffenheit allerdings einen noch höheren Stellenwert einnimmt.

Mangelnde Beteiligung der Bürgerschaft steht – allerdings mit weniger als der Hälfte (4) an Nennungen der PolitikerInnen – an zweiter Stelle (vgl. Abb. 39). Die Hälfte der Befragten sahen als Gründe für das mangelnde Engagement der Bürgerschaft die geringe Bekanntheit der Agenda sowie den Zeitmangel der Akteure (vgl. Abb. 37 u. 38).

Die größte Gefahr für den Agenda-Prozess in der Zukunft sahen die befragten PolitikerInnen in einem *nachlassenden Engagement der Bürgerschaft* bzw. sogar einer Frustration, die durch die schleppende oder fehlende Umsetzung der Vorschläge verursacht werden könnte (vgl. Abb. 40 u. 41).

Auch wenn die Unterschiede in der Beteiligung der verschiedenen Gruppen von Gemeinde zu Gemeinde sehr unterschiedlich sind, lässt sich in fast allen Fällen eine Dominanz des Prozesses durch Bürgerschaft, Moderation und Verwaltung feststellen (vgl. Abb. 8). Die im Rahmen des LA 21-Prozesses erwünschte Beteiligung von Wirtschaft und Einzelhandel ist (noch) gering bis nicht vorhanden.

Berichte in den Medien sind sowohl zur Motivation der Beteiligten als auch für die Information der Nicht-Beteiligten wichtig. Berichte in den Medien fördern den Bekanntheitsgrad der Agenda und können um neue Aktive werben. In allen Gemeinden mit Bürgerbeteiligung wurde und wird in den Medien berichtet, so dass dies in der Befragung nicht als Hemmnis betrachtet wurde.

Erleichtert wird das Durchhaltevermögen der Beteiligten durch *Teilerfolge*, z. B. durch einzelne kleinere Projekte, die erkennen lassen, dass die Arbeit auch kurz- und mittelfristig erfolgreich ist. In Hofheim wurde eine Zukunftskonferenz durchgeführt, die sehr gut angenommen wurde. Solche Projekte stoßen auch leichter auf das Interesse der Medien.

Die *Zähigkeit eines Prozesses* ist zwar eine Folge weiterer Hemmnisse, aber sie ist ein guter Hinweis auf die Existenz weiterer Probleme. Die Aussage „Der Prozess kommt kaum voran, es geht nur sehr langsam vorwärts" wurde von mehr als der Hälfte der BürgerInnen und mehr als einem Drittel der PolitikerInnen bestätigt (vgl. Abb. 37 u. 38).

Die *Existenz von internationalen, nationalen und regionalen LA 21-Kampagnen* ist gerade für Entscheidungsträger und Agenda-Beauftragte von Bedeutung. Informationen und Arbeitshilfen erleichtern die Arbeit in der eigenen Kommune und regional organisierte Austauschtagungen fördern den Kontakt zu anderen Kommunen und liefern neue Anregungen. In den Kommunen des Main-Taunus-Kreises hat sich gezeigt, dass es einen positiven Zusammenhang zwischen Fördermitteln des Landes und der Zufriedenheit der BürgerInnen mit dem Prozess gibt: in den vier Kommunen, die Fördermittel bekommen haben, sind die BürgerInnen mit einer Ausnahme überdurchschnittlich zufrieden mit dem Prozessverlauf (vgl. Abb. 18).

Werden zu Beginn des Prozesses keine Schwerpunkte gesetzt, kann schnell bei den Beteiligten das Gefühl aufkommen, dass „das alles gar nicht zu schaffen" sei. Obwohl gerade der Ansatz der Agenda 21 ein sehr umfassender ist, ist es wichtig, sich zumindest zunächst auf einzelne Schwerpunkte zu konzentrieren. Diese Konzentration auf bestimmte Themen erfolgt am häufigsten in stark strukturierten Prozessen (Verwaltungsmodell).

Ein bereits ansatzimmanenter Nachteil der LA 21 ist das Problem, dass das *Konzept sehr komplex und dadurch schwer vermittelbar* ist. Die Aufgabe der Verwaltung oder Moderation ist es, dieses Konzept zu verdeutlichen und eine *klare Strategie* für die eigene Arbeit zu entwerfen. 30% der befragten BürgerInnen sahen ein diffuses Konzept als Hemmnis in ihrer Kommune an (vgl. Abb. 37).

Eine *klare Aufgabenverteilung und Kompetenzverteilung* dient der Übersichtlichkeit des Prozesses und beugt Vorurteilen vor. Besonders in Kommunen, die nach dem Verwaltungsmodell organisiert sind, ist dies gewährleistet.

Durch *professionelle Moderation* bzw. *effektive Arbeitsmethoden* lassen sich die beiden zuvor genannten Punkte leichter umsetzen. Gerade ein/e externer ModeratorIn kann durch seine/ihre Neutralität den Prozess leichter strukturieren und verschiedene Beteiligte zusammenbringen. Die sehr positive Beurteilung des Bad Sodener Moderators durch die Beteiligten, der den Prozess durch seine strukturierende Arbeit stark prägt, zeigt dies. Durch eine *„chaotische Organisation"* (Bürger, Sulzbach) dagegen wird die Arbeit der Agenda-Gruppe behindert, da viel Energie für Doppelarbeit verloren geht.

Eine *breite Vernetzung* der Akteure ist wünschenswert, allerdings bisher noch in den wenigsten Fällen gegeben. Möglicherweise kann die Vernetzung der Akteure ein Effekt der gemeinsamen Arbeit an der LA 21 sein und ist durch die relativ kurze Dauer der Agenda-Prozesse bisher noch nicht zum Tragen gekommen. Wichtig ist die breite Vernetzung der Akteure vor allem in Prozessen, die nicht stark durch die Verwaltung organisiert werden, da dort das koordinierende Moment der Verwaltung fehlt.

Die *kommunikativen Kompetenzen* sind bei den Beteiligten unterschiedlich ausgeprägt. Um eine gemeinsame Kommunikation zu ermöglichen, ist es deshalb notwendig, zu Beginn Regeln zu vereinbaren, in welcher Form diskutiert und gearbeitet wird. „Mangelhafte Kommunikation" wurde von den PoltikerInnen auf die offene Frage nach Hemmnissen zwei Mal genannt (vgl. Abb. 41). Mangelnde Kommunikation ist auch zwischen den einzelnen Arbeitskreisen problematisch: *„Die verschiedenen Gruppen arbeiten unterschiedlich schnell. Es fehlt der Austausch der Meinungen und Ziele untereinander"* (Bürger, Kelkheim).

Haben die *engagierten BürgerInnen* in einzelnen Fragen eine unzureichende fachliche Kompetenz, bieten einige Kommunen das Fachwissen ihrer VerwaltungsmitarbeiterInnen der Lokalen Agenda-Gruppe an. Es hat sich aber auch herausgestellt, dass bei der engagierten Bürgerschaft ebenfalls fachliche Kompetenzen in den unterschiedlichsten Bereichen vorhanden sind, die nicht zu unterschätzen sind. Darüber hinaus besitzen die BürgerInnen die besten Kenntnisse von ihrem jeweiligen Lebensumfeld. Sulzbachs Bürgermeister bspw. ist über die „Arbeit der „Experten des Alltags", also der BürgerInnen und Bürger [...] stolz" (FR vom 16.10.2000).

Managementfähigkeiten brauchen vor allem diejenigen, die den Prozess organisieren. Dies können VerwaltungsmitarbeiterInnen, BürgerInnen oder auch eine externe Moderation sein.

Ein *hohes persönliches Engagement* ist sowohl für die ehrenamtlich Engagierten als auch für die hauptamtlich Aktiven wichtig. Bei der Befragung hat sich herausgestellt, dass der überwiegende Teil der BürgerInnen noch in anderen Bereichen ehrenamtlich aktiv ist, was auf eine hohe Motivation hinweist. Diese Motivation für ein weiteres Feld kann aber auch schnell verloren gehen, wenn sich keine Erfolge einstellen oder sich der Prozess als solcher unattraktiv für BürgerInnen darstellt. Die Motivation der Hauptamtlichen schwankt sehr stark, je nach Persönlichkeit und zusätzlichem Arbeitsaufwand durch die LA 21.

Während nur ein Drittel der Befragten eine aktuelle Behinderung nennen konnte, sieht die Mehrheit der Befragten in Zukunft Klippen, die den Prozess erschweren könnten: 76% der BürgerInnen und 60% der PolitikerInnen gaben an, Probleme für die LA 21 in der Zukunft zu sehen (8% bzw. 12% sahen keine und 8% bzw. 22% machten keine Angabe oder konnten sich zum jetzigen Zeitpunkt noch nicht äußern).

Während die BürgerInnen die Politik als größtes Hemmnis in der Zukunft sehen, befürchten die PolitikerInnen, dass das nachlassende Engagement der Bürgerschaft den Prozessverlauf beeinträchtigen könnte. Als weitere wichtige Klippen wurden ein generelles Desinteresse, die mangelnde Umsetzung und Finanzprobleme genannt (vgl. Abb. 40 u. 41).

5.   Fazit und Ausblick

5.1   Fazit

Die LA 21 kann als eine neuartige Kooperationsform bezeichnet werden, da im Rahmen eines LA 21-Prozesses möglichst **alle** Gruppen mit dem Ziel, **gemeinsam** konsensfähige Leitbilder, Ziele, Maßnahmen und Projekte für die nachhaltige Entwicklung der Kommune zu entwickeln, beteiligt werden sollen. Dabei werden neue Partizipationsformen wie Runde Tische, Arbeitskreise, Zukunftswerkstätten u. a. eingesetzt.

Wie ein Vergleich mit den Kriterien für Partizipationsverfahren von LINDNER und VATTER (1996) gezeigt hat, vereinigt die LA 21 als Partizipationsform bereits in ihrem Anspruch viele dieser Kriterien. Sie kann also bei günstigen Rahmenbedingungen als eine geeignete und den heutigen Ansprüchen an Bürgerbeteiligung entgegenkommende Kooperationsform gelten. Die LA 21 zählt damit zu einer neuen Generation von Beteiligungsformen, die seit den 90er Jahren Anwendung finden, partizipativ gestaltet werden und ganzheitlich orientiert sind. BOGUMIL bezeichnet diese Beteiligungsformen auch als „kooperative Demokratie" (vgl. BOGUMIL 2001, 2). Zu dieser Generation sind auch die eher wirtschaftlich orientierten City- und Stadtmarketingprozesse, Stadtleitbildprozesse, das kommunale Öko-Audit oder auch die Verwaltungsreform zu zählen. Dabei überschneiden sich sowohl Schwerpunkte als auch Organisationsmodelle, worin die Chance einer Verknüpfung der Prozesse liegen kann (vgl. HMULF 2000, 40). So kann die Lokale Agenda in Deutschland als eine logische Fortführung der Beteiligungsformen, die sich von Information über Dialog zur Kooperation entwickelt haben (vgl. Kap. 2.2), gesehen werden, und nicht als eine in Rio 1992 am grünen Tisch entwickelte Partizipationsform, wie dies vielleicht für Staaten mit anderer politisch-demokratischer Tradition der Fall ist.

Im Main-Taunus-Kreis ist die LA 21 in einigen Kommunen zu einer festen Größe geworden und wird bei Planungen beteiligt, auch wenn dies in einigen Fällen zu Konflikten führt. Allerdings wird sich erst in einigen Jahren herausstellen, welche Auswirkungen die LA 21 wirklich hat und ob es sich um eine langfristige Kooperationsform handelt.

Die LA 21 ist sowohl mit Chancen als auch Risiken verbunden. Diese wurden in Kapitel 3 dargestellt und anschließend anhand der Betrachtung von 10 verschiedenen Prozessen im Main-Taunus-Kreis überprüft (Kap. 4).

Dabei hat sich herausgestellt, dass auf der thematischen Ebene sowohl die nachhaltige Entwicklung als auch die dazu notwendige Bewusstseinsschärfung für die Themen der Agenda 21 von den Befragten als Chance wahrgenommen werden. Ein Schwerpunkt wurde von den Befragten auch auf die strukturellen Chancen gelegt. Man erhofft sich durch die LA 21 eine stärkere Transparenz der Politik, eine Öffnung zur Bürgerschaft sowie eine intensivere Kommunikation zwischen Politik und Bürgerschaft. Dies könnte zu einem besseren gegenseitigen Verständnis und schließlich zur Kooperation führen. Durch die neuartige Kooperationsform LA 21 könnten Politikverdrossenheit und Vorurteile abgebaut werden. Langfristig könnte diese Form der Bürgerbeteiligung zu einer Festigung und Modernisierung der Demokratie führen, wobei allerdings eindeutige Kompetenzen verteilt werden müssten. GEHRLEIN und STÄRK (2000, 149) haben bei der Untersuchung der LA 21 in Riedstadt vier Integrationsprozesse unterschieden, die als Ergebnis eines erfolgreichen LA 21-Prozesses in Riedstadt entstanden sind. Diese Prozesse bezeichnen gut die vorgestellten Chancen. Es handelte sich um

- **einen strukturellen Integrationsprozess**, in dem BürgerInnen als ihr Lebensumfeld gestaltende Akteure und die Politik bzw. Verwaltung als Träger hoheitlicher Belange im Agenda-Prozess zusammentreffen,

- **einen prozeduralen Integrationsprozess**, in dem Agenda-Arbeitsgruppen und politische Ausschüsse ihre Arbeitsweise einander annähern und dabei sowohl das Eigene bewahren als auch die jeweils andere Ausprägung respektieren.

- **einen inhaltlichen Integrationsprozess**, in dem ökologische, ökonomische und soziale kommunale Aufgaben und Ziele zusammengeführt werden und

- **einen methodischen Integrationsprozess**, in dem ein Reflexions- und ein Gestaltungsdiskurs miteinander verknüpft werden.

Als Risiken der LA 21 sahen sowohl die Politik als auch die Bürgerschaft in den untersuchten Gemeinden des Main-Taunus-Kreises die Gefahr, dass durch einen zähen Prozess engagierte BürgerInnen demotiviert werden könnten. Beide Gruppen befürchten zudem, dass die Umsetzung der Vorschläge aus finanziellen Gründen scheitern könnte, obwohl die Finanzen als Hemmnis des Prozesses nur eine geringe Rolle in der Befragung spielten. Die Vorbehalte, die der LA 21 gegenüber oft vorgebracht werden - dass sie dem gewählten Parlament Kompetenzen entziehen würde und dass ein Nebenparlament entstehen könnte - wurden durch die Befragten nicht bestätigt. Weder die Politik noch die Bürgerschaft betrachtete dies in den untersuchten Kommunen als Risiko. Andererseits befürchten aber gerade die BürgerInnen, dass auch strukturelle Veränderungen, wie eine langfristig stärkere Beteiligung der BürgerInnen, ausbleiben könnten.

Die Rahmenbedingungen, also die Erfolgsfaktoren und Hemmnisse, sind maßgeblich für Erfolg oder Misserfolg eines LA 21-Prozesses verantwortlich. Die Untersuchung hat die Grundannahme, dass die Politik eine entscheidende Rolle spielt, bestätigt. Die Befragung der PolitikerInnen hat ergeben, dass diese die Rolle der Politik vor allem darin sehen, die Meinungen ernst zu nehmen, zu vermitteln, zu unterstützen und die Vorschläge umzusetzen. Mit dem Ist-Zustand der Rolle der Politik in der LA 21 hingegen sind die PolitikerInnen eher unzufrieden, da ihre bisherige Rolle sehr zurückhaltend ist oder sie den Eindruck haben, im LA 21-Prozess gar keine Rolle zu spielen. Dieses Missverhältnis ist ein Anlass, sich verstärkt Gedanken über die Rolle der Politik im LA 21-Prozess zu machen, und die Aufgaben der Politik (deutlicher) zu definieren. Eine klarere Kompetenzverteilung könnte sowohl Vorbehalten in der Politik als auch in der Bürgerschaft entgegenwirken.

Als weitere Erfolgsfaktoren sind das Engagement der Verwaltung und der Bürgerschaft zu sehen, eine ausreichende finanzielle Ausstattung sowie die Präsenz der LA 21 in den Medien. Klare Strukturen und eine eindeutige Kompetenzverteilung sorgen dafür, das Befürchtungen der Politik vor einem Machtverlust ausgeräumt werden und sich alle beteiligten Gruppen ihrer Rolle bewusst sind.

Im Main-Taunus-Kreis hat sich das Verwaltungsmodell als Prozesstyp bewährt, auch wenn nicht bewusst ein bestimmter Typ ausgewählt wurde. Der Vorteil dieses Modells besteht in der zusammenführenden und koordinierenden Funktion der Verwaltung, was eine gewisse Stabilität des Prozesses garantiert. Grundsätzlich ist kein spezieller Prozesstyp zu empfehlen, da jede Kommune andere Voraussetzungen mitbringt.

5.2   Ausblick und Empfehlungen

Vor dem Hintergrund des Fazits sollen an dieser Stelle Empfehlungen für einen LA 21-Prozess gegeben werden, der die Chancen des Prozesses nutzt und das Eintreten der Risiken zu verhindern versucht. Um sich für oder gegen einen Prozess zu entscheiden und die Bedingungen zu klären, sind mehrere Schritte notwendig. Dabei verwende ich den Begriff *Rahmenbedingungen* nicht mehr für alle Faktoren, die einen Prozess beeinflussen, sondern unterscheide zwischen den *Grundbedingungen*, die unbedingt erfüllt sein müssen, wenn ein LA 21-Prozess begonnen wird und den *Rahmenbedingungen*, die den Prozess flankieren und begleiten, also den Rahmen bilden. Während über die Grundbedingungen nicht verhandelt werden kann, ist die Ausgestaltung der Rahmenbedingungen variabel. Wichtig ist allein die Festlegung auf eine bestimme Vorgehensweise.

1. Vor Beginn eines LA 21-Prozesses sollten sich Politik und Verwaltung über die **Grundbedingungen eines kooperativen Prozesses** im Klaren sein (vgl. auch Kap. 2.3 u. 3.3.4). Als wesentliche Grundbedingungen ist Folgendes zu beachten:

- Die LA 21 ist ein **offener Prozess**, sowohl ergebnisoffen als auch offen für alle Akteure, sonst kann es keine echte Kooperation geben.

- Der **Wille** von Politik und Verwaltung, diesen Prozess zu unterstützen, ist unbedingt erforderlich.

- Die Politik trägt mit dem Aufstellungsbeschluss eine **Verantwortung** den BürgerInnen gegenüber: sie „verspricht" damit, die Interessen der Bürgerschaft ernst zu nehmen. Die Politik muss bereit sein, diese Verantwortung zu tragen und entsprechend zu handeln.

2. Anschließend muss überlegt werden, ob diese **Grundbedingungen erfüllt werden können und wollen**.

Werden diese Voraussetzungen nicht erfüllt, wird sich der Prozess sehr schwierig gestalten. Die PolitikerInnen müssen sich überlegen, ob eine Kooperation mit allen Akteuren gewünscht ist, und welche Folgen ein Scheitern haben könnten. Fehlt der Wille, ist es besser, auf eine LA 21 zu verzichten, um nicht unnötig Ressourcen, vor allem die der engagierten BürgerInnen, zu verschwenden.

Die Empfehlung, auf ein partizipatives Verfahren zu verzichten, geben LINDNER et al. (vgl. LINDNER et al. 1992, 21) generell Verwaltungen, die nicht bereit sind, sich auf ein offenes und iteratives Planungsverfahren einzulassen. Sie sollten unter solchen Umständen auf die Teilnahme der Bevölkerung verzichten.

3. Sind die Voraussetzungen erfüllt und besteht der Wunsch, einen LA 21-Prozess zu beginnen, ist es unabdingbar, **verschiedene Rahmenbedingungen zu klären**. Erst dadurch kann gewährleistet werden, dass durch den Prozess die Chancen der LA 21 genutzt werden können. Für bereits bestehende Prozesse können immerhin noch Kurskorrekturen erfolgen, die allerdings wesentlich schwerer durchzuführen sind als eine Klärung der Rahmenbedingungen zu Beginn.

Folgende Fragen sind zu beantworten:
Welche Rolle spielen Politik, Verwaltung und Bürgerschaft und wer bekommt welche Kompetenzen?

Die LA 21 ersetzt nicht das Kommunalparlament und bietet auch keine Alternative dazu, sondern eine Ergänzung. Diese Einschätzung teilten auch fast alle Befragten. Da dennoch Vorbehalte bestehen, ist es wichtig, zu Beginn des Prozesses Kompetenzen zu klären, d. h. festzulegen, in welcher Form die LA 21 an Entscheidungen beteiligt werden kann. Der LA 21 können bestimmte Rechte wie z. B. ein Rederecht der Mitglieder der LA 21 in den Ausschüssen eingeräumt werden.

Jede Gruppe muss sich zu Beginn des Prozesses ihrer Rolle bewusst sein und diese akzeptieren. Die Befragung hat gezeigt, dass gerade die Politik mit ihrer Rolle nicht zufrieden ist, was im Lauf des Prozesses zu einem Hemmnis führen kann.

Wie wird der Prozess organisiert – personell und materiell?

Eine Festlegung auf eine Organisationsform oder ein Organisationsmodell zu Beginn ist sinnvoll, da dies die Prozessstruktur für alle Beteiligten überschaubarer macht. Die Unterstützung durch die Verwaltung hat sich bewährt, da diese die Verbindung zwischen Politik und Bürgerschaft darstellt, über notwendige Informationen und die benötigte Infrastruktur verfügt. Die Ansiedlung der Organisation der LA 21 in der Verwaltung gewährleistet eher eine Garantie für eine Kontinuität als eine lose Struktur. Sind die Finanzen für ein von der Verwaltung unabhängiges Agenda-Büro vorhanden, ist auch dies eine Möglichkeit, den Prozess zu koordinieren. Bei jeder Form der Organisation ist es notwendig, dass die Organisatoren ausreichend Zeit für die LA 21 zur Verfügung haben – im günstigsten Fall ist eine Person hauptamtlich für die LA 21 zuständig. Die Erfahrungen des Eschborner Prozesses zeigen, dass trotz eines hohen Engagements der Aktiven eine umfassende Organisation und Koordination des Prozesses kaum ehrenamtlich geleistet werden können.

Wie werden Prozess und Umsetzung finanziert?

Den positiven Einfluss des Förderprogramms des Landes Hessen auf die Agenda-Prozesse zeigen die Einschätzungen der Prozesse. In den Kommunen, in denen Fördermittel zur Verfügung standen, sind die Beteiligten überdurchschnittlich zufrieden mit dem Prozess. Es ist zu vermuten, dass dies sowohl an der strukturierten Prozessplanung liegt, die zu einer Antragstellung nötig ist, als auch an der externen professionellen Unterstützung durch ModeratorInnen. Einige Kommunen haben auf die Beantragung von Fördermitteln verzichtet und den Prozess selbst finanziert. Obwohl die Finanzierung von den Befragten eine weniger wichtige Bedeutung zugesprochen bekam, muss beachtet werden, dass eine Person, die sich hauptamtlich oder mit einem bestimmten Anteil ihrer Arbeitszeit um die LA 21 kümmert, notwendig ist. Diese Person kostet Geld, auch wenn sie in der Verwaltung tätig ist und die Agenda „nebenbei" betreut.

Augenfälliger wird die Bedeutung der Finanzen bei der Umsetzung von Projekten. Viele der Beteiligten, sowohl Bürgerschaft als auch Politik fürchten, dass Vorschläge an der Finanzierung scheitern könnten. Gegenbeispiele zeigen allerdings auch, dass unter Beteiligung der Betroffenen Projekte ohne großen finanziellen Aufwand durchgeführt werden können.

Wie kann die Umsetzung gewährleistet werden?

Wichtig ist es, zu Beginn zu klären, welche Relevanz die *Lokale Agenda 21* haben wird und wie eine Umsetzung aussehen kann. Eine kontinuierliche Kommunikation (über Vorstellungen im Kommunalparlament oder Beteiligung an Bürgerversammlungen) kann auf beiden Seiten zu einer realistischen Sicht beitragen und Vorurteile der Politik („das sind sowieso nur utopische Vorschläge, die unbezahlbar sind") und der Bürgerschaft („unsere Vorschläge sind das non plus ultra, aber die Politik kümmert sich ja nicht darum") beseitigen. Die Politik selbst muss Wert darauf legen, dass die Vorschläge umgesetzt werden können, und damit gezeigt werden kann, dass eine Beteiligung und Kooperation erwünscht ist und die Meinungen der Bürgerschaft ernst genommen werden. Eine Möglichkeit dieser Kooperation könnte im Rahmen der Verabschiedung der *Lokalen Agenda 21* ein gemeinsames Beraten von Politik,

Bürgerschaft und Verwaltung über die Umsetzung sein. Zu jeder Maßnahme sollte Stellung genommen werden, wie die Umsetzungsmöglichkeiten aussehen. Könnte dies in der *Lokalen Agenda 21* zusätzlich verankert werden, könnte der Erfolg eindeutig gemessen werden. Hier könnte die LA 21 m. E. von Stadtmarketing-Prozessen etwas Professionalität lernen, wie z. B. frühzeitig Projekte auf Verantwortlichkeiten und Ressourcenbedarf geprüft werden können.

Wie kann die Lokale Agenda 21 langfristig institutionalisiert bzw. weitergeführt werden?

Die LA 21 ist nicht als eine ein- oder zweijährige Angelegenheit zu betrachten, die nach dem Beschluss der *Lokalen Agenda 21* abgeschlossen wäre, sondern als ein dauerhafter Lern- und Dialogprozess. Eine Möglichkeit, die LA 21 zu institutionalisieren besteht darin, die LA 21 als Beirat, wie bspw. den Ausländerbeirat nach §88 HGO, einzurichten. Damit könnten die Mitglieder der LA 21 die Organe der Gemeinde beraten, sie würde über den Gemeindevorstand über sie betreffende Angelegenheiten informiert. Sie hätte ein Vorschlagsrecht und ein Rederecht in den Sitzungen der Ausschüsse der Gemeindevertretung und ein fakultatives Rederecht in Sitzungen von Gemeindevertretung und Gemeindevorstand. Außerdem würde die LA 21 die zur Erledigung ihrer Aufgaben erforderlichen Mittel erhalten. Zu den Aufgaben der LA 21 würde die Kontrolle der Umsetzung der *Lokalen Agenda 21* zählen, sowie die Prüfung aller Anträge auf die Stimmigkeit mit den festgelegten Leitbildern und Zielen der *Lokalen Agenda 21*.

Die Antworten auf diese Fragen werden von Kommune zu Kommune variieren, und es können keine allgemeingültigen Empfehlungen gegeben werden. Während sich in einigen Kommunen eine bestimmte Organisationsform bewährt hat, kann diese für andere Kommunen kontraproduktiv sein. Einige allgemeine Erfolgsbedingungen sind in Abbildung 1 dargestellt.

Als entscheidend sehe ich den regelmäßigen Austausch zwischen den beteiligten Gruppen an. Dieser Austausch kann durch die Präsentation von Zwischenergebnissen im Kommunalparlament und auch durch die Teilnahme der PolitikerInnen an Bürgerversammlungen stattfinden. Die Teilnahme der PolitikerInnen an den Arbeitskreisen halte ich für problematisch, da dadurch die Agenda mit einer bestimmten Partei identifiziert werden kann (wie in Eschborn geschehen) oder da durch die Erfahrung der PolitikerInnen mit bestimmten Themen/Fragen Vorschläge zu Beginn als nicht umsetzbar verworfen werden. Durch eine Lenkungsgruppe wird ebenfalls die Verbindung zwischen Politik, Verwaltung und agenda-engagierten BürgerInnen hergestellt.

Viele LA 21-Prozesse sind im Moment in der Phase, in der die *Lokale Agenda 21* von der Politik verabschiedet werden soll. Viele der engagierten BürgerInnen können über die Umsetzungen nur spekulieren, da in vielen Fällen der Kontakt zwischen Politik und Bürgerschaft ungenügend war oder ist. Um diesem Problem vorzubeugen, ist es für alle Seiten wichtig, sich über Chancen, Risiken, Grundbedingungen und

Rahmenbedingungen im Klaren zu sein, um Ressourcenverschwendung sowohl in finanzieller, vor allem aber auch in personeller Hinsicht zu vermeiden.

Vielleicht kann diese Arbeit dazu eine Hilfe sein.

6. Quellenverzeichnis

6.1 Literaturverzeichnis

APEL, H./GÜNTHER, B. 1998: Mediation und Zukunftswerkstatt: Prozeßwerkzeuge für die Lokale Agenda. Frankfurt am Main.

ATTESLANDER, P. 1995: Methoden der empirischen Sozialforschung. Berlin.

ARL (Akademie für Raumforschung und Landesplanung) (Hg.) 1995: Handwörterbuch der Raumordnung. Hannover.

BIRZER, M./FEINDT, P.-H./SPINDLER, E. 1997: Nachhaltige Stadtentwicklung. Konzepte und Projekte. Bonn.

BISCHOF, A./SELLE, K./SINNING, H. 1996: Informieren, Beteiligen, Kooperieren. Kommunikation in Planungsprozessen. Dortmund.

BOGUMIL 2001: Neue Formen der Bürgerbeteiligung an kommunalen Entscheidungsprozessen – Kooperative Demokratie auf dem Vormarsch? Vortrag auf der Fachkonferenz „Stadt und Bürger" des Deutschen Städtetages am 01.03.2001 in Kassel.

BOSCH, K. 1996: Großes Lehrbuch der Statistik. München, Wien.

BRAND, K.–W. 1997: Probleme und Potentiale einer Neubestimmung des Projektes der Moderne unter dem Leitbild „nachhaltige Entwicklung". - In: BRAND, K.-W. (Hg.) 1997: Nachhaltige Entwicklung. Eine Herausforderung an die Soziologie. S. 9-32. Opladen.

BUND/MISEREOR (Hg.) 1996: Zukunftsfähiges Deutschland. Ein Beitrag zu einer global nachhaltigen Entwicklung. Basel.

BMU/UBA (Bundesumweltministerium/Umweltbundesamt) (Hg.) 1999: Lokale Agenda im europäischen Vergleich. Bonn, Berlin.

BMU/UBA (Bundesumweltministerium/Umweltbundesamt) (Hg.) 1998: Handbuch Lokale Agenda 21. Wege zu einer nachhaltigen Entwicklung in den Kommunen. Berlin.

BMU (Bundesumweltministerium) (Hg.) 1997: Umweltpolitik. Agenda 21. Konferenz der Vereinten Nationen für Umwelt und Entwicklung im Juni 1992 in Rio de Janeiro. Dokumente.

CHARTA VON AALBORG 1994: Charta der Europäischen Städte und Gemeinden auf dem Weg zur Zukunftsbeständigkeit (Charta von Aalborg), am 27. Mai 1994 verabschiedet von den Teilnehmern der Europäischen Konferenz über zukunftsbeständige Städte und Gemeinden in Aalborg. Dänemark.

DE HAAN, G./KUCKARTZ, U./RHEINGANS, A. 1996: Lokale Agenda 21: Der Stand der Dinge November 1996. = Forschungsgruppe Umweltbildung FU Berlin. Berlin.

DEUTSCHER BUNDESTAG UND BUNDESRAT 1993: Drucksache 12/6263.

DEUTSCHER BUNDESTAG UND BUNDESRAT 1994: Drucksache 12/8064.

EBLINGHAUS, H./STICKLER, A. 1996: Nachhaltigkeit und Macht. Zur Kritik von Sustainable Development. Frankfurt am Main.

FEINDT, P. H. 1997: Nachhaltigkeit, Urbanität, Identität und Partizipation. - In: BIRZER, M./FEINDT, P.-H./SPINDLER, E. 1997: Nachhaltige Stadtentwicklung. Konzepte und Projekte. S. 38-47. Bonn.

FEINDT, P./TSCHEULIN, J. 1999: Lokale Agenda als Deutungs- und Prozessinnovation. - In: IFOK (Institut für Organisationskommunikation/ZKE Zentrum für kommunale Entwicklungszusammenarbeit) (Hg.) 1999: Was heißt hier Agenda? Analysen – Erfahrungen – Beispiele. S. 247-257. Dettelbach.

GEHRLEIN, U./STÄRK, G. 2000: Lernprozesse, Netzwerke und Interaktionsregeln. Erfolgs-faktoren der Lokalen Agenda 21 in Riedstadt. - In: HEINELT, H./MÜHLICH, E. (Hg.) 2000: Lokale „Agenda 21" Prozesse. Erklärungsansätze, Konzepte. Ergebnisse. = Fried-richs et al. 2000: Städte und Regionen in Europa. Bd. 7., S. 141-159. Opladen.

GÖRG, Ch. 1996: Sustainable Development – Blaupause für einen ökologischen Kapitalismus? - In: BRENTEL, H. et al. 1996: Gegensätze. Elemente kritischer Theorie. S. 178-193. Frankfurt am Main.

GREWE, Ch. 1996: Agenda 21 auf lokaler Ebene. - In: GERMANWATCH Regionalgruppe Hamburg (Hg.) 1996: Lokal handeln – global denken. Zukunftsfähige City? Hamburg und die Agenda 21. = Nord-Süd Watchbericht Hamburg 1996. S. 24-41. Hamburg.

HAUFF, V. 1987: Unsere gemeinsame Zukunft. Der Brundtland-Bericht der Weltkommission für Umwelt und Entwicklung. Greven.

HÄUSLER, R. et al. 1998: Lokale Agenda 21. Zukunft braucht Beteiligung. Wie man Agenda-Prozesse initiiert, organisiert und moderiert. Bonn.

HEINE, G. 1989: Umweltbezogenes Recht im Mittelalter. - In: HERRMANN, B.: Umwelt in der Geschichte. S. 111-125. Göttingen.

HERMANN, W. et al. 2000: Lokale Agenda 21 – Anstöße zur Zukunftsfähigkeit: Handreichung für eine reflektierte Handlungspraxis. Stuttgart.

HERMANNS, K. 0.J.: Lokale Agenda 21. = Konrad-Adenauer-Stiftung: Materialien für die Arbeit vor Ort, Nr. 6., St. Augustin.

HERMANNS, K. 2000: Die Lokale Agenda 21. Herausforderungen für die Kommunalpolitik. - In: Aus Politik und Zeitgeschichte. Beilage zur Wochenzeitung „Das Parlament". B 10-11/2000. S. 3-12.

HILLIGES 1997: Erweiterte Aspekte des Lokalen Agenda 21 Prozesses. - In: FABIAN, J/WITECKA, Th.: Lokale Agenda 21. Workshop der Carl Duisberg Gesellschaft e. V. Landesstelle Baden-Württemberg am 14./15. Oktober 1997. S. 32-35. Stuttgart.

HMULF (HESSISCHES MINISTERIUM FÜR UMWELT, LANDWIRTSCHAFT UND FORS-TEN) (Hg.) 2000: Lokale Agenda 21 in Hessen. Eine Zwischenbilanz des Förderpro-gramms. Eschborn.

ICLEI (INTERNATIONAL COUNCIL FOR LOCAL ENVIRONMENTAL INITIATIVES) (Hg.) 1998: Lokale Agenda 21 - Deutschland. Kommunale Strategien für eine zukunftsbe-ständige Entwicklung. Berlin, Heidelberg.

IFOK (INSTITUT FÜR ORGANISATIONSKOMMUNIKATION)/ZKE (ZENTRUM FÜR KOMMUNALE ENTWICKLUNGSZUSAMMENARBEIT (Hg.) 1999: Was heißt hier A-genda? Analysen – Erfahrungen – Beispiele. Dettelbach.

JÜDES, U. 1997: Nachhaltige Sprachverwirrung. Auf der Suche nach einer Theorie des Sustainable Development. - In: Politische Ökologie, Heft 52/1997, S. 26-29.

KNEMEYER 1995: Bürgerbeteiligung und Kommunalpolitik. Eine Einführung in die Mitwir-kungsrechte von Bürgern auf kommunaler Ebene. München.

KUHN, S. et al. 1996: „Generation 21" der Stadtentwicklungsplanung: Zukunftsbeständige Stadtentwicklung durch Lokale Agenda? Zum Stand der Diskussion in Deutschland. - In: Raumforschung und Raumordnung, H. 2/3. 1996. S. 118-128.

LINDNER, W. et al. 1992: Mitwirkungsverfahren und -modelle. Vorschläge für eine Mitwir-kungspolitik des Bundes nach Art. 4 RPG. Bundesamt für Raumplanung. Bern.

LINDNER, W./VATTER, A. 1996: Kriterien zur Evaluation von Partizipationsverfahren. - In: SELLE, K. (Hg.): Planung und Kommunikation. Gestaltung von Planungsprozessen in Quartier, Stadt und Landschaft. Grundlagen, Methoden, Praxiserfahrungen. S. 181-188. Wiesbaden, Berlin.

LISSABONER AKTIONSPLAN 1996: Der Lissaboner Aktionsplan. Von der Charta zum Handeln. Beschlossen von der Zweiten Europäischen Konferenz zukunftsbeständiger Städte und Gemeinden, Lissabon 8. Oktober 1996.

MÜLLER-CHRIST 1998: Die Gestaltung eines beteiligungsorientierten Agendaprozesses. - In: MÜLLER-CHRIST (Hg.): Nachhaltigkeit durch Partizipation: Bürgerbeteiligung im Agendaprozeß. S. 141-200. Sternenfels, Berlin.

PROSIK, D. 1998: Lokale-Agenda-21-Prozess in Deutschland. Eine vergleichende Analyse von Erfolgsbedingungen zur Umsetzung nachhaltiger Entwicklung auf kommunaler Ebene. Marburg.

RÖSLER, C. (Hg.) 1999: Lokale Agenda auf Erfolgskurs. Dokumentation des 4. Erfahrungsaustauschs beim Deutschen Institut für Urbanistik am 10. und 11. Juni 1999 in Berlin. Berlin.

ROTH, R. 1997: Die Kommune als Ort der Bürgerbeteiligung. - In: KLEIN/SCHMALS-BRUNS (Hg.): Politische Beteiligung und Bürgerengagement in Deutschland. = Schriftenreihe der Bundeszentrale für politische Bildung, Band 347, S. 404-447. Baden-Baden.

SCHÄFFLER, H. 1996: Verfahrensfrage. Wer legt eigentlich fest, was Nachhaltige Entwicklung ist und wer steuert sie? - In: Politische Ökologie 46, Mai/Juni 1996, S. 21-23.

SCHELLER, J. P./WOLF, K. (Hg.) 2000: Lokale Agenda 21 in Frankfurt am Main. Ein Evaluationsbericht. = Materialien des Instituts für Kulturgeographie, Stadt- und Regionalforschung der J. W. Goethe-Universität Frankfurt am Main, Nr. 28. Frankfurt am Main.

SCHMIDT, Th. 1998: Mittelalterliche Idee als Zukunftsperspektive? Zur Geschichte des Nachhaltigkeitskonzeptes. - In: Ö-Punkte Frühjahr 1998, S. 12-15.

SELLE, K. 1999: Nachhaltige Kommunikation. Stadtentwicklung als Verständigungsarbeit. Entwicklungslinien, Stärken – Schwächen und Folgerungen. - In: BÜRGERBÜRO HANNOVER (Hg.): bbs: bürgerorientierung. S. 4-26. Hannover.

SELLE, K. 1996a: Von der Bürgerbeteiligung zur Kooperation und zurück. Vermittlungsarbeit bei Aufgaben der Quartiers- und Stadtentwicklung. In SELLE, K. (Hg.): Planung und Kommunikation. Gestaltung von Planungsprozessen in Quartier, Stadt und Landschaft. Grundlagen, Methoden, Praxiserfahrungen. S. 61-78. Wiesbaden, Berlin.

SELLE, K. 1996b: Klärungsbedarf. Sechs Fragen zur Kommunikation in Planungsprozessen – insbesondere zur Beteiligung von BürgerInnen und Bürgern. - In: SELLE, K. (Hg.): Planung und Kommunikation. Gestaltung von Planungsprozessen in Quartier, Stadt und Landschaft. Grundlagen, Methoden, Praxiserfahrungen. S. 161-180. Wiesbaden, Berlin.

SERWE, H.-J. 1997: Nachhaltige Entwicklung in den Kommunen. Zum Stand der Umsetzung einer lokalen Agenda 21 in der Bundesrepublik. - In: Kommune – Forum für Politik, Ökonomie und Kultur, 15. Jg., H. 1/1997, S. 18-21.

SPITZER, H. 1997: Fünf Ebenen der Nachhaltigkeit. - In: BIRZER/FEINDT/SPINDLER (Hg.) 1997: Nachhaltige Stadtentwicklung. Konzepte und Projekte. S. 60-70. Bonn.

STARK, S. 1999: Implementation der Lokalen Agenda 21 in Verwaltungshandeln am Beispiel Energie: eine qualitative Studie zur Umsetzung der Lokalen Agenda 21 an vier städtischen Fallbeispielen. Wuppertal.

STARK, S. 1997: Lokale Agenda 21. Hemmnisse – Risiken – Chancen. Handlungsspielräume und -empfehlungen unter besonderer Berücksichtigung der Rolle der Kommunalverwaltung. = Wuppertal Papers Nr. 73, Mai 1997. Wuppertal.

STATISTISCHES BUNDESAMT (Hg.) 1996: Statistisches Jahrbuch für die Bundesrepublik Deutschland 1996. Wiesbaden.

STATISTISCHES BUNDESAMT (Hg.) 2000: Statistisches Jahrbuch für die Bundesrepublik Deutschland 2000. Wiesbaden.

STATISTISCHES LANDESAMT WIESBADEN (Hg.) 1996: Hessische Gemeindestatistik. Wiesbaden.

STATISTISCHES LANDESAMT WIESBADEN (Hg.) 2000: Hessische Gemeindestatistik. Wiesbaden.

STIPPROWEIT, A. 2000: Weltbilder im Zukunftsstreit. Zur Rolle von Umweltphilosophien in der Agenda-21-Kommunikation. - In: Politische Ökologie Nr. 63/64, S. 30-32.

STRUBELT, W. 1995: Partizipation. - In: ARL (Akademie für Raumforschung und Landesplanung) (Hg.): Handwörterbuch der Raumordnung. S. 699-703. Hannover.

UBA (Umweltbundesamt) (Hg.) 2000: Bürgerbeteiligung in Lokale Agenda 21-Initiativen. Analysen zu Kommunikations- und Organisationsformen. Opladen.

UBA (Umweltbundesamt) (Hg.) 1998: Handbuch Lokale Agenda 21. Wege zur nachhaltigen Entwicklung in den Kommunen. Bonn.

UBA (Umweltbundesamt) (Hg.) 1997: Nachhaltiges Deutschland. Wege zu einer dauerhaften umweltgerechten Entwicklung. Berlin.

UNIVERSITÄTSSTADT GIESSEN (Hg) 1998: Lokale Agenda 21 in Gießen. Vor dem ersten Schritt – ein Situationsbericht. Gießen.

VOSS, G. 1997: Das Leitbild der nachhaltigen Entwicklung – Darstellung und Kritik. = Institut der deutschen Wirtschaft: Beiträge zur Gesellschafts- und Bildungspolitik. Bd. 237. Köln.

WEHLING, H.-G. 2000: Wieviel Bürgerbeteiligung im Parteienstaat? = Konrad-Adenauer-Stiftung (Hg.): Zukunftsforum Politik, Nr. 2. St. Augustin.

WEIDNER, H. 1997: Argumente für eine „Lokale Agenda 21". = Hanns-Seidel-Stiftung (Hg.) 1997. = Politische Studien 356, Schwerpunktthema „Agenda 21". München.

WEIZSÄCKER, E. -U. von 1996: Vorwort: Lokale Agenda 21 in Hamburg. - In: GERMANWATCH Regionalgruppe Hamburg (Hg.): Lokal handeln – global denken. Zukunftsfähige City? Hamburg und die Agenda 21. = Nord-Süd Watchbericht Hamburg 1996. S. 7-15. Hamburg.

ZIMMERMANN, M. 1997: Lokale Agenda 21. Ein kommunaler Aktionsplan für die zukunftsbeständige Entwicklung der Kommune im 21. Jahrhundert. - In: Beilage zur Wochenzeitung Das Parlament B27/9, S. 25-38.

ZSCHIESCHE, M. 2000: Bürger bewegen! Einführung in Methoden und Formen der Bürgerbeteiligung in der Lokalen Agenda. Berlin.

6.2   Unveröffentlichtes Material

STADT HOFHEIM AM TAUNUS 1999: Lokale Agenda 21. Hofheim 2010. Zukunftskonferenz der Kreisstadt Hofheim am Taunus vom 11. bis 13. März 1999. Hofheim am Taunus.

AGENDA-BÜRO EPPSTEIN / ECOPOL 2000: Zwischenbericht zum Lokalen Agenda 21-Prozess in der Stadt Eppstein. Stand: Februar 2000. Eppstein.

6.3   Veröffentlichungen im Internet

http://www.agenda-transfer.de/german/index4de.htm (12.07.2001)

http://www.bad-soden.de (03.05.2001)

http://www.eppstein.de (03.05.2001)

http://www.eschborn.de (14.05.2001)

http://www.floersheim-main.de (14.05.2001)

http://www.hattersheim.de (14.05.2001)

http://www.hofheim.de (03.05.2001)

http://www.kelkheim.de (14.05.2001)

http://www.kriftel.de (03.05.2001)

http://www.liederbach-taunus.de (03.05.2001)

http://www.mtk.org (24.04.2001)

http://www.schwalbach.de (14.05.2001)

http://www.schwalbacher-zeitung.de (20.03.2001)

http://www.sulzbach-taunus.de (18.04.2001)

6.4   Tageszeitungen

Frankfurter Rundschau vom 23.11.2000: Bürger wollen mit ins Boot. Hofheimer Agenda-Gruppe fordert frühzeitige Beteiligung an wichtigen Entscheidungen.

Frankfurter Rundschau vom 16.10.2000: Erfolg für „Experten des Alltags". Lokale Agenda in Sulzbach feiert den Beschluss des Leitbildes.

Frankfurter Rundschau vom 14.04.2000: Wenn dem Landwirt klar wird, was der BUND will und umgekehrt. Die Hattersheimer Agenda-Foren ziehen eine positive Bilanz / Prioritätenliste wird in das Parlament eingebracht.

Frankfurter Rundschau vom 26.02.2000: Grenzerfahrungen beim Gestalten der Sulzacher Zukunft. Aktive der Agenda 21 kümmern sich um Wohnformen für alle Generationen, den Wald und den Personennahverkehr.

Frankfurter Rundschau vom 10.02.2000: Bürger dürfen mitreden, die Entscheidungen aber treffen Politiker. Diskussion über Chancen und Grenzen der Lokalen Agenda 21 / Bürger kritisieren Informationspolitik der Kommunen.

6.5   Gespräche mit Agenda-Beauftragten

Bad Soden	Bücking, Ulrich (Marketing-Moderation) am 22.05.2000
Eppstein	Reyes, Dr. José (Agenda-Beauftragter, Öko-Audit) am 27.04.2000 und 03.05.2000
Eschborn	Reckhardt, Michael (Agenda-Verein) am 15.05.2000
Flörsheim	Teuwsen, Wilfried (Ordnungsamtsleiter) am 14.06.2000
Hattersheim	Kaufmann, Ulrich (Umweltamt) am 09.05.2000
Hochheim	Korinth, Helga (Bauamt) am 09.05.2000
Hofheim	Disser, Ulrich (Umweltamt) am 16.05.2000
Kelkheim	Michel, Christine (Parlamentarisches Büro für Sonderaufgaben) am 18.05.2000
Kriftel	Schmidt, Wolfgang (Hochbauamt) am 18.05.2000
Schwalbach	Faeser, Horst (Bürgermeister) am 15.05.2000
Sulzbach	Scheuering, Holger (Ordnungsamtsleiter) am 10.05.2000

6.6   Gespräche mit PolitikerInnen

Bad Soden   Bender, Kurt E. (Bürgermeister) am 11.07.2000

Mies, Hans-Georg (StVvo) am 26.07.2000

Eschborn   Herkströter, Martin (Bürgermeister) am 11.07.2000

Hattersheim   Schnick, Karin (1. Stadträtin) am 20.07.2000

Hochheim   Haus, Bert (1. Stadtrat) am 02.08.2000

Hofheim   Winkler, Wolfgang (1. Stadtrat) am 22.08.2000

Pohl, Helga (StVvo) am 22.08.2000

Kelkheim   Horn, Thomas (Bürgermeister) am 18.05.2000

Fischer, Dr. Klaus (StVvo) am 05.07.2000

Kriftel   Dünte, Paul (Bürgermeister) am 16.06.2000

Schwalbach   Faeser, Horst (Bürgermeister) am 15.05.2000

6.7   Gespräche mit BürgerInnen (auf Wunsch der BürgerInnen)

Hofheim   Schmidt, Erika; Pilz, Berthold am 06.07.2000

Hellwig, Ingo am 22.08.2000

7. Anhang

Abbildungen

Abb. 6: Beschlussfassung und Aktivitäten

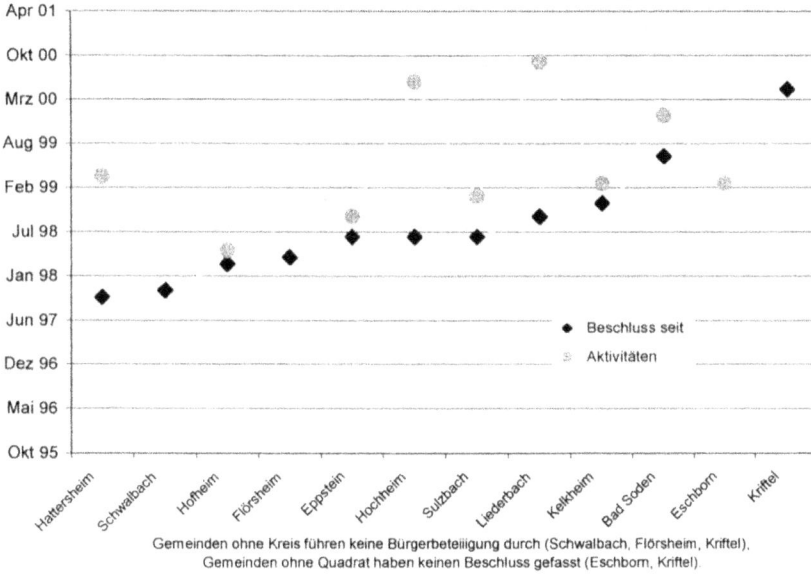

Gemeinden ohne Kreis führen keine Bürgerbeteiligung durch (Schwalbach, Flörsheim, Kriftel),
Gemeinden ohne Quadrat haben keinen Beschluss gefasst (Eschborn, Kriftel).

Abb. 7: Vorhandene Daten nach Kommunen und Befragtengruppen

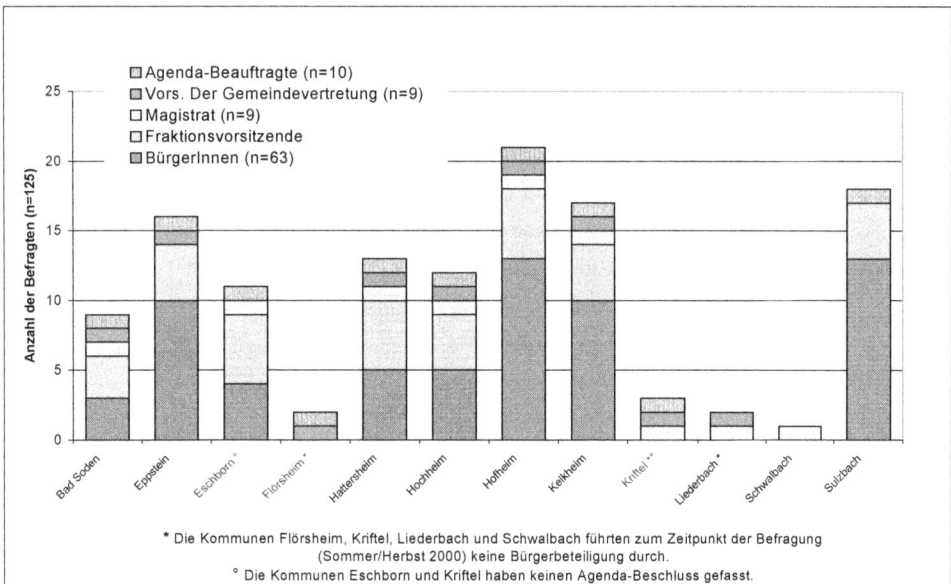

* Die Kommunen Flörsheim, Kriftel, Liederbach und Schwalbach führten zum Zeitpunkt der Befragung
  (Sommer/Herbst 2000) keine Bürgerbeteiligung durch.
° Die Kommunen Eschborn und Kriftel haben keinen Agenda-Beschluss gefasst.

Abb. 8: Engagement der Akteursgruppen (Antworten aller befragten Gruppen)

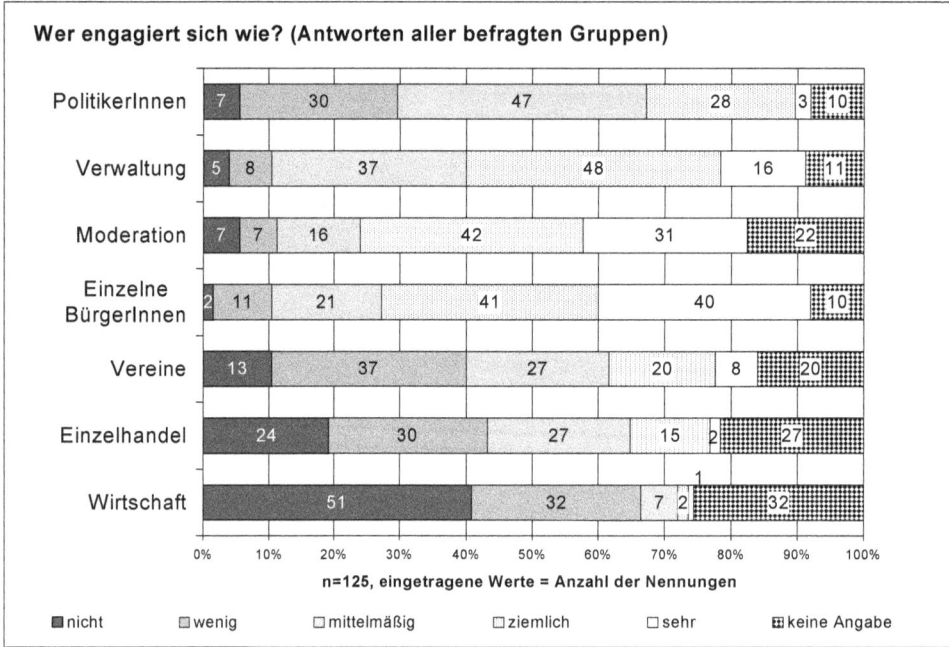

Wer engagiert sich wie? (Antworten aller befragten Gruppen)

	nicht	wenig	mittelmäßig	ziemlich	sehr	keine Angabe
PolitikerInnen	7	30	47	28	3	10
Verwaltung	5	8	37	48	16	11
Moderation	7	7	16	42	31	22
Einzelne BürgerInnen	2	11	21	41	40	10
Vereine	13	37	27	20	8	20
Einzelhandel	24	30	27	15	2	27
Wirtschaft	51	32	7	2	1	32

n=125, eingetragene Werte = Anzahl der Nennungen

■ nicht ▨ wenig ▢ mittelmäßig ▢ ziemlich ▢ sehr ⊞ keine Angabe

Abb. 9: Gründe für eine Beteiligung der BürgerInnen am Lokalen Agenda 21-Prozess

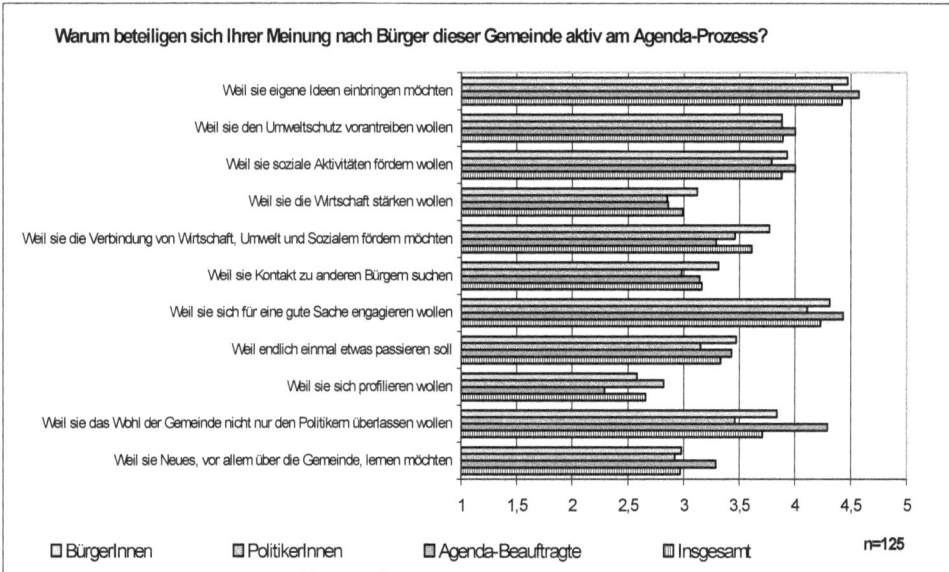

Warum beteiligen sich Ihrer Meinung nach Bürger dieser Gemeinde aktiv am Agenda-Prozess?

Weil sie eigene Ideen einbringen möchten
Weil sie den Umweltschutz vorantreiben wollen
Weil sie soziale Aktivitäten fördern wollen
Weil sie die Wirtschaft stärken wollen
Weil sie die Verbindung von Wirtschaft, Umwelt und Sozialem fördern möchten
Weil sie Kontakt zu anderen Bürgern suchen
Weil sie sich für eine gute Sache engagieren wollen
Weil endlich einmal etwas passieren soll
Weil sie sich profilieren wollen
Weil sie das Wohl der Gemeinde nicht nur den Politikern überlassen wollen
Weil sie Neues, vor allem über die Gemeinde, lernen möchten

▢ BürgerInnen ▨ PolitikerInnen ▨ Agenda-Beauftragte ▨ Insgesamt   n=125

278

Abb. 10: Ehrenamtliches Engagement der befragten Bürgerinnen

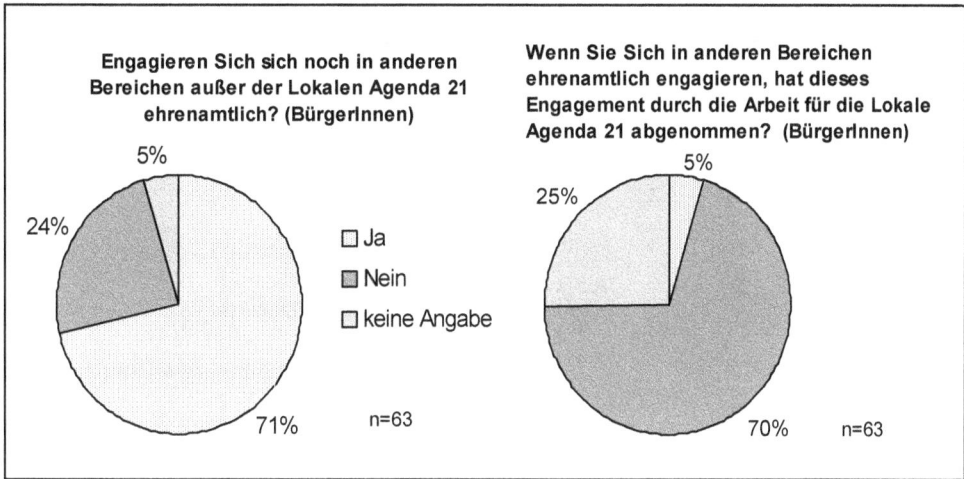

Engagieren Sich sich noch in anderen Bereichen außer der Lokalen Agenda 21 ehrenamtlich? (BürgerInnen)

5%

24%

☐ Ja
☐ Nein
☐ keine Angabe

n=63

71%

Wenn Sie Sich in anderen Bereichen ehrenamtlich engagieren, hat dieses Engagement durch die Arbeit für die Lokale Agenda 21 abgenommen? (BürgerInnen)

5%

25%

70%   n=63

Abb. 11:   Für die Lokale Agenda 21 investierte Zeit der BürgerInnen

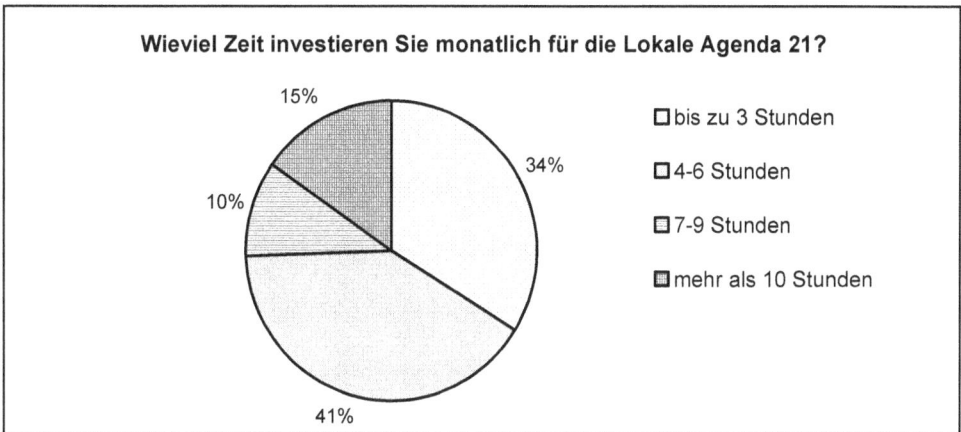

Wieviel Zeit investieren Sie monatlich für die Lokale Agenda 21?

15%

34%

10%

☐ bis zu 3 Stunden
☐ 4-6 Stunden
☐ 7-9 Stunden
☐ mehr als 10 Stunden

41%

Abb. 12: Bereitschaft der BürgerInnen, weiterhin Zeit für die Lokale Agenda 21 zu investieren

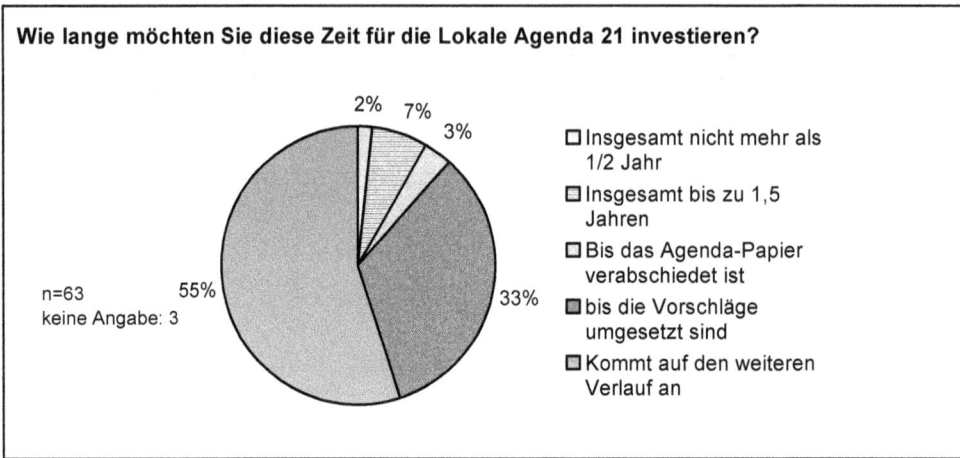

Wie lange möchten Sie diese Zeit für die Lokale Agenda 21 investieren?

2%   7%

3%

☐ Insgesamt nicht mehr als 1/2 Jahr

☐ Insgesamt bis zu 1,5 Jahren

☐ Bis das Agenda-Papier verabschiedet ist

■ bis die Vorschläge umgesetzt sind

☐ Kommt auf den weiteren Verlauf an

n=63
keine Angabe: 3   55%

33%

Abb. 13: Altersstruktur der befragten BürgerInnen

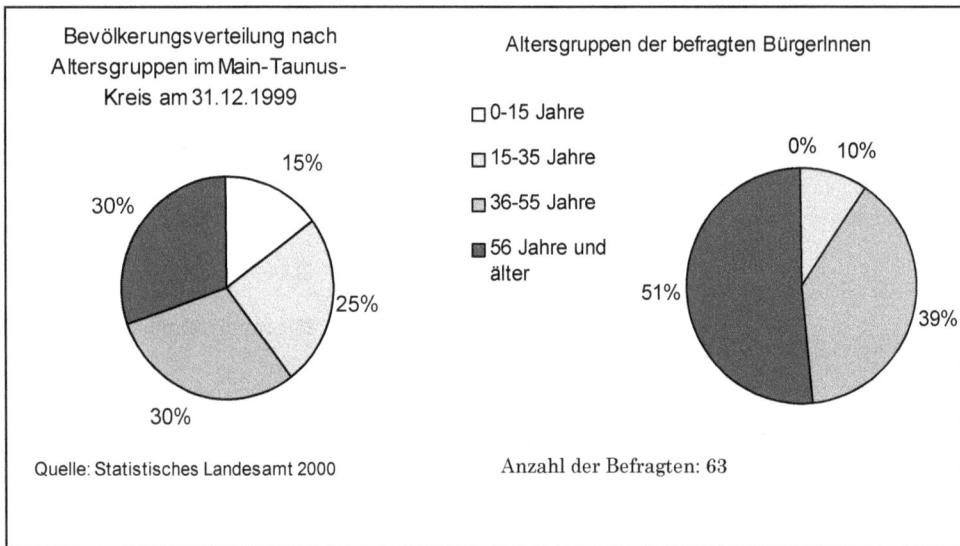

Bevölkerungsverteilung nach Altersgruppen im Main-Taunus-Kreis am 31.12.1999

Altersgruppen der befragten BürgerInnen

☐ 0-15 Jahre

☐ 15-35 Jahre

☐ 36-55 Jahre

■ 56 Jahre und älter

15%

30%

25%

30%

0%   10%

51%

39%

Quelle: Statistisches Landesamt 2000

Anzahl der Befragten: 63

Abb. 14: Frauen- und Männeranteil der befragten BürgerInnen

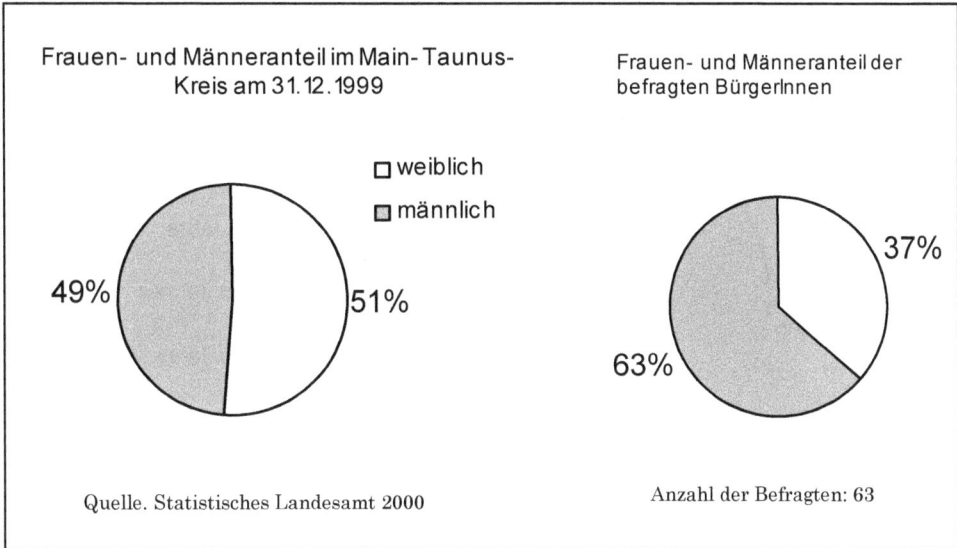

Frauen- und Männeranteil im Main-Taunus-Kreis am 31.12.1999

□ weiblich
▣ männlich

49%
51%

Quelle. Statistisches Landesamt 2000

Frauen- und Männeranteil der befragten BürgerInnen

37%
63%

Anzahl der Befragten: 63

Abb. 15: Beschäftigung der befragten BürgerInnen

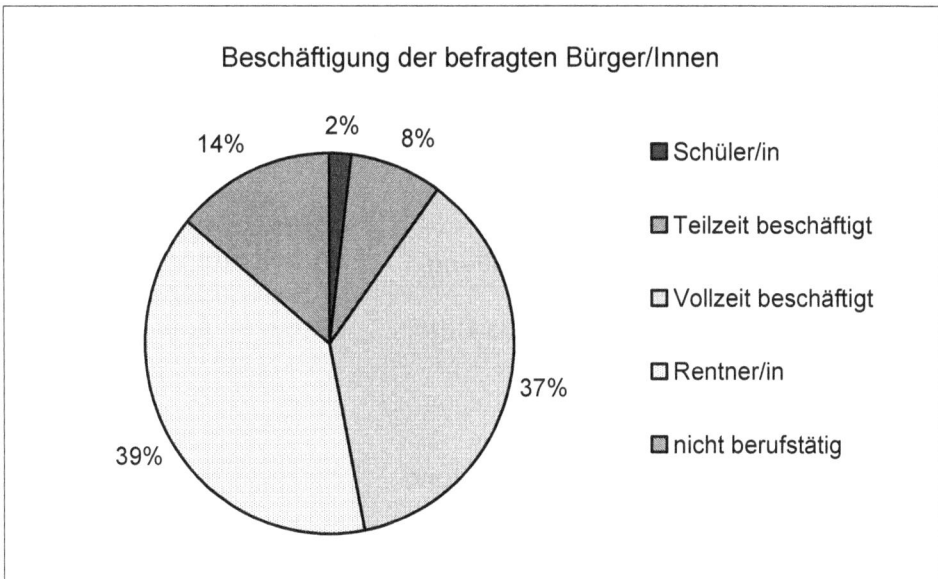

Beschäftigung der befragten Bürger/Innen

14%   2%   8%

■ Schüler/in

□ Teilzeit beschäftigt

□ Vollzeit beschäftigt

□ Rentner/in

■ nicht berufstätig

37%

39%

Abb. 16: Wohndauer der befragten BürgerInnen

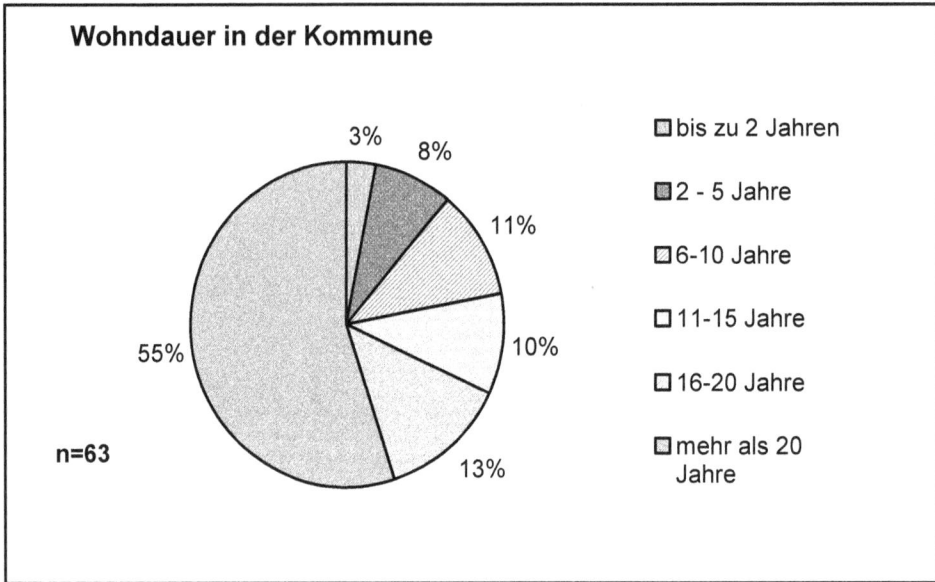

Wohndauer in der Kommune

3% 8%

11%

10%

55%

n=63

13%

□ bis zu 2 Jahren

▨ 2 - 5 Jahre

□ 6-10 Jahre

□ 11-15 Jahre

□ 16-20 Jahre

□ mehr als 20
Jahre

Abb. 17: Typische Organisationsstruktur der Lokalen Agenda 21-Prozesse

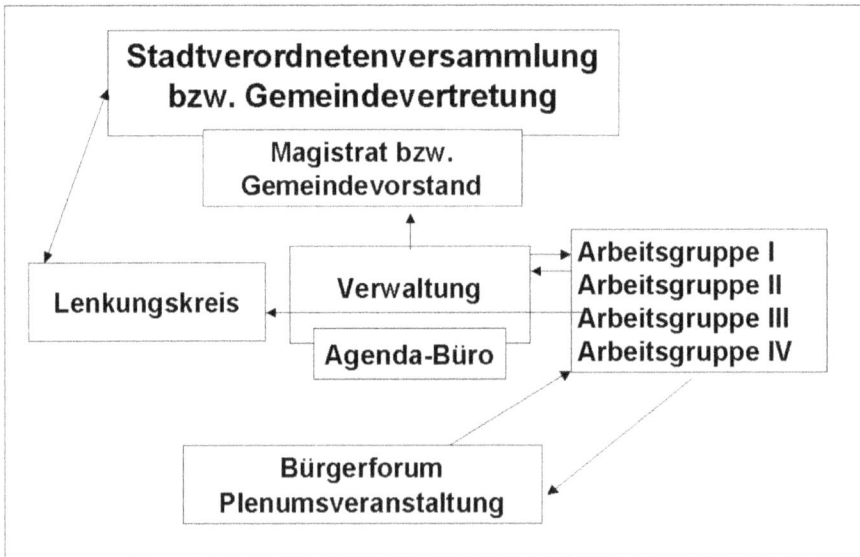

**Stadtverordnetenversammlung
bzw. Gemeindevertretung**

**Magistrat bzw.
Gemeindevorstand**

**Arbeitsgruppe I
Arbeitsgruppe II
Arbeitsgruppe III
Arbeitsgruppe IV**

Lenkungskreis

Verwaltung

Agenda-Büro

**Bürgerforum
Plenumsveranstaltung**

Abb. 18: Prozessbewertung und Meinung der BürgerInnen von der Politik

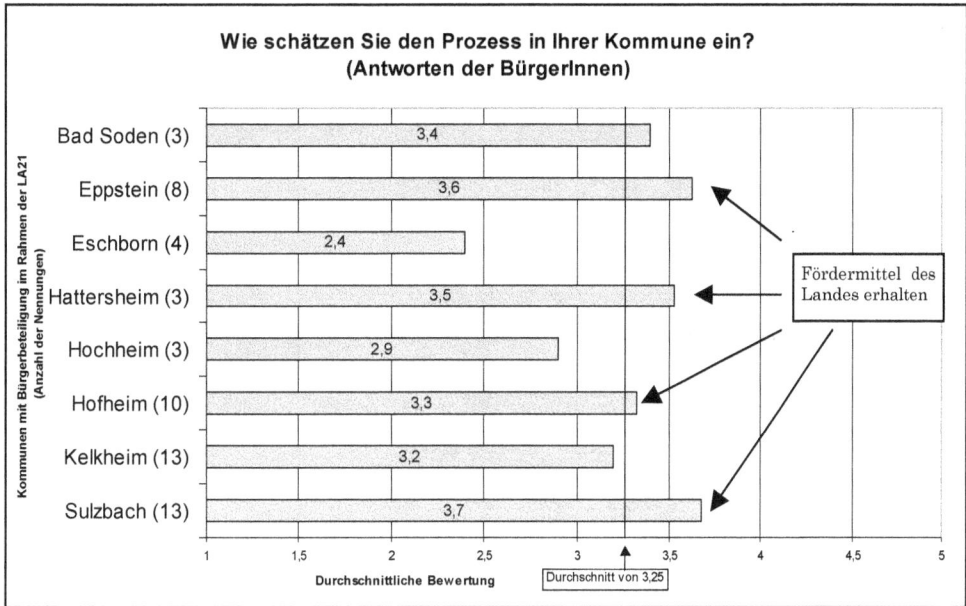

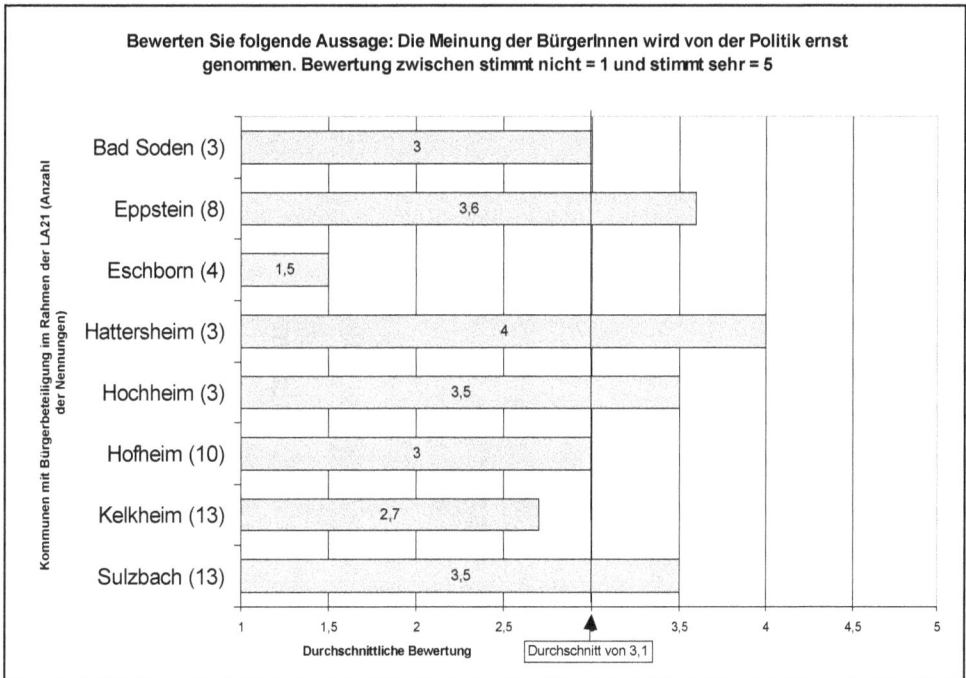

Wie schätzen Sie den Prozess in Ihrer Kommune ein?
(Antworten der BürgerInnen)

Kommunen mit Bürgerbeteiligung im Rahmen der LA21 (Anzahl der Nennungen)

- Bad Soden (3) — 3,4
- Eppstein (8) — 3,6
- Eschborn (4) — 2,4
- Hattersheim (3) — 3,5
- Hochheim (3) — 2,9
- Hofheim (10) — 3,3
- Kelkheim (13) — 3,2
- Sulzbach (13) — 3,7

Fördermittel des Landes erhalten

Durchschnittliche Bewertung — Durchschnitt von 3,25

Bewerten Sie folgende Aussage: Die Meinung der BürgerInnen wird von der Politik ernst genommen. Bewertung zwischen stimmt nicht = 1 und stimmt sehr = 5

Kommunen mit Bürgerbeteiligung im Rahmen der LA21 (Anzahl der Nennungen)

- Bad Soden (3) — 3
- Eppstein (8) — 3,6
- Eschborn (4) — 1,5
- Hattersheim (3) — 4
- Hochheim (3) — 3,5
- Hofheim (10) — 3
- Kelkheim (13) — 2,7
- Sulzbach (13) — 3,5

Durchschnittliche Bewertung — Durchschnitt von 3,1

Abb. 19: Einschätzung der Lokalen Agenda 21-Prozesse in den Kommunen

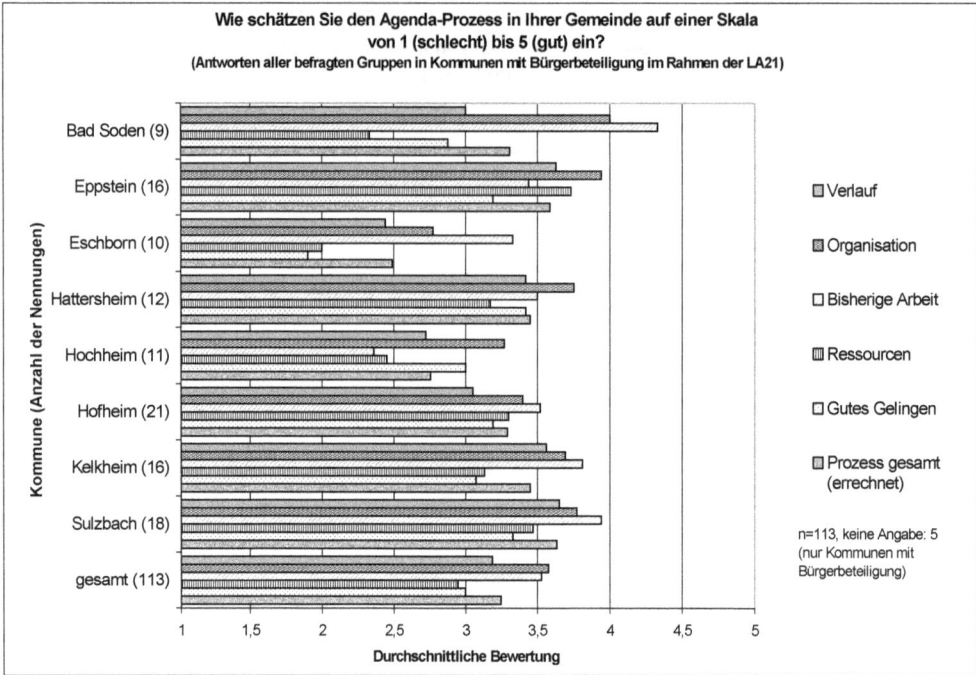

Wie schätzen Sie den Agenda-Prozess in Ihrer Gemeinde auf einer Skala von 1 (schlecht) bis 5 (gut) ein?
(Antworten aller befragten Gruppen in Kommunen mit Bürgerbeteiligung im Rahmen der LA21)

Kommune (Anzahl der Nennungen):
- Bad Soden (9)
- Eppstein (16)
- Eschborn (10)
- Hattersheim (12)
- Hochheim (11)
- Hofheim (21)
- Kelkheim (16)
- Sulzbach (18)
- gesamt (113)

Durchschnittliche Bewertung (Skala 1 bis 5)

Legende:
- Verlauf
- Organisation
- Bisherige Arbeit
- Ressourcen
- Gutes Gelingen
- Prozess gesamt (errechnet)

n=113, keine Angabe: 5 (nur Kommunen mit Bürgerbeteiligung)

Abb. 20: Einschätzung der Prozessdauer durch alle Befragten

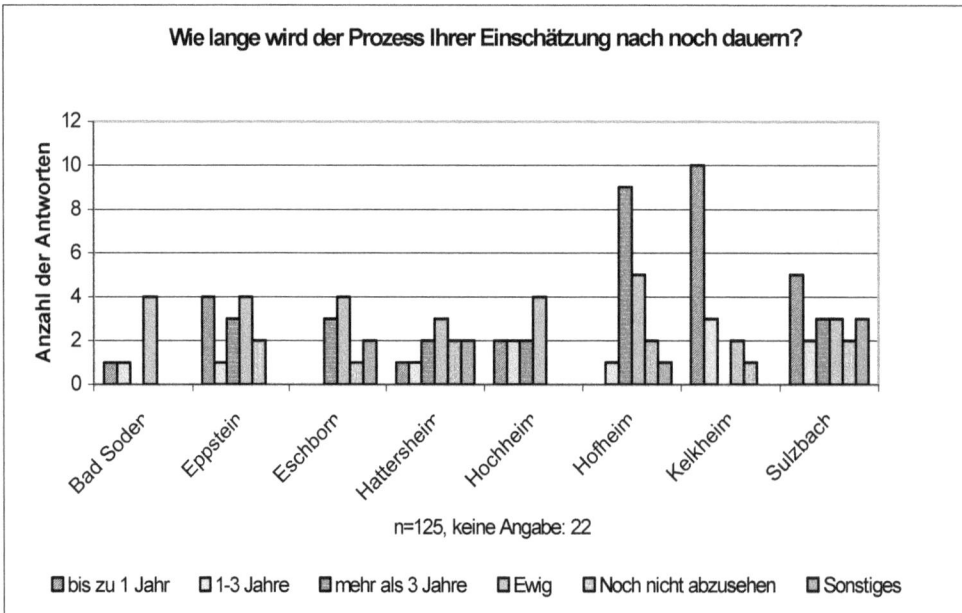

Wie lange wird der Prozess Ihrer Einschätzung nach noch dauern?

Anzahl der Antworten

Kommunen: Bad Soden, Eppstein, Eschborn, Hattersheim, Hochheim, Hofheim, Kelkheim, Sulzbach

n=125, keine Angabe: 22

Legende:
- bis zu 1 Jahr
- 1-3 Jahre
- mehr als 3 Jahre
- Ewig
- Noch nicht abzusehen
- Sonstiges

Abb. 21: Informationen über die Agenda 21

Wann haben Sie das erste Mal von der Agenda 21 gehört?
(PolitikerInnen, n=52, keine Antwort: 6)

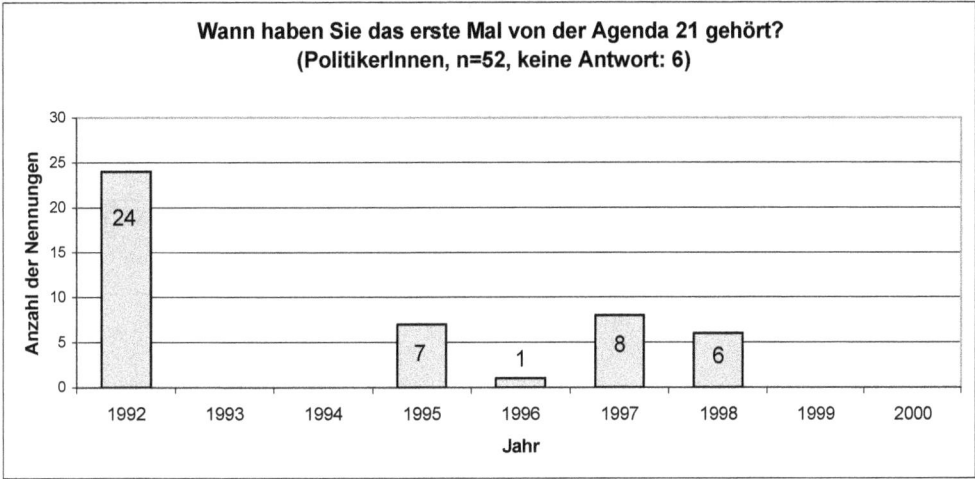

Abb. 22: Definitionen der Lokalen Agenda 21

Was ist die Lokale Agenda 21 für Sie? (PolitikerInnen)

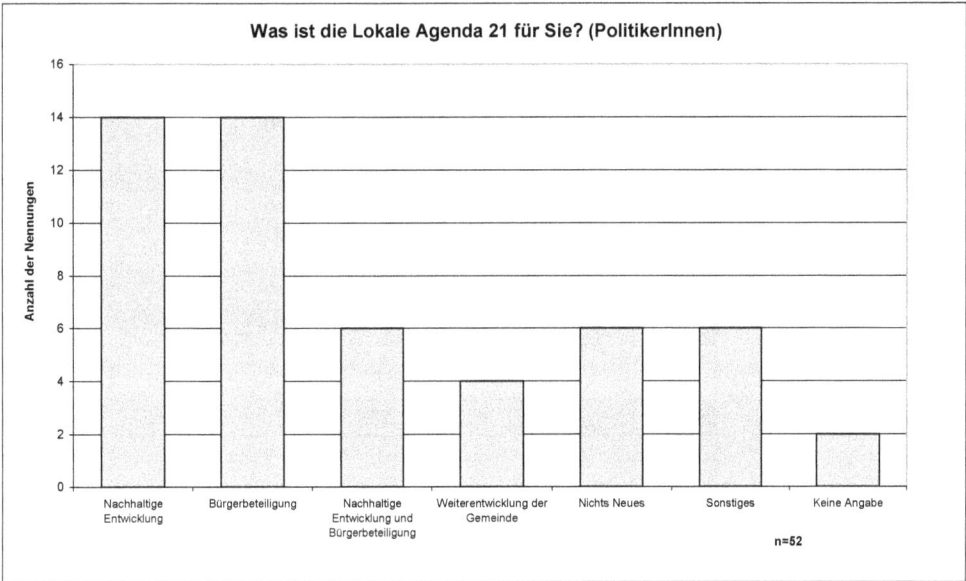

Abb. 23: Definitionen der Agenda 21 aus Sicht der BürgerInnen

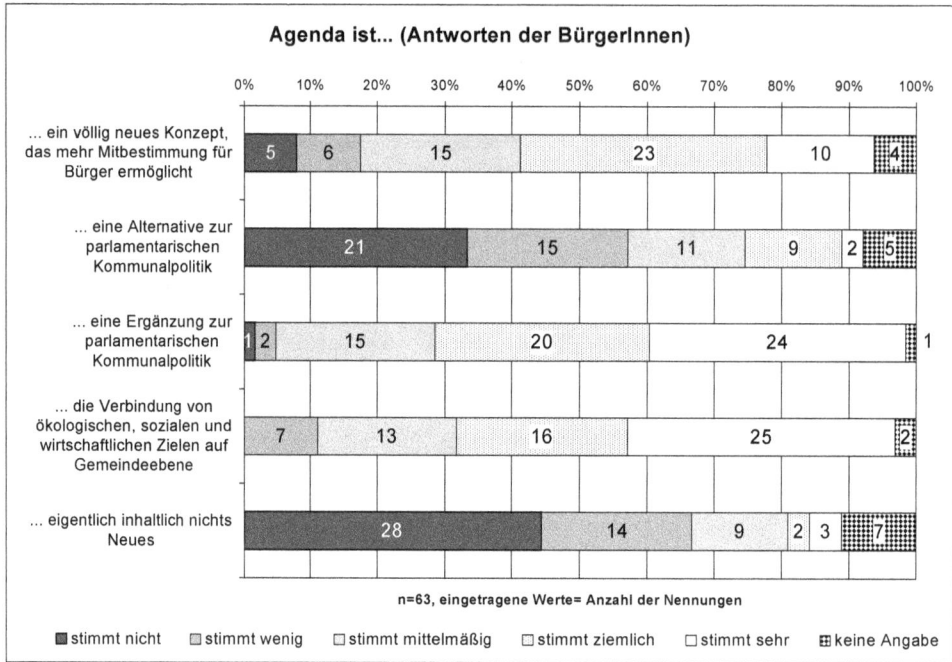

Agenda ist... (Antworten der BürgerInnen)

| | 0% | 10% | 20% | 30% | 40% | 50% | 60% | 70% | 80% | 90% | 100% |

... ein völlig neues Konzept, das mehr Mitbestimmung für Bürger ermöglicht: 5 | 6 | 15 | 23 | 10 | 4

... eine Alternative zur parlamentarischen Kommunalpolitik: 21 | 15 | 11 | 9 | 2 | 5

... eine Ergänzung zur parlamentarischen Kommunalpolitik: 1 | 2 | 15 | 20 | 24 | 1

... die Verbindung von ökologischen, sozialen und wirtschaftlichen Zielen auf Gemeindeebene: 7 | 13 | 16 | 25 | 2

... eigentlich inhaltlich nichts Neues: 28 | 14 | 9 | 2 | 3 | 7

n=63, eingetragene Werte= Anzahl der Nennungen

■ stimmt nicht   □ stimmt wenig   □ stimmt mittelmäßig   □ stimmt ziemlich   □ stimmt sehr   ⊞ keine Angabe

Abb. 24: Definitionen der Agenda 21 aus Sicht der PolitikerInnen

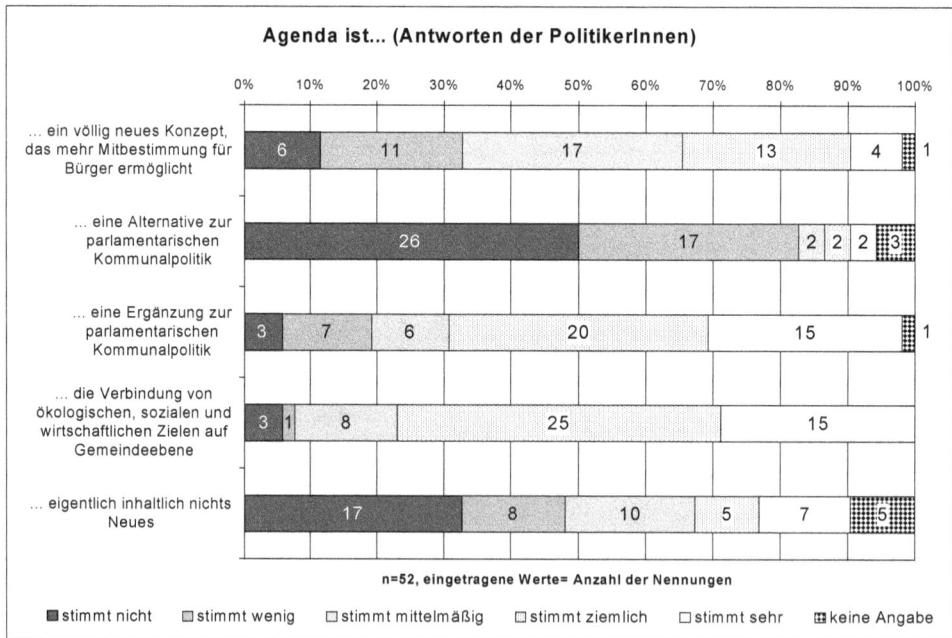

Agenda ist... (Antworten der PolitikerInnen)

| | 0% | 10% | 20% | 30% | 40% | 50% | 60% | 70% | 80% | 90% | 100% |

... ein völlig neues Konzept, das mehr Mitbestimmung für Bürger ermöglicht: 6 | 11 | 17 | 13 | 4 | 1

... eine Alternative zur parlamentarischen Kommunalpolitik: 26 | 17 | 2 | 2 | 2 | 3

... eine Ergänzung zur parlamentarischen Kommunalpolitik: 3 | 7 | 6 | 20 | 15 | 1

... die Verbindung von ökologischen, sozialen und wirtschaftlichen Zielen auf Gemeindeebene: 3 | 1 | 8 | 25 | 15

... eigentlich inhaltlich nichts Neues: 17 | 8 | 10 | 5 | 7 | 5

n=52, eingetragene Werte= Anzahl der Nennungen

■ stimmt nicht   □ stimmt wenig   □ stimmt mittelmäßig   □ stimmt ziemlich   □ stimmt sehr   ⊞ keine Angabe

Abb. 25: Wird die Meinung der BürgerInnen von der Politik ernst genommen? Auswertung nach Befragten-Gruppen

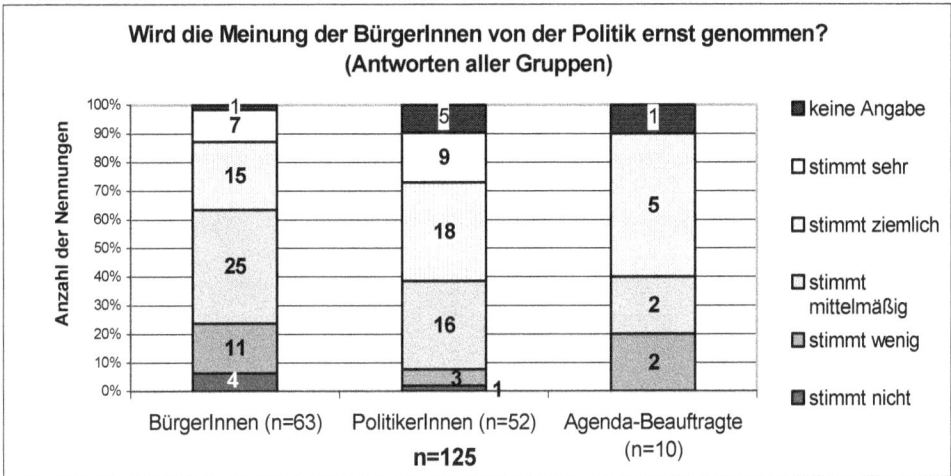

Wird die Meinung der BürgerInnen von der Politik ernst genommen?
(Antworten aller Gruppen)

Anzahl der Nennungen

Gruppe	stimmt nicht	stimmt wenig	stimmt mittelmäßig	stimmt ziemlich	stimmt sehr	keine Angabe
BürgerInnen (n=63)	4	11	25	15	7	1
PolitikerInnen (n=52)	1	3	16	18	9	5
Agenda-Beauftragte (n=10)		2	2	5		1

n=125

Legende: ■ keine Angabe · ☐ stimmt sehr · ☐ stimmt ziemlich · ☐ stimmt mittelmäßig · ■ stimmt wenig · ■ stimmt nicht

Abb. 26: Wird die Meinung der BürgerInnen von der Politik ernst genommen? Auswertung nach Kommunen

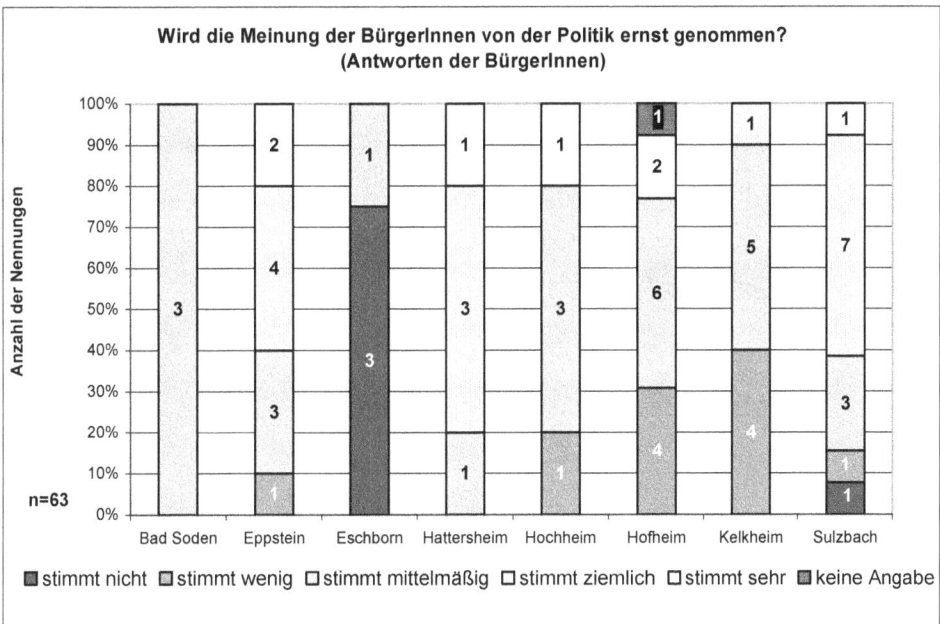

Wird die Meinung der BürgerInnen von der Politik ernst genommen?
(Antworten der BürgerInnen)

Anzahl der Nennungen

n=63

Kommune		
Bad Soden	3	
Eppstein	1 / 3 / 4 / 2	
Eschborn	3 / 1	
Hattersheim	1 / 3 / 1	
Hochheim	1 / 3 / 1	
Hofheim	4 / 6 / 2 / 1	
Kelkheim	4 / 5 / 1	
Sulzbach	1 / 1 / 3 / 7 / 1	

■ stimmt nicht · ☐ stimmt wenig · ☐ stimmt mittelmäßig · ☐ stimmt ziemlich · ☐ stimmt sehr · ■ keine Angabe

287

Abb. 27: Der Soll-Zustand der Politik in den Lokale Agenda 21-Prozessen

Welche Rolle sollte die Politik im Agenda-Prozess einnehmen?
(Antworten der PolitikerInnen)

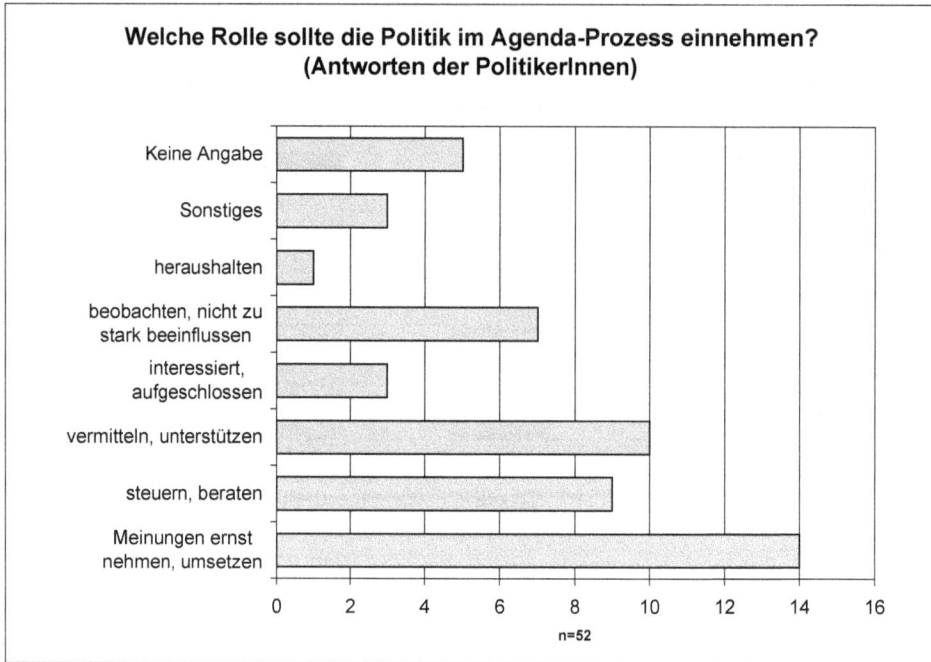

n=52

Abb. 28: Der Ist-Zustand der Politik in den Lokale Agenda 21-Prozessen

Welche Rolle nimmt die Politik im Agenda-Prozess ein und
sind Sie damit zufrieden? (PolitikerInnen)

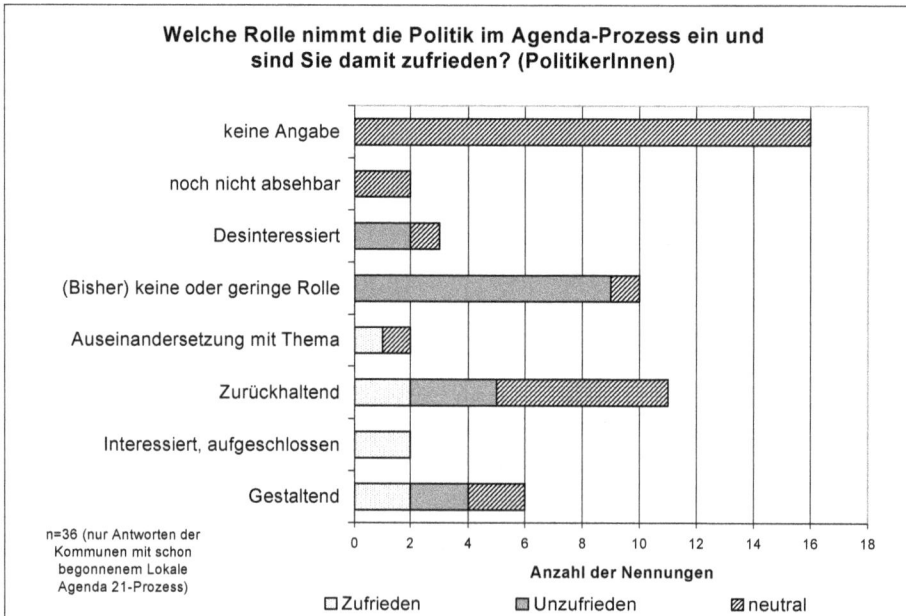

n=36 (nur Antworten der Kommunen mit schon begonnenem Lokale Agenda 21-Prozess)

Anzahl der Nennungen

☐ Zufrieden   ▨ Unzufrieden   ▨ neutral

Abb. 29: Gründe, warum die PolitikerInnen Unterstützung durch die BürgerInnen wünschen

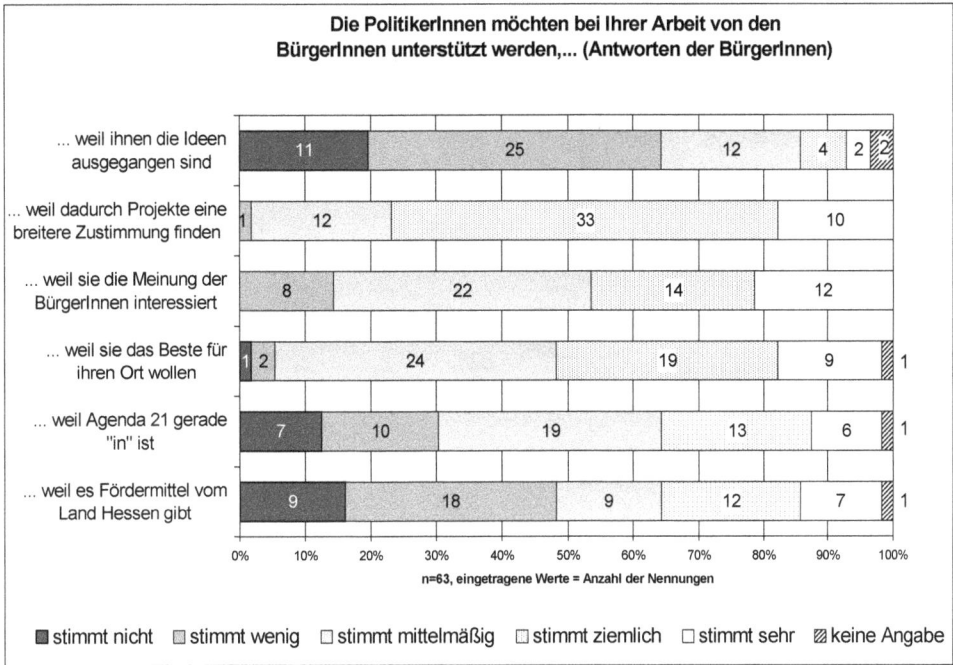

Die PolitikerInnen möchten bei Ihrer Arbeit von den BürgerInnen unterstützt werden,... (Antworten der BürgerInnen)

... weil ihnen die Ideen ausgegangen sind: 11 | 25 | 12 | 4 | 2 | 2

... weil dadurch Projekte eine breitere Zustimmung finden: 1 | 12 | 33 | 10

... weil sie die Meinung der BürgerInnen interessiert: 8 | 22 | 14 | 12

... weil sie das Beste für ihren Ort wollen: 1 | 2 | 24 | 19 | 9 | 1

... weil Agenda 21 gerade "in" ist: 7 | 10 | 19 | 13 | 6 | 1

... weil es Fördermittel vom Land Hessen gibt: 9 | 18 | 9 | 12 | 7 | 1

n=63, eingetragene Werte = Anzahl der Nennungen

■ stimmt nicht ◻ stimmt wenig ◻ stimmt mittelmäßig ◻ stimmt ziemlich ◻ stimmt sehr ▨ keine Angabe

Abb. 30: Gründe, warum die PolitikerInnen keine Unterstützung durch die BürgerInnen wünschen

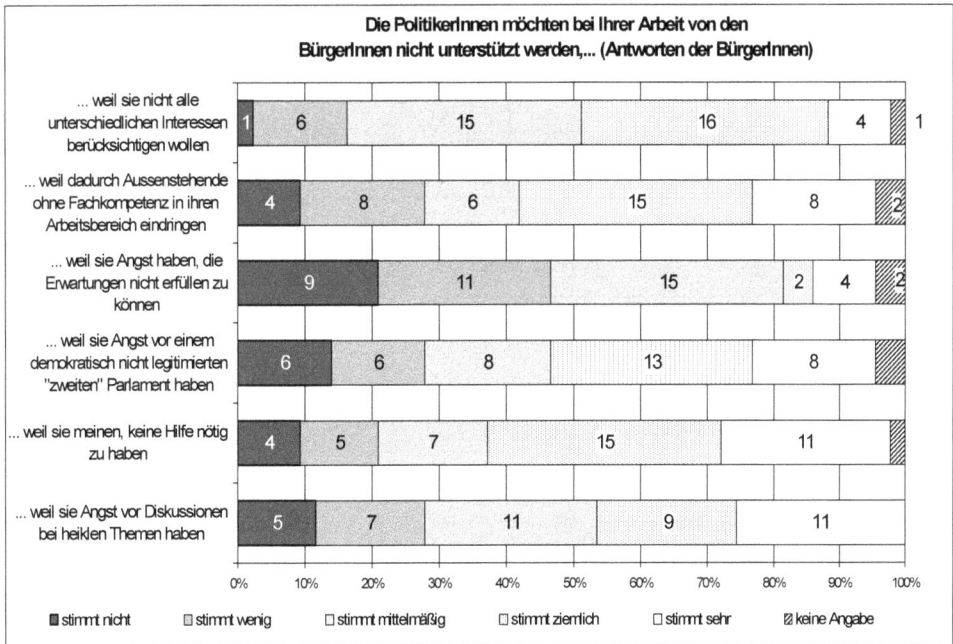

Die PolitikerInnen möchten bei Ihrer Arbeit von den BürgerInnen nicht unterstützt werden,... (Antworten der BürgerInnen)

... weil sie nicht alle unterschiedlichen Interessen berücksichtigen wollen: 1 | 6 | 15 | 16 | 4 | 1

... weil dadurch Aussenstehende ohne Fachkompetenz in ihren Arbeitsbereich eindringen: 4 | 8 | 6 | 15 | 8 | 2

... weil sie Angst haben, die Erwartungen nicht erfüllen zu können: 9 | 11 | 15 | 2 | 4 | 2

... weil sie Angst vor einem demokratisch nicht legitimierten "zweiten" Parlament haben: 6 | 6 | 8 | 13 | 8

... weil sie meinen, keine Hilfe nötig zu haben: 4 | 5 | 7 | 15 | 11

... weil sie Angst vor Diskussionen bei heiklen Themen haben: 5 | 7 | 11 | 9 | 11

■ stimmt nicht ◻ stimmt wenig ◻ stimmt mittelmäßig ◻ stimmt ziemlich ◻ stimmt sehr ▨ keine Angabe

Abb. 31: Ist die Agenda 21 für Ihre Gemeinde sinnvoll?

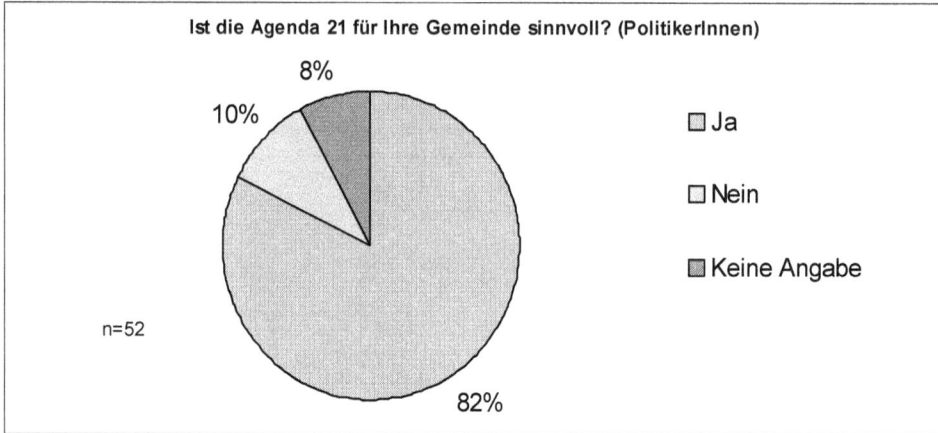

Ist die Agenda 21 für Ihre Gemeinde sinnvoll? (PolitikerInnen)

8%

10%

☐ Ja

☐ Nein

▨ Keine Angabe

n=52

82%

Abb. 32: Warum ist die Lokale Agenda 21 für Ihre Gemeinde sinnvoll?

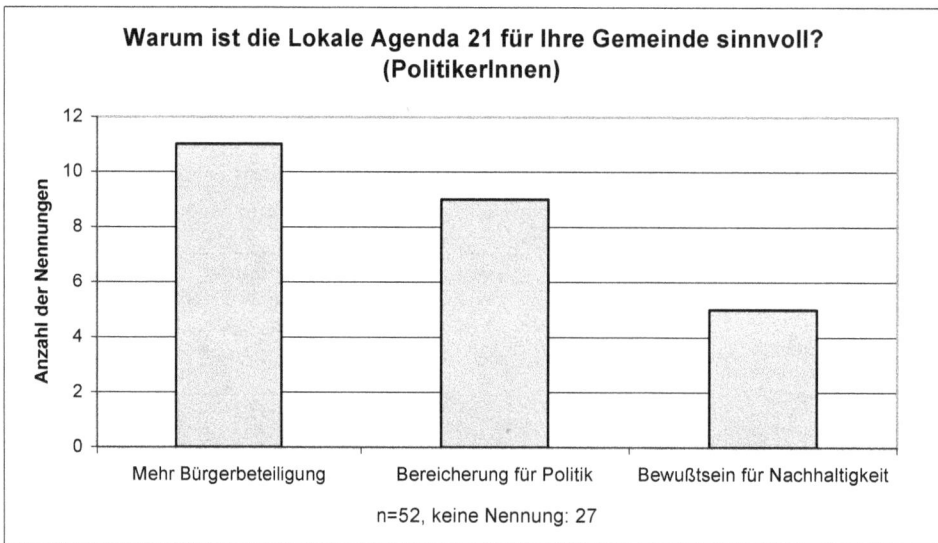

Warum ist die Lokale Agenda 21 für Ihre Gemeinde sinnvoll? (PolitikerInnen)

Anzahl der Nennungen

Mehr Bürgerbeteiligung	Bereicherung für Politik	Bewußtsein für Nachhaltigkeit

n=52, keine Nennung: 27

Abb. 33: Die Chancen des Agenda-Prozesses (BürgerInnen)

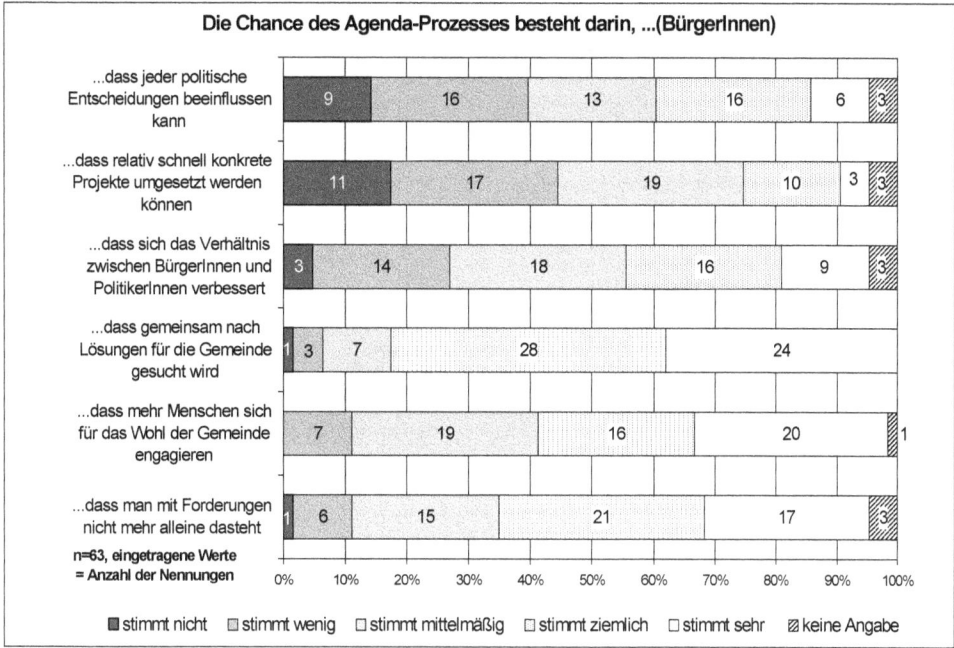

Die Chance des Agenda-Prozesses besteht darin, ...(BürgerInnen)

...dass jeder politische Entscheidungen beeinflussen kann: 9 | 16 | 13 | 16 | 6 | 3

...dass relativ schnell konkrete Projekte umgesetzt werden können: 11 | 17 | 19 | 10 | 3 | 3

...dass sich das Verhältnis zwischen BürgerInnen und PolitikerInnen verbessert: 3 | 14 | 18 | 16 | 9 | 3

...dass gemeinsam nach Lösungen für die Gemeinde gesucht wird: 1 | 3 | 7 | 28 | 24

...dass mehr Menschen sich für das Wohl der Gemeinde engagieren: 7 | 19 | 16 | 20 | 1

...dass man mit Forderungen nicht mehr alleine dasteht: 1 | 6 | 15 | 21 | 17 | 3

n=63, eingetragene Werte = Anzahl der Nennungen

0% 10% 20% 30% 40% 50% 60% 70% 80% 90% 100%

■ stimmt nicht □ stimmt wenig □ stimmt mittelmäßig □ stimmt ziemlich □ stimmt sehr ▨ keine Angabe

Abb. 34: Die Chancen des Agenda-Prozesses (PolitikerInnen,)

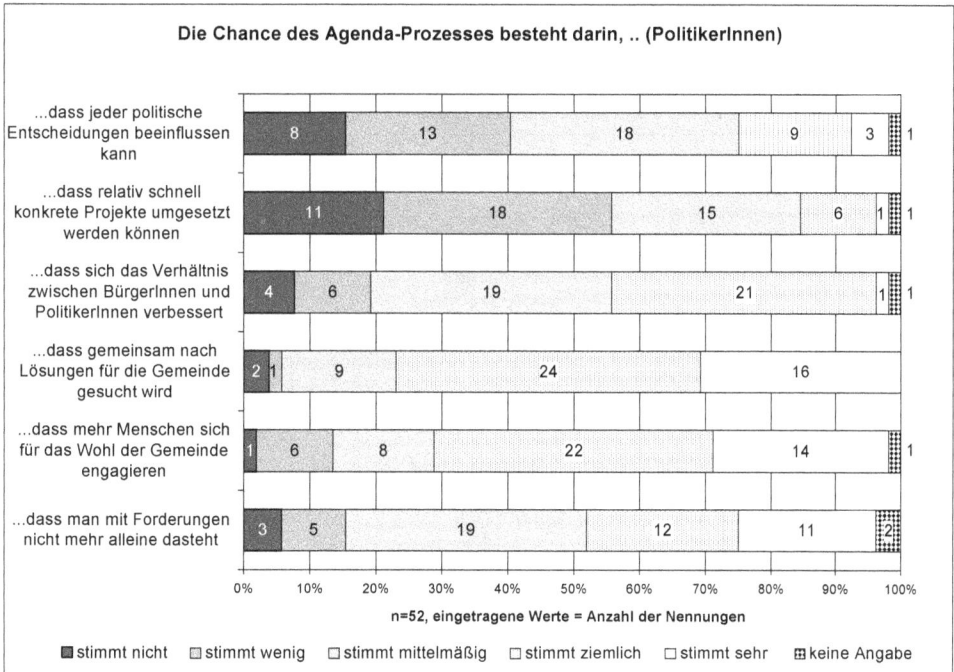

Die Chance des Agenda-Prozesses besteht darin, .. (PolitikerInnen)

...dass jeder politische Entscheidungen beeinflussen kann: 8 | 13 | 18 | 9 | 3 | 1

...dass relativ schnell konkrete Projekte umgesetzt werden können: 11 | 18 | 15 | 6 | 1 | 1

...dass sich das Verhältnis zwischen BürgerInnen und PolitikerInnen verbessert: 4 | 6 | 19 | 21 | 1 | 1

...dass gemeinsam nach Lösungen für die Gemeinde gesucht wird: 2 | 1 | 9 | 24 | 16

...dass mehr Menschen sich für das Wohl der Gemeinde engagieren: 1 | 6 | 8 | 22 | 14 | 1

...dass man mit Forderungen nicht mehr alleine dasteht: 3 | 5 | 19 | 12 | 11 | 2

0% 10% 20% 30% 40% 50% 60% 70% 80% 90% 100%

n=52, eingetragene Werte = Anzahl der Nennungen

■ stimmt nicht □ stimmt wenig □ stimmt mittelmäßig □ stimmt ziemlich □ stimmt sehr ▦ keine Angabe

Abb. 35: Risiken des Lokalen Agenda 21-Prozesses (BürgerInnen)

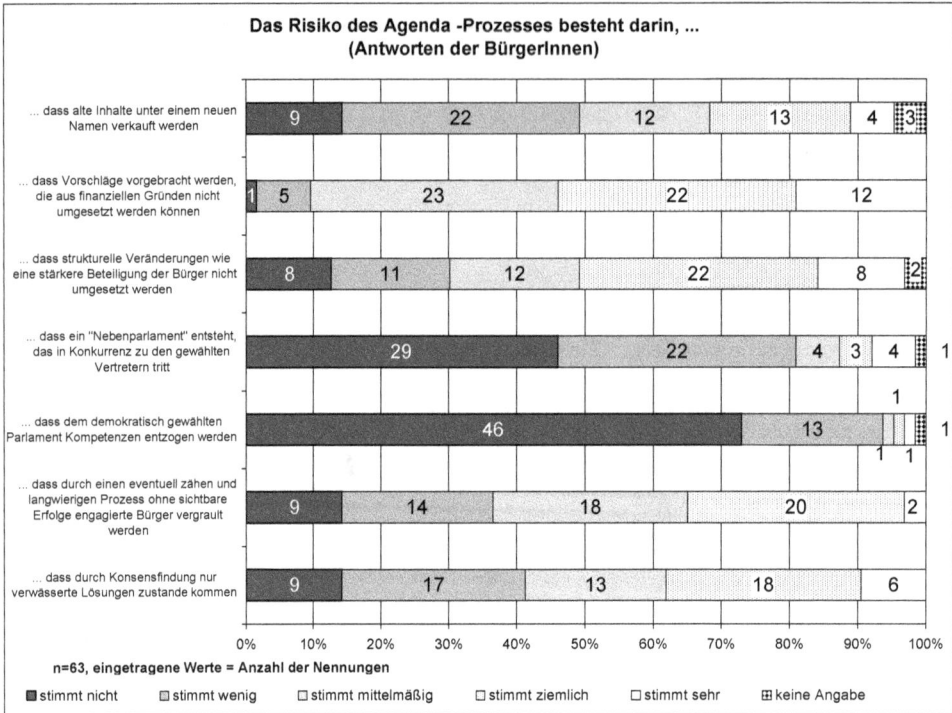

Das Risiko des Agenda -Prozesses besteht darin, ...
(Antworten der BürgerInnen)

Aussage	stimmt nicht	stimmt wenig	stimmt mittelmäßig	stimmt ziemlich	stimmt sehr	keine Angabe
... dass alte Inhalte unter einem neuen Namen verkauft werden	9	22	12	13	4	3
... dass Vorschläge vorgebracht werden, die aus finanziellen Gründen nicht umgesetzt werden können	1	5	23	22	12	
... dass strukturelle Veränderungen wie eine stärkere Beteiligung der Bürger nicht umgesetzt werden	8	11	12	22	8	2
... dass ein "Nebenparlament" entsteht, das in Konkurrenz zu den gewählten Vertretern tritt	29	22	4	3	4	1
... dass dem demokratisch gewählten Parlament Kompetenzen entzogen werden	46	13	1	1	1	1
... dass durch einen eventuell zähen und langwierigen Prozess ohne sichtbare Erfolge engagierte Bürger vergrault werden	9	14	18	20	2	
... dass durch Konsensfindung nur verwässerte Lösungen zustande kommen	9	17	13	18	6	

n=63, eingetragene Werte = Anzahl der Nennungen

■ stimmt nicht   ▨ stimmt wenig   ☐ stimmt mittelmäßig   ☐ stimmt ziemlich   ☐ stimmt sehr   ⊞ keine Angabe

Abb. 36: Risiken des Lokalen Agenda 21-Prozesses (PolitikerInnen)

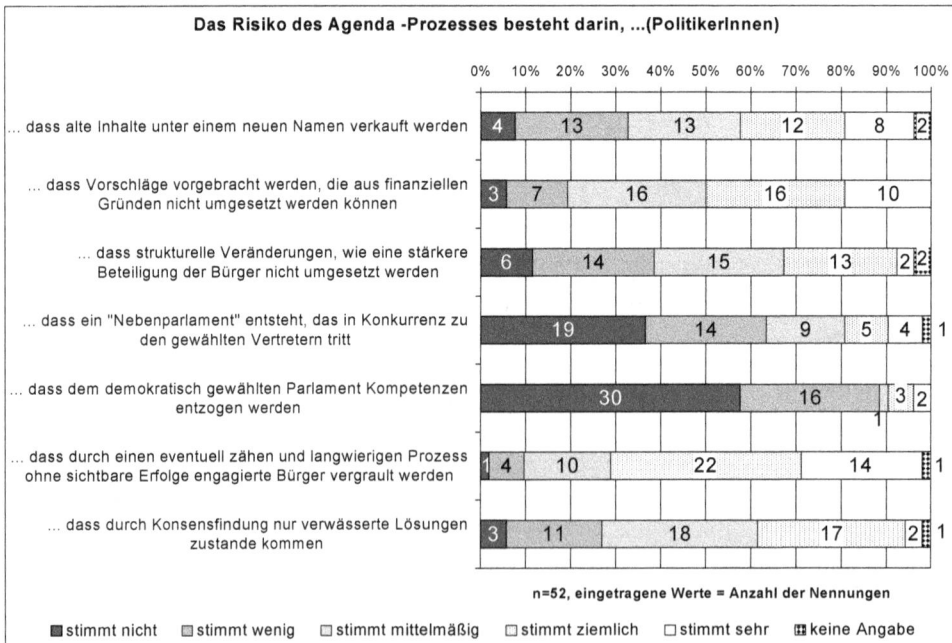

Das Risiko des Agenda -Prozesses besteht darin, ...(PolitikerInnen)

Aussage	stimmt nicht	stimmt wenig	stimmt mittelmäßig	stimmt ziemlich	stimmt sehr	keine Angabe
... dass alte Inhalte unter einem neuen Namen verkauft werden	4	13	13	12	8	2
... dass Vorschläge vorgebracht werden, die aus finanziellen Gründen nicht umgesetzt werden können	3	7	16	16	10	
... dass strukturelle Veränderungen, wie eine stärkere Beteiligung der Bürger nicht umgesetzt werden	6	14	15	13	2	2
... dass ein "Nebenparlament" entsteht, das in Konkurrenz zu den gewählten Vertretern tritt	19	14	9	5	4	1
... dass dem demokratisch gewählten Parlament Kompetenzen entzogen werden	30	16	1	3	2	
... dass durch einen eventuell zähen und langwierigen Prozess ohne sichtbare Erfolge engagierte Bürger vergrault werden	1	4	10	22	14	1
... dass durch Konsensfindung nur verwässerte Lösungen zustande kommen	3	11	18	17	2	1

n=52, eingetragene Werte = Anzahl der Nennungen

■ stimmt nicht   ▨ stimmt wenig   ☐ stimmt mittelmäßig   ☐ stimmt ziemlich   ☐ stimmt sehr   ⊞ keine Angabe

Abb. 37: Behinderungen des Lokale Agenda 21-Prozesses (BürgerInnen)

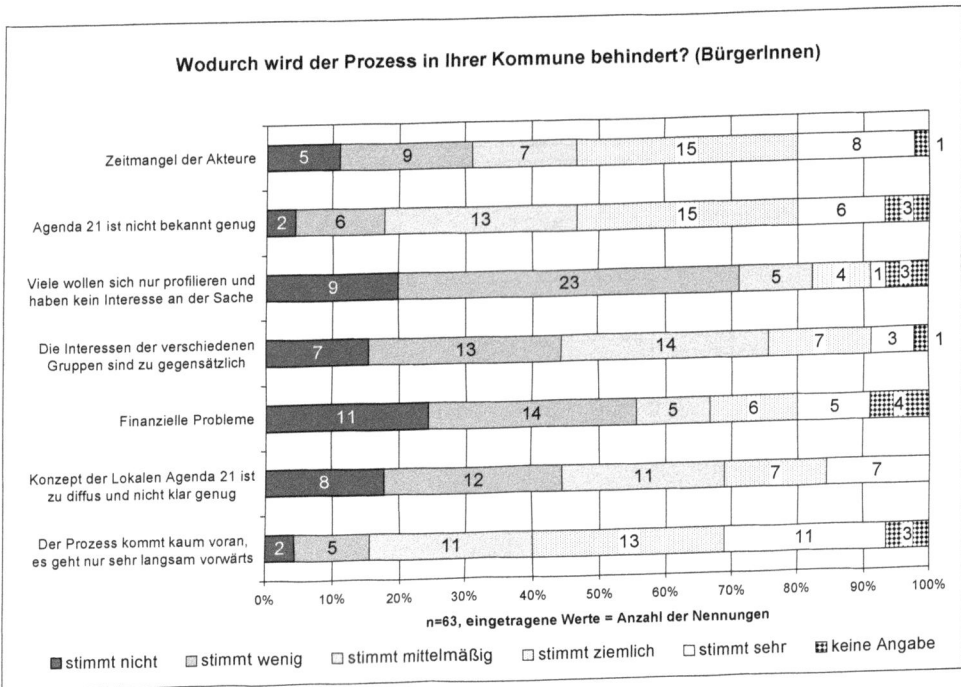

Wodurch wird der Prozess in Ihrer Kommune behindert? (BürgerInnen)

	stimmt nicht	stimmt wenig	stimmt mittelmäßig	stimmt ziemlich	stimmt sehr	keine Angabe
Zeitmangel der Akteure	5	9	7	15	8	1
Agenda 21 ist nicht bekannt genug	2	6	13	15	6	3
Viele wollen sich nur profilieren und haben kein Interesse an der Sache	9	23	5	4	1	3
Die Interessen der verschiedenen Gruppen sind zu gegensätzlich	7	13	14	7	3	1
Finanzielle Probleme	11	14	5	6	5	4
Konzept der Lokalen Agenda 21 ist zu diffus und nicht klar genug	8	12	11	7	7	
Der Prozess kommt kaum voran, es geht nur sehr langsam vorwärts	2	5	11	13	11	3

n=63, eingetragene Werte = Anzahl der Nennungen

■ stimmt nicht   □ stimmt wenig   □ stimmt mittelmäßig   □ stimmt ziemlich   □ stimmt sehr   ▦ keine Angabe

Abb. 38: Behinderungen des Lokale Agenda 21-Prozesses (PolitikerInnen)

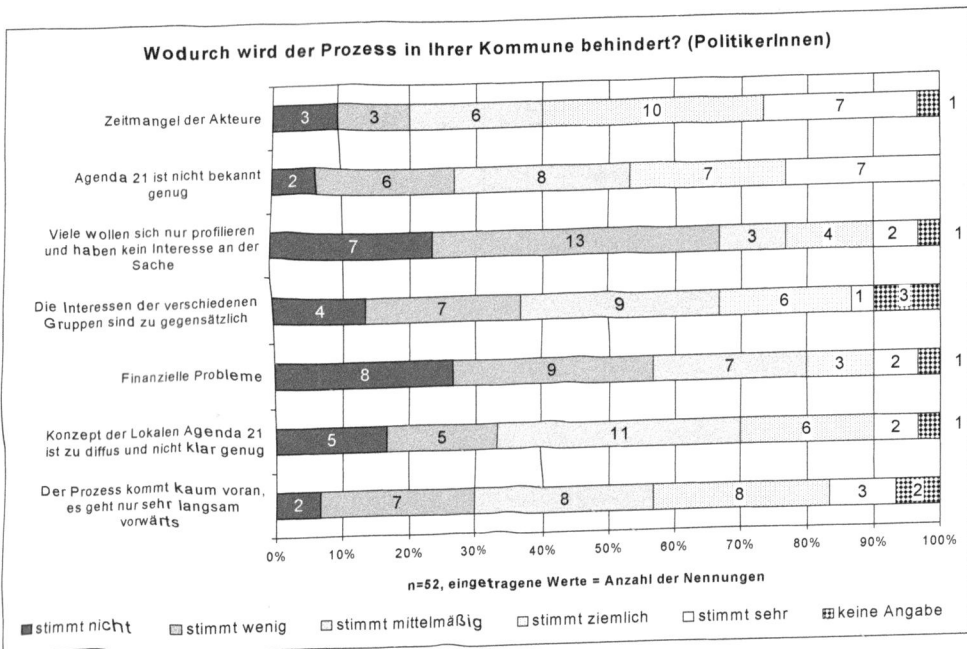

Wodurch wird der Prozess in Ihrer Kommune behindert? (PolitikerInnen)

	stimmt nicht	stimmt wenig	stimmt mittelmäßig	stimmt ziemlich	stimmt sehr	keine Angabe
Zeitmangel der Akteure	3	3	6	10	7	1
Agenda 21 ist nicht bekannt genug	2	6	8	7	7	
Viele wollen sich nur profilieren und haben kein Interesse an der Sache	7	13	3	4	2	1
Die Interessen der verschiedenen Gruppen sind zu gegensätzlich	4	7	9	6	1	3
Finanzielle Probleme	8	9	7	3	2	1
Konzept der Lokalen Agenda 21 ist zu diffus und nicht klar genug	5	5	11	6	2	1
Der Prozess kommt kaum voran, es geht nur sehr langsam vorwärts	2	7	8	8	3	2

n=52, eingetragene Werte = Anzahl der Nennungen

■ stimmt nicht   □ stimmt wenig   □ stimmt mittelmäßig   □ stimmt ziemlich   □ stimmt sehr   ▦ keine Angabe

Abb. 39: Behinderungen des Prozesses (PolitikerInnen, offene Frage)

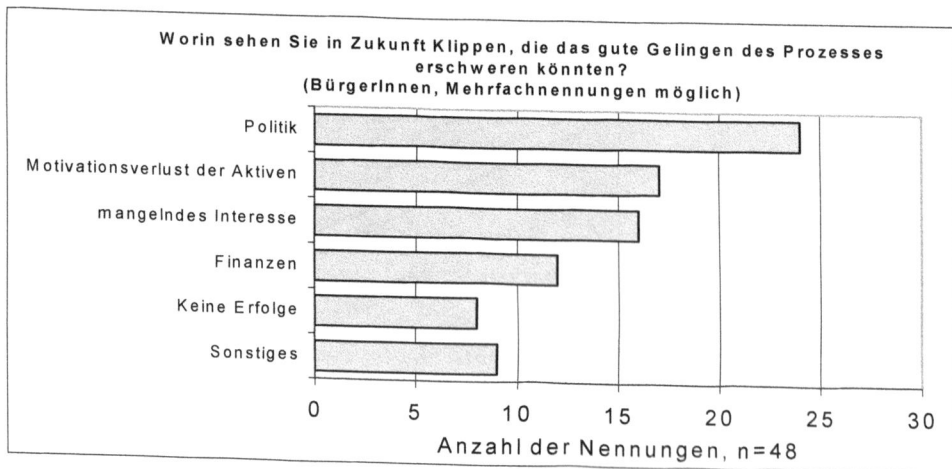

Worin sehen Sie in Zukunft Klippen, die das gute Gelingen des Prozesses erschweren könnten?
(BürgerInnen, Mehrfachnennungen möglich)

Politik
Motivationsverlust der Aktiven
mangelndes Interesse
Finanzen
Keine Erfolge
Sonstiges

0   5   10   15   20   25   30

Anzahl der Nennungen, n=48

Abb. 40: Klippen in der Zukunft (BürgerInnen)

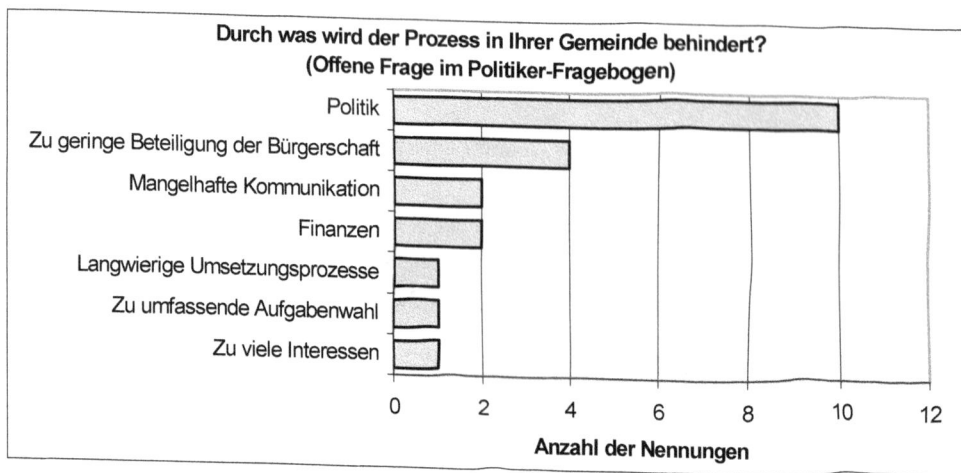

Durch was wird der Prozess in Ihrer Gemeinde behindert?
(Offene Frage im Politiker-Fragebogen)

Politik
Zu geringe Beteiligung der Bürgerschaft
Mangelhafte Kommunikation
Finanzen
Langwierige Umsetzungsprozesse
Zu umfassende Aufgabenwahl
Zu viele Interessen

0   2   4   6   8   10   12

Anzahl der Nennungen

294

Abb. 41: Klippen in der Zukunft (PolitikerInnen)

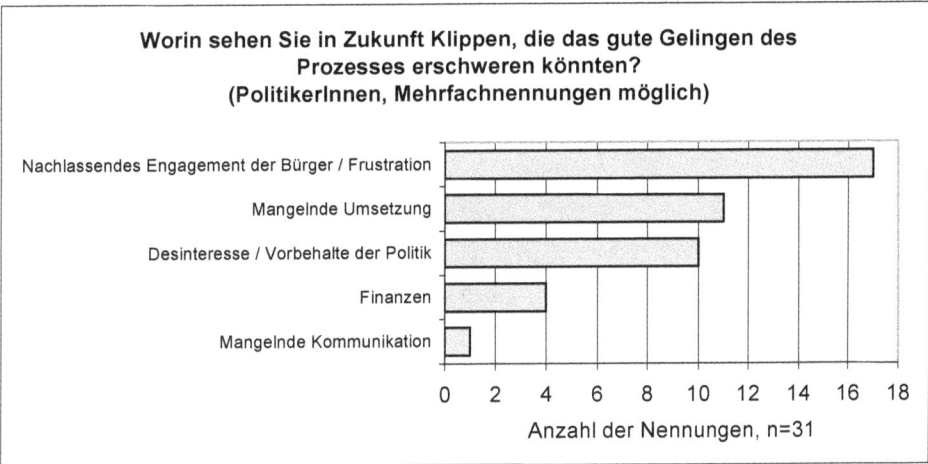

Worin sehen Sie in Zukunft Klippen, die das gute Gelingen des Prozesses erschweren könnten?
(PolitikerInnen, Mehrfachnennungen möglich)

Nachlassendes Engagement der Bürger / Frustration
Mangelnde Umsetzung
Desinteresse / Vorbehalte der Politik
Finanzen
Mangelnde Kommunikation

0 2 4 6 8 10 12 14 16 18

Anzahl der Nennungen, n=31

7.2 Fragebogen für alle Akteursgruppen

Fragebogen zur Lokalen Agenda 21: Bürger, die sich in (Name der Kommune) engagieren

Ihr Engagement für die Lokale Agenda 21 (nur BürgerInnen)

1. In welchem Arbeitskreis arbeiten Sie mit? _____

2. Seit wann arbeiten Sie in diesem Arbeitskreis mit?

3. Engagieren Sie sich noch in anderen Bereichen außer der Lokalen Agenda 21 ehrenamtlich?

   Ja ☐   Nein ☐

   Wenn Ja, wo? _____

   Wenn Ja, hat Ihr Engagement in den anderen Bereichen durch die Lokale Agenda 21 abgenommen?

   Ja ☐   Nein ☐

Agenda 21 ist...

4. Agenda 21

Die Lokale Agenda 21 ist....	stimmt sehr	stimmt ziemlich	stimmt mittelmäßig	stimmt wenig	stimmt nicht
...ein völlig neues Konzept, das mehr Mitbestimmung für Bürger ermöglicht					
...eine Alternative zur parlamentarischen Kommunalpolitik					
...eine Ergänzung zur parlamentarischen Kommunalpolitik					
...die Verbindung von ökologischen, sozialen und wirtschaftl. Zielen auf Gemeindeebene					
...eigentlich inhaltlich nichts Neues					
...dass					
...dass.					

5. Chancen

Die Chance des Agenda-Prozesses besteht darin,	stimmt sehr	stimmt ziemlich	stimmt mittelmäßig	stimmt wenig	stimmt nicht
...dass jeder politische Entscheidungen beeinflussen kann					
...dass relativ schnell konkrete Projekte umgesetzt werden können					
...dass sich das Verhältnis zwischen Bürgern und Politikern verbessert					
...dass gemeinsam nach Lösungen für die Gemeinde gesucht wird					
...dass mehr Menschen sich für das Wohl der Gemeinde engagieren					
...dass man mit Forderungen nicht mehr alleine dasteht					
...dass					
...dass.					

6. Risiken

Das Risiko des Agenda-Prozesses ist,	stimmt sehr	stimmt ziemlich	stimmt mittelmäßig	stimmt wenig	stimmt nicht
...dass alte Inhalte unter einem neuen Namen verkauft werden.					
...dass Vorschläge vorgebracht werden, die aus finanziellen Gründen nicht umgesetzt werden können					
...dass strukturelle Veränderungen, wie eine stärkere Beteiligung von seiten der Bürger in der Kommunalpolitik nicht umgesetzt werden.					
...dass ein „Nebenparlament" entsteht, das in Konkurrenz zu den gewählten Vertretern tritt.					
...dass dem demokratisch legitimierten Parlament Kompetenzen entzogen werden					
...dass durch einen eventuell zähen und langwierigen Prozess ohne sichtbare Erfolge engagierte Bürger vergrault werden.					
...dass durch Konsensfindung nur verwässerte Lösungen zustande kommen					
...dass					

Engagement für die Lokale Agenda 21

7. Warum beteiligen sich ihrer Meinung nach Bürger Ihrer Kommune aktiv am Agenda-Prozess?

	stimmt sehr	stimmt ziemlich	stimmt mittelmäßig	stimmt wenig	stimmt nicht
Weil sie eigene Ideen einbringen möchten					
Weil sie den Umweltschutz vorantreiben wollen					
Weil sie soziale Aktivitäten fördern wollen					
Weil sie die Wirtschaft stärken wollen					
Weil sie die Verbindung von Wirtschaft, Umwelt und Sozialem fördern möchten					
Weil sie Kontakt zu anderen Bürgern suchen					
Weil sie sich für eine gute Sache engagieren wollen					
Weil endlich einmal etwas passieren soll					
Weil sie sich profilieren wollen					
Weil sie das Wohl der Gemeinde nicht nur den Politikern überlassen wollen					
Weil sie Neues v. a. über diese Gemeinde, lernen möchten					
Weil					
Weil					

8. Was hindert die anderen Bürger ihrer Meinung nach an der Lokalen Agenda 21 mitzuarbeiten?

	stimmt sehr	stimmt ziemlich	stimmt mittelmäßig	stimmt wenig	stimmt nicht
Zeitmangel					
Desinteresse an Kommunalpolitik					
Befürchtung, dass die Vorschläge nicht umgesetzt werden					
Zu viele Diskussionen, zu wenig Konkretes					
Angst, nicht kompetent zu sein					
Sind nicht informiert					
Fühlen sich nicht angesprochen					
Weiterer Grund:					
Weiterer Grund:					

Kommunalpolitik und Agenda 21

9. Wird die Meinung der Bürger von der Politik ernst genommen?

	stimmt sehr	stimmt ziemlich	stimmt mittelmäßig	stimmt wenig	stimmt nicht
Die Meinung der Bürger wird von der Politik in Ihrer Gemeinde ernst genommen					

10. Möchten die Politiker Ihrer Meinung nach bei ihrer Arbeit von den Bürgern unterstützt werden? (nur BürgerInnen)

Ja ☐   Teils/teils ☐   Nein ☐

Wenn Ja oder teils/teils, warum?

	stimmt sehr	stimmt ziemlich	stimmt mittelmäßig	stimmt wenig	stimmt nicht
Weil ihnen die Ideen ausgegangen sind					
Weil dadurch Projekte eine breitere Zustimmung finden					
Weil sie die Meinung der Bürger interessiert					
Weil sie das Beste für ihren Ort wollen					
Weil Agenda 21 gerade „in" ist					
Weil es Fördermittel vom Land Hessen gibt					
Weil:					
Weil:					

Wenn Nein oder teils/teils, warum?

	stimmt sehr	stimmt ziemlich	stimmt mittelmäßig	stimmt wenig	stimmt nicht
Weil sie nicht alle unterschiedlichen Interessen berücksichtigen wollen					
Weil dadurch Aussenstehende ohne Fachkompetenz in ihren Arbeitsbereich eindringen					
Weil sie Angst haben, die Erwartungen nicht erfüllen zu können					
Weil sie Angst vor einem demokratisch nicht legitimierten "zweiten" Parlament haben					
Weil sie meinen, keine Hilfe nötig zu haben					
Weil sie Angst vor Diskussionen bei heiklen Themen haben					
Weil:					
Weil:					

Der Agenda-Prozess in Ihrer Kommune

11. Ihre Einschätzung des Prozesses

	gut	eher gut	mittel	eher schlecht	schlecht
Wie verläuft der Prozess?					
Wie ist der Prozess organisiert?					
Wie schätzen Sie die bisherige (gemeinsame) Arbeit ein?					
Wie bewerten Sie die Ressourcenlage (Geld, hauptamtlich Beschäftigte)?					
Wie stehen die Chancen für ein gutes Gelingen des Prozesses?					

12. Engagement im Agenda-Prozess

Wer engagiert sich wie?	sehr	ziemlich	mittelmäßig	wenig*	nicht*	"Woran liegt das?"
Politiker						
Verwaltung						
Moderation						
Einzelne interessierte Bürger						
Vereine / organisierte Bürger						
Name des Vereins:						
Name des Vereins:						
Name des Vereins:						

7.3   Fragebogen / Leitfaden für PolitikerInnen

Fragebogen (Fraktionsvorsitzende bzw. mit der Agenda 21 befasste Politiker)

Kommune:

Name (freiwillig):

Allgemeines

1. Wann haben Sie das erste Mal von der Agenda 21 gehört? Woher hatten Sie Ihre Informationen?

2. Was ist die Lokale Agenda 21 für Sie?

Rolle der Politik

3. Welche Rolle sollte die Politik im Agenda-Prozess einnehmen?

4. Welche Rolle nimmt sie ein und sind Sie damit zufrieden?

5. Hat sich durch die Lokale Agenda 21 konkret etwas an Ihrer Arbeit geändert oder wird sich etwas ändern? Eher Erschwernis oder Erleichterung?

Bürgerbeteiligung

6. Sie wurden gewählt. Die engagierten Bürger hat niemand gewählt und dennoch sollen sie Entscheidungen mit vorbereiten. Sehen Sie hierin ein Problem? (Legitimationsproblem)

7. Verschieben sich durch die Lokale Agenda 21 die Machtverhältnisse? (Nebenparlament)

Prozess allgemein

8. Was läuft in Ihrer Kommune im Rahmen des Lokale-Agenda-Prozesses gut, was schlecht?

Gut:

Schlecht:

9. Wird der Prozess in Ihrer Kommune durch irgend etwas behindert? Wenn ja, durch was?

10. Sehen Sie in Zukunft Klippen, die das gute Gelingen des Prozesses erschweren könnten?
Wenn ja, worin?

Fazit und Ausblick

11. Ist die Agenda 21 für Ihre Kommune sinnvoll? Wenn ja, warum, wenn nein, warum?

12. War die Entscheidung richtig, einen Agenda-Beschluss zu fassen?

13. Was hätte man anders machen müssen?

14. Wie kann langfristig der Agenda-Prozess mit der politischen (parlamentarischen) Arbeit verknüpft werden?

Zusatzfrage *für alle Politikerinnen* (wurde für die Politikerinnen in Fragebogen 1 integriert)

Kommunalpolitik und Agenda 21

1. **Möchten Sie als Politiker bei ihrer Arbeit durch die Bürger unterstützt werden?**

   Nein ☐   Weil:

   _____

   Ja ☐   *Weil:*

   _____

Zusatzfragen für Mitglieder des _Gemeindevorstands_ bzw. des Magistrats und den/die Vorsitzende der _Gemeindevertretung_ bzw. den/die Stadtverordnetenvorsteherin (wurden in _Fragebogen 2_ integriert)

2. Welche Rolle sollte der Magistrat bzw. der _Gemeindevorstand_ im Agenda-Prozess einnehmen? (nur Gemeindevorstand und Magistrat)

3. Welche Rolle nehmen Sie ein und sind Sie damit zufrieden? (nur Gemeindevorstand und Magistrat)

4. Welche Rolle hat das Förderprogramm in Ihrer Kommune gespielt? (nur Gemeindevorstand und Magistrat)

5. Wäre der Prozess anders verlaufen, wenn sie Mittel bekommen hätten bzw. nicht bekommen hätten? (nur Gemeindevorstand und Magistrat)

6. Wie steht das Parlament zur Lokalen Agenda 21? Gibt es Vorbehalte? (nur Vors. der Gemeindevertretung bzw. Stadtverordnetenvorsteherin)

Arbeit der Politik

7. Wie sieht die bisherige Praxis (vor der LA21) der Bürgerbeteiligung seitens der Kommune aus?

8. Die Agenda 21 sieht ja vor, dass sich auf lokaler Ebene Bürger an der Erstellung einer LA21 beteiligen sollen.
   Hat sich dadurch etwas an der Praxis der Bürgerbeteiligung geändert?

9. Sind Sie mit dem Grad des bürgerschaftlichen Engagements zufrieden?
   a) Ohne Agenda bzw. vor Agenda
   b) Mit Agenda

7.4 Fragebogen / Leitfaden für Agenda-Beauftragte

8.4 Fragebogen / Leitfaden für Agenda-Beauftragte

Formales

1. Seit wann gibt es den Agenda-Beschluss?

2. Von wem ging die Initiative für den Antrag aus?

3. Wird die Gemeinde über das Land gefördert?

4. Welche Rolle spielt die Stadtverwaltung?

5. Welche Rolle spielt die Politik?

6. Gibt es eine externe Betreuung? Wenn ja, durch wen?

7. Sind Sie als Agenda-Beauftragte/r nur für die Lokale Agenda 21 zuständig?

8. Aktivitäten

Informationsveranstaltung	Ja ☐	Nein ☐
Eine Auftaktveranstaltung	Ja ☐	Nein ☐
Runde Tische	Ja ☐	Nein ☐
Agenda-Tisch	Ja ☐	Nein ☐
Foren	Ja ☐	Nein ☐
Plenum/Bürgerforum	Ja ☐	Nein ☐
Fragebogenaktion	Ja ☐	Nein ☐
Faltblatt/Broschüre	Ja ☐	Nein ☐
Logo	Ja ☐	Nein ☐
Workshops	Ja ☐	Nein ☐
Ausstellung	Ja ☐	Nein ☐
Postwurfsendung	Ja ☐	Nein ☐
Gezielte Ansprache	Ja ☐	Nein ☐
Agenda-Fest	Ja ☐	Nein ☐
Aks?	Ja ☐	Nein ☐

Organisation

Lenkungskreis, Koordinationskreis	Ja ☐	Nein ☐
Projektteam	Ja ☐	Nein ☐
Agenda-Büro	Ja ☐	Nein ☐

Arbeitskreise (mit Ansprechpartner)

9. Wie ist der Prozess bisher verlaufen?

10. Wurden bereits Vorschläge der Arbeitskreise in Projekte umgesetzt?

11. Wie wird die Umsetzung der Ergebnisse aussehen?

12. Wie würden Sie das Verhältnis der Akteure untereinander beschreiben?

13. Was würden Sie, wenn der Prozess noch einmal von Neuem gestartet werden würde, anders machen?

14. Welches sind die Hauptprobleme des Prozesses?

15. Kooperieren Sie mit Nachbargemeinden?

Politiker

SPD:

CDU:

Grüne:

FDP:

weitere:

MATERIALIEN

Herausgegeben von K. WOLF/Institut für Kulturgeographie, Stadt- und Regionalforschung der J.W. Goethe-Universität Frankfurt am Main. Schriftleitung: F. SCHYMIK

Die vollständige Liste finden Sie unter
 http://www.geo.uni-frankfurt.de/KSR/Publikationen/materialien.html

1997   Nr. 21 WOLF, KLAUS und ELKE THARUN (Hrsg.): Einzelhandelsentwicklung (Vorträge einer Tagung am 24. November 1995) und Zielorientierte Regionale Geographie (Vorträge einer Tagung am 22. November 1996). 223 Seiten. € 10,23. ISBN 3-923218-14-1.

1998   Nr. 22 CLAUDIA SCHMEDES: Das hessische Dorferneurungsprogramm im Spannungsfeld von administrativer Wirklichkeit und dörflichem Lebensraum. 152 Seiten. € 8,18. ISBN 3-923218-15-X.

1998   Nr. 23 WILFRIED KÖRNER: Der Frankfurter Grüngürtel als sozialer Raum: Diskurse, Raumbilder und Netzwerke - das Beispiel Sossenheim. 152 Seiten. € 10,23. ISBN 3-923218-16-8.

1998   Nr. 24 WOLF, KLAUS und ELKE THARUN (Hrsg.): Verkehrsplanung und städtebauliche Entwicklung. (Vorträge eines Symposiums am 21. November 1997). 96 Seiten. € 7,16. ISBN 3-923218-17-6.

1998   Nr. 25 JENS PETER SCHELLER: Rhein - Main. Eine Region auf dem Weg zur politischen Existenz. 228 Seiten, 25 Abb., 10 Karten, Anhang. € 12,27. ISBN 3-923218-18-4.

1999   Nr. 26 CHRISTIAN ROHRBACH: Regionale Identität im Global Village - Chance oder Handicap für die Regionalentwicklung? 149 Seiten, 26 Tab., 16 Abb., 11 Karten, Anhang. € 10,23. ISBN 3-923218-19-2.

1999   Nr. 27 WOLF, KLAUS und CLAUDIA MARIA SCHOLZ: Bebauung "Am Riedberg Frankfurt am Main". Vorschlag zur funktionalen und sozialräumlichen Verknüpfung der geplanten Neubauten der Universität Frankfurt am Main und der beabsichtigten Bebauung des "Riedberg-Geländes" durch die Stadt Frankfurt am Main. 199 Seiten, 28 Abb., 1 Tab. € 14,32. ISBN 3-923218-20-6.

2000   Nr. 28 JENS PETER SCHELLER, KLAUS WOLF unter Mitarbeit einer studentischen Projektgruppe: Lokale Agenda 21 in Frankfurt am Main. Ein Evaluationsbericht. 101 Seiten, 2 Tab., 9 Abb.. € 8,18. ISBN 3-923218-21-4

2000   Nr. 29 MATTHIAS SCHNEIDER. Der deutsche Kongress- und Tagungsmarkt unter besonderer Berücksichtigung des Nachfragesegmentes „mittelständische Unternehmen". JOCHEN WÜRGES: Städtenetze als Perspektive der interkommunalen Zusammenarbeit. € 20,35. ISBN 3-923218-22-2

2000   Nr. 30 WOLF, KLAUS, CLAUDIA MARIA SCHOLZ und CHRISTIAN ROHRBACH: Der Langener Waldsee – Struktur und Potential einer regionalen Freizeiteinrichtung. € 12,68. ISBN 3-923218-23-0

2001   Nr. 31 WOLF, KLAUS und CHRISTIAN LANGHAGEN-ROHRBACH: Regionale Freizeiteinrichtungen im Rhein-Main-Gebiet: Teil A: Der Rodgausee – Struktur und Potential. Teil B: Badeseen der Region im Vergleich. 228 Seiten. € 20,35. ISBN 3-923218-24-9

2004   Nr. 32 VARIA II. INGO DALLGAHS. Der Planungsprozess "Europaviertel" als Netzwerk. Stadtgeographische Forschung im Zeichen von Handlungstheorie, Strukturationstheorie und Spätmoderne. JAN SCHOLL: Politische Entscheidungsprozesse und Stadtentwicklung. Dargestellt am Beispiel des Nutzungswandels ehemaliger Industrieflächen in Offenbach am Main. STEFANIE RUSCHEK: Lokale Agenda 21. Chancen und Risiken einer neuartigen Kooperationsform. Dargestellt am Beispiel des Main-Taunus-Kreises. 303 Seiten. € 26,00. ISBN 3-923218-25-7.

www.ingramcontent.com/pod-product-compliance
Lightning Source LLC
Chambersburg PA
CBHW081430270326
41932CB00019B/3148